权威·前沿·原创

皮书系列为
"十二五""十三五"国家重点图书出版规划项目

BLUE BOOK

智库成果出版与传播平台

长江经济带产业蓝皮书

BLUE BOOK OF INDUSTRY IN
YANGTZE RIVER ECONOMIC BELT

长江经济带产业发展报告
（2020）

ANNUAL REPORT ON INDUSTRIAL DEVELOPMENT IN
YANGTZE RIVER ECONOMIC BELT(2020)

主　编／吴传清
副主编／黄　磊　邓明亮　叶云岭　尹礼汇

社会科学文献出版社
SOCIAL SCIENCES ACADEMIC PRESS（CHINA）

图书在版编目（CIP）数据

长江经济带产业发展报告.2020/吴传清主编. ‐ ‐
北京：社会科学文献出版社，2021.3
（长江经济带产业蓝皮书）
ISBN 978 ‐ 7 ‐ 5201 ‐ 7750 ‐ 4

Ⅰ.①长… Ⅱ.①吴… Ⅲ.①长江经济带 ‐ 产业发展
‐ 研究报告 ‐ 2020 Ⅳ.①F127.5

中国版本图书馆 CIP 数据核字（2021）第 016524 号

长江经济带产业蓝皮书
长江经济带产业发展报告（2020）

主　　编／吴传清
副 主 编／黄　磊　邓明亮　叶云岭　尹礼汇

出 版 人／王利民
责任编辑／陈凤玲
文稿编辑／汪　涛

出　　版／社会科学文献出版社·经济与管理分社（010）59367226
　　　　　地址：北京市北三环中路甲 29 号院华龙大厦　邮编：100029
　　　　　网址：www.ssap.com.cn
发　　行／市场营销中心（010）59367081　59367083
印　　装／三河市东方印刷有限公司

规　　格／开本：787mm×1092mm　1/16
　　　　　印张：30.5　字数：458 千字
版　　次／2021 年 3 月第 1 版　2021 年 3 月第 1 次印刷
书　　号／ISBN 978 ‐ 7 ‐ 5201 ‐ 7750 ‐ 4
定　　价／198.00 元

本书如有印装质量问题，请与读者服务中心（010 ‐ 59367028）联系本书为国家社会科学基金项目"推动长江经济带制造业高质量发展研究"（19BJL061）的阶段性成果。

本书出版获得武汉大学"建设世界一流大学和特色发展引导"专项资金、武汉大学中国发展战略与规划研究院专项资金的资助。

《长江经济带产业发展报告（2020）》
编 委 会

主　　编　吴传清

副 主 编　黄　磊　　邓明亮　　叶云岭　　尹礼汇

编委会成员　何　莲　　王　泉　　陈秀红　　王兴文　　夏晶晶
　　　　　　　雷国雄　　李　浩　　陈　矗　　万　庆　　杜　宇
　　　　　　　黄　成　　许水平　　刘　陶　　王礼刚　　周中林

撰 稿 人　吴传清　　黄　磊　　邓明亮　　叶云岭　　尹礼汇
　　　　　　　周中林　　黄庆华　　张　玲　　黄　成　　杜　宇
　　　　　　　李娜娜　　孟晓倩　　高　坤　　张冰倩　　周西一敏
　　　　　　　李姝凡　　张诗凝　　许水平　　时培豪　　乔冰彬
　　　　　　　严　庆　　杨圣桑　　杨大为

研 创 机 构　武汉大学中国发展战略与规划研究院长江经济带
　　　　　　　发展战略研究中心
　　　　　　　长江大学长江经济带发展研究院
　　　　　　　西南大学经济研究中心
　　　　　　　武汉大学区域经济研究中心
　　　　　　　樱和赢经济研究院

学 术 支 持　武汉大学长江经济带高质量发展多学科研究团队
　　　　　　　中国区域经济学会长江经济带专业委员会

主要编撰者简介

吴传清　武汉大学经济与管理学院经济学博士、教授，区域经济学学科建设负责人，区域经济学专业、产业经济学专业博士生导师。武汉大学中国发展战略与规划研究院副院长，武汉大学长江经济带发展战略研究中心主任，武汉大学长江经济带高质量发展多学科研究团队负责人。中国区域科学协会副理事长，中国区域经济学会长江经济带专业委员会主任委员。2014年以来主持"推动长江经济带制造业高质量发展研究"（国家社科基金项目）、"落实长江经济带'生态优先、绿色发展'战略理念重大问题研究"（国家发改委课题）、"长江经济带高质量发展动力转换机制研究"（国家发改委课题）；参加"长江经济带产业绿色发展战略与政策体系研究"（国家社科基金重大项目）、"长江水资源开发保护战略与关键技术研究"（国家重点研发计划项目）；出版《黄金水道——长江经济带》、《长江经济带高质量发展研究报告（2020）》、《长江经济带创新驱动与绿色发展研究》、《长江中游城市群研究》、2017～2019年《长江经济带产业发展报告》。

黄　磊　西南大学经济管理学院讲师，武汉大学区域经济学专业博士，西南大学经济研究中心、武汉大学中国发展战略与规划研究院长江经济带发展战略研究中心兼职研究员，中国人民大学长江经济带研究院客座研究员。主持国家社科基金项目"长江上游地区'化工围江'的环境风险及差异化治理路径研究"。发表长江经济带研究系列论文20余篇，多篇论文被中国人民大学书报资料中心复印报刊资料全文转载。参著《黄金水道——长江经济带》、《长江中游城市群研究》、2017～2019年《长江经济带产业发展报告》。撰写《长江经济带工业绿色发展报告》《长江经济带产业绿色发展报告》，分获第九届、第十届"优秀皮书报告奖"一等奖（中国社会科学院第五届皮书学术委员会颁发）。

邓明亮 武汉大学区域经济研究中心主任助理，武汉大学中国发展战略与规划研究院长江经济带发展战略研究中心主任助理，武汉大学经济与管理学院区域经济学专业博士研究生。发表长江经济带研究系列论文 10 余篇；参著《黄金水道——长江经济带》、2017～2019 年《长江经济带产业发展报告》等。《科技创新、对外开放与长江经济带高质量发展》被中国人民大学书报资料中心复印报刊资料《区域与城市经济》转载；《土地财政、房价预期与长江经济带房地产泡沫指数》被评为《华东经济管理》2019 年度优秀论文。

叶云岭 武汉大学经济与管理学院区域经济学专业博士研究生。曾任湖北大学教师。参著 2018～2019 年《长江经济带产业发展报告》等。发表《破解"化工围江"难题的"湖北样本"和"江苏样本"》等论文。论文《中国收缩型城市的识别与治理研究》被中国人民大学书报资料中心复印报刊资料《区域与城市经济》转载。

尹礼汇 武汉大学区域经济研究中心主任助理，武汉大学中国发展战略与规划研究院长江经济带发展战略研究中心主任助理，武汉大学经济与管理学院区域经济学专业博士研究生。参著《长江经济带产业发展报告（2019）》等。发表《环境规制与长江经济带污染密集型产业生态效率》《长江经济带工业绿色发展效率的实证研究进展》等论文。

摘　要

2020 年新冠肺炎疫情席卷全球，对世界和我国经济社会发展造成严重影响，我国作为全球主要经济体，面临巨大经济下行压力，迫切需要国内核心经济区强化增长极功能。当此之际，长江经济带作为支撑我国经济发展的战略支撑带，是我国传统产业转型升级和新兴产业培育壮大的主战场，无疑在稳定国家经济增长中发挥着重要作用。同时长江经济带发展呈现强劲的产业动能，是构建完整内需体系，形成以国内大循环为主体、国内国际双循环相互促进的新发展格局的重要抓手。推动长江经济带产业高质量发展不仅是践行"共抓大保护、不搞大开发"理念的根本动力，也是国家构建现代化经济体系的必然要求，更是全国经济加速走出疫情冲击的重要支柱。

《长江经济带产业发展报告（2020）》是由武汉大学中国发展战略与规划研究院长江经济带发展战略研究中心、长江大学长江经济带发展研究院、西南大学经济研究中心、武汉大学区域经济研究中心、樱和赢经济研究院等研究机构组织编撰的智库产品，系连续出版的第四部"长江经济带产业蓝皮书"。本书包括总报告、专题报告、调研报告和附录四个部分，共 17 篇报告。

总报告为《推动长江经济带制造业高质量发展研究报告》。从长江经济带制造业高质量发展的政策环境和实践要义出发，围绕长江经济带制造业高质量重点领域，系统分析长江经济带制造业绿色发展和创新发展及其与服务业融合发展绩效。推动长江经济带制造业高质量发展应以新发展理念为指挥棒，重点提升绿色发展能力和创新发展能力，提升先进制造业与现代服务业融合发展能力。地区发展不平衡是长江经济带制造业高质量发展面临的主要问题，对此需考虑地区发展阶段差异性，健全区域产业合作机制，构建全链

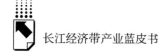
式绿色创新链条。

专题报告部分包括 10 篇报告。主要聚焦长江经济带沿线省市产业发展特征、制造业集聚环境效应、工业绿色转型、工业污染治理、现代服务业发展水平等方面。长江经济带各行业在全国均占据较高份额，其中下游地区为中心，产业发展水平高于中上游地区。长江经济带制造业细分行业集聚水平存在"高技术高集聚，低技术较均衡"特点，总体对污染扩散呈现促进作用。长江经济带工业绿色转型效率低于全国平均水平，绿色技术效率追赶和绿色技术进步追赶仍有待加强。污染密集型产业集聚在短期以污染扩散效应为主，长期则可倒逼长江经济带产业绿色转型升级。长江经济带科技服务业发展水平和协调发展能力不断提升，以下游地区苏浙沪三省市尤为突出。

调研报告部分包括 4 篇报告。在实地考察基础上对长江经济带部分省市产业发展问题进行深度剖析，聚焦产业集群识别、高技术产业集群培育、化工产业高质量发展、服务业转型发展等领域。湖北产业集群数量增多且创新能力增强，但规模较小且集群层次较低，集群质量有待提升。咸宁市智能机电产业集群已成规模，形成较为完整的产业链条，属国家级创新型产业集群。强化园区建设，引导企业"关改搬转"，推动化工转型升级，是宜昌破解"化工围江"难题的主要经验。南京秦淮区服务业发展存在同质化集聚和重复布局问题，须立足自身比较优势，打造特色型细分产业链条。

附录部分包括 2 篇报告。主要涉及学术界关于长江经济带产业发展问题以及长江经济带世界级制造业集群培育建设的研究进展。2019 年长江经济带工业、服务业发展问题研究成果较多，而对农业发展问题关注度相对较低。对长江经济带世界级制造业集群的研究主要聚焦于内涵界定、遴选标准、突出问题与发展路径等方面。

关键词： 长江经济带　绿色转型　创新驱动　产业融合　高质量发展

目 录

Ⅲ　调研报告

Ⅳ　附录

皮书数据库阅读**使用指南**

总 报 告

General Report

B.1

推动长江经济带制造业高质量
发展研究报告[*]

"推动长江经济带制造业高质量发展研究"课题组[**]

摘　要： 本报告从长江经济带制造业高质量发展政策内涵出发，探讨了在国家层面和省域层面长江经济带制造业高质量发展的政策环境，进而指出推动长江经济带制造业高质量发展的实践要义在于贯彻落实创新、协调、绿色、开放、共享发展理念。利用长江经济带沿线 11 省市相关数据，采用 SRM 模型、

* 基金项目：国家社会科学基金项目"推动长江经济带制造业高质量发展研究"（项目编号：19DJL061）。

** 课题组成员：吴传清，武汉大学经济与管理学院、中国发展战略与规划研究院教授，博士生导师，从事区域经济学、产业经济学研究；黄磊，西南大学经济管理学院讲师，从事区域经济学研究；尹礼汇，武汉大学经济与管理学院博士研究生，从事区域经济学研究；邓明亮，武汉大学经济与管理学院博士研究生，从事区域经济学研究；叶云岭，武汉大学经济与管理学院博士研究生，从事区域经济学研究；高坤，武汉大学经济与管理学院硕士研究生，从事区域经济学研究；张冰倩，武汉大学经济与管理学院硕士研究生，从事区域经济学研究。

Malmquist-Luenberger 指数、熵权法和空间耦合协调度等模型方法，测算了长江经济带制造业绿色发展、创新发展及与服务业融合发展绩效水平。研究结果显示，2012～2018 年长江经济带制造业绿色全要素生产率均值为 1.087，均高于全国和长江经济带以外地区的平均水平，长江经济带制造业绿色全要素生产率呈"下游、中游、上游"梯度递减的态势，下游地区是引领长江经济带制造业绿色发展的龙头地区；长江经济带制造业创新发展水平均呈稳步上升的趋势，由 2012 年的 0.083 上升到 2018 年的 0.156，年均增长 10.99%，成为引领全国制造业创新发展的主力军，呈现"下游、中游、上游"梯度递减的空间格局，区域分异特征逐步凸显；长江经济带先进制造业和现代服务业融合发展水平领先于全国平均水平，长江经济带沿线 11 省市先进制造业和现代服务业融合发展水平呈现明显的区域异质性和行业差异。为促进长江经济带制造业高质量发展，应加强推动长江经济带制造业绿色发展顶层设计，优化长江经济带制造业创新生态，促进先进制造业和现代服务业深度融合。

关键词： 长江经济带　高质量发展　创新发展　绿色发展　融合发展

一　推动长江经济带制造业高质量发展的宏观政策环境和实践要义

（一）推动长江经济带制造业高质量发展的政策内涵

习近平总书记在深入推动长江经济带发展座谈会上，明确提出要把长江经济带建设成为我国经济高质量发展的生力军。制造业作为强国之基、立国之本，必然是推动长江经济带高质量发展的重点领域。基于将长江经济带建设为创新驱动带、协调发展带和生态文明建设先行示范带的战略定位与经济高质量发展的新发展理念基本要求，本报告认为应从以下几个方面厘清推动长江经济带制造业高质量发展政策内涵的科学要义。

1. 增强制造业创新能力

长江经济带制造业高质量发展的关键在于强化产业创新动能，通过产业创新驱动延伸制造业产业链条和价值链条，这是实施相关政策的首要目标。要着力解决国家在制造业前沿领域关键共性技术供给不足的问题，以上海、南京、合肥、武汉、重庆、成都等关键节点城市为依托，运用大数据、云计算、区块链和智能网络技术，加快建设制造业创新集群。要强化先进制造技术协同开发，通过市场化模式聚合产业链上下游资源，主抓核心技术零部件、关键基础材料和先进基础工艺，推动上中下游地区开展关键共性技术联合攻关，破解重点领域"卡脖子"问题。要理顺制造业的创新机制，改善企业创新环境，优化创新政策供给，发挥企业的创新主体优势，增强制造业企业和核心技术人员的创新激励，以实施科技创新项目和创新工程为抓手提升制造业企业创新能力。

2. 提升制造业绿色效益

长江经济带制造业高质量发展的重点任务在于提升产业的环境兼容性，推进传统制造业绿色转型升级，提高资源能源利用效率，减少环境污染排放，这是实施相关政策的基本要义。要降低制造业污染排放，推广绿色清洁能源，降低制造业能耗，开展重点行业专项整治，提升资源能源综合利用效率，实现制造业粗放发展向集约效益型发展转变。要提升传统制造业绿色经济效益，推广应用低碳节能技术和工艺，推动传统制造业绿色转型升级，打造一批具有国际竞争力的世界级制造业集群，增强产业基础能力和提高产业链现代化水平。要构建绿色制造体系，围绕主导产业，建设一批具有示范带动作用的绿色产品研发平台，以绿色产品生产为重点打造绿色工厂和绿色园区，完善绿色产品供应链条，增强制造业绿色竞争力，引领和带动长江经济

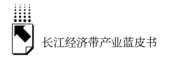

带制造业绿色高质量发展。

3. 稳定制造业增长速度

长江经济带制造业高质量发展的目标指向是保证制造业稳定可持续发展，降低制造业发展的不确定性，保证制造业内部及与农业和服务业之间具有较好协同性，这是实施相关政策的最终目的。要继续保持制造业发展的总体规模优势与增长速度优势，规避产业结构过度服务化引致的"产业空心化"不确定性经济风险，在扩大制造业产能过程中逐渐提升制造业质量，依托新兴技术增强制造业与农业和服务业的耦合性，实现制造业又好又快发展。要补齐制造业发展短板，整合资源清理"僵尸企业"，化解无效低端过剩产能，培育壮大绿色新兴动能，提升长江经济带制造业在全球价值链中的地位。要大力推动制造业质量、动力、效率"三大变革"，在制造业各领域、各层面全面贯彻质量标准理念，提升制造业供给要素和供给体系质量，增强制造业创新能力，使制造业发展主要依靠全要素生产率改进。

综上所述，推动长江经济带制造业高质量发展的政策内涵主要包含：促进长江经济带制造业创新能力提升，增强制造业发展后劲与市场竞争力；降低制造业污染和能源消耗总量与强度，增强制造业发展与生态环境的兼容性；实现长江经济带制造业规模、速度、质量、结构与效益全面提升优化，迈向全球制造业价值链中高端。它要求以提升长江经济带制造业发展质量为核心，贯彻落实新发展理念要求，遵循"质量第一，效率优先"的发展原则，在确定制造业发展思路、制定制造业相关政策、调控制造业发展环境时都要更好地服务于质量和效益。基于长江经济带制造业高质量发展的政策内涵，则应着力破解创新动力不足、生态环境压力凸显、外部技术利用不充分、产业间耦合协同性与分享性较弱等制造业高质量发展突出短板，加快长江经济带制造业全面协调可持续发展。

（二）推动长江经济带制造业高质量发展的政策环境

2017 年 10 月召开的党的十九大强调经济发展的着力点必须放在实体经济上，把提高供给体系质量作为主攻方向。加快建设制造强国，发展先进制造业成为构建现代产业体系的重要任务。长江经济带作为高质量发展的生力军，党的十九大以来国家和长江经济带沿线 11 省市为优化制造业高质量发展政策环境制定出台了系列文件（见表1），在最大程度上激发了长江经济带制造业高质量发展的潜能和效益。

1. 国家出台的有关制造业高质量发展政策文件

2017 年 9 月，中共中央、国务院出台《关于开展质量提升行动的指导意见》，提出要瞄准产品、工程、服务三大质量，扩大高附加值和优质服务供给。该意见将装备制造业作为质量体系的八大重点领域之一，提出要加快装备制造业标准化和质量提升，提高关键领域核心竞争力。通过实施工业强基工程、发展智能制造和推进绿色制造业，加快推进装备制造业智能化、绿色化、高端化发展，从而提升制造业高质量发展竞争力。

2017 年 11 月，国家发改委出台《增强制造业核心竞争力三年行动计划（2018—2020 年）》，要求坚持质量优先的发展原则，对当前国家制造业发展重点进行了系统布局。通过在重点领域提质增效推动"中国制造"向"中国智造"转变，带动制造业整体竞争力提升。长江经济带制造业高质量是国家制造业高质量发展战略格局中的重要支撑，该计划为长江经济带传统制造业和先进制造业发展指明了方向，要在具有一定制造基础的产业领域大力推进，驱动长江经济带制造业智能化、绿色化、服务化。

2018 年 1 月，国务院出台《关于加强质量认证体系建设促进全面质量管理的意见》，明确提出要加强质量管理，提高市场效率。意见有利于在制造业领域进行供给侧结构性改革和"放管服"改革，为长江经济带制造业质量认证第三方评估平台营造了良好发展环境，促进第三方质量认证平台明确了长江经济带制造业高质量发展的具体改进要求与政策着力点。

2018 年 6 月，国务院出台《关于积极有效利用外资推动经济高质量发展若干措施的通知》。《通知》有利于优化长江经济带传统制造业和先进制造业外资企业发展和投资环境，引进更高质量国际先进生产技术和资本，推动长江经济带在加快开放过程中实现制造业高质量发展。

2018 年 9 月，中央全面深化改革委员会第四次会议审议通过《关于推动高质量发展的意见》，为长江经济带制造业高质量发展明确了基本要求。
《意见》提出要着力构建长江经济带制造业高质量发展评价标准和绩效考核
体系，保障推动长江经济带高质量发展政策精准落地。

2019 年 10 月，工信部出台《关于加快培育共享制造新模式新业态 促
进制造业高质量发展的指导意见》，指明了加快长江经济带制造业高质量发
展的一种新型业态途径——通过发展共享制造有利于增强长江经济带传统制
造业创新活力，培育壮大长江经济带制造业绿色新动能。

综上所述，党的十九大前后国家出台的有关制造业高质量发展的相关
政策文件为长江经济带制造业高质量发展营造了良好的宏观政策环境，特
别是有利于明确长江经济带制造业高质量发展的基本原则、重点领域与总
体思路，初步确立了长江经济带制造业高质量发展的政策框架。从表 1 可
以看出，现有文件呈现两大主要特点：一是围绕践行新发展理念优化制造
业高质量发展政策环境，强调制造业的创新驱动，增强制造业活力，注重
绿色转型，降低能源消耗，突出与服务业和农业的融合发展，发挥产业间
的关联效应，重视对外开放，引进国外先进技术，凸显共享制造，提升资
源和平台利用效率；二是着眼于"两个制造"加快制造业高质量发展，一
方面抓好汽车、船舶、化工等传统制造业绿色转型升级发展，另一方面加
快生物医药、智能制造、新材料、高端装备制造等先进制造业发展壮大，
协同驱动制造业高质量发展。

表 1　国家颁布的关于制造业高质量发展的相关政策文件

文件名称	主要目标	重点任务
《中共中央 国务院关于开展质量提升行动的指导意见》	加快装备制造业标准化和质量提升，提高关键领域核心竞争力	实施工业强基工程，发展智能制造，推行绿色制造
《增强制造业核心竞争力三年行动计划(2018—2020 年)》	提高制造业创新能力、产品质量、综合素质	在轨道交通装备等九大关键领域实施关键技术产业化专项
《关于加强质量认证体系建设促进全面质量管理的意见》	推动国家制造业质量认证制度趋于完备	依托综合与专项检验检测认证公共服务平台，提升对制造业的支撑服务能力

文件名称	主要目标	重点任务
《关于积极有效利用外资推动经济高质量发展若干措施的通知》	实现以高水平开放推动制造业高质量发展	取消或放宽汽车、船舶、飞机等制造业领域外资准入限制，降低制造业外商投资企业经营成本
《关于推动高质量发展的意见》	创建和完善制造业高质量发展制度环境	建立高质量发展的指标体系、政策体系、标准体系、统计体系、绩效评价和政绩考核办法
《关于加快培育共享制造新模式新业态 促进制造业高质量发展的指导意见》	共享制造模式认可度得到显著提高，初步形成共享制造协同发展生态	培育共享制造平台，建设共享制造产业集群，完善共享制造发展生态，夯实共享制造数字化基础

资料来源：根据国家出台的相关政策文件内容整理而得。

2. 长江经济带沿线11省市出台的有关制造业高质量发展的政策文件

高质量发展是在 2017 年 10 月召开的党的十九大中正式上升为国家发展战略主线，而截至 2017 年已基本形成了以《长江经济带发展规划纲要》为核心的 "1 + N" 规划政策体系，包括《长江经济带创新驱动产业转型升级方案》《关于加强长江经济带工业绿色发展的指导意见》《长江经济带生态环境保护规划》等规划文件。结合长江经济带制造业高质量发展政策内涵，国家已在前期长江经济带综合发展规划及专项规划中对长江经济带制造业高质量发展主要任务有过系统布局。在前期出版的长江经济带产业蓝皮书中已对相关规划文件有过系统论述，且国家在党的十九大后未出台以质量提升为主题的长江经济带发展政策文件，因此本报告将不再赘述国家有关长江经济带制造业高质量发展的政策文件内容。而另一方面，党的十九大以来长江经济带沿线 11 省市为进一步细化本省制造业高质量发展任务，出台了有关制造业高质量发展的系列政策文件（见表 2），因此本报告直接进入分析沿线各省市推动自身制造业高质量发展的政策着力点。

上海市共出台 7 项制造业高质量发展政策文件。上海市制造业技术含量和整体规模均处于较为领先地位，制造业高质量发展重点对象主要在于当地的高新技术企业，因此可围绕人工智能制造、生物医药制造等先进制造业领域，在高端前沿制造领域谋划推动制造业高质量发展。上海市是唯一成立制造业高质量发展领导小组的省级行政区，由分管工业的副市长专职督导，打响"上海制造"名牌成为上海市高质量发展的目标任务之一，以强化创新驱动和扩大高端产品技术供给。上海市提出要推动互联网、大数据、人工智能与实体经济深度融合，发展壮大战略性新兴产业，打造汽车、电子信息2个世界级产业集群，培育民用航空、生物医药、高端装备、绿色化工4个世界级产业集群，基本建成国际高端"智造"中心，加快迈向全球卓越制造基地。上海市制造业高质量发展的战略目的在于提升制造业在全球产业链、价值链中所处地位，从而长期发挥长江经济带制造业高质量发展的领头羊作用。

江苏省共计出台了7项制造业高质量发展政策文件。作为长三角地区制造业实力最为雄厚的省份，江苏省全方位谋划制造业高质量发展，将重心放在布局高端先进制造业领域，主抓高新技术企业，以生物医药、新能源汽车等产业为重点，厚植制造业高质量发展新动能。通过激发企业创新活力、推进企业改造、壮大龙头企业以及加快与服务业融合发展和对外开放，大力培育新能源装备、工程机械、物联网、高端纺织、前沿新材料、生物医药和新型医疗器械、集成电路、海工装备和高技术船舶、高端装备、节能环保、核心信息技术、汽车及零部件、新型显示等13个先进制造业集群。江苏省重化工产业规模产值较高，重化工产业绿色转型升级成为制造业高质量发展一大难点，江苏省因此正大力推进钢铁行业排放改造，促进石化、建材、印染等重点行业清洁生产和园区化发展。江苏省对制造业高质量发展进行了较为系统的布局，为先进制造业和传统制造业高质量发展营造了良好的政策环境。

浙江省出台了10项制造业高质量发展政策文件，为长江经济带沿线地区出台相关政策最多的省份。浙江省在互联网、大数据、云计算等新一代信息技术产业领域具有较坚实的产业基础，尤为重视信息技术在推进制造业高质量发展中的作用，出台了有关5G产业与工业互联网促进制造业高质量发展的实施意见。浙江省在布局当前制造业高质量发展的重点领域时，积极谋划建设未来产业先导区，培育人工智能、航空航天、生物工程、量子信息、柔性电子、前沿新材料等重量级制造业未来产业。浙江省不仅限于从具体产业层面布局制造业高质量发展思路，还注重高能级产业平台打造，制造业高质量发展政策环境趋于成熟稳定。

安徽省出台 5 项关于制造业高质量发展政策文件。安徽省侧重打造精品制造，着力提升制造业精品在质量、标准、管理、品牌等方面核心竞争力，将精品制造工程作为引领制造强省建设新标杆、产业发展新增量和高质量发展新载体。一方面推广国际先进生产标准，着力提升家用电器、消费类电子产品、服装服饰产品等重点传统制造行业供给质量；另一方面推进精品制造模式创新，依托互联网、大数据和工业云平台，发展企业间协同研发、众包设计、供应链协同等新模式。安徽省高度重视谋划先进制造业集群，提出在智能家电、新型显示、芯片、新能源汽车、工业机器人和人工智能等领域，打造一批具有重要影响力的新兴产业集群。安徽省经济发展程度相对较低，注重借助国际先进制造资本及技术支持制造业高质量发展，鼓励外商投资进入新一代信息技术、人工智能、生物医药和新能源新材料制造业项目。安徽省制造业高质量发展遵循从传统制造业到先进制造业循序渐进的整体思路，积极融入长三角地区，借助邻近发达地区与国际先进资本及技术加速本省制造业高质量发展进程。

江西省出台 7 项关于制造业高质量发展政策文件。作为中游地区制造业基础较为薄弱的省份，江西省制造业发展不平衡不充分，产业不大不强、质效不高不优等问题还较突出，高质量发展任务艰巨。江西省坚持贯彻落实新发展理念，大力推动制造业创新驱动与转型升级发展，加快绿色化改造，扩大制造业开放合作。在传统制造业转型升级方面，江西省加强互联网、大数据、工业设计等推广应用，着力延伸产业链，提升汽车及零部件、有色金属、石油化工、钢铁、纺织产业价值链，淘汰落后产能，推动传统产业高端化。在新兴经济动能培育方面，深入实施"互联网＋"行动计划，加快发展工业互联网，积极培育新技术、新业态、新模式、新产业，打造数字经济新动能。制造业是江西省"2＋6＋N"高质量发展产业体系的主体，严格按照新发展理念布局制造业高质量发展，强化改革推动、创新驱动、融合互动、绿色促动、开放带动、安全联动，制造业高质量发展政策环境持续优化。

湖南省出台 6 项关于制造业高质量发展政策文件。为保障高质量发展理念和政策精准落地,湖南省围绕贯彻落实新发展理念,专门制定了湖南省整体和市州高质量发展指标体系,为制造业高质量发展评价指标体系建构提供了指导借鉴,有利于明确制造业高质量发展的着力点。同时,湖南省是沿线省市唯一出台以长江经济带发展战略推动高质量发展相关政策的省份,强调坚定不移地以生态优先绿色发展理念为指导,深化供给侧结构性改革,推动水泥、煤炭、烟花、造纸等领域过剩产能退出和落后产能淘汰,深入推进"互联网 +"行动,大力发展大数据、人工智能、5G 应用等新兴产业,加快制造业高质量发展。湖南省作为国家装备制造业基地,在谋划布局制造业高质量发展过程中,更加凸显制造业创新驱动发展理念,致力于优化高技术制造业政策环境,增强制造业高质量发展后劲。

湖北省出台 9 项关于制造业高质量发展政策文件。湖北省大力实施质量强省战略,推进"万企万亿技改工程",加快传统产业转型升级,促进湖北制造向湖北创造、湖北速度向湖北质量、制造大省向制造强省转变。围绕提升制造业发展质量和效益,湖北省重点谋划集成电路、新一代信息技术、智能制造、汽车、数字、生物、新能源与新材料、航天航空等产业集群,基本形成制造业高质量发展的基础支撑。湖北省加快构建制造业高质量发展的评价体系,在长江经济带沿线 11 省市中最早建立高质量发展评价考核指标体系,特别是凸显质量和效益导向,对涉及的 22 项评价指标均赋予了相应权重,有力确保了制造业高质量发展评价的可操作性和精准性。湖北省制造业高质量发展立足自身产业根基,发挥科技创新和政策支撑作用,稳步推进制造业高质量发展进程。

重庆市也出台 9 项关于制造业高质量发展政策文件。电子信息、汽摩产业为重庆市制造业主要支柱产业,故而重庆市制造业高质量发展重点集中于对传统制造业的做优做强,深挖传统制造业高质量发展潜力。在巩固提升传统制造业发展质量基础上,进一步系统提升制造业创新能力、现代金融保障能力和高素质人才供给能力,加快建设先进制造、科技创新、现代金融和人力资源协同发展的良好生态,促进各类高端要素加速集聚,奠定制造业高质量发展要素基础。加快推动智能化技术和节能环保技术在制造业中深度融合渗透，发展智能制造、绿色制造先进生产方式，全面提升生产效率、产品质量，促进制造业与服务业价值链深度耦合，在降低要素投入的条件下实现制造业效益提升。重庆市制造业高质量发展政策的对象主体为传统支柱产业，着眼于提升汽车、生物医药、消费品制造等产业效益，而新型产业高质量发展动能培育尚不成熟，先进制造业高质量发展布局政策体系初步形成。

四川省出台5项关于制造业高质量发展政策文件。《中国制造2025四川行动计划》是四川省制造业高质量发展的基本方略，强调以重点项目带动制造业集群发展，增强制造业核心竞争力，重点发展电子信息、装备制造、食品饮料、先进材料、能源化工等万亿级支柱产业，重点培育新能源汽车、节能环保、生物医药、轨道交通、动力及储能电池等具有发展潜力的新兴产业，基本建立"5+1"现代产业体系。同时，在"生态优先、绿色发展"战略定位下，作为全国化工生产和研发基地，四川省着力提升化工产业绿色生产能力，通过打造基地、做强产业链、培育企业，加快化工新材料、精细化工发展，实现废弃物减量化、资源化。制造业高质量发展是四川省经济高质量发展的组成部分，把特色优势产业和数字经济主导的战略性新兴产业作为主攻方向，增强制造业创新发展和低碳循环发展能力。

贵州省出台3项关于制造业高质量发展政策文件。贵州省经济发展相对滞后，制造能力在长江经济带沿线省市中处于靠后位置，且资源环境承载能力相对较弱，因此将推动制造业绿色化发展作为高质量发展的主攻方向。贵州省统筹推进绿色产品、绿色工厂、绿色园区和绿色供应链全面发展，全力打造高效、清洁、低碳、循环的贵州绿色制造体系。贵州省制造业绿色发展主战场仍在传统制造业，特别是煤炭、电力、化工、冶金、有色、建材等高能耗产业，通过应用先进绿色生产技术，加快传统产业技术升级、设备更新、数字化和绿色低碳改造，提升资源能源利用水平。同时，积极鼓励外资投资先进制造业领域，对在新一代信息技术、智能装备、生物医药、新能源、新材料等大型制造业中的投资项目给予个性化扶持政策，借力高水平开放助推制造业高质量发展。贵州省自身制造业基础薄弱，在布局制造业高质

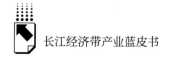

量发展过程中，着重于解决制造业技术滞后与制造业生态环境问题，注重引进国际先进资本和技术。

云南省出台6项关于制造业高质量发展政策文件。资源型产业和轻工制造业是云南省制造业主体，云南省制造业高质量发展政策重点主要在于依托互联网、云计算、人工智能等新兴技术充分挖掘传统制造业创新潜能。云南省推进烟草、绿色能源、有色金属、绿色食品、先进装备制造等重点行业骨干企业实施数字化、网络化、智能化改造工程，深入推进工业互联网创新发展。与贵州省相同，结合自身的沿边开放优势，云南省鼓励国外先进资本和技术进入先进制造业领域，鼓励园区升级完善招商引资配套设施，支持培育壮大一批聚集高新技术产业、高端制造业、高技术研发机构的园区，促进加工制造贸易向全球价值链、产业链中高端迈进。云南省制造业高质量发展政策重点不在于谋划信息技术、计算机设备、航空航天等高技术制造业集群，而是更多立足于自身的生物、烟草、食品、能源等特色产业，以更加有效地发挥制造业高质量发展政策效应。

综上所述，长江经济带沿线11省市均高度重视本省制造业高质量发展问题，将其作为经济高质量发展的重要抓手来重点谋划、重点布局、重点推动，以深化供给侧结构性改革为主攻方向，努力提升制造业供给质量。如表2所示，沿线11省市制造业高质量发展政策文件呈现三个显著的特点：一是制造业基础雄厚的省市侧重于布局先进制造业，上海、江苏等制造业强省（市）高技术制造企业较为密集，政策重点集中于人工智能、生物医药、新能源汽车等先进制造业和战略性新兴产业，积极布局未来产业；二是制造业生产较弱的省份侧重于提升传统制造业质量和效益，江西、贵州、云南等经济欠发达省份，资源型和劳动密集型制造业比重较高，资源消耗和污染排放较为严重，其制造业高质量发展方向更多为推广应用先进生产技术对传统制造业进行改造升级，释放传统制造业高质量发展潜力；三是沿海沿边省份注重利用外资驱动制造业高质量发展，江苏、浙江、云南等沿海沿边省份处于对外开放的最前沿，便于引进国际资本，尤为重视对国际先进制造技术和资本的引进，以加快高技术制造业发展壮大。

表2　长江经济带沿线11省市出台的关于制造业高质量发展的相关政策文件

省市	数量	文件名称
上海	7	《关于加快推进上海人工智能高质量发展的实施办法》(2018)、《促进上海市生物医药产业高质量发展行动方案(2018—2020年)》(2018)、《关于本市促进资源高效率配置推动产业高质量发展的若干意见》(2018)、《关于全力打响上海"四大品牌"率先推动高质量发展的若干意见》(2018)、《上海市人民政府关于加快本市高新技术企业发展的若干意见》(2018)、《上海市人民政府办公厅关于成立上海市制造业高质量发展领导小组的通知》(2019)、《上海市贯彻落实〈中共中央　国务院关于推动高质量发展的意见〉工作方案》(2019)
江苏	7	《关于加快培育先进制造业集群的指导意见》(2018)、《江苏省人民政府关于推动生物医药产业高质量发展的意见》(2018)、《江苏省工业设计高质量发展三年行动计划(2019—2021年)》(2019)、《江苏省推进高新技术企业高质量发展的若干政策》(2019)、《中共江苏省委　江苏省人民政府关于推动开放型经济高质量发展若干政策措施的意见》(2019)、《关于促进新能源汽车产业高质量发展的意见》(2019)、《江苏省政府关于推进绿色产业发展的意见》(2020)
浙江	10	《浙江省质量提升三年行动计划(2017—2019年)》(2017)、《浙江省加快传统制造业改造提升行动计划(2018—2022年)》(2018)、《中共浙江省委　浙江省人民政府关于开展质量提升行动的实施意见》(2018)、《浙江省人民政府关于全面加快科技创新推动高质量发展的若干意见》(2018)、《浙江省人民政府关于加快发展工业互联网促进制造业高质量发展的实施意见》(2018)、《浙江省人民政府关于加快推进5G产业发展的实施意见》(2019)、《浙江省汽车产业高质量发展行动计划(2019—2022年)》(2019)、《浙江省人民政府办公厅关于高质量建设"万亩千亿"新产业平台的指导意见》(2019)、《浙江省"万亩千亿"新产业平台建设导则(试行)》(2019)、《中共浙江省委　浙江省人民政府关于以新发展理念引领制造业高质量发展的若干意见》(2020)
安徽	5	《安徽省五大发展行动计划(修订版)》(2017)、《"安徽工业精品"提升行动计划(2018—2022年)》(2018)、《中共安徽省委安徽省人民政府　关于促进经济高质量发展的若干意见》(2018)、《安徽省人民政府关于推进重大新兴产业基地高质量发展若干措施的通知》(2019)、《安徽省人民政府关于积极有效利用外资推动经济高质量发展的实施意见》(2018)
江西	7	《中共江西省委　江西省人民政府关于深入实施工业强省战略推动工业高质量发展的若干意见》(2018)、《关于进一步扩大开放推动经济高质量发展的若干措施》(2018)、《江西省"2+6+N"产业高质量跨越式发展行动计划(2019—2023年左右)》(2019)、《江西省人民政府关于支持赣东经济转型加快发展的若干意见》(2019)、《江西省关于深化科技体制机制改革加快高质量发展的实施意见》(2020)、《江西省新能源产业高质量跨越式发展行动方案》(2020)、《江西省生态环境厅以生态环境高水平保护助推江西高质量跨越式发展20条措施》(2020)

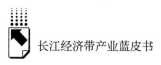

续表

省市	数量	文件名称
湖南	6	《中共湖南省委关于坚持生态优先绿色发展深入实施长江经济带发展战略大力推动湖南高质量发展的决议》(2018)、《湖南省人民政府关于推动创新创业高质量发展打造"双创"升级版的实施意见》(2019)、《湖南省高质量发展监测评价指标体系(试行)》(2019)、《湖南省大数据产业发展三年行动计划(2019—2021年)》(2019)、《湖南省人工智能产业发展三年行动计划(2019—2021年)》(2019)、《湖南省5G应用创新发展三年行动计划(2019—2021年)》(2019)
湖北	9	《湖北省工业经济稳增长快转型高质量发展工作方案(2018—2020年)》(2018)、《湖北省高质量发展评价与考核办法(试行)》(2018)、《湖北省开展质量提升行动加快建设质量强省实施方案》(2018)、《湖北省人民政府关于全面落实积极财政政策聚力增效促进高质量发展的意见》(2018)、《湖北省人民代表大会关于大力推动新时代湖北高质量发展的决定》(2019)、《湖北省人民政府办公厅关于推进供应链创新与应用推动经济高质量发展的实施意见》(2019)、《关于推进全省十大重点产业高质量发展的意见》(2019)、《中共湖北省委关于落实促进中部地区崛起战略推动高质量发展的意见》(2019)、《中共湖北省委 湖北省人民政府关于加强科技创新引领高质量发展的若干意见》(2019)
重庆	9	《重庆市以大数据智能化为引领的创新驱动发展战略行动计划(2018—2020年)》(2018)、《重庆市人民政府办公厅关于加快汽车产业转型升级的指导意见》(2018)、《重庆市绿色制造体系建设三年行动计划(2018—2020年)》(2018)、《重庆市推动制造业高质量发展专项行动方案(2019—2022年)》(2019)、《重庆市人民政府办公厅关于加快生物医药产业发展的指导意见》(2019)、《重庆市人民政府关于加快推进农业机械化和农机装备产业转型升级和实施意见》(2019)、《重庆市氢燃料电池汽车产业发展指导意见》(2020)、《重庆市人民政府办公厅关于推进金融科技应用与发展的指导意见》(2020)、《重庆市推动消费品工业高质量发展行动计划(2020—2022年)》(2020)
四川	5	《中共四川省委关于全面推动高质量发展的决定》(2018)、《中共四川省委 四川省人民政府关于加快构建"5+1"现代产业体系推动工业高质量发展的意见》(2018)、《四川省超高清视频产业发展行动计划(2019—2022年)》(2019)、《四川省5G产业发展行动计划(2019—2022年)》(2019)、《绿色化工产业培育方案》(2019)
贵州	3	《贵州省绿色制造三年行动计划(2018—2020年)》(2018)、《贵州省人民政府关于推动创新创业高质量发展打造"双创"升级版的实施意见》(2019)、《贵州省人民政府关于加大利用外资力度推动经济高质量发展的实施意见》(2019)
云南	6	《云南省人民政府关于积极有效利用外资促进外资增长推动经济高质量发展的实施意见》(2018)、《云南省人民政府关于加快生物医药产业高质量发展的若干意见》(2019)、《云南省支持烟草产业高质量发展若干政策措施》(2019)、《云南省煤炭产业高质量发展三年行动计划(2019—2021年)》(2019)、《云南省关于推进蔗糖产业高质量发展的实施意见》(2019)、《云南省人民政府关于推动创新创业高质量发展打造"双创"升级版的实施意见》(2020)

资料来源：根据长江经济带沿线11省市出台的相关政策文件内容整理。

（三）推动长江经济带制造业高质量发展的实践要义

新发展理念是长江经济带制造业高质量发展的指挥棒，推行制造业高质量发展政策实践必须紧扣创新、协调、绿色、开放、共享发展理念。加快长江经济带制造业高质量发展，必须深化供给侧结构性改革，将高质量发展重心转到实体经济，建设现代化经济体系，把提升制造业发展质量和效益作为主攻方向，使其成为国家建设制造业强国的引领。基于此，本报告认为推动长江经济带制造业高质量发展的实践要义主要包含以下五个方面。

1. 创新驱动产业升级

着力提升制造业技术创新能力，增强长江经济带制造业高质量发展的核心竞争力。长江经济带作为国家建设制造强国的主战场，在制造业核心技术、关键工艺和重大技术装备等领域还存在较多瓶颈。积极谋划布局高端先进制造业，在人工智能、大数据、集成电路、新能源汽车、生物医药等领域促进各类高端生产要素集聚，结合自身产业基础，培育未来产业，有重点地发展若干创新能力较强的先进制造业集群。发挥制造业企业技术创新的主体作用，鼓励企业牵头组建创新联合体，采取企业主导、院校合作、多元投资、成果分享的模式，承担重大科技项目和重大工程任务，加快突破关键核心技术。

2. 绿色转型增强基础

推动制造业绿色转型升级发展，是长江经济带制造业高质量发展的题中应有之义。"生态优先、绿色发展"是长江经济带发展的战略定位，也是长江经济带制造业高质量发展的必然要求，强调在提升制造业质量效益过程中降低资源环境容量消耗。加快传统制造业绿色转型升级，推广应用节能节水技术对钢铁、电解铝、化工、建材等传统高能耗产业进行技术改造，依据法律法规和环保、质量、安全、能效等综合标准淘汰落后产能，化解过剩产能，挖掘绿色制造潜能。培育壮大绿色高技术制造业，大力发展新能源汽车、节能家电与办公设备、新型节能建材等节能环保制造业集群，鼓励企业采用第三方服务模式，促进节能环保产业快速发展。建立健全绿色制造体系，围绕绿色设计平台建设、绿色关键工艺突破、绿色供应链构建，打造一批具有示范带动作用的绿色产品、绿色工厂、绿色园区和绿色产业链。

3. 协同发展释放合力

加快实体经济与新兴业态融合发展，是长江经济带制造业高质量发展的有效途径。全球经济正加速向以协同融合为特征的数字经济、智能经济转型，长江经济带制造业应积极主动适应制造业融合化发展趋势，推动制造业与新一代信息技术融合发展。加快推进制造业与现代服务业融合发展，围绕研发设计、绿色低碳、现代供应链、人力资源服务、检验检测、品牌建设、融资租赁、电子商务等，大力发展生产性服务业。拓展制造业服务价值，从以加工组装为主向"制造+服务"转型，增加服务要素在制造业投入产出中的比重，从单纯出售产品向出售"产品+服务"转变。加快推进互联网与制造业融合发展，建设一批智能工厂/数字化车间（仓储），培育壮大智能制造示范企业，培育发展网络化协同研发制造、大规模个性化定制、云制造等智能制造新业态新模式，构建友好监管环境，提高先进制造业与现代服务业融合发展水平。

4. 扩大开放集聚要素

引进国际先进资本和技术，为长江经济带制造业高质量发展注入外部活力。开放是促进企业国际竞争力的必由之路，在开放中融入全球产业链，通过持续优胜劣汰确立并提升长江经济带制造业企业的国际地位，以高水平开放推动制造业高质量发展。大力做好招商引资，把招商引资工作摆在更加突出的位置，坚持引资、引技、引才并重，瞄准重点行业的国内外领军企业和关键核心零部件制造企业，加快引进一批支撑制造业高质量发展的主导项目，加强与国外企业对接，补齐先进制造业产业链短板。优化外资经营环境，全面贯彻准入前国民待遇加负面清单管理制度，负面清单之外领域不得增设门槛，全面落实新一代信息技术、智能装备、生物医药、新能源、新材料等行业开放政策，吸引高端先进制造业外国企业进入长江经济带，对内外资制造企业一视同仁，保障先进制造业外资企业引得进、留得住、发展好。

5. 共享制造提升效率

积极发展共享制造，提升长江经济带制造业高质量发展要素配置效率。共享制造是新一代信息技术与制造业融合发展的新业态，着眼于制造业创新能力、生产能力和服务能力共享共用，从而提升制造业产出效率。联合打造科技创新平台，促进各类创新资源整合，建设高水平的产业技术创新共享平台，组建制造业技术创新联盟，相关企业共享共用科技创新成果，提升制造业创新成果的利用效率和市场化价值。打造共享制造设施平台，聚焦加工制造能力的共享创新，重点发展汇聚生产设备、专用工具、生产线等制造资源的共享平台，发展多工厂协同的共享制造服务，发展集聚中小企业共性制造需求的共享工厂，发展以租代售、按需使用的设备共享服务。优化对制造业的共享服务，围绕物流仓储、产品检测、设备维护、验货验厂、供应链管理、数据存储与分析等制造业企业普遍存在的生产性服务需求，整合海量社会制造业服务资源，探索发展集约化、智能化、个性化的生产制造服务能力共享。

二 长江经济带制造业绿色发展绩效评估与提升对策

党的十八大以来，习近平总书记强调坚持新发展理念。绿色发展是新发展理念的一个关键领域，是推进生态文明建设的必然要求。制造业是国民经济的根基，是我国经济高质量发展的重要支撑。绿色制造是生态文明建设的重要内容，也是制造业转型升级的必由之路（贾军，2016）。研究长江经济带制造业绿色发展，对促进长江经济带制造业高质量发展，具有重要的理论意义和实践价值（江小国等，2019）。

（一）长江经济带制造业绿色发展绩效评估

1. 长江经济带制造业绿色发展现状

采用长江经济带沿线 11 省市制造业单位二氧化碳排放量的销售产值，

作为制造业能源利用效率的代理变量，侧面衡量长江经济带制造业绿色发展现状。

从全国层面来看，全国各省区市制造业平均碳排放量呈先升后降再升的趋势，2014年达到最高点，为1.11亿吨左右；长江经济带沿线各省市制造业平均碳排放量呈先上升后波动平稳的态势，2015年达到最高点，和全国平均水平相同；长江经济带以外地区呈先上升后下降的趋势，2014年达到最高点，为1.12亿吨左右（见图1）。2012~2014年，制造业平均碳排放量从高到低排序为：长江经济带以外地区、全国、长江经济带；2015~2018年，制造业平均碳排放量从高到低排序为：长江经济带、全国、长江经济带以外地区。关于制造业单位碳排放量产值，三类地区均保持上升趋势，其中长江经济带高于全国及长江经济带以外地区，说明长江经济带制造业能源利用效率较高。

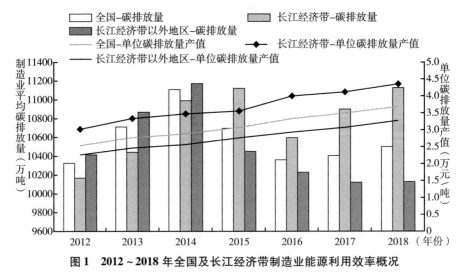

图1 2012~2018年全国及长江经济带制造业能源利用效率概况

资料来源：2012~2016年和2018年数据根据《中国工业统计年鉴》（2013~2017）、《中国经济普查年鉴》（2018）测算整理，2017年数据利用各省区市2018年统计年鉴获得，部分缺失值采用移动平均法推算得到。下同。

从长江经济带层面来看，2012~2018年上中下游地区和沿线11省市制造业能源利用效率均呈上升趋势，下游地区能源利用效率显著高于中游和上游地区（见表 3）。能源利用效率明显较高的省市包括上海、浙江、江苏、安徽、湖北和重庆等，能源利用效率增长较快的省市包括浙江、湖北、重庆和贵州等。

表 3　2012～2018 年长江经济带沿线 11 省市制造业能源利用效率概况

单位：万元/吨

地区	2012 年	2013 年	2014 年	2015 年	2016 年	2017 年	2018 年
上海	5.285	5.265	5.366	5.192	5.839	6.446	6.301
浙江	6.085	5.847	6.841	6.926	8.113	8.622	9.029
江苏	5.771	5.512	5.336	4.860	6.212	6.418	6.171
安徽	3.050	3.246	3.203	3.340	3.647	4.184	4.146
下游地区	5.247	5.127	5.164	4.924	5.896	6.279	6.162
江西	2.790	2.519	2.822	2.978	3.267	3.541	3.602
湖北	1.918	3.000	3.302	3.634	3.938	3.957	4.625
湖南	2.365	2.999	3.109	3.274	2.939	2.733	3.085
中游地区	2.244	2.857	3.095	3.315	3.372	3.355	3.771
四川	1.493	1.634	1.733	1.900	2.144	2.358	2.479
重庆	1.701	2.602	2.478	2.856	4.380	4.833	5.278
贵州	0.768	0.919	1.067	1.423	1.644	1.915	2.116
云南	0.795	0.880	0.936	0.958	0.910	0.831	0.914
上游地区	1.277	1.505	1.602	1.813	2.090	2.228	2.425

资料来源：根据测算结果整理。

2. 长江经济带制造业绿色全要素生产率评估方法和数据来源说明

学术界关于绿色全要素生产率（GTFP）的研究方法大多基于全要素生产率（TFP）的测算模型，进一步考虑环境影响、污染排放等非期望产出。传统的全要素生产率测算方法采用柯布－道格拉斯（Cobb-Douglas）生产函数模型，但难以把污染物排放纳入生产率测算框架中。数据包络分析（DEA）及其衍生方法可以将非期望产出纳入核算体系之中，本报告采用基于非径向、非角度 SBM 方向性距离函数的 Malmquist-Luenberger（ML）生产率指数测度制造业绿色全要素生产率。

SBM 模型假设有 n 个决策单元（DMUs），每一个都有投入、合意产出和非合意产出，分别用以下三个向量表示：$x \in R^m$，$y^g \in R^{s_1}$ 和 $y^b \in R^{s_2}$。定义矩阵 $X = [x_1, \cdots, x_n] \in R^{m \times n} > 0$，$Y^g = [y_1^g, \cdots, y_n^g] \in R^{s_1 \times n} > 0$ 以及 $Y^b = [y_1^b, \cdots, y_n^b] \in R^{s_2 \times n} > 0$，生产可能集合（$P$）定义为：

$$P = \{(x, y^g, y^b) \mid x \geqslant X\lambda, y^g \leqslant Y^g\lambda, y^b \geqslant Y^b\lambda, \lambda \geqslant 0\} \tag{1}$$

若决策单元 (x_0, y_0^g, y_0^b) 是有效的，则不存在其他向量组合 (x, y^g, y^b) 满足下列条件：$x_0 \geqslant x$，$y_0^g \leqslant y^g$ 以及 $y_0^b \geqslant y^b$，且至少有一个条件为严格不等号。根据上述有效决策单元的定义，SBM 模型求解如下所示：

$$[SBM]\rho^* = \min \frac{1 - \dfrac{1}{m}\sum_{i=1}^{m}\dfrac{s_i^-}{x_{i0}}}{1 + \dfrac{1}{s_1+s_2}\left(\sum_{r=1}^{s_1}\dfrac{s_r^g}{y_{r0}^g} + \sum_{r=1}^{s_2}\dfrac{s_r^b}{y_{r0}^b}\right)}$$

$$\text{s. t.} \quad x_0 = X\lambda + s^-$$
$$y_0^g = Y^g\lambda - s^g$$
$$y_0^b = Y^b\lambda + s^b$$
$$s^- \geqslant 0, s^g \geqslant 0, s^b \geqslant 0, \lambda \geqslant 0 \tag{2}$$

基于 SBM 模型，通过 Malmquist-Luenberger（ML）指数计算制造业绿色全要素生产率。从 t 到 $t+1$ 期的 ML 指数可以表示为：

$$ML(x^t, y^{gt}, y^{bt}; x^{t+1}, y^{gt+1}, y^{bt+1}) = \left[\frac{\overrightarrow{D_0^t}(x^{t+1}, y^{gt+1}, y^{bt+1})}{\overrightarrow{D_0^t}(x^t, y^{gt}, y^{bt})} \times \frac{\overrightarrow{D_0^{t+1}}(x^{t+1}, y^{gt+1}, y^{bt+1})}{\overrightarrow{D_0^{t+1}}(x^t, y^{gt}, y^{bt})}\right]^{\frac{1}{2}} \tag{3}$$

ML 指数可以进一步利用乘法分解为效率变化（EC，efficiency change）和技术变化（TC，technological change），效率变化指资源配置效率变化，技术变化表示技术进步。

$$EC_t^{t+1} = \frac{\overrightarrow{D_0^{t+1}}(x^{t+1}, y^{gt+1}, y^{bt+1})}{\overrightarrow{D_0^t}(x^t, y^{gt}, y^{bt})} \tag{4}$$

$$TC_t^{t+1} = \left[\frac{\overrightarrow{D_0^t}(x^{t+1}, y^{gt+1}, y^{bt+1})}{\overrightarrow{D_0^{t+1}}(x^{t+1}, y^{gt+1}, y^{bt+1})} \times \frac{\overrightarrow{D_0^t}(x^t, y^{gt}, y^{bt})}{\overrightarrow{D_0^{t+1}}(x^t, y^{gt}, y^{bt})}\right]^{\frac{1}{2}} \tag{5}$$

本报告测算制造业绿色全要素生产率共包含 3 类变量：投入（x）、合意产出（y^g）以及非合意产出（y^b）。其中：

投入为资本存量、劳动力投入和能源消耗。制造业资本存量根据利用固定资产价格指数平减后的制造业固定资产投资计算，折旧率选取 5%，计算方法为永续盘存法；劳动力投入选取制造业平均用工人数衡量；能源消耗利用制造业二氧化碳排放量衡量。

合意产出为制造业产值，由于制造业总产值数据缺失，因此采用制造业销售产值替代。

非合意产出为废水、废气和固体废物排放量，由于缺乏各省区市制造业废水、废气和固体废物排放数据，因此采用工业废水排放量、工业废气排放量和一般工业固体废物产生量替代。

本报告利用 2012～2018 年全国 31 个省区市（不含港澳台）3 类变量共 7 个指标，测算 2013～2018 年全国、长江经济带及沿线 11 省市制造业全要素生产率及其分解。其中，资本存量、劳动力投入和制造业产值来源于《中国工业统计年鉴》（2013～2017），2017 年数据根据各省区市统计年鉴整理，2018 年数据根据《中国经济普查年鉴》（2018）测算整理；工业废水排放量、工业废气排放量和一般工业固体废物产生量来源于《中国环境统计年鉴》（2013～2016），2016～2018 年数据根据各省区市统计年鉴整理；制造业二氧化碳排放量根据国家统计局的能源统计数据计算而得。

3. 长江经济带制造业绿色全要素生产率评估结果与分析

总体来看，2013～2018 年全国、长江经济带及长江经济带以外地区制造业绿色全要素生产率均大于 1，分别以 7.5%、8.7% 和 6.8% 的速率增长（见表 4）。长江经济带制造业绿色全要素生产率均值为 1.087，高于全国和长江经济带以外地区的平均水平，侧面反映长江经济带绿色发展水平提升显著。从分解结果看，2013～2018 年全国、长江经济带及长江经济带以外地区制造业资源配置效率和技术进步水平均值都大于 1。长江经济带制造业资源配置效率和技术进步分别保持 3.1% 和 5.9% 的速率增长，低于全国平均水平 11.2% 和 9.6%，部分年份存在资源配置效率和技术进步下降的现象。

全国和长江经济带以外地区制造业绿色全要素生产率主要驱动力是效率变化，而长江经济带为技术变化。

分地区来看，2013～2018 年长江经济带制造业绿色全要素生产率呈"下游、中游、上游"梯度递减的态势，下游地区是引领长江经济带制造业绿色发展的龙头地区。中下游地区制造业绿色全要素生产率大于1，分别以23.8% 和8.4% 的速率增长，而上游地区小于1，年均下降6.3%。从分解结果看，长江经济带制造业资源配置效率平均水平均高于1，年均增速均小于5%，呈"上游、下游、中游"梯度递减的态势；技术进步与绿色全要素生产率变化特征一致。长江经济带中下游地区制造业绿色全要素生产率主要驱动力为技术变化，而上游地区为效率变化。

表4　2013～2018 年全国、长江经济带及长江经济带以外地区制造业绿色全要素生产率

地区	指数	2013 年	2014 年	2015 年	2016 年	2017 年	2018 年	均值
全国	GTFP	1.154	1.060	0.975	1.151	1.074	1.036	1.075
	EC	1.025	0.984	1.012	1.011	1.383	1.257	1.112
	TC	1.140	1.083	0.971	1.363	1.038	0.983	1.096
长江经济带	GTFP	1.122	1.074	0.939	1.197	1.153	1.033	1.087
	EC	0.982	1.042	0.980	1.161	1.077	0.944	1.031
	TC	1.138	1.029	0.972	1.025	1.093	1.095	1.059
下游地区	GTFP	1.225	1.157	0.929	1.351	1.367	1.398	1.238
	EC	0.975	1.016	0.880	1.192	1.071	1.085	1.037
	TC	1.256	1.139	1.069	1.117	1.266	1.313	1.194
中游地区	GTFP	1.151	1.089	1.041	1.150	1.091	0.983	1.084
	EC	0.965	1.071	1.141	1.067	0.915	0.902	1.010
	TC	1.198	1.021	0.922	1.073	1.212	1.097	1.087
上游地区	GTFP	0.998	0.979	0.873	1.079	0.986	0.706	0.937
	EC	1.004	1.047	0.958	1.201	1.205	0.834	1.042
	TC	0.974	0.924	0.913	0.897	0.830	0.874	0.902
长江经济带以外地区	GTFP	1.172	1.052	0.995	1.125	1.027	1.038	1.068
	EC	1.050	0.951	1.031	0.924	1.560	1.439	1.159
	TC	1.141	1.114	0.970	1.559	1.007	0.919	1.118

注：效率变化（EC）衡量资源配置效率水平，技术变化（TC）衡量技术进步水平。
资料来源：根据测算结果整理。

如表 5 所示，2013 ~ 2018 年长江经济带沿线 11 省市制造业绿色全要素生产率地区差异性显著。制造业绿色全要素生产率均值高于 1 的省市有 9 个，上海最高，为 1.529；制造业绿色全要素生产率均值低于 1 的省市有 2 个，贵州最低，为 0.409。长江经济带大多数省市制造业绿色全要素生产率保持稳定增长，上海、江苏、安徽、湖南、重庆等省市制造业绿色发展水平较高。

表 5　2013 ~ 2018 年长江经济带沿线 11 省市制造业绿色全要素生产率

地区	2013 年	2014 年	2015 年	2016 年	2017 年	2018 年	均值
上海	1.543	1.410	0.662	1.971	1.942	1.649	1.529
浙江	1.053	1.113	1.010	1.152	1.016	1.075	1.070
江苏	1.159	1.015	1.009	1.075	1.333	1.384	1.163
安徽	1.146	1.089	1.036	1.206	1.179	1.485	1.190
江西	1.055	1.081	0.960	0.947	1.165	1.057	1.044
湖北	1.206	1.083	1.086	1.157	0.924	0.951	1.068
湖南	1.192	1.104	1.078	1.346	1.185	0.940	1.141
四川	1.211	1.092	0.832	1.430	1.080	0.972	1.103
重庆	1.275	1.203	1.178	1.354	1.314	1.109	1.239
贵州	0.400	0.585	0.502	0.485	0.337	0.143	0.409
云南	1.108	1.036	0.981	1.049	1.213	0.599	0.998

资料来源：根据测算结果整理。

2013 ~ 2018 年长江经济带沿线 11 省市制造业资源配置效率水平多数较低，沿线 11 省市资源配置效率水平均处于 [0.972，1.126] 区间，变化幅度不大（见表 6）。安徽和重庆制造业资源配置效率均值分别为 1.126 和 1.120，说明分别以 12.6% 和 12.0% 的年速率增长，因此，安徽和重庆制造业绿色全要素生产率在长江经济带沿线 11 省市中排名较高。浙江、湖北和贵州制造业资源配置效率年均值小于 1，均以不超过 3% 的速率下降。

表6 2013～2018 年长江经济带沿线 11 省市制造业资源配置效率变化

地区	2013 年	2014 年	2015 年	2016 年	2017 年	2018 年	均值
上海	0.980	1.006	0.581	1.510	1.147	0.977	1.034
浙江	0.926	1.033	0.870	1.136	0.978	0.890	0.972
江苏	0.984	1.002	1.009	0.996	1.039	1.057	1.015
安徽	1.008	1.021	1.060	1.127	1.122	1.417	1.126
江西	0.947	1.171	1.269	0.966	0.776	1.049	1.030
湖北	1.052	1.011	1.077	1.039	0.941	0.801	0.987
湖南	0.894	1.033	1.077	1.198	1.027	0.856	1.014
四川	1.045	1.166	0.841	1.285	1.049	0.839	1.038
重庆	1.064	1.062	1.168	1.140	1.551	0.734	1.120
贵州	0.886	0.901	0.950	1.187	1.172	0.856	0.992
云南	1.019	1.061	0.871	1.192	1.049	0.907	1.017

资料来源：根据测算结果整理。

2013～2018 年长江经济带沿线 11 省市制造业技术进步水平变化特征与绿色全要素生产率类似，存在显著的地区差异性（见表7）。上海、江苏、湖南和重庆等省市较高，年均增速均高于 10%；贵州和云南较低，均为负增长。由于长江经济带沿线 11 省市制造业资源配置效率水平变化幅度不大，因此，技术进步水平成为驱动长江经济带沿线 11 省市制造业绿色全要素生产率增长的主要因素。

表7 2013～2018 年长江经济带沿线 11 省市制造业技术变化

地区	2013 年	2014 年	2015 年	2016 年	2017 年	2018 年	均值
上海	1.574	1.401	1.139	1.305	1.693	1.687	1.466
浙江	1.136	1.077	1.161	1.014	1.039	1.208	1.106
江苏	1.178	1.013	1.000	1.080	1.282	1.310	1.144
安徽	1.137	1.067	0.977	1.070	1.051	1.048	1.058
江西	1.114	0.923	0.757	0.980	1.502	1.008	1.047
湖北	1.146	1.071	1.009	1.114	0.981	1.187	1.085
湖南	1.333	1.069	1.001	1.124	1.154	1.097	1.130
四川	1.159	0.937	0.988	1.113	1.030	1.159	1.064
重庆	1.199	1.133	1.008	1.188	0.847	1.510	1.147
贵州	0.451	0.649	0.529	0.408	0.288	0.167	0.415
云南	1.087	0.977	1.126	0.880	1.156	0.661	0.981

资料来源：根据测算结果整理。

（二）长江经济带制造业绿色发展面临的主要瓶颈与提升对策

1. 长江经济带制造业绿色发展面临的主要瓶颈

（1）制造业污染排放降低难度偏高。一方面，长江经济带沿线布局了大量的钢铁、化工产业，上游还布局了很多有色行业，环境风险隐患和流域治理难度均较大。另一方面，下游地区高能耗高污染制造业发展的要素成本上升，同时面临更高的治污成本，存在向中上游地区转移的风险。2019年1月12日，推动长江经济带发展领导小组办公室印发《关于发布长江经济带发展负面清单指南（试行）的通知》，随后长江经济带沿线部分省市也出台相关政策。但是，政策施行时间不长，难以对已经转移的高能耗高污染制造业企业进行约束（罗良文等，2019）。2018年4月26日，习近平主持召开深入推动长江经济带发展座谈会，提出要下决心把长江沿岸有污染的企业都搬出去。长江经济带沿线11省市为落实"长江大保护"战略，分别对长江沿线1公里内化工企业实施"关、停、并、转"。部分地方政府在落实时，实行大刀阔斧的"一刀切"政策，难以根治"化工围江"困境，只是促使化工企业转移到离长江更远的内陆地区。从空间范围上限制高能耗高污染产业发展，或是从增加污染企业经营成本角度，均难以实现长江经济带制造业绿色发展，应促进高能耗高污染制造业转型升级，实现绿色技术创新驱动制造业绿色发展（潘为华等，2019）。

（2）资源配置效率制约制造业绿色发展水平提升。长江经济带制造业绿色全要素生产率为8.7%，高于全国平均水平7.5%；但制造业资源配置效率为3.1%，远远低于全国平均水平11.2%。根据ML指数分解结果，长江经济带资本、劳动力、能源等要素资源配置效率偏低，严重影响了制造业绿色发展水平的提升。近十几年来，长江经济带制造业的空间分布及发展态势受到国家政策导向及资源要素价格市场驱动，即受到促进实施西部大开发和中部崛起战略以及沿海地区土地和劳动力价格不断上涨影响。长江经济带下游地区已经进入工业化后期阶段，制造业趋向于向技术密集型、资源节约型、环境友好型转型发展，但资本密集型、资源密集型和劳动力密集型的制造业向中上游地区转移。根据《关于加强长江经济带工业绿色发展的指导意见》中提出的《长江经济带产业转移指南》，要引导资源加工型、劳动密集型和以内需为主的资本、技术密集型产业向中上游有序转移。转移后的制造业产业，尤其是高能耗高污染制造业产业，该如何绿色转型发展，仍然是一个巨大的问题。

（3）上中下游地区绿色发展水平差异性较大。长江经济带制造业绿色全要素生产率呈"下游、中游、上游"梯度递减的态势，地区差异性显著。2013～2018年长江经济带上中下游地区制造业绿色全要素生产率年均增长率分别为－6.3%、8.4%和23.8%，差距明显，发展不平衡不协调问题突出。2016年3月25日审议通过的《长江经济带发展规划纲要》对长江经济带发展的两大重要定位就是生态文明建设的先行示范带和东中西互动合作的协调发展带。长江经济带上中下游之间存在显著的产业梯度和要素禀赋差异，产业能级呈"上游—中游—下游"梯度递增趋势，要素丰裕度则呈"上游—中游—下游"梯度递减趋势，进一步增加长江经济带上中下游地区绿色发展水平的差距。2018年2月13日财政部颁布的《关于建立健全长江经济带生态补偿与保护长效机制的指导意见》提出，建立流域上下游间生态补偿机制，在有条件的地区推动开展省（市）际间流域上下游生态补偿试点，推动上中下游协同发展、东中西部互动合作。目前，跨省域的上下游补偿试点工作还处于准备阶段，生态补偿机制尚未建立。

2. 长江经济带制造业绿色发展的提升对策

（1）加强顶层设计。一是加强推动长江经济带制造业绿色发展顶层设计。促使沿线省市出台相关政策法规和指导意见，明确制造业绿色发展的总体要求、主要目标、重点任务和政策措施，健全完善推进制造业绿色发展的长效机制。长江经济带及沿线11省市制定关于制造业绿色发展的相关政策时，应坚持以制造业绿色转型为主攻方向，推进传统产业绿色改造，加快绿色技术创新水平提升，针对不同产业发展阶段分类精准施策。二是建立健全区域合作机制。促进长江经济带制造业绿色协同发展，构建省市之间、内部的区域合作模式。在《长江经济带产业转移指南》的基础上，沿线各级政府和行业协会应制定更加细致的产业转移规范，促进实现上中下游地区产业布局优化，搭建长江经济带产业转移对接平台，强化产业"转出"和"承接"的协调机制，由两地政府对承接产业进行全面评估，严禁污染产业的梯度转移。通过联合执法，明确行政职责，实现对沿江污染制造业企业无序排放控制的无缝对接。三是完善落实《长江保护法》。以《长江保护法》的制定为契机，共抓长江大保护。推动长江生态保护补偿机制的建立与完善，明确补偿细则，使生态补偿机制的实施精准落地。优化长江大保护制造业布局，按照绿色发展理念的要求推动制造业产业转型升级，严格落实岸线管控要求，牢牢守住安全生产和环境保护底线。

（2）促进制造业绿色化发展。一是推动制造业绿色转型。加大对制造业绿色技术创新资金的投入力度，建立长江经济带制造业绿色发展专项基金，鼓励社会资本参与，推动制造业生产技术更新换代、清洁生产技术研发利用，同时积极寻求生态环保、技术研发等国际项目合作。依托长江经济带沿线省市资源禀赋和发展特点，合理布局生态化产业园，改善产业低质同构现象。二是推动制造业集约化高质量发展。促进长江经济带沿线省市建设国家循环化改造示范园区，加快节能减排、清洁生产、循环化改造等环保技术攻关项目建设，强化资源的综合利用、梯级利用、循环利用，推动园区持续向集约化、绿色化攀升。坚持用市场化、法治化手段，化解过剩产能、淘汰落后产能，为长江经济带制造业集群发展创造空间。三是鼓励发展绿色制造产业。重点发展节能环保、清洁生产、清洁能源等相关绿色制造产业，构建全生命周期绿色制造产业链，以绿色制造推动制造业转型升级。通过绿色设计平台建设、绿色关键工艺突破和绿色供应链建设等措施，实施覆盖全部工艺流程和供需环节的系统集成改造，加快提升长江经济带绿色制造水平。

（3）完善制造业绿色发展体制机制。一是加强绿色产业政策扶持。加快淘汰落后产能，依据综合标准对通用设备制造业，汽车制造业，金属制品业，石油加工、炼焦和核燃料加工业等高能耗高污染产业采取差别化政策措施，高能耗高污染制造业企业要依法关停退出，推动有条件的企业进行转型升级。二是构建绿色财政金融服务体系。全面落实节能环保、清洁生产、清洁能源、生态环境、基础设施绿色升级、绿色服务等领域财税支持政策，将绿色节能产品纳入政府采购。综合运用货币政策工具和配套政策工具，保持资本市场支持制造业供给侧改革充裕的流动性，积极推出绿色债券、绿色信贷产品，提升金融服务实体经济绿色转型发展的水平。三是构建长江经济带绿色制造评价体系。构建统一的绿色工厂、绿色产品、绿色园区、绿色供应链评价标准，以及公开透明的第三评价机制和标准体系，搭建绿色制造公共服务平台，提升绿色制造专业化、市场化公共服务能力，加快绿色制造评价体系建设。

三 长江经济带制造业创新发展绩效评估与提升对策

制造业是创新驱动的主要载体，科技创新是制造业发展的主要力量（庄志彬等，2014）。促进长江经济带制造业创新发展，对中国实施创新驱动发展战略，从"中国制造"迈向"中国创造"，实现到2020年进入创新型国家行列的目标，具有重大意义。

（一）长江经济带制造业创新发展绩效评估

立足全面实现社会主义现代化建设的总体目标，促进长江经济带制造业高质量发展，充分发挥创新驱动的引领作用（杜宇等，2020；曾繁华等，2016），本报告从制造业发展质量、产业结构、创新投入、创新产出四个维度刻画长江经济带制造业创新发展现状。

1. 长江经济带制造业发展质量水平评估

利用制造业人均产值（制造业销售产值/制造业平均用工人数）、制造业销售产值增长率和市场占有率（地区制造业销售产值/全国制造业销售产值）三个指标刻画制造业发展质量。结果显示，2012～2018年全国、长江经济带和长江经济带以外地区制造业人均产值呈现"先趋同，后分化"态势和持续上升趋势（见图2）。2012年三类地区制造业人均产值均为90万元左右，到2018年，长江经济带显著高于全国及长江经济带以外地区。2012～2018年全国、长江经济带和长江经济带以外地区制造业销售产值增长率呈"先急剧下降，后波动上升"的态势。其中，增长率按大小排序为：长江经济带、全国、长江经济带以外地区。

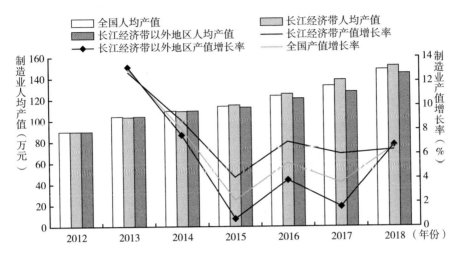

图2　2012～2018 年全国及长江经济带制造业发展质量

资料来源：根据测算结果整理。

2012～2018 年长江经济带上中下游地区制造业人均产值呈上升趋势（见表8）。下游地区制造业人均产值相对较高，增长较快；中游地区制造业人均产值略低于下游地区，但增长缓慢；上游地区制造业人均产值相对较低，但增长速度最快。2012～2018 年长江经济带沿线 11 省市制造业人均产值相对较高的省市有：上海、江苏、安徽、四川、云南。

表8　2012～2018 年长江经济带沿线 11 省市制造业人均产值

单位：万元

地区	2012 年	2013 年	2014 年	2015 年	2016 年	2017 年	2018 年
上海	109.62	119.88	127.57	129.15	139.63	161.75	186.28
浙江	73.70	80.07	84.58	85.74	90.96	96.42	102.13
江苏	99.77	113.37	120.97	127.53	138.15	157.01	184.25
安徽	93.16	107.64	114.46	120.94	134.72	148.72	162.92
下游地区	92.31	103.43	109.94	114.45	123.77	137.81	155.28

续表

地区	2012 年	2013 年	2014 年	2015 年	2016 年	2017 年	2018 年
江西	95. 98	108. 52	116. 59	117. 81	126. 09	133. 86	141. 16
湖北	88. 12	111. 26	110. 82	124. 63	139. 58	144. 77	141. 03
湖南	90. 45	102. 22	107. 80	112. 45	121. 93	131. 20	140. 28
中游地区	90. 84	107. 40	111. 33	118. 57	129. 60	136. 59	140. 80
四川	76. 33	94. 05	103. 09	112. 93	127. 80	143. 86	161. 23
重庆	84. 76	97. 46	106. 74	114. 17	125. 13	135. 43	145. 12
贵州	84. 04	99. 97	103. 68	117. 78	130. 30	141. 59	151. 83
云南	91. 54	104. 28	106. 96	106. 32	115. 75	134. 86	163. 51
上游地区	80. 81	96. 65	104. 58	112. 99	125. 90	140. 00	155. 21

资料来源：根据测算结果整理。

2012～2018 年长江经济带上中下游地区制造业市场占有率呈梯度递增态势（见图3）。下游地区制造业销售产值占全国比重30%左右，江苏占比14%左右，其次是浙江，为6%左右，其他省市市场占有率不高。2012～2018 年长江经济带沿线 11 省市市场占有率呈上升趋势的有安徽、江西、湖南、四川、重庆、贵州，呈下降趋势的有上海和浙江，保持稳定的有江苏和云南。

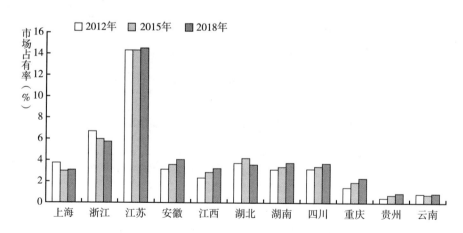

图3　2012～2018 年长江经济带沿线 11 省市制造业市场占有率

资料来源：根据测算结果整理。

2. 长江经济带制造业产业结构水平评估

利用高科技产业比重和产业集中度刻画长江经济带制造业产业结构，其中，高科技产业比重分别采用就业人数和总资产占制造业比重衡量，产业集中度采用地区高科技产业总资产占全国高科技产业总资产比重衡量。

2012～2018 年长江经济带高科技产业总资产占制造业比重在研究期初为 13.08%，低于全国及长江经济带以外地区，但增长速度较快，在 2016 年达到 16.32%，首次超过全国及长江经济带以外地区（见表 9）。2012～2018 年长江经济带高科技产业从业人员数占制造业比重在研究期初为 14.46%，高于全国及长江经济带以外地区，由于增速较慢，研究期末为 16.14%，低于全国的 18.81% 和长江经济带以外地区的 19.04%。

表 9　2012～2018 年全国及长江经济带高科技产业比重

单位：%

指标	地区	2012 年	2013 年	2014 年	2015 年	2016 年	2017 年	2018 年
总资产比重	全国	14.41	15.02	14.97	15.55	15.84	16.27	16.91
	长江经济带	13.08	13.06	13.65	14.88	16.32	17.75	19.04
	长江经济带以外地区	14.46	15.07	14.99	15.72	15.69	15.93	16.14
从业人员数比重	全国	13.08	13.06	13.65	14.88	16.32	17.75	18.81
	长江经济带	14.46	15.07	14.99	15.72	15.69	15.93	16.14
	长江经济带以外地区	13.11	13.40	13.76	15.24	16.40	17.72	19.04

资料来源：根据测算结果整理。

2012～2018 年长江经济带沿线 11 省市高科技产业总资产占制造业比重呈"下游、上游、中游"梯度递减的态势（见表 10）。其中，下游和上游地区在研究期内增长率低于中游地区。2012～2018 年长江经济带沿线 11 省市高科技产业总资产占制造业比重较高的有上海、江苏、四川，较低的有贵州和云南。

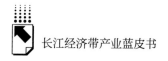

表10　2012～2018年长江经济带沿线11省市高科技产业总资产占制造业比重

单位：%

地区	2012年	2013年	2014年	2015年	2016年	2017年	2018年
上海	16.64	16.95	17.20	17.86	18.54	19.13	19.65
浙江	8.94	9.24	9.88	11.32	12.45	13.50	14.47
江苏	17.91	17.71	18.11	19.72	20.84	22.90	24.68
安徽	8.11	8.91	11.57	12.51	13.73	14.78	15.68
下游地区	14.12	14.26	14.94	16.29	17.39	18.77	19.96
江西	11.88	12.21	10.36	14.38	16.58	18.27	19.61
湖北	8.82	9.33	10.01	11.93	13.68	15.99	17.30
湖南	9.58	7.54	8.28	9.06	9.94	10.69	11.34
中游地区	9.72	9.43	9.57	11.70	13.35	15.06	16.23
四川	16.72	19.20	17.92	18.40	20.07	21.51	22.76
重庆	11.41	14.20	13.23	15.01	17.25	18.97	20.33
贵州	11.41	8.78	11.71	16.86	13.06	9.67	6.90
云南	4.43	4.98	5.49	6.86	7.52	8.34	9.27
上游地区	12.72	14.44	13.92	15.42	16.30	17.10	17.88

资料来源：根据测算结果整理。

2012～2018年长江经济带高科技制造业集中度特征与制造业市场占有率类似，下游地区省市明显高于中上游地区省市（见图4）。沿线11省市明显可以分为三类：①高集中度省市（江苏），集中度16%左右，下降趋势明显；②中集中度省市（上海、浙江、四川），集中度5%左右，逐年小幅度下降；③低集中度省市（安徽、江西、湖北、湖南、重庆、贵州、云南），集中度均低于4%，大多省市呈上升趋势。

3. 长江经济带制造业创新投入水平评估

利用制造业上市公司研发投入金额和高科技产业R&D人员全时当量刻画长江经济带制造业创新投入。其中，制造业上市公司研发投入金额数据来源于国泰安数据库，将原始样本剔除数据不全及ST类之后，只保留制造业行业，剩余2450家制造业上市公司，最后根据上市公司所在地匹配到各个省市（后文制造业上市公司数据均采用此处理方法）。

2012～2018年长江经济带制造业上市公司研发投入金额（按省市平均）在研究期初为70.13亿元，低于全国及长江经济带以外地区，但增速较快，

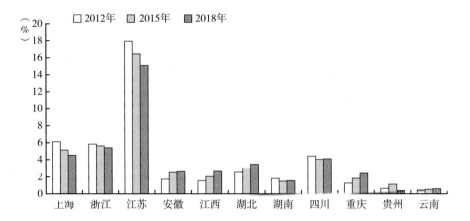

图4　2012～2018年长江经济带沿线11省市高科技制造业集中度

资料来源：根据测算结果整理。

在研究期末达到150.02亿元，超过全国平均水平（见图5）。长江经济带上中下游地区制造业上市公司研发投入金额呈梯度递增的态势，下游地区显著高于中上游地区。2012～2018年下游地区制造业上市公司研发投入金额增长率为15.23%，高于长江经济带总体增长率13.54%。

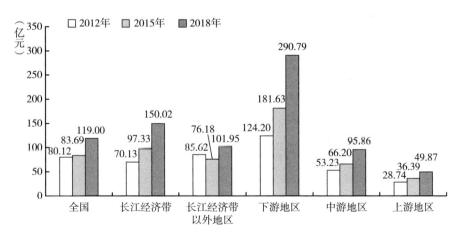

图5　2012～2018年全国及长江经济带制造业上市公司研发投入金额

注：研发投入金额为按省市计算的平均值。

资料来源：国泰安数据库。

2012～2018年长江经济带沿线11省市制造业上市公司研发投入金额均呈现上升趋势（见表11）。上海、浙江、江苏研发投入金额明显高于其他省市，而且增长率较高，分别为12.55%、18.07%、15.52%；安徽、江西、湖北、重庆、云南研发投入金额虽然较低，但增长潜力较大；湖南、四川、贵州研发投入金额数值及增长率均较低，增长潜力还需提升。

表11　2012～2018年长江经济带沿线11省市制造业上市公司研发投入金额

单位：亿元，%

地区	2012年	2013年	2014年	2015年	2016年	2017年	2018年	年均增长率
上海	190.00	195.00	241.00	269.00	301.00	371.00	386.27	12.55
浙江	135.00	153.00	176.00	208.00	267.00	359.00	365.73	18.07
江苏	121.00	124.00	151.00	172.00	211.00	285.00	287.53	15.52
安徽	50.80	62.20	69.50	77.50	93.30	120.00	123.61	15.98
江西	25.10	28.70	35.80	41.40	43.80	51.00	55.67	14.20
湖北	54.80	61.40	68.50	81.30	96.70	123.00	126.92	15.02
湖南	79.80	82.30	80.20	75.90	86.50	115.00	104.98	4.68
四川	52.80	54.10	54.70	66.10	71.90	84.50	86.35	8.54
重庆	37.90	35.50	37.60	45.60	58.70	69.40	70.96	11.02
贵州	18.10	19.80	21.60	23.90	26.80	27.50	29.98	8.77
云南	6.16	7.16	9.39	9.96	10.40	10.60	12.19	12.05

资料来源：根据测算结果整理。

2012～2018年全国、长江经济带、长江经济带以外地区制造业高科技产业R&D人员全时当量（按省区市平均）在研究期初均为20000人年左右（见图6）。长江经济带以外地区制造业高科技产业R&D人员全时当量增长不明显，而长江经济带的增长幅度较大，在研究期末显著高于长江经济带以外地区。长江经济带上中下游地区制造业高科技产业R&D人员全时当量呈梯度递增的态势，但中上游地区增速高于下游地区。

2012～2018年长江经济带沿线11省市制造业高科技产业R&D人员全时当量具有显著的地区差异性（见表12）。浙江、江苏制造业高科技产业

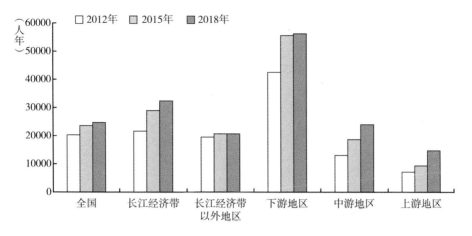

图6 2012~2018年全国及长江经济带制造业高科技产业R&D人员全时当量

注：高科技产业R&D人员全时当量为按省市计算的平均值。

资料来源：根据测算结果整理。

R&D人员全时当量显著高于其他省市，安徽、江西、湖南、四川、重庆增长率较高，均高于10%，上海、湖北、贵州增长率较低，均低于0。

表12 2012~2018年长江经济带沿线11省市制造业高科技产业R&D人员全时当量

单位：人年，%

地区	2012年	2013年	2014年	2015年	2016年	2017年	2018年	年均增长率
上海	22606.00	26865.20	24649.00	27371.00	28282.90	25334.00	22385.10	-0.16
浙江	49022.00	55109.00	62744.00	69707.20	69989.80	71347.00	72704.20	6.79
江苏	89303.00	100728.80	106001.00	108804.60	115596.80	112019.00	108441.20	3.29
安徽	9973.00	11099.50	13151.00	15926.40	19257.50	20598.00	21938.50	14.04
江西	8219.00	9552.80	8760.00	10093.60	8807.40	12608.00	16408.60	12.21
湖北	22073.00	24478.50	25642.00	23673.00	21218.20	21000.00	20781.80	-1.00
湖南	8333.00	9210.50	14501.00	22320.70	20480.40	27266.00	34051.60	26.44
四川	13638.00	19813.70	18509.00	18758.80	21368.00	27809.00	34250.00	16.59
重庆	4818.00	5392.20	5874.00	9706.20	10314.10	12162.00	14009.90	19.47
贵州	6944.00	9100.30	9052.00	6372.00	4804.60	5701.00	6597.40	-0.85
云南	2409.00	1884.70	1798.00	2321.10	2007.20	2686.00	3364.80	5.73

资料来源：根据测算结果整理。

4. 长江经济带制造业创新产出水平评估

利用制造业上市公司持有专利数、高科技产业新产品销售收入和高科技产业有效发明专利数占比刻画长江经济带制造业创新产出。其中，高科技产业有效发明专利数占比采用高科技产业有效发明专利数占地区有效专利数比重衡量。

2012~2018 年全国、长江经济带及长江经济带以外地区制造业上市公司持有专利数（按省区市平均）相差不大，均呈急速上升的态势，而且增长幅度保持一致（见图 7）。长江经济带上中下游地区制造业上市公司持有专利数呈梯度递增的态势，中上游地区均低于全国平均水平。

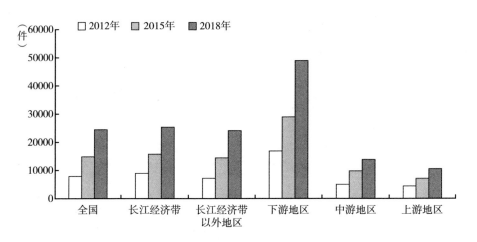

图 7   2012~2018 年全国及长江经济带制造业上市公司持有专利数

注：持有专利数为按省市计算的平均值。
资料来源：根据测算结果整理。

2012~2018 年长江经济带沿线 11 省市制造业上市公司持有专利数均呈上升趋势（见表 13）。上海、浙江、江苏制造业上市公司持有专利数显著高于长江经济带其他省市，浙江、江苏、安徽、江西、湖北、湖南、四川增长率较高，尤其是安徽。安徽建设合肥综合性国家科学中心成效显著，创新能力大幅提升。

表 13　2012～2018 年长江经济带沿线 11 省市制造业上市公司持有专利数

单位：件，%

地区	2012 年	2013 年	2014 年	2015 年	2016 年	2017 年	2018 年	年均增长率
上海	23707	26634	27408	31883	39696	48013	49409	13.02
浙江	19044	23123	26937	34124	41423	58043	59491	20.91
江苏	17737	21401	25227	30998	38505	50928	53103	20.05
安徽	6416	9338	13007	19647	23928	30072	33937	32.00
江西	1940	2376	4127	3632	4448	5446	5987	20.66
湖北	5034	6221	6972	8147	10381	13544	14004	18.59
湖南	8405	11383	14197	17517	17373	18580	21793	17.21
四川	8145	10215	11976	14948	17056	20013	22009	18.02
重庆	7197	7932	8085	9785	11734	13579	14220	12.02
贵州	1828	2203	2712	2895	3321	3633	4022	14.05
云南	809	825	1021	1160	1370	1555	1674	12.88

资料来源：根据测算结果整理。

2012～2018 年全国、长江经济带及长江经济带以外地区高科技产业新产品销售收入（按省区市平均）均呈上升趋势，并保持长江经济带高于全国及长江经济带以外地区的态势（见图 8）。2012～2018 年长江经济带高科技产业有效发明专利数占比呈先升后降的趋势，拐点为 2016 年，全国及长江经济带以外地区则呈不断攀升的趋势。

2012～2018 年长江经济带上中下游地区高科技产业新产品销售收入（按省市平均）呈梯度递增的态势（见表 14）。其中，上游地区增长率较高，为 31.16%，明显高于中游地区的 20.32% 和下游地区的 10.23%。2012～2018 年长江经济带沿线 11 省市高科技产业新产品销售收入均呈上升趋势。其中，浙江和江苏显著高于其他省市，在研究期初已经高于 1000 亿元。高科技产业新产品销售收入增长较快的省市有安徽、江西、湖南、四川、重庆和云南。

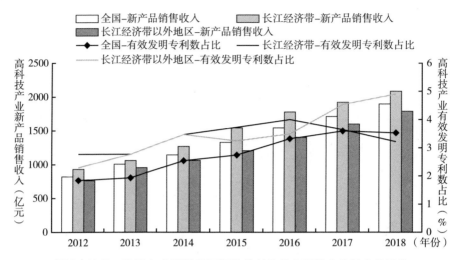

图8 2012~2018 年全国及长江经济带制造业高科技产业新产品销售收入及有效发明专利数占比

资料来源：根据测算结果整理。

表14 2012~2018 年长江经济带沿线 11 省市高科技产业新产品销售收入

单位：亿元，%

地区	2012 年	2013 年	2014 年	2015 年	2016 年	2017 年	2018 年	年均增长率
上海	848.41	795.01	946.27	1035.42	1146.40	1176.02	1205.65	6.03
浙江	1357.47	1818.77	2068.05	2712.54	3192.84	3417.04	3641.25	17.87
江苏	5868.98	6154.30	6998.82	7843.76	9108.27	8851.68	8595.09	6.57
安徽	389.81	419.95	542.33	870.72	1108.08	1424.81	1741.54	28.34
下游地区	2116.17	2297.01	2638.87	3115.61	3638.90	3717.39	3795.88	10.23
江西	203.07	278.36	321.42	424.02	566.25	672.85	779.45	25.13
湖北	475.36	556.36	670.13	815.88	826.65	948.39	1070.13	14.48
湖南	369.47	761.68	871.74	1151.71	1321.42	1320.75	1320.09	23.64
中游地区	349.30	532.13	621.10	797.20	904.78	980.67	1060.00	20.32
四川	589.56	730.91	996.26	994.57	1060.93	1422.74	1784.56	20.27
重庆	200.81	152.24	458.45	1310.50	1103.40	1799.66	2495.92	52.20
贵州	76.31	88.26	106.18	99.96	137.14	168.81	200.48	17.47
云南	36.99	52.42	55.95	48.72	51.80	89.83	127.85	22.96
上游地区	225.92	255.96	404.21	613.44	588.32	870.26	1150.00	31.16

注：上中下游地区均为按省市计算的平均值。

资料来源：根据测算结果整理。

2012～2018 年长江经济带制造业发展质量、产业结构、创新投入和创新产出水平逐年上升，增速普遍高于全国及长江经济带以外地区平均水平。长江经济带上中下游地区制造业发展质量、创新投入和创新产出水平呈梯度递增的态势，产业结构水平呈"下游、上游、中游"梯度递减的态势。

5. 长江经济带制造业创新发展水平评估

制造业创新是一个系统过程，是制造业相关要素构创新网络的协同互动关系的过程。在国家实施创新驱动发展战略和《中国制造 2025》对制造业实现创新发展的双重要求下，长江经济带制造业创新发展评价指标体系构建不仅要考虑制造业发展的基本面，还应遵循制造业创新活动自身规律的特点，同时结合制造业结构调整和转型升级。按照上述思路和原则，参考学术界关于制造业创新水平评价指标体系的相关研究，本报告从发展质量、产业结构、创新投入和创新产出四个维度衡量长江经济带制造业创新发展水平。

其中，发展质量刻画制造业创新发展水平的基本面，包括制造业人均产值、制造业销售产值增长率和市场占有率 3 个指标；产业结构刻画制造业的结构调整和转型升级，包括高科技产业资产比重、高科技产业就业人数比重、产业集中度 3 个指标；创新投入刻画制造业的创新活动，同时包含产业和企业的创新投入指标，即制造业上市公司研发投入金额、制造业上市公司研发投入比重、制造业上市公司研发人员数量、制造业上市公司研发人员比重、高科技产业 R&D 人员全时当量 5 个指标；创新产出刻画制造业创新活动的最终产品，包括制造业上市公司专利数、高科技产业新产品销售收入、高科技产业有效发明专利数、高科技产业有效发明专利数占比 4 个指标。总体来说，长江经济带制造业创新发展评价指标体系测算长江经济带制造业创新发展水平，包含 4 个二级指标和 15 个三级指标（见表 15）。

基于长江经济带制造业创新发展评价指标体系，为消除指标量纲的影响，对三级指标进行无量纲化处理，将所有指标进行标准化，即：

$$std(X_{it}) = \frac{X_{it} - \min\{X\}}{\max\{X\} - \min\{X\}}(i = 1,2,\cdots,31; t = 1,2,\cdots,7) \tag{6}$$

经过无量纲化处理后，采用熵权法确定指标权重，最后根据评价指标体系测算长江经济带制造业发展质量、产业结构、创新投入和创新产出四个维度的水平值，进而测算长江经济带制造业创新发展水平。

表 15　长江经济带制造业创新发展评价指标体系

一级指标	二级指标	三级指标	权重	计算方法	数据来源
长江经济带制造业创新发展水平	发展质量 (0.0725)	制造业人均产值	0.0057	制造业销售产值/制造业平均用工人数	《中国工业统计年鉴》《中国经济普查年鉴》(2018)
		制造业销售产值增长率	0.0082	—	
		市场占有率	0.0586	地区制造业销售产值/全国制造业销售产值	
	产业结构 (0.1200)	高科技产业资产比重	0.0211	高科技产业总资产占制造业总体比重	《中国高技术产业统计年鉴》
		高科技产业就业人数比重	0.0178	高科技产业就业人数占制造业总体比重	
		产业集中度	0.0811	高科技产业总资产占全国高科技产业总资产比重	
	创新投入 (0.3668)	制造业上市公司研发投入金额	0.0922	—	国泰安数据库
		制造业上市公司研发投入比重	0.0196	制造业上市公司研发投入金额占资产比重	
		制造业上市公司研发人员数量	0.1186	—	
		制造业上市公司研发人员比重	0.0366	制造业上市公司研发人员占职工人数比重	
		高科技产业 R&D 人员全时当量	0.0998	—	《中国高技术产业统计年鉴》
	创新产出 (0.4406)	制造业上市公司专利数	0.1130	制造业上市公司截至当年公司持有的有效专利总数	国泰安数据库
		高科技产业新产品销售收入	0.1268	—	《中国高技术产业统计年鉴》
		高科技产业有效发明专利数	0.1701	—	
		高科技产业有效发明专利数占比	0.0307	高科技产业有效发明专利数占地区有效专利数比重	

注：指标经过标准化处理，指标权重基于熵权法确定。

总体来看，长江经济带制造业创新发展水平高于全国平均水平（见表16）。2012～2018 年全国、长江经济带及长江经济带以外地区制造业创新发展水平均呈稳步上升的趋势，长江经济带由 2012 年的 0.083 上升到 2018 年的 0.156，年均增长 10.99%，成为引领全国制造业创新发展的主力军。长江经济带制造业创新发展水平呈现"下游、中游、上游"梯度递减的空间格局，区域分异特征逐步凸显。2012～2018 年长江经济带上中下游地区制造业创新发展水平均增长显著，其中下游地区由 2012 年的 0.139 上升到 2018 年的 0.260，年均增速 11.07%，中上游地区数值水平均小于全国平均水平，但增速较快，增长后劲明显。

表16　2012～2018 年全国及长江经济带制造业创新发展水平测度结果

地区	2012 年	2013 年	2014 年	2015 年	2016 年	2017 年	2018 年	均值	年均增长率（%）
全国	0.078	0.082	0.084	0.105	0.113	0.125	0.138	0.104	9.93
长江经济带	0.083	0.088	0.094	0.119	0.128	0.143	0.156	0.116	10.99
长江经济带以外地区	0.075	0.079	0.079	0.097	0.105	0.116	0.128	0.097	9.27
下游地区	0.139	0.145	0.154	0.194	0.212	0.237	0.260	0.191	11.07
中游地区	0.061	0.065	0.069	0.089	0.096	0.104	0.112	0.085	10.85
上游地区	0.045	0.050	0.051	0.066	0.069	0.077	0.084	0.063	10.85

资料来源：根据测算结果整理。

分地区来看，长江经济带沿线 11 省市制造业创新发展水平差异显著（见表17）。江苏、浙江、上海三省市属于第一梯队，是引领长江经济带制造业创新发展的龙头地区。其中，江苏省始终排名第一，从 2012 年的 0.259 增长至 2018 年的 0.424，制造业创新发展水平显著高于其他省市。安徽、江西、湖北、湖南、四川、重庆六省市属于第二梯队，制造业创新发展水平略显不足，但增长迅速，后劲充足。其中，安徽省年均增速为 18.13%，在沿线 11 省市中居第一位。贵州和云南两省份属于第三梯队，制造业创新发展水平及增速均低于长江经济带和全国平均水平，后发追赶优势不足。

表17 2012～2018年长江经济带沿线11省市制造业创新发展水平测度结果

地区	2012年		2014年		2016年		2018年		均值		年均增长率(%)
	得分	排名	得分	排名	得分	排名	得分	排名	得分	排名	
上海	0.118	3	0.126	3	0.172	3	0.201	3	0.155	3	9.27
浙江	0.126	2	0.142	2	0.212	2	0.276	2	0.189	2	13.94
江苏	0.259	1	0.279	1	0.352	1	0.424	1	0.328	1	8.57
安徽	0.052	7	0.070	7	0.111	6	0.141	5	0.094	6	18.13
江西	0.051	8	0.057	8	0.077	8	0.094	9	0.070	8	10.86
湖北	0.069	5	0.078	5	0.113	5	0.124	6	0.097	5	10.23
湖南	0.062	6	0.073	6	0.097	7	0.120	7	0.088	7	11.52
四川	0.076	4	0.091	4	0.116	4	0.147	4	0.108	4	11.66
重庆	0.046	9	0.052	9	0.076	9	0.098	8	0.069	9	13.33
贵州	0.037	10	0.041	10	0.056	10	0.057	10	0.049	10	7.59
云南	0.022	11	0.022	11	0.029	11	0.034	11	0.027	11	7.28

资料来源：根据测算结果整理。

　　根据长江经济带制造业创新发展水平测度结果，按分项二级指标，进一步评价长江经济带沿线11省市制造业发展质量、产业结构、创新投入和创新产出水平。

　　第一，2012～2018年长江经济带沿线11省市制造业发展质量水平整体偏低（见表18）。平均发展质量水平从2012年的0.019增长到2018年的0.021，年均增速2.18%。制造业发展质量水平呈"下游、中游、上游"梯度递减态势，其增长率呈"下游、中游、上游"梯度递增态势。重庆和贵州制造业发展质量增长较快，年均增幅高于7%，上海和浙江制造业发展质量水平年均增长率为负。

表18 2012～2018年长江经济带沿线11省市制造业发展质量水平

地区	2012年	2013年	2014年	2015年	2016年	2017年	2018年	均值	年均增长率(%)
上海	0.018	0.017	0.017	0.016	0.015	0.017	0.018	0.017	-0.53
浙江	0.029	0.028	0.027	0.026	0.026	0.026	0.026	0.027	-1.89
江苏	0.060	0.060	0.059	0.061	0.062	0.063	0.063	0.061	0.77
安徽	0.015	0.016	0.017	0.018	0.019	0.020	0.021	0.018	5.23

续表

地区	2012 年	2013 年	2014 年	2015 年	2016 年	2017 年	2018 年	均值	年均增长率（%）
江西	0.013	0.013	0.014	0.015	0.016	0.017	0.017	0.015	5.22
湖北	0.018	0.019	0.019	0.020	0.021	0.019	0.018	0.019	0.69
湖南	0.015	0.016	0.016	0.017	0.018	0.019	0.019	0.017	3.50
四川	0.015	0.016	0.017	0.017	0.018	0.019	0.019	0.017	4.14
重庆	0.009	0.009	0.010	0.011	0.012	0.013	0.014	0.011	7.91
贵州	0.005	0.005	0.006	0.006	0.007	0.008	0.008	0.006	9.53
云南	0.006	0.007	0.006	0.006	0.006	0.007	0.008	0.007	4.83
平均	0.019	0.019	0.019	0.019	0.020	0.021	0.021	0.020	2.18

资料来源：根据测算结果整理。

第一，2012～2018 年长江经济带沿线 11 省市制造业产业结构水平区域差异性特征明显（见表19）。从整体上看，平均产业结构水平从 2012 年的 0.026 增长到 2018 年的 0.030，年均增速2.48%。上海、浙江、江苏、四川等省市制造业产业结构水平显著高于其他省市，但年均增长率偏低，均不超过2%；云南、重庆、安徽、江西、湖北等省市制造业产业结构水平较低，但增长较快，年均增长率均高于7%；贵州和湖南制造业产业结构水平和增长率均较低，后发追赶优势不足。

表19　2012～2018 年长江经济带沿线 11 省市制造业产业结构水平

地区	2012 年	2013 年	2014 年	2015 年	2016 年	2017 年	2018 年	均值	年均增长率（%）
上海	0.041	0.042	0.041	0.040	0.039	0.038	0.036	0.040	−2.31
浙江	0.029	0.029	0.029	0.030	0.031	0.031	0.032	0.030	1.72
江苏	0.082	0.080	0.077	0.078	0.076	0.076	0.077	0.078	−1.07
安徽	0.014	0.015	0.019	0.020	0.021	0.022	0.023	0.019	9.52
江西	0.019	0.019	0.017	0.023	0.025	0.027	0.029	0.023	7.66
湖北	0.017	0.019	0.019	0.022	0.024	0.026	0.027	0.022	7.89
湖南	0.016	0.014	0.015	0.015	0.016	0.016	0.016	0.015	0.78
四川	0.032	0.037	0.033	0.033	0.033	0.034	0.034	0.034	1.00
重庆	0.017	0.022	0.021	0.023	0.025	0.027	0.029	0.023	9.02
贵州	0.014	0.011	0.015	0.021	0.019	0.017	0.016	0.016	2.73
云南	0.006	0.006	0.007	0.008	0.009	0.010	0.011	0.008	12.82
平均	0.026	0.027	0.027	0.028	0.029	0.030	0.030	0.028	2.48

资料来源：根据测算结果整理。

第三，2012～2018 年长江经济带沿线 11 省市制造业创新投入水平不断提升（见表 20）。平均创新投入水平从 2012 年的 0.023 增长到 2018 年的 0.064，年均增速 18.76%。从整体上看，制造业创新投入水平对创新发展水平的贡献率较高，沿线 11 省市增速均超过 10%。上海、浙江、江苏制造业创新投入水平显著高于其他省市，年均增长率在 20% 左右；安徽和四川年均增速超过 20%，增长后劲充足。

表20　2012～2018 年长江经济带沿线 11 省市制造业创新投入水平

地区	2012 年	2013 年	2014 年	2015 年	2016 年	2017 年	2018 年	均值	年均增长率（%）
上海	0.034	0.035	0.038	0.070	0.074	0.084	0.094	0.061	18.50
浙江	0.045	0.048	0.053	0.095	0.105	0.126	0.147	0.088	21.77
江苏	0.063	0.066	0.070	0.103	0.113	0.140	0.167	0.103	17.60
安徽	0.014	0.016	0.017	0.036	0.041	0.047	0.053	0.032	25.69
江西	0.012	0.013	0.014	0.024	0.024	0.028	0.031	0.021	17.43
湖北	0.021	0.022	0.023	0.039	0.042	0.047	0.053	0.035	16.86
湖南	0.021	0.022	0.024	0.039	0.041	0.050	0.060	0.037	18.70
四川	0.015	0.018	0.017	0.034	0.036	0.041	0.047	0.030	20.51
重庆	0.014	0.012	0.011	0.021	0.023	0.026	0.029	0.019	13.49
贵州	0.009	0.010	0.010	0.019	0.018	0.017	0.017	0.014	11.40
云南	0.004	0.003	0.003	0.008	0.008	0.008	0.008	0.006	11.99
平均	0.023	0.024	0.025	0.044	0.048	0.056	0.064	0.041	18.76

资料来源：根据测算结果整理。

第四，2012～2018 年长江经济带沿线 11 省市制造业创新产出水平持续增长（见表 21）。从整体上看，平均创新产出水平从 2012 年的 0.016 增长到 2018 年的 0.041，年均增速 16.75%。除云南外，其余 10 省市增长率均为正，浙江、安徽、四川、重庆等省市保持年均 20% 以上的速率增长。与创新投入水平类似，上海、浙江和江苏制造业创新产出水平较高，明显高于中上游地区省市。

表21 2012~2018年长江经济带沿线11省市制造业创新产出水平

地区	2012年	2013年	2014年	2015年	2016年	2017年	2018年	均值	年均增长率（%）
上海	0.024	0.025	0.031	0.036	0.043	0.048	0.053	0.037	13.92
浙江	0.023	0.028	0.033	0.041	0.050	0.061	0.071	0.044	20.65
江苏	0.054	0.060	0.072	0.082	0.101	0.109	0.117	0.085	13.94
安徽	0.009	0.013	0.017	0.023	0.030	0.037	0.044	0.025	28.95
江西	0.008	0.010	0.011	0.011	0.012	0.015	0.017	0.012	14.42
湖北	0.013	0.014	0.017	0.022	0.026	0.025	0.025	0.020	11.24
湖南	0.010	0.013	0.018	0.021	0.022	0.024	0.025	0.019	16.67
四川	0.013	0.017	0.024	0.023	0.029	0.039	0.047	0.028	23.50
重庆	0.007	0.008	0.010	0.015	0.015	0.021	0.027	0.015	25.17
贵州	0.009	0.010	0.010	0.011	0.012	0.015	0.015	0.012	9.01
云南	0.006	0.007	0.005	0.007	0.005	0.006	0.006	0.006	-0.95
平均	0.016	0.019	0.022	0.027	0.031	0.036	0.041	0.027	16.75

资料来源：根据测算结果整理。

（二）长江经济带制造业创新发展面临的主要瓶颈与提升对策

1. 长江经济带制造业创新发展面临的主要瓶颈

（1）新旧动能转换进程偏慢。长江经济带制造业在发展质量、产业结构、创新投入、创新产出四个方面均保持在全国领先地位，一批具有国际竞争力的先进制造业集群崭露头角；但是从总体而言，长江经济带先进制造业发展仍具有较突出的路径依赖特征，无论是单体企业的竞争能力还是产业整体的协同创新优势与发达国家（地区）相比仍有较大差距。

（2）产业协同创新水平不高。长江经济带沿线省市制造业创新水平差距明显，缺乏协同创新机制，创新要素大多流向下游地区，中上游地区制造业创新发展受限。下游发达地区制造业发展水平高，正致力于制定产业负面清单提高行业准入门槛，中上游地区制造业基础薄弱，仍希望支持发展能源、资源型产业。另外，长江经济带制造业产业同构现象明显。长江经济带发展还未完全秉承习近平总书记提出的"一盘棋"思想，跨省市之间、省市内部城市之间主导产业和优势产业多有雷同，区域比较优势和协同创新优势无法完全发挥，特色突出、错位发展、互补互进的制造业发展格局尚未构建。进一步地，关于不同行政区的人才资源的互认、共享、补偿机制限制了人才流动，"飞地经济"模式由于利益博弈也限制了制造业协同创新发展。

（3）先进制造业发展仍需提升。根据《关于加强长江经济带工业绿色发展的指导意见》，长江经济带要大力培育电子信息产业、高端装备产业、汽车产业、家电产业和纺织服装产业等五大世界级制造业产业集群，但目前仍处于先进制造业集群培育期，国际竞争力水平仍需提升。另外，长江经济带制造业产业关键技术的研发载体数量不足，大多分布于下游地区，其中上海张江高科技园区、安徽合肥综合性国家科学中心发挥了一定的前沿引领作用，但创新成果的共享共建机制尚待确立。对于"卡脖子"的重大科研任务和关键性技术，缺乏长期、稳定的联合攻关组织形式，"政产学研用"尚未形成闭环。

2. 长江经济带制造业创新发展的提升对策

（1）推动制造业全链式产业链创新。一是加强长江经济带制造业"五链统筹"。围绕产业链、部署创新链、完善资金链、形成人才链、优化政策链，梳理产业链上下游生产所需的核心技术和共性技术，合理引导创新资源流动，形成全链式创新链条。二是完善创新资源集聚和高效配置机制。依托上海张江高科技园区、安徽合肥综合性国家科学中心等一批长江经济带沿线科技创新平台，加大科技创新要素培育力度，集中优势资源攻关社会主义现代化建设所需的关键技术和"卡脖子"技术。三是科学合理布局创新资金链条。加大资金投入支持制造业自主创新研发力度，提升创新资金使用效率，构建科技金融服务平台，围绕产业链上下游和创新链不同环节的创新主体，合理布局资金链条。

（2）绿色技术创新推动制造业转型升级。一是发挥制造业企业在绿色技术创新中的主体作用。遵循绿色技术创新的"渐近性"特征，发挥企业的主观能动性和创新动力活力，通过持续不断研发投入和技术积累，完成对制造业生产工艺、生产流程、生产设备、生活设施的绿色化改造。二是强化政府对制造业绿色技术创新支撑作用。制造业企业绿色技术创新的产出不仅具有经济效益，还具有社会效益和生态效益，为进一步解决"外部性"问题，政府应发挥系统协调、政策引导、标准约束、公共研发等服务功能，提供良好的绿色技术创新环境。三是构建绿色技术创新激励机制。通过行业中介构建绿色标准评价与监督机制，督促制造业企业改善环境绩效；倡导市场绿色消费和公共绿色采购，激发企业绿色技术创新行为。

（3）优化制造业创新生态环境。一是统筹协调创新支持政策。加强顶层设计，强化各类创新政策与其他产业政策、财政政策、金融政策的统筹协调，形成政策合力，推动长江经济带制造业创新发展。二是完善创新型成果转化激励机制。加强政产学研用各主体全方位协同参与，提升企业运用新技术的积极性，通过政府采购、完善重大技术创新成果推广应用保险补偿，建立以需求为导向的科技成果转化机制。三是完善协同创新和技术共享机制。形成长江经济带创新资源顺流域方向流动和创新成果逆流域方向流动机制，破除行政壁垒，促进制造业和其他研究机构平台技术研发合作和创新成果共享，打造高效运转的创新生态系统。

四 长江经济带制造业与服务业融合发展绩效评估与提升对策

伴随信息技术的创新升级和广泛应用，消费模式和社会生产方式正快速转变，传统消费模式正快速向个性化、体验式、互动式消费转变。与此同时，先进制造业和现代服务业在产品生产和服务提供过程中逐渐突破产业边界，生产和服务理念、产业体系、生产方式、产业形态、商业模式正加速变革，制造业服务化、服务业外部化进程加速，产业边界日渐模糊，先进制造业和现代服务业融合发展态势更加明显。

（一）研究方法和数据来源

1. 测度方法
长江经济带先进制造业和现代服务业融合发展现阶段的具体表现形式为

空间协调，运用耦合协调度模型能够考察长江经济带先进制造业和现代服务业融合发展过程中的系统和谐程度和水平。若先进制造业系统和现代服务业系统运行效率越高、融合发展水平越高，则先进制造业和现代服务业耦合协调度越高；相反，若先进制造业和现代服务业系统协调度低，则表明产业发展系统受到抑制，产业融合度就较低。考虑到长江经济带先进制造业和现代服务业快速发展过程中，产业生产要素空间联系日益紧密，借鉴现有研究成果，在传统耦合协调度模型中考虑空间因素，构建空间耦合协调度模型，测算长江经济带沿线 11 省市先进制造业和现代服务业融合发展水平。

首先采用极差标准化方法处理先进制造业和现代服务业序参量（x_{ij}），得到标准化后的功效系数（$0.01 \leqslant u_{ij} \leqslant 1$），由此既能够避免数据量纲和绝对值对测算结果的影响，也能反映先进制造业和现代服务业子系统的贡献程度。

$$\begin{cases} u_{ij} = 0.01 + 0.99 \times \left[\dfrac{x_{ij} - \min(x_{ij})}{\max(x_{ij}) - \min(x_{ij})} \right], x_{ij} \text{ 具有正向功效} \\ u_{ij} = 0.01 + 0.99 \times \left[\dfrac{\max(x_{ij}) - x_{ij}}{\max(x_{ij}) - \min(x_{ij})} \right], x_{ij} \text{ 具有负向功效} \end{cases} \tag{7}$$

借助空间邻接权重矩阵（W）修正功效系数矩阵，以 λ 为各功效系数（u_j）的权重矩阵，运用线性加权平均方法得到长江经济带先进制造业和现代服务业子系统的功效函数。

$$u_{jw} = u_j + W u_j \tag{8}$$

$$U = \sum_{j=1} \lambda_j u_{jw} \tag{9}$$

空间耦合度模型测算结果反映产业子系统相互作用的强弱程度。根据空间耦合模型测算结果，长江经济带先进制造业和现代服务业融合发展过程可以划分为 4 个耦合发展阶段：$0 < C \leqslant 0.2$，低水平耦合阶段；$0.2 < C \leqslant 0.5$，拮抗阶段；$0.5 < C \leqslant 0.8$，磨合阶段；$0.8 < C \leqslant 1$，高水平耦合阶段。

$$C = \sqrt{\dfrac{U_1 \times U_2}{\left(\dfrac{U_1 + U_2}{2} \right)^2}} \tag{10}$$

在空间耦合度模型基础上，进一步构建空间协调度模型，考察产业空间协调度水平，测算长江经济带先进制造业和现代服务业融合发展水平，并将其划分为融合发展不可接受区间（$0 < D \leq 0.4$）、过渡区间（$0.4 < D \leq 0.6$）、融合发展可接受区间（$0.6 < D \leq 1$）共 3 个融合发展阶段与 10 种产业融合类型：$0 < D \leq 0.1$，极度失调衰退类型；$0.1 < D \leq 0.2$，严重失调衰退；$0.2 < D \leq 0.3$，中度失调衰退；$0.3 < D \leq 0.4$，轻度失调衰退；$0.4 < D \leq 0.5$，濒临失调衰退；$0.5 < D \leq 0.6$，勉强协调融合；$0.6 < D \leq 0.7$，初级协调融合；$0.7 < D \leq 0.8$，中级协调融合；$0.8 < D \leq 0.9$，良好协调融合；$0.9 < D \leq 1$，优质协调融合。

$$D = \sqrt{C \times T} = \sqrt{C \times \frac{1}{2}(U_1 + U_2)} \qquad (11)$$

2. 数据来源

鉴于数据可得性和《国民经济行业分类》（GB/T 4754—2017）标准，选择通用设备制造业，专用设备制造业，交通运输设备制造业，电气机械和器材制造业，通信设备、计算机和其他电子设备制造业，仪器仪表及文化办公机械制造业等六类制造业行业作为先进制造业；选择信息传输、软件和信息技术服务业，金融业，房地产业，租赁和商务服务业，科学研究和技术服务业，水利、环境和公共设施管理业，居民服务、修理和其他服务业，教育，卫生和社会工作，文化、体育和娱乐业，公共管理、社会保障和社会组织等具体服务业行业作为现代服务业。选取 2012～2017 年我国 31 省市先进制造业规模以上工业企业用工人数和现代服务业城镇单位从业人员总数测算产业融合发展水平，相关数据整理自 Easy Professional Superior 数据分析平台、《中国统计年鉴》（2013～2018）、《中国第三产业统计年鉴》（2013～2018）、各省市统计年鉴、中经网统计数据库等。

（二）长江经济带先进制造业和现代服务业融合发展基本态势

1. 耦合发展水平测算结果

研究结果表明，长江经济带沿线 11 省市先进制造业和现代服务业耦合度平均值高于全国 31 省市平均值和长江经济带以外省市平均值，具备一定优势（见表 22）。对比长江经济带上中下游省市测算结果，下游地区省市先进制造业和现代服务业耦合度评价值相对较低；中游地区省市先进制造业和现代服务业耦合度平均值在 2015 年超过上游地区，领先于上游和下游地区省市；上游地区省市经济发展基础相对落后，先进制造业和现代服务业发展过程中的相互作用强度较大，产业融合发展潜力较大。从动态演进过程来看，长江经济带沿线 11 省市先进制造业和现代服务业耦合度平均值呈上升趋势，伴随产业结构优化调整和长江经济带"生态优先、绿色发展"理念广泛应用和推广，长江经济带沿线 11 省市先进制造业和现代服务业相互作用强度趋于平稳状态。

表 22 2012～2017 年长江经济带先进制造业和现代服务业耦合度测算结果

年份	全国	长江经济带沿线 11 省市	长江经济带以外省市	长江经济带上游省市	长江经济带中游省市	长江经济带下游省市
2012	0.9650	0.9672	0.9737	0.9755	0.9776	0.9619
2013	0.9837	0.9983	0.9809	0.9860	0.9853	0.9739
2014	0.9733	0.9991	0.9897	0.9900	0.9802	0.9728
2015	0.9921	0.9775	0.9888	0.9796	0.9853	0.9691
2016	0.9824	0.9970	0.9796	0.9790	0.9847	0.9687
2017	0.9720	0.9962	0.9895	0.9792	0.9847	0.9663
均值	0.9781	0.9892	0.9837	0.9816	0.9905	0.9705

资料来源：根据测算结果整理。

2. 融合发展水平测算结果

测算结果表明，长江经济带沿线 11 省市先进制造业和现代服务业融合发展水平均值高于全国 31 省市均值和长江经济带以外省市均值，同时领先幅度呈现扩大趋势（见表 23）。对比长江经济带上中下游省市测算结果，下游地区省市先进制造业和现代服务业融合发展水平领先于中上游省市，但仍处于中度失调衰退阶段；上游地区省市经济发展起步较晚，先进制造业和现代服务业融合发展具备一定后发优势，融合发展水平均值领先于中游地区省市均值。以 2017 年为例，对比长江经济带沿线 11 省市先进制造业和现代服务业融合发展水平，上海市（0.8046）融合发展水平处于良好协调融合阶段，四川省（0.5423）、重庆市（0.5102）处于勉强协调融合阶段，浙江省（0.4203）、江苏省（0.4205）处于濒临失调衰退阶段，而湖南省（0.3248）、贵州省（0.2459）等其他省市先进制造业和现代服务业融合发展潜力较大，多处于严重失调衰退、中度失调衰退、轻度失调衰退阶段。

表 23 2012～2017 年长江经济带先进制造业和现代服务业融合发展水平测算结果

年份	全国	长江经济带沿线 11 省市	长江经济带以外省市	长江经济带上游省市	长江经济带中游省市	长江经济带下游省市
2012	0.2657	0.2676	0.2445	0.2411	0.2395	0.3047
2013	0.2563	0.2613	0.2333	0.2346	0.2152	0.2780
2014	0.2453	0.2503	0.2423	0.2444	0.2062	0.3023
2015	0.2335	0.2594	0.2399	0.2385	0.2132	0.2893
2016	0.2545	0.2608	0.2306	0.2555	0.2133	0.2876
2017	0.2409	0.2497	0.2455	0.2386	0.2218	0.2838
均值	0.2494	0.2582	0.2394	0.2421	0.2182	0.2910

资料来源：根据测算结果整理。

（三）长江经济带先进制造业和现代服务业融合发展区域和行业异质性特征

1. 绝对 β 收敛检验

借鉴现有研究成果，将空间因素引入先进制造业和现代服务业融合发展水平收敛性分析框架，式（12）为绝对 β 收敛检验标准模型（OLS），其中 T 表示时期数，α 为回归常数项，β 为收敛系数估计结果，ε 表示估计误差项；式（13）为空间滞后模型（SAR），W 表示空间权重矩阵，ρ 表示空间滞后系数；式（14）为空间误差模型（SEM），λ 表示空间误差系数，μ 表示随机误差项。

$$\frac{1}{T}\ln\left(\frac{D_{i,T}}{D_{i,0}}\right) = \alpha + \beta\ln(D_{i,0}) + \varepsilon \tag{12}$$

$$\frac{1}{T}\ln\left(\frac{D_{i,T}}{D_{i,0}}\right) = \alpha + \beta\ln(D_{i,0}) + \rho W \frac{1}{T}\ln\left(\frac{D_{i,T}}{D_{i,0}}\right) + \varepsilon \tag{13}$$

$$\frac{1}{T}\ln\left(\frac{D_{i,T}}{D_{i,0}}\right) = \alpha + \beta\ln(D_{i,0}) + (1 - \lambda W)^{-1}\mu \tag{14}$$

如表 24 所示，绝对 β 收敛检验标准模型（OLS）估计系数为正，且通过 5% 的显著性检验，表明长江经济带先进制造业和现代服务业融合发展水平不存在 β 收敛，先进制造业和现代服务业融合发展水平相对较低省市对产业融合发展领先省市的"追赶"效应尚不明显。但回归系数相对较小，表明长江经济带沿线 11 省市先进制造业和现代服务业融合发展水平增长速度与初始水平的经济显著性相对偏低，先进制造业和现代服务业融合发展水平较低的省市仍有加速提高、"追赶"领先省市的可能。

将空间因素纳入绝对 β 收敛检验标准模型，空间滞后模型（SAR）估计结果显示空间滞后系数 ρ 为正且通过 1% 的显著性检验，表明长江经济带沿线 11 省市先进制造业和现代服务业融合发展对其相邻省市有显著正向影响；空间误差模型（SEM）估计结果显示空间误差系数 λ 为正且通过 1% 的显著性检验，表明误差项具有显著空间自相关，将误差项纳入模型具有显著作用。基于赤池信息准则（AIC），空间滞后模型（SAR）和空间误差模型（SEM）的 AIC 值分别为 -8853.013 和 -8336.524，小于不考虑空间效应的绝对 β 收敛检验标准模型（OLS）的 -6814.268，表明将空间因素纳入绝对 β 收敛检验模型能够提高模型拟合度。将空间因素纳入绝对 β 收敛检验模型后，β 收敛估计系数降低且未通过显著性检验，表明长江经济带沿线 11 省市先进制造业和现代服务业融合发展水平绝对 β 收敛经济和统计显著性降低。伴随长江经济带产业结构调整和产业融合发展政策的实施，长江经济带沿线 11 省市先进制造业和现代服务业融合水平空间差异缩小的可能性较大。

表 24 长江经济带先进制造业和现代服务业融合发展绝对 β 收敛检验结果

模型	OLS	SAR	SEM
β	0.0037 ** (0.0017)	0.00014 (0.0041)	0.00017 (0.0036)
_cons	0.0022 (0.002)		−0.0025 (0.0052)
Rho/lambda		0.726 *** (0.02)	0.83 *** (0.016)
sigma2_e		0.00005 *** (0.000002)	0,000057 *** (0.0000025)
ln_phi			0.399 ** (0.19)
AIC	−6814.268	−8853.013	−8336.524
BIC	−6789.934	−8781.678	−8349.688
N	66	66	66
R2	0.004	0.004	0.004

注：括号中为标准误，* 、** 、*** 分别表示在 10%、5% 和 1% 水平上显著。
资料来源：根据测算结果整理。

2. 行业异质性检验

为考察长江经济带先进制造业和现代服务业融合发展过程中的行业差异，首先选择先进制造业细分行业，考察长江经济带沿线 11 省市先进制造业细分行业与现代服务业融合发展的水平。

如表 25 所示，长江经济带先进制造业细分行业与现代服务业融合发展水平存在明显行业差异。比较长江经济带先进制造业细分行业类型，通用设备制造业、交通运输设备制造业、仪器仪表及文化办公机械制造业与现代服务业融合发展水平领先于其他行业，与现代服务业发展互动联系更为紧密；而电气机械和器材制造业，以及通信设备、计算机和其他电子设备制造业与现代服务业融合发展水平较其他先进制造业细分行业相对较低，与现代服务业互动发展过程中的联系相对较弱。总体而言，先进制造业细分行业与现代服务业的融合发展水平波动相对较小，有待进一步支持和引导先进制造业和现代服务业深度融合。

表25　2012～2017年长江经济带先进制造业细分行业与现代服务业融合发展水平

先进制造业细分行业	2012 年	2013 年	2014 年	2015 年	2016 年	2017 年	均值
通用设备制造业	0.2836	0.2687	0.2670	0.2658	0.2574	0.2769	0.2699
专用设备制造业	0.2558	0.2713	0.2521	0.2730	0.2748	0.2576	0.2641
交通运输设备制造业	0.2884	0.2931	0.2800	0.2675	0.2591	0.2764	0.2774
电气机械和器材制造业	0.2387	0.2472	0.2480	0.2475	0.2476	0.2559	0.2475
通信设备、计算机和其他电子设备制造业	0.2481	0.2487	0.2475	0.2477	0.2388	0.2339	0.2441
仪器仪表及文化办公机械制造业	0.3042	0.2919	0.2943	0.2869	0.3007	0.2948	0.2955

注：表中数值为长江经济带沿线11省市平均值。

资料来源：根据测算结果整理。

为进一步考察长江经济带现代服务业细分行业与先进制造业融合发展过程中的行业差异，首先选择长江经济带现代服务业细分行业，分别测算现代服务业细分行业与先进制造业的融合发展水平。

如表26所示，长江经济带现代服务业细分行业与先进制造业融合发展水平存在明显行业差异。从现代服务业细分行业来看，水利、环境和公共设施管理业，金融业，以及科学研究和技术服务业与先进制造业融合发展水平相对较高，对先进制造业发展的支撑作用较强；卫生和社会工作，文化、体育和娱乐业，以及公共管理、社会保障和社会组织与先进制造业的融合发展水平相对较低，对先进制造业发展的支撑作用相对较弱。综合长江经济带先进制造业和现代服务业细分行业的融合水平测度结果，可以看出，现代服务业中生产性服务业类型与先进制造业的联系程度较强，而生活性服务业类型与先进制造业的联系程度相对较弱。可见加快促进长江经济带沿线11省市先进制造业和现代服务业深度融合发展过程中，应高度关注生活性服务业与先进制造业的合作与融合。

表26　2012～2017年长江经济带先进制造业与现代服务业细分行业融合发展水平

现代服务业细分行业	2012 年	2013 年	2014 年	2015 年	2016 年	2017 年	均值
信息传输、软件和信息技术服务业	0.2936	0.2687	0.2570	0.2658	0.2574	0.2669	0.2682
金融业	0.2884	0.3031	0.2900	0.2675	0.2691	0.2664	0.2808
房地产业	0.2784	0.2731	0.2700	0.2575	0.2591	0.2664	0.2674
租赁和商务服务业	0.2387	0.2472	0.2480	0.2575	0.2476	0.2659	0.2508
科学研究和技术服务业	0.2936	0.2587	0.2670	0.2658	0.2574	0.2869	0.2716
水利、环境和公共设施管理业	0.3042	0.3019	0.2843	0.2969	0.3107	0.2848	0.2971
居民服务、修理和其他服务业	0.2558	0.2613	0.2521	0.2630	0.2648	0.2376	0.2558
教育	0.2658	0.2713	0.2521	0.2630	0.2648	0.2476	0.2608
卫生和社会工作	0.2381	0.2587	0.2475	0.2577	0.2488	0.2439	0.2491
文化、体育和娱乐业	0.2487	0.2572	0.2380	0.2475	0.2276	0.2559	0.2458
公共管理、社会保障和社会组织	0.2381	0.2587	0.2275	0.2477	0.2388	0.2239	0.2391

注：表中数值为长江经济带沿线11省市平均值。

资料来源：根据测算结果整理。

（四）促进长江经济带制造业与服务业融合发展的对策建议

（1）充分认识产业融合在长江经济带构建现代产业体系过程中的重要性。当前，长江经济带沿线11省市先进制造业和现代服务业融合发展水平绝对值仍然较低，实现先进制造业和现代服务业优质协同融合仍需抢抓历史机遇，加大支持力度。有序推进高质量发展，长江经济带沿线11省市必须充分认识产业融合在长江经济带构建现代产业体系过程中的重要性，科学引导先进制造业和现代服务业融合发展。

（2）制定阶段性、针对性支持政策。长江经济带上中下游地区之间、沿线11省市之间先进制造业和现代服务业发展基础、产业融合发展水平存在较大差异，不同省市和地区先进制造业和现代服务业融合发展处于不同阶段。有效支持长江经济带先进制造业和现代服务业融合发展，必须基于各地区发展阶段性特征研究针对性支持举措，形成先进制造业和现代服务业融合发展的地方特色、地方速度。

（3）借助产业空间外部性加快长江经济带先进制造业和现代服务业融合发展进程。空间耦合协调度模型和空间收敛模型测算结果表明，长江经济带沿线11省市先进制造业和现代服务业融合发展受本地和相邻地区因素的共同影响。推进先进制造业和现代服务业融合发展，长江经济带沿线11省市应充分借助产业空间外部性，发挥产业集聚区规模效应、溢出效应和带动效应。同时，顺应新时代交通和网络革新趋势，逐步建立多样化跨区域产业发展合作模式，促进产业生产要素在长江经济带相邻地区或更大空间范围内的自由流动和优化配置，加快长江经济带沿线11省市先进制造业和现代服务业融合发展进程。

参考文献

贾军：《中国制造业绿色发展的锁定形成机理及解锁模式》，《软科学》2016年第11期，第15～18页。

杨建亮等：《创新驱动制造业绿色发展保障机制研究》，《管理现代化》2020年第2期，第30～32页。

潘为华等：《中国制造业转型升级发展的评价指标体系及综合指数》，《科学决策》2019年第9期，第28～48页。

江小国等：《制造业高质量发展水平测度、区域差异与提升路径》，《上海经济研究》2019年第7期，第70～78页。

庄志彬、林子华：《创新驱动我国制造业转型发展的对策研究》，《福建师范大学学报》（哲学社会科学版）2014年第1期，第45～52页。

杜宇等：《长江经济带工业高质量发展指数的时空格局演变》，《经济地理》2020年第8期，第96～103页。

罗良文、赵凡：《工业布局优化与长江经济带高质量发展：基于区域间产业转移视角》，《改革》2019年第2期，第27～36页。

曾繁华等：《"双创四众"驱动制造业转型升级机理及创新模式研究》，《科技进步与对策》2016年第23期，第44～50页。

吴传清、邓明亮：《长江经济带制造业和服务业融合发展水平测度及影响因素研究》，《扬州大学学报》（人文社会科学版）2020年第4期，第44～62页。

专题报告

Special Reports

B.2

长江经济带沿线省市产业发展
比较研究*

吴传清 孟晓倩 尹礼汇**

摘　要： 产业是推动长江经济带高质量发展的重要支撑。本报告基
于中国经济普查年鉴、相关统计年鉴、统计公报等数据，
利用区位熵的方法分析长江经济带沿线11省市制造业、服
务业、文化及相关产业、建筑业和农业发展水平和集聚水
平。结果显示：长江经济带各行业资产总额在全国占比较
高；不同省市、不同行业发展差距较大；下游地区发展水

---

* 基金项目：国家社会科学基金一般项目"推动长江经济带制造业高质量发展研究"（项目编号：19BJL061）。

** 吴传清，武汉大学经济与管理学院、中国发展战略与规划研究院教授，博士生导师，从事区域经济学、产业经济学研究；孟晓倩，武汉大学经济与管理学院区域经济学专业博士研究生，从事区域经济学研究；尹礼汇，武汉大学经济与管理学院区域经济学专业博士研究生，从事区域经济学研究。

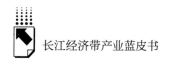
平较高，中上游地区不同行业发展水平差距较大。利用区位熵方法分析长江经济带沿线重要中心城市经济发展水平、工业和服务业集聚水平，结果显示长三角地区中心城市产业发展水平较高、贵阳和昆明等西部城市产业发展水平相对较低。

关键词： 长江经济带　制造业　服务业　农业　区位熵

长江经济带覆盖上海、江苏、浙江、安徽、江西、湖北、湖南、重庆、四川、云南、贵州等 11 个省市，面积约 205.23 万平方公里，占全国的 21.4%，人口和生产总值均超过全国的 40%。在长江经济带国家发展战略背景下，研究长江经济带沿线省市产业优势，统筹协调长江经济带沿线 11 省市均衡发展，合理定位，避免同质竞争，从而形成分工合理、优势互补、协调发展的格局。这对长江经济带发展有着非常重要的作用，对提升长江经济带整体产业发展水平，进一步提升长江经济带在国家经济发展和对外开放当中的支撑和引领作用具有重大意义。

一　长江经济带沿线11省市经济发展水平比较

（一）经济总量

2019 年，长江经济带经济总量为 457805.17 亿元，占全国比重为 46.2%，相比 2014 年上升 2 个百分点（见表 1）。从上中下游来看，长江经济带上中下游经济总量呈现递增的态势，2019 年下游地区经济总量是上游地区的 2.15 倍，占据了长江经济带 51.8% 的比例。

从长江经济带沿线 11 省市来看，2019 年长江经济带沿线 11 省市经济总量分别在全国 31 省市中排名第 10 位、第 2 位、第 4 位、第 11 位、第 16 位、第 7 位、第 9 位、第 17 位、第 6 位、第 22 位、第 18 位，排名较 2014 年有很大提升。在全国省市经济总量排行榜前 10 位中，长江经济带沿线省市占比 50%。贵州省和云南省经济总量在全国排名为中下游，基数较小，但 2014～2019 年增长率较高，具有很大的发展潜力。2019 年长江经济带沿线 11 省市经济总量差异较大，贵州省经济总量仅占长江经济带经济总量的 3.66%，占比最低，而江苏省 2019 年经济总量达 99631.52 亿元，占长江经济带经济总量的 21.76%，占比最高。

表 1　2014～2019 年长江经济带沿线 11 省市经济总量

单位：亿元

地区	2014 年	2015 年	2016 年	2017 年	2018 年	2019 年
上海	23567.70	25123.45	28178.65	30632.99	36011.82	38155.32
江苏	65088.32	70116.38	77388.28	85869.76	93207.55	99631.52
浙江	40173.03	42886.49	47251.36	51768.26	58002.84	62351.74
安徽	20848.75	22005.63	24407.62	27018.00	34010.91	37113.98
江西	15714.63	16723.78	18499.00	20006.31	22716.51	24757.50
湖北	27379.22	29550.19	32665.38	35478.09	42021.95	45828.31
湖南	27037.32	28902.21	31551.37	33902.96	36329.68	39752.12
重庆	14262.60	15717.27	17740.59	19424.73	21588.80	23605.77
四川	28536.66	30053.10	32934.54	36980.17	42902.10	46615.82
贵州	9266.39	10502.56	11776.73	13540.83	15353.21	16769.34
云南	12814.59	13619.17	14788.42	16376.34	20880.63	23223.75
上游地区	64880.24	69892.10	77240.28	86322.12	100724.74	110214.68
中游地区	70131.17	75176.18	82715.75	89387.36	101068.14	110337.93
下游地区	149677.80	160131.95	177225.91	195289.01	221233.12	237252.56
长江经济带	284689.21	305200.23	337181.94	370998.49	423026.00	457805.17
全国	643563.10	688858.20	746395.10	832035.90	919281.10	990865.10

资料来源：根据国家统计局网站相关数据整理。

（二）三次产业结构

如表 2 所示，2014～2019 年，长江经济带第一、二产业增加值比重在逐年下滑，第三产业增加值比重在逐年上升，三次产业结构占比从2014年的8：47：45调整为2019年的7：40：53，第三产业增加值自2017年首次占比超过50%，说明供给侧结构性改革成效显著，服务业比重逐年加大。和国家相比，长江经济带第三产业占比仍然低于全国平均水平，第二产业占比超过全国平均水平。从长江经济带上中下游来看，长江经济带上中下游地区第三产业比重在逐年上升，2018年第三产业比重首次均超过50%，其中下游地区第三产业比重2019年达到55%。2019年，长江经济带上游地区的第二产业比重为37%，在上中下游中占比最低，第一产业比重为11%，在上中下游中占比最高。

从长江经济带沿线11省市来看，2014～2019年，长江经济带沿线11省市的产业结构在不断优化，产业格局都为"三二一"。2019年，除了江西省外，其他省市的第三产业比重都已经超过了50%，上海第三产业比重达到73%，服务业比重在不断上升，第三产业的快速发展成为城市经济增长的新动能。从第一产业来看，2019年上海第一产业仅为103.88亿元，占GDP的0.27%，江苏和浙江的第一产业占比分别为4%和3%，上海、江苏和浙江已经步入后工业化时期，服务业和制造业的融合发展推动现代服务业和高端制造业的高质量发展。2019年，贵州、四川和云南的第一产业占比均超过10%，说明3个省份的农业比重仍然较高。从第二、三产业比例来看，贵州和云南的第二产业比重分别为36%和34%，第二产业比重较低，虽然第三产业比重超过50%，但服务业产业结构不合理，传统服务业占比较高，现代服务业发展滞后，以致服务业和先进制造业融合程度较低，工业发展水平较低。

表2　2014～2019年长江经济带沿线11省市产业结构

地区	2014年	2015年	2016年	2017年	2018年	2019年
上海	1：35：65	0：32：68	0：30：70	0：30：69	0：29：71	0：27：73
江苏	6：47：47	6：46：49	5：45：50	5：45：50	4：45：50	4：44：51
浙江	4：48：48	4：46：50	4：45：51	4：43：53	3：44：53	3：43：54
安徽	11：53：35	11：50：39	11：48：41	10：48：43	8：41：51	8：41：51

省市/区域	2014 年	2015 年	2016 年	2017 年	2018 年	2019 年
江西	11：52：37	11：50：39	10：48：42	9：48：43	8：43：47	8：44：48
湖北	12：47：41	11：46：43	11：45：44	10：44：47	8：42：50	8：42：50
湖南	12：46：42	12：44：44	11：42：46	9：42：49	8：38：53	9：38：53
重庆	7：46：47	7：45：48	7：45：48	7：44：49	6：41：53	7：40：53
四川	12：49：39	12：44：44	12：41：47	12：39：50	10：37：52	10：37：52
贵州	14：42：45	16：39：45	16：40：45	15：40：45	14：36：50	14：36：50
云南	16：41：43	15：40：45	15：38：47	14：38：48	12：35：53	13：34：53
上游地区	12：46：42	12：43：45	12：41：47	11：40：49	10：37：52	11：37：52
中游地区	11：48：41	11：46：43	11：45：44	9：44：47	8：41：50	9：41：51
下游地区	5：46：48	5：44：51	5：43：52	4：43：53	4：42：54	4：41：55
长江经济带	8：47：45	8：44：47	8：43：49	7：42：50	7：40：53	7：40：53
全国	9：43：48	8：41：51	8：40：52	7：40：53	7：40：53	7：39：54

资料来源：根据国家统计局网站相关数据整理。

二 长江经济带沿线11省市制造业发展水平比较

（一）沿线11省市制造业发展概况

1. 制造业及细分行业主要指标比较

2018 年末，长江经济带沿线 11 省市制造业资产总额为 396190.18 亿元，占全国比重为 44.93%，营业收入为 444179.42 亿元，占全国比重为 47.36%，营业利润为 31059.48 亿元，占全国比重为 50.92%，说明制造业盈利水平较高。从从业人员来看，长江经济带平均用工人数为 3382.27 万人，占全国比重为 45.11%，各项指标在全国占比都接近 50%（见表3）。

从长江经济带上中下游来看，各项指标排名顺序均为"下游、中游、上游"，尤其下游地区各项指标数远远高于中上游地区，而且下游地区的各项指标数超过了上中游地区指标数之和，说明下游地区制造业发展水平远远高于中上游地区。

从长江经济带沿线 11 省市来看，江苏和浙江的制造业各项指标都比较高，其中江苏的制造业营业利润在全国排名第一，占据长江经济带比重的27.03%，资产总额超过了 10 万亿元。贵州和云南的制造业各指标排名在中下游，制造业发展水平较差，其中贵州制造业资产总额仅为 9708.88 亿元，在全国排名第 25 位，占长江经济带比重仅为 2.45%。

表3　2018 年长江经济带沿线 11 省市制造业主要经济指标

单位：亿元，万人

地区	资产总额		营业收入		营业利润		平均用工人数	
	数据	排名	数据	排名	数据	排名	数据	排名
上海	39433.61	6	38684.93	8	3207.20	8	196.07	13
江苏	108754.07	2	125251.17	2	8395.48	1	931.40	2
浙江	68974.24	4	66159.17	4	4075.10	4	655.65	3
安徽	28935.28	12	34496.19	10	2365.69	10	259.74	10
江西	21546.66	15	30685.20	13	2093.97	11	220.79	12
湖北	34866.79	7	41562.40	7	3414.28	7	293.64	7
湖南	23271.75	14	32465.81	12	2030.47	12	282.78	8
重庆	16773.47	17	19153.53	15	1210.44	16	151.40	15
四川	31946.53	9	36846.12	9	2583.12	9	262.82	9
贵州	9708.88	25	7403.92	24	932.00	18	60.73	23
云南	11978.90	23	11470.98	21	751.73	21	67.25	22
上游地区	70407.78	3	74874.55	3	5477.29	3	542.20	3
中游地区	79685.20	2	104713.41	2	7538.72	2	797.21	2
下游地区	246097.20	1	264591.46	1	18043.47	1	2042.86	1
长江经济带	396190.18		444179.42		31059.48		3382.27	
全国	881869.46		937798.01		60999.43		7497.26	

注：长江经济带沿线 11 省市排名为全国相对排名。

资料来源：根据《中国经济普查年鉴》（2018）相关数据整理。

从 2018 年长江经济带沿线 11 省市制造业细分行业的资产总额（见表4）可以看出，长江经济带烟草制品业、化学纤维制造业与印刷和记录媒介复制业的资产总额占全国比重超过了 50%，其中烟草制品业和化学纤维制造业占比分别为 72.73% 和 71.81%，具有一定的垄断地位。

表4 2018 年长江经济带沿线 11 省市制造业细分行业资产总额

单位：亿元

地区	烟草制品业	皮革、毛皮、羽毛及其制品和制鞋业	家具制造业	造纸和纸制品业	印刷和记录媒介复制业	文教、工美、体育和娱乐用品制造业	化学纤维制造业	橡胶和塑料制品业
上海	1432.71	258.27	337.33	284.02	248.81	275.66	41.15	1080.50
江苏	733.66	263.79	302.09	1743.49	665.78	962.32	2292.94	2858.44
浙江	568.55	918.19	952.38	1635.51	505.81	1044.88	2695.35	2470.41
安徽	323.76	223.45	161.98	448.95	232.63	226.18	155.05	1175.46
江西	174.48	303.85	265.83	282.87	189.21	274.48	104.54	402.04
湖北	539.27	99.73	184.02	386.45	339.51	366.07	40.83	578.03
湖南	849.97	192.17	90.14	524.66	166.55	121.06	21.31	254.71
重庆	175.03	55.13	73.74	322.68	144.55	64.56	29.13	312.33
四川	267.13	112.71	261.86	374.57	262.09	58.45	237.74	582.18
贵州	372.74	26.78	22.51	77.37	39.81	21.03	0.62	204.17
云南	2506.98	6.56	16.41	117.29	146.56	47.47	9.65	99.28
上游地区	3321.88	201.18	374.52	891.91	593.01	191.51	277.14	1197.96
中游地区	1563.72	595.75	539.99	1193.98	695.27	761.61	166.68	1234.78
下游地区	3058.68	1663.70	1753.78	4111.97	1653.03	2509.04	5184.49	7584.81
长江经济带	7944.28	2460.63	2668.29	6197.86	2941.31	3462.16	5628.31	10017.55
全国	10922.25	6607.48	5704.38	14603.86	5720.05	8764.44	7838.25	22780.86

资料来源：根据《中国经济普查年鉴》（2018）相关数据整理。

从长江经济带沿线 11 省市的制造业细分行业发展情况来看，云南省的烟草制品业资产总额为 2506.98 亿元，占长江经济带比重为 31.56%，比排名第二的上海市资产总额超出了约 1074 亿元；江西和重庆的烟草制品业资产总额仅为 175 亿元左右。

浙江省的皮革、毛皮、羽毛及其制品和制鞋业资产总额为 918.19 亿元，远超过排名第二的江西省，占长江经济带比重为 37.32%，而对应的云南省资产总额仅为 6.56 亿元，长江经济带皮革、毛皮、羽毛及其制品和制鞋业发展差距较大。

在家具制造业上，浙江省资产总额遥遥领先，为 952.38 亿元，占长江

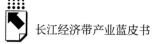

经济带比重为 35.69%，排名第二和第三的上海和江苏的资产总额分别仅为337.33 亿元和 302.09 亿元，只占浙江资产总额的 1/3 左右，排名最低的云南和贵州资产总额分别为 16.41 亿元和 22.51 亿元，发展差距较大。

江苏和浙江的造纸和纸制品业资产总额远远超过其他省市，两省份资产总额占长江经济带比重为 54.52%，超过一半水平，其他省市资产总额差距较小，排名最低的贵州省资产总额仅为 77.37 亿元。

在印刷和记录媒介复制业中，江苏和浙江资产总额较高，贵州资产总额最低，仅为 39.81 亿元，其他省市整体差距不是很大，发展较均衡。

浙江和江苏的文教、工美、体育和娱乐用品制造业资产总额最高，分别为 1044.88 亿元和 962.32 亿元，两省份资产总额占长江经济带比重为57.98%，上游地区的重庆、四川、贵州和云南的资产总额都不超过 100 亿元，四省市资产总额占比仅为 5.53%。

从化学纤维制造业来看，江苏和浙江资产总额遥遥领先，占长江经济带比重为 88.63%，全国占比达到 63.64%，具有绝对垄断性，贵州和云南的资产总额分别为 0.62 亿元和 9.65 亿元。

江苏和浙江的橡胶和塑料制品业资产总额最高，占长江经济带比重为53.20%，云南、贵州和湖南资产总额最低。由此可见，不同省市的优势产业差异明显，各省市产业发展应取长补短，突出优势发展自身特色，从而进一步优化工业结构。

2. 制造业及细分行业集聚水平比较

（1）测算方法。区位熵可用来反映某区域具体产业的专业化水平，是分析某个产业竞争力和集聚水平的常用指标。采用区位熵对长江经济带沿线11 省市制造业细分行业的集聚水平进行分析测算，可以更加清晰地展示不同省市的产业优势与劣势。

以 LQ（location quotient）表示地区产业集聚水平，其计算公式为：

$$LQ = \frac{\dfrac{L_{ij}}{L_j}}{\dfrac{L_i}{L}}$$

其中 L_{ij} 为 i 区域 j 产业的从业人员数量；L_j 为上级区域 j 产业的从业人员数量；L_i 为 i 区域产业总从业人员数量；L 为上级区域产业的总从业人员数量。通过计算 LQ 值可以看出某区域的具体产业专业化程度和集聚水平，LQ 值越高，即表示 i 行业在 j 城市的专业化水平越高，产业竞争力也越强。若 $LQ > 1$，则表明 i 行业在 j 城市的专业化程度高于区域内平均水平，其产业竞争力在区域内处于领先地位，比较优势明显；若 $LQ = 1$，则表明 i 行业在 j 城市的专业化程度正好等于整个区域内的平均水平；若 $LQ < 1$，则表明 i 行业在 j 城市的专业化程度低于区域内的平均水平，产业竞争力较弱。

（2）测算结果。从制造业细分行业区位熵测算结果（见表5）可以看出，2018 年长江经济带制造业主要细分行业整体集聚水平差距较大，其中烟草制品业、印刷和记录媒介复制业与化学纤维制造业区位熵大于1，集聚水平最高的是化学纤维制造业，其余行业竞争力较弱。

表5　2018 年长江经济带沿线 11 省市制造业细分行业区位熵

地区	烟草制品业	皮革、毛皮、羽毛及其制品和制鞋业	家具制造业	造纸和纸制品业	印刷和记录媒介复制业	文教、工美、体育和娱乐用品制造业	化学纤维制造业	橡胶和塑料制品业
上海	0.89	0.32	0.96	0.76	1.06	0.39	0.23	1.24
江苏	0.28	0.30	0.45	0.65	0.87	0.72	2.64	0.96
浙江	0.25	1.33	1.83	1.25	0.91	0.95	2.88	1.25
安徽	1.49	0.64	0.70	0.69	1.11	0.73	0.54	1.35
江西	1.09	1.41	2.04	0.87	0.87	0.80	0.41	0.60
湖北	1.20	0.36	0.51	0.81	1.35	0.46	0.35	0.72
湖南	1.86	1.25	0.56	1.37	1.26	0.47	0.25	0.46
重庆	1.35	0.58	0.56	0.95	1.14	0.24	0.21	0.70
四川	0.88	0.55	1.86	1.26	1.31	0.14	1.07	0.75
贵州	6.24	0.52	0.42	1.04	0.68	0.34	0.06	0.84
云南	17.76	0.14	0.12	1.11	1.49	0.47	0.13	0.60
上游地区	3.71	0.51	1.12	1.13	1.22	0.23	0.60	0.73
中游地区	1.40	0.97	0.95	1.02	1.19	0.56	0.33	0.59
下游地区	0.48	0.68	0.97	0.86	0.93	0.76	2.22	1.13
长江经济带	1.22	0.72	0.99	0.94	1.04	0.63	1.52	0.94

资料来源：根据相关数据测算整理。

从长江经济带上中下游来看，2018年长江经济带上中下游不同行业集聚水平呈现分异特征。下游地区制造业细分行业集聚水平较低，只有化学纤维制造业与橡胶和塑料制品业区位熵大于1，尤其化学纤维制造业达到2.22，行业竞争力较强，而其他行业竞争力较弱。中游地区的烟草制品业、造纸和纸制品业、印刷和记录媒介复制业区位熵大于1，具有专业化优势。上游地区的烟草制品业、家具制造业、造纸和纸制品业以及印刷和记录媒介复制业的区位熵都大于1，产业竞争力较强，其他行业集聚水平较差。

从长江经济带沿线11省市来看，2018年上海的印刷和记录媒介复制业与橡胶和塑料制品业具有产业竞争优势，其余行业集聚水平较差，其中化学纤维制造业的区位熵仅为0.23，产业竞争力较弱。江苏省只有化学纤维制造业区位熵达到2.64，集聚水平较高，其他行业集聚程度较低。浙江省集聚水平较高的行业为家具制造业和化学纤维制造业，区位熵分别达到1.83和2.88，而烟草制品业竞争力较差，区位熵仅为0.25，集聚程度最低。安徽省的烟草制品业与橡胶和塑料制品业集聚水平较高，其中橡胶和塑料制品业集聚水平在长江经济带最高。

2018年江西省的家具制造业与皮革、毛皮、羽毛及其制品和制鞋业区位熵分别为2.04和1.41，在长江经济带中产业竞争力最强，具有集聚优势。湖北的印刷和记录媒介复制业区位熵为1.35，集聚水平较高，呈专业化优势，烟草制品业呈微弱的集聚态势，其余行业发展水平较弱。湖南省烟草制品业集聚水平较高，区位熵达到1.86，产业竞争力较强。

2018年重庆只有烟草制品业与印刷和记录媒介复制业的区位熵大于1，但是和其他省市相比集聚水平仍存在一定差距，其余行业区位熵都小于1，化学纤维制造业区位熵仅为0.21，产业竞争力较弱。四川的家具制造业、造纸和纸制品业与印刷和记录媒介复制业集聚水平较高，呈现专业化优势，而文教、工美、体育和娱乐用品制造业区位熵仅为0.14，产业竞争力最差。云南和贵州的烟草制品业的区位熵分别达到17.76和6.24，具有绝对的集聚优势，产业竞争力很强。云南的印刷和记录媒介复制业区位熵为1.49，在长江经济带集聚水平最高，而皮革、毛皮、羽毛及其制品和制鞋业与家具制造业的集聚水平最低，产业竞争力水平较差。贵州的印刷和记录媒介复制业与化学纤维制造业的区位熵分别为 0.68 和 0.06，在长江经济带最低，产业竞争力水平较差。

3. 创新型产业集群主要指标比较

2018 年，长江经济带共有创新型产业集群 43 个，占全国比重为 39.45%，集群内共有企业 8542 个，占全国比重为 38.52%（见表 6）。43 个集群所创造的营业收入和出口总额分别为 19112.43 亿元和 2750.89 亿元，占全国比重分别为 34.49% 和 30.15%，约占全国 1/3 的份额。上中下游的集群数量分别为 8 个、13 个和 22 个，下游地区集群数量超过了中上游集群数量的和。下游创新型产业集群各指标都远远大于中上游集群指标之和，下游地区的出口总额占长江经济带比重达到 66.74%。

表6　2018 年长江经济带沿线 11 省市创新型产业集群主要指标

地区	集群数量（个）	企业数量（个）	营业收入（亿元）	出口总额（亿元）	科技经费支出（亿元）	有效发明专利数（件）
上海	5	875	2055.49	110.76	204.36	8610
江苏	12	2688	6161.97	1149.65	165.73	11905
浙江	2	845	2290.25	468.43	166.96	9112
安徽	3	624	1651.30	106.98	80.83	5966
江西	4	217	704.65	55.47	30.95	1716
湖北	6	1197	1280.90	63.05	51.18	3087
湖南	3	361	2013.06	40.12	71.73	5863
重庆	2	423	844.35	62.71	28.11	2524
四川	4	1120	1861.16	692.36	141.23	2748
贵州	1	176	35.53	—	1.80	52
云南	1	16	213.77	1.36	7.00	556
上游地区	8	1735	2954.81	756.43	178.14	5880
中游地区	13	1775	3998.61	158.64	153.86	10666
下游地区	22	5032	12159.01	1835.82	617.88	35593
长江经济带	43	8542	19112.43	2750.89	949.88	52139
全国	109	22177	55413.42	9124.81	2487.56	193512

资料来源：根据《中国火炬统计年鉴》（2019）相关数据整理。

从长江经济带沿线 11 省市来看，2018 年江苏省的创新型产业集群数量为 12 个，其企业数量、营业收入、出口总额等指标远远超过其他省市，出口总额占长江经济带比重达 41.79%。湖北和上海的创新型产业集群数量分别为 6 个和 5 个，营业收入分别为 1280.90 亿元和 2055.49 亿元，出口总额分别为 63.05 亿元和 110.76 亿元，说明上海创新型产业集群发展水平要高于湖北省。四川和江西都有 4 个创新型产业集群，但是企业数量四川为 1120 个，是江西（217 个）的 5.16 倍，营业收入和出口总额也远远大于江西，说明四川创新型产业集群规模要远大于江西，尤其成都高新区移动互联网创新型产业集群中就有 950 多个企业入驻。安徽和湖南都有 3 个创新型产业集群，重庆和浙江各有 2 个创新型产业集群，但是浙江集群指标要远远高于重庆。浙江的营业收入为 2290.25 亿元，在长江经济带排名第 2 位，仅次于江苏省；而重庆创新型产业集群营业收入仅为 844.35 亿元，在长江经济带排名第 8 位。贵州和云南都只有 1 个创新型产业集群，分别是贵阳区块链与大数据产业集群和昆明市生物医药创新型产业集群，贵州大数据产业发展极大地推动了当地创新水平的提高。

从创新型产业集群科研投入和产出水平来看，2018 年长江经济带科技经费支出和有效发明专利数占全国比重分别为 38.19% 和 26.94%，下游地区两项指标占长江经济带比重分别达到 65.05% 和 68.27%，可见下游地区投入和产出水平较高。从长江经济带沿线 11 省市来看，上海市科技经费支出为 204.36 亿元，处于长江经济带领先水平，江苏、浙江和四川的经费支出水平也较高，都超过了 100 亿元，而贵州和云南的科技经费支出分别仅为 1.8 亿元和 7 亿元。从创新产出来看，江苏有效发明专利数超过了 10000 件，处于长江经济带最高水平；浙江、上海和安徽分列第 2、3、4 位，创新产出水平较高；而四川有效发明专利数仅为 2748 件，和较高的创新投入不成比例，说明四川创新型产业集群科技成果转化能力较差；贵州和云南较低的创新投入使得创新产出水平较低。

（二）沿线11省市高技术制造业发展水平

1.高技术制造业发展概况

表 7 显示了 2018 年长江经济带沿线 11 省市高技术制造业主要指标。从企业数目来看，长江经济带共有高技术制造业企业 16546 个，占全国比重为 49.28%，其中下游地区企业数为 10138 个，占据长江经济带的 61.27%。江苏和浙江高技术制造业企业数分别为 4870 个和 2785 个，全国排名分别为第 2、3 位，而重庆、贵州和云南的企业数量都不到 1000 个，企业数目差距较大。

从从业人员数和利润总额来看，长江经济带两项指标占全国比重分别为 46% 和 47%，下游地区指标明显超过中上游指标之和。江苏的从业人员数和利润总额分别达到 2219628 人和 1784 亿元，全国排名第 2 位，指标数据远超过其他省市。各地区高技术制造业利润总额差距非常大，其中贵州和云南在全国都排在中下游水平。

从进出口总额来看，长江经济带高技术制造业进出口总额占全国比重为 45.68%，下游地区进出口总额占长江经济带比重达到 75.49%，而中游地区占比仅为 5.65%，上中下游进出口总额差距较大。江苏和上海进出口总额分别为 261136.54 亿元和 173841.65 亿元，全国排名分别为第 2、3 位，远超过其他省市，两省市进出口总额占长江经济带比重达 67.61%；四川、重庆和浙江进出口总额紧随其后，全国排名分别为第 4、6、10 位；而江西、湖南、贵州和云南进出口总额水平较低，全国排名分别为第 18、19、22、23 位，处在中下游水平，见表 7。

表 7　2018 年长江经济带沿线 11 省市高技术制造业主要指标

地区	企业数（个）		从业人员平均人数（人）		利润总额（亿元）		进出口总额（亿元）	
	数据	排名	数据	排名	数据	排名	数据	排名
上海	1027	11	487401	7	368	8	173841.65	3
江苏	4870	2	2219628	2	1784	2	261136.54	2
浙江	2785	3	774152	3	754	3	32846.48	10
安徽	1456	5	325467	12	255	13	17847.75	14

续表

地区	企业数(个)		从业人员平均人数(人)		利润总额(亿元)		进出口总额(亿元)	
	数据	排名	数据	排名	数据	排名	数据	排名
江西	1305	6	456463	8	337	10	9739.03	18
湖北	1136	9	358114	11	304	11	19290.79	13
湖南	1259	8	371352	10	233	16	7302.36	19
重庆	696	14	316955	13	245	15	50146.96	6
四川	1283	7	516303	6	378	7	64560.97	4
贵州	475	17	127116	20	74	22	3438.54	22
云南	254	22	60909	23	108	20	3245.42	23
上游地区	2708	3	1021283	3	805	3	121391.89	2
中游地区	3700	2	1185929	2	874	2	36332.18	3
下游地区	10138	1	3806648	1	3161	1	485672.42	1
长江经济带	16546		6013860		4840		643396.49	
全国	33573		13176645		10293		1408565.18	

注：长江经济带沿线 11 省市排名为全国相对排名。

资料来源：根据《中国高技术产业统计年鉴》（2019）相关数据整理。

2. 高技术制造业创新发展概况

从高技术制造业创新指标（见表 8）来看，2018 年长江经济带 R&D 人员折合全时当量、R&D 经费支出和专利申请数占全国比重分别为 42.92%、42.91% 和 40.58%。江苏、浙江、四川、上海和安徽 5 个省市，不论是从创新投入还是创新产出水平来看，全国排名都在前 10 位，说明创新投入和产出水平都比较强，具有一定的创新优势。其中，江苏创新投入和产出指标在长江经济带占比接近 1/3，创新指标较高，这与江苏省经济发展水平较高，对人才的重视程度较高联系紧密。湖北 R&D 经费支出排在全国第 6 位，但是 R&D 人员折合全时当量排在第 11 位，由此可见，湖北科研投入经费虽然较高，但由于科研人员数量较少，缺少科研人才，因此科研产出水平较低，排在全国第 10 位。重庆、贵州和云南的创新投入和产出水平都较低。从创新投入和产出排名来看，安徽和重庆的创新产出水平排名都高于创新投入水平，说明两省市科技成果转化能力较强。

表8 2018年长江经济带沿线11省市高技术制造业创新指标

地区	R&D 人员折合全时当量(人年)		R&D 经费支出(亿元)		专利申请数(件)	
	数据	排名	数据	排名	数据	排名
上海	24309	8	127.32	9	8191	8
江苏	118287	2	502.60	2	35009	2
浙江	82840	3	270.18	3	19033	3
安徽	22050	9	99.14	10	9199	6
江西	20573	12	68.58	14	6001	11
湖北	21735	11	145.44	6	7539	10
湖南	20338	13	86.47	11	3765	12
重庆	13489	16	58.15	16	4617	14
四川	33144	6	139.43	7	9570	5
贵州	6098	19	20.72	19	1811	18
云南	3009	21	9.22	24	704	21
上游地区	55740	3	227.52	3	16702	3
中游地区	62646	2	300.49	2	19305	2
下游地区	247486	1	999.24	1	71432	1
长江经济带	365872		1527.25		107439	
全国	852467		3559.12		264736	

资料来源：根据《中国高技术产业统计年鉴》（2019）相关数据整理。

3. 高技术制造业细分行业利润水平

按照《国民经济行业分类》（GB/T 4754—2017）标准，高技术制造业是指国民经济行业中 R&D 投入强度相对高的制造业行业，包括医药制造业，航空、航天器及设备制造业，电子及通信设备制造业，计算机及办公设备制造业，医疗仪器设备及仪器仪表制造业和信息化学品制造业等六大类。考虑到数据的可得性，本报告只分析医药制造业、电子及通信设备制造业、计算机及办公设备制造业和医疗仪器设备及仪器仪表制造业的产业发展水平。

表9 显示了2018年长江经济带沿线11省市高技术制造业四大细分行业的总利润及全国排名。从长江经济带高技术制造业具体细分行业总利润来看，医药制造业和电子及通信设备制造业总利润占全国比重不到50%，

计算机及办公设备制造业总利润占比为51.08%，医疗仪器设备及仪器仪表制造业总利润占全国比重达到60%。从上中下游水平来看，医药制造业、电子及通信设备制造业和医疗仪器设备及仪器仪表制造业的总利润排名顺序都为"下游、中游、上游"，其中下游地区的医疗仪器设备及仪器仪表制造业总利润为543.98亿元，占长江经济带比重达到83.73%；计算机及办公设备制造业的总利润排名顺序为"下游、上游、中游"，其中中游地区的计算机及办公设备制造业的利润总额仅为29.40亿元，占长江经济带比重为9.24%。

表9 2018年长江经济带沿线11省市高技术制造业细分行业总利润

单位：亿元

地区	医药制造业		电子及通信设备制造业		计算机及办公设备制造业		医疗仪器设备及仪器仪表制造业	
	总利润	排名	总利润	排名	总利润	排名	总利润	排名
上海	109.60	11	158.21	6	6.61	14	83.82	4
江苏	447.34	1	835.79	2	140.93	1	307.14	1
浙江	225.82	4	385.79	3	17.16	9	129.11	3
安徽	74.18	15	136.99	11	18.92	8	23.92	10
江西	112.09	10	186.73	5	15.76	11	17.28	15
湖北	141.97	7	125.36	12	8.62	13	17.25	16
湖南	72.32	16	120.47	14	5.02	16	28.08	8
重庆	52.64	19	108.04	15	65.22	3	17.51	14
四川	153.37	6	143.53	9	37.17	6	23.67	12
贵州	38.40	22	25.94	21	0.86	21	0.69	26
云南	57.51	18	47.53	18	1.97	17	1.22	23
上游地区	301.92	3	325.04	3	105.22	2	43.09	3
中游地区	326.39	2	432.56	2	29.40	3	62.62	2
下游地区	856.95	1	1516.78	1	183.63	1	543.98	1
长江经济带	1485.26		2274.38		318.25		649.69	
全国	3187.24		5145.20		623.06		1076.07	

注：长江经济带沿线11省市排名为全国相对排名。

资料来源：根据《中国高技术产业统计年鉴》（2019）相关数据整理。

从长江经济带沿线 11 省市来看，对于医药制造业，2018 年江苏、浙江、四川、湖北和江西的总利润在全国排名前 10 位，其中江苏为 447.34亿元，全国排名第 1 位，占长江经济带比重为 30.12%，而云南、重庆和贵州的总利润在全国排名分别仅为第 18、19 和 22 位。对于电子及通信设备制造业，江苏、浙江、江西、上海和四川的总利润在全国排名前 10位，其中江苏总利润达到 835.79 亿元，全国排名第 2 位，远远超过排名第 3 位的浙江，而贵州和云南总利润分别仅为 25.94 亿元和 47.53 亿元，全国排名分别为第 21 和第 18 位。对于计算机及办公设备制造业，江苏、重庆、四川、安徽和浙江的总利润在全国排名前 10 位，其中江苏和重庆在全国排名分别为第 1 和第 3 位，而湖南、云南和贵州的总利润分别为5.02 亿元、1.97 亿元和 0.86 亿元，全国排名分别为第 16、17 和 21 位。对于医疗仪器设备及仪器仪表制造业，江苏、浙江、上海、湖南和安徽的总利润在全国排名前 10 位，其中江苏为 307.14 亿元，全国排名第 1位，占长江经济带比重为 47.27%，行业发展水平较高，具有一定的垄断地位，而贵州和云南的总利润分别为 0.69 亿元和 1.22 亿元，两省总利润仅为江苏省的 0.62%，行业发展差距很大。

4. 高技术制造业集聚水平

利用区位熵的方法计算高技术制造业及细分行业的集聚水平，结果如表10 所示。2018 年长江经济带高技术制造业区位熵为 1.01，呈微弱的集聚优势态势，上游和下游地区高技术制造业区位熵都大于 1，集聚水平较高，而中游地区区位熵为 0.85，呈集聚劣势。上海、江苏、江西、重庆、四川和贵州 6 省市的高技术制造业集聚水平呈专业化优势，在制造业中集聚水平较高，其余 5 省市的区位熵都小于 1，并没有呈现集聚化态势。

从高技术制造业主要细分行业来看，长江经济带医药制造业、计算机及办公设备制造业和医疗仪器设备及仪器仪表制造业都呈现集聚优势，但电子及通信设备制造业呈现集聚劣势。上游地区的医药制造业和计算机及办公设备制造业集聚水平较高；中游地区的细分行业中仅医药制造业区位熵为1.29，呈现集聚优势，其他行业集聚水平较差；下游地区除了医药制造业集聚水平较差外，其他行业都具有不同程度的集聚优势，其中医疗仪器设备及仪器仪表制造业集聚水平最高，计算机及办公设备制造业次之，而电子及通信设备制造业具有微弱集聚优势。

表10　2018年长江经济带沿线11省市高技术制造业及细分行业区位熵

地区	高技术制造业	医药制造业	电子及通信设备制造业	计算机及办公设备制造业	医疗仪器设备及仪器仪表制造业
上海	1.41	1.06	1.24	2.40	1.84
江苏	1.36	0.79	1.37	2.07	1.76
浙江	0.67	0.78	0.64	0.26	1.45
安徽	0.71	1.00	0.69	0.72	0.60
江西	1.18	1.55	1.16	0.73	1.08
湖北	0.69	1.51	0.53	0.39	0.61
湖南	0.75	0.85	0.81	0.18	0.63
重庆	1.19	1.02	0.74	4.62	1.16
四川	1.12	1.61	0.84	2.00	0.69
贵州	1.19	2.20	0.81	0.19	0.35
云南	0.52	1.85	0.32	0.08	0.25
上游地区	1.07	1.54	0.74	2.29	0.73
中游地区	0.85	1.29	0.81	0.41	0.75
下游地区	1.06	0.84	1.04	1.35	1.52
长江经济带	1.01	1.06	0.93	1.28	1.21

资料来源：根据《中国高技术产业统计年鉴》（2019）相关数据整理。

从长江经济带沿线11省市来看，贵州、云南、四川、江西和湖北的医药制造业集聚水平较高，位于长江经济带第一梯度，其中贵州的区位熵值达到2.20，呈现最高的集聚水平；安徽、上海和重庆医药制造业具有微弱的集聚水平，处于第二梯队；而湖南、江苏和浙江医药制造业区位熵都小于1，呈现集聚劣势。从电子及通信设备制造业来看，只有上海、江苏和江西呈现较高的集聚态势，其他地区都呈集聚劣势。从计算机及办公设备制造业来看，重庆区位熵值为4.62，集聚水平最高；上海、江苏和四川区位熵值都大于2，集聚水平较高；而浙江、湖北、湖南、贵州和云南区位熵值都很低，云南区位熵值仅为0.08，集聚水平非常低。长江经济带不同省市之间的计算机及办公设备制造业集聚水平差距较大，呈现两极分化的态势。上海、江苏和浙江的医疗仪器设备及仪器仪表制造业集聚水平较高，区位熵远大于1，处于第一梯度；江西和重庆区位熵值分别为1.08和1.16，呈现较弱的集聚态势，处于第二梯度；其余省市的区位熵都小于1，呈现集聚劣势，集聚水平较差，处于第三梯度。

2018年长江经济带高技术制造业整体集聚水平和全国相比并不高，在发展规模方面不同省市差距较大，技术创新程度较低，因此未来发展仍需加快提升自主创新能力，优化产业结构，加强上中下游之间技术与资源沟通合作，继续增强高技术制造业核心竞争力（何师元，2015），进一步实现创新驱动促进产业转型升级，实现高质量发展。

（三）沿线11省市装备制造业发展水平

1. 装备制造业发展概况

按照《国民经济行业分类》（GB/T 4754—2017）标准，装备制造业包括：金属制品业，通用设备制造业，专用设备制造业，汽车制造业，铁路、船舶、航空航天和其他运输设备制造业，电气机械和器材制造业，计算机、通信和其他电子设备制造业，仪器仪表制造业共8大类。

如表11所示，2018年长江经济带沿线11省市装备制造业资产总额为197650.20亿元，占全国比重为49.54%。在装备制造业8大类细分行业中，长江经济带资产总额占全国比重超过一半的有通用设备制造业（56.36%）、汽车制造业（52.52%）、电气机械和器材制造业（50.43%）与仪器仪表制造业（58.13%），而计算机、通信和其他电子设备制造业占全国比重最低，仅为43.76%。从上中下游来看，长江经济带装备制造业及细分行业下游地区的资产总额都远远超过中上游地区，其中下游地区的仪器仪表制造业、通用设备制造业及电气机械和器材制造业占长江经济带比重分别达到82%、79.3%和78.35%。中游和上游地区相比，上游地区只有计算机、通信和其他电子设备制造业的资产总额超过中游地区，而其他7大类行业都不及中游地区。

表11 2018年长江经济带沿线11省市装备制造业及细分行业资产总额

单位：亿元

地区	装备制造业	金属制品业	通用设备制造业	专用设备制造业	汽车制造业	铁路、船舶、航空航天和其他运输设备制造业	电气机械和器材制造业	计算机、通信和其他电子设备制造业	仪器仪表制造业
上海	24275.87	1104.51	4186.65	1973.17	7804.04	1776.92	2485.40	4517.96	427.22
江苏	61871.16	4697.16	7949.01	6843.42	7034.85	3753.76	13471.42	15466.53	2655.01
浙江	33044.80	2537.71	5625.04	2447.79	7148.08	1200.83	7556.92	5185.88	1342.55
安徽	13836.96	1031.68	1561.91	1176.29	2755.89	204.03	3455.65	3494.67	156.84
江西	8173.91	481.59	537.95	417.12	1454.66	667.35	1914.33	2556.32	144.59
湖北	17038.07	1170.86	1061.65	1059.47	7214.56	1174.02	1794.64	3381.95	180.92
湖南	11334.96	651.37	947.26	3695.79	1627.21	854.12	1318.68	2012.42	228.11
重庆	10591.08	397.04	743.49	487.94	4006.26	986.36	776.63	2997.10	196.26
四川	14341.50	971.15	1560.46	1339.01	2318.35	1031.53	1227.35	5706.65	187.00
贵州	1853.69	301.04	97.22	87.52	229.41	467.30	270.31	381.80	19.09
云南	1288.20	162.07	96.20	113.64	312.09	89.21	148.62	316.84	49.53
上游地区	28074.47	1831.30	2497.37	2028.11	6866.11	2574.40	2422.91	9402.39	451.88
中游地区	36546.94	2303.82	2546.86	5172.38	10296.43	2695.49	5027.65	7950.69	553.62
下游地区	133028.79	9371.06	19322.61	12440.67	24742.86	6935.54	26969.39	28665.04	4581.62
长江经济带	197650.20	13506.18	24366.84	19641.16	41905.40	12205.43	34419.95	46018.12	5587.12
全国	398977.19	28111.89	43234.83	40370.72	79793.08	24446.22	68256.73	105152.63	9611.09

资料来源：根据《中国经济普查年鉴》（2018）相关数据整理。

从长江经济带沿线 11 省市来看，以苏浙沪为代表的下游地区省市和中游地区的湖北，依托资源能力与技术能力优势跻身装备制造业资产总额第一梯队，整体经济实力和制造业整体竞争力较强；第二梯队为下游地区的安徽，中游地区的湖南和上游地区的重庆、四川，地区差异较大；第三梯队则是上游地区的贵州和云南以及中游地区的江西，其装备制造业资产总额位于长江经济带后 3 位，地理位置与产业基础成为制约其装备制造业发展的主要因素（吴传清等，2018）。

从装备制造业细分行业来看，2018 年江苏、浙江、湖北和上海的金属制品业资产总额较高，均突破 1000 亿元，其中江苏达到 4697.16 亿元。在通用设备制造业，铁路、船舶、航空航天和其他运输设备制造业及仪器仪表制造业上，江苏、浙江和上海资产总额都排在长江经济带前 3 位。江苏、湖南和浙江的专用设备制造业资产总额占比较高，上海、湖北和浙江的汽车制造业资产总额排名前 3 位，江苏、浙江和安徽的电气机械和器材制造业资产总额较高，江苏、四川和浙江的计算机、通信和其他电子设备制造业资产总额最高。贵州和云南装备制造业 8 大细分行业资产总额水平较低，在长江经济带排名都为后 3 位。重庆的金属制品业与电气机械和器材制造业资产总额在长江经济带排名均为第 9 位，发展水平较差。江西的通用设备制造业、专用设备制造业和汽车制造业资产总额在长江经济带排名均为第 9 位，份额较低。安徽的铁路、船舶、航空航天和其他运输设备制造业资产总额排名第 10 位，湖南的计算机、通信和其他电子设备制造业资产总额排名第 9 位。由此可见，长江经济带上海、江苏和浙江装备制造业发展水平较高，排名靠前，而其他省市装备制造业及 8 大类细分行业发展水平参差不齐，资产总额差距较大，较难形成装备制造业规模化效应。

长江经济带装备制造业的发展，需要培育先进装备制造业产业集群，整合资源要素，以产业链为纽带，引导产业、企业、要素合理布局，推动产业集聚向产业集群升级，打造形成具有全球影响力的世界先进装备制造业集群。长江经济带上中下游地区应发挥各自优势，促进装备制造业梯度转移与协调发展。

2.装备制造业集聚水平

利用区位熵的方法计算2018年长江经济带装备制造业及细分行业的集聚水平，测算结果如表12所示。长江经济带装备制造业区位熵为1.09，呈集聚优势，下游地区装备制造业区位熵大于1，集聚水平较高，而上游和中游地区的区位熵分别为0.95和0.85，呈集聚劣势。上海、江苏、浙江和重庆4省市的装备制造业集聚水平呈专业化优势，在制造业中集聚水平较高，而其余7省市的区位熵都小于1，并没有呈现集聚化态势。

表12　2018年长江经济带沿线11省市装备制造业及细分行业区位熵

地区	装备制造业	金属制品业	通用设备制造业	专用设备制造业	汽车制造业	铁路、船舶、航空航天和其他运输设备制造业	电气机械和器材制造业	计算机、通信和其他电子设备制造业	仪器仪表制造业
上海	1.49	1.10	1.99	1.31	1.88	1.54	1.19	1.46	1.59
江苏	1.31	1.12	1.49	1.42	0.87	1.33	1.32	1.48	1.55
浙江	1.13	1.26	1.81	1.01	1.13	0.63	1.58	0.58	1.62
安徽	0.96	0.97	1.08	0.97	1.21	0.37	1.34	0.69	0.51
江西	0.82	0.53	0.54	0.56	0.69	0.65	1.09	1.08	0.73
湖北	0.93	0.90	0.67	0.88	2.25	1.01	0.74	0.52	0.75
湖南	0.78	0.89	0.81	1.26	0.62	1.02	0.59	0.74	0.54
重庆	1.42	0.79	0.94	0.67	3.24	3.74	0.54	1.37	1.24
四川	0.90	0.91	0.89	0.88	0.94	1.26	0.57	1.07	0.56
贵州	0.67	0.81	0.32	0.32	0.58	2.67	0.46	0.75	0.35
云南	0.35	0.50	0.29	0.45	0.39	0.27	0.28	0.30	0.47
上游地区	0.95	0.82	0.76	0.70	1.47	1.99	0.51	1.02	0.71
中游地区	0.85	0.79	0.68	0.93	1.24	0.91	0.79	0.75	0.67
下游地区	1.23	1.14	1.59	1.22	1.09	1.00	1.39	1.09	1.44
长江经济带	1.09	1.01	1.24	1.07	1.19	1.14	1.11	1.00	1.15

资料来源：根据《中国经济普查年鉴》（2018）相关数据整理。

从装备制造业主要细分行业来看，2018年长江经济带装备制造业8大类细分行业区位熵最小值为1，说明各行业都呈现集聚优势。上游地区的铁路、船舶、航空航天和其他运输设备制造业集聚水平较高，区位熵达到

1.99，但是电气机械和器材制造业区位熵仅为0.51，集聚水平较差，不同行业发展差距较大。中游地区的细分行业中仅汽车制造业区位熵为1.24，呈现集聚优势，其他行业集聚水平较差。下游地区所有细分行业都具有不同程度的集聚优势，其中通用设备制造业集聚水平最高。

从长江经济带沿线11省市装备制造业细分行业来看，浙江、江苏和上海的金属制品业集聚水平较高，区位熵大于1，而其他省市区位熵都小于1，呈现集聚劣势的态势。从通用设备制造业分析，下游地区4省市都呈现较高的集聚态势，其中上海的区位熵达到1.99，集聚水平最高，而其他省市都呈集聚劣势，其中贵州和云南的通用设备制造业集聚程度最低。从专用设备制造业来看，江苏、上海、湖南和浙江的区位熵大于1，呈现集聚优势，其他省市区位熵都小于1，呈现集聚劣势的态势。从汽车制造业来看，重庆、湖北和上海集聚水平很高，处于第一梯度，具有较强的产业竞争力；浙江和安徽区位熵分别为1.13和1.21，呈现较弱的集聚态势，处于第二梯度；其余省市的区位熵都小于1，呈现集聚劣势，集聚水平较差，处于第三梯度。从铁路、船舶、航空航天和其他运输设备制造业分析，重庆和贵州产业发展水平很高，区位熵都大于2；上海、江苏和四川的区位熵分别为1.54、1.33和1.26，集聚水平较高；湖北和湖南的区位熵都在1附近，产业竞争力处于平均水平；浙江、安徽、江西和云南的集聚水平较差，其中云南的区位熵仅为0.27，不同省市之间集聚水平差距较大，呈现两极分化的态势。从电气机械和器材制造业来看，下游地区的4省市都处于集聚优势，中上游地区中只有江西的区位熵为1.09，处于微弱的集聚优势，其他省市产业竞争力较差。从计算机、通信和其他电子设备制造业来看，上海、江苏和重庆的集聚水平较高，云南、湖北和浙江的集聚水平最低。从仪器仪表制造业来看，浙江、上海、江苏和重庆的区位熵都大于1，呈现较高的集聚水平，而其余省市集聚水平较低。

（四）沿线11省市高耗能制造业发展水平

1. 高耗能制造业发展概况

按照《国民经济行业分类》（GB/T 4754—2017）标准，高耗能制造业包括石油、煤炭及其他燃料加工业，化学原料和化学制品制造业，非金属矿物制品业，黑色金属冶炼和压延加工业，有色金属冶炼和压延加工业五大类。长江经济带高耗能制造业占比较高，且存在着行业和地区差距较大、产业链不完整、对资源和环境影响较大、劳动生产率低等问题（王磊等，2019）。

如表13所示，2018年长江经济带高耗能制造业资产总额为93474.37亿元，占全国比重为36.08%。从高耗能制造业细分行业来看，长江经济带石油、煤炭及其他燃料加工业资产总额占全国比重最低，仅为18.28%；化学原料和化学制品制造业与非金属矿物制品业资产总额占全国比重较高，分别为44.94%和43.30%；黑色金属冶炼和压延加工业、有色金属冶炼和压延加工业占全国比重处于中间水平，分别为32.29%和31.03%。从上中下游来看，石油、煤炭及其他燃料加工业与化学原料和化学制品制造业资产总额排名为"下游、上游、中游"，其他细分行业排名为"下游、中游、上游"，其中下游地区高耗能制造业资产总额占长江经济带比重为55%。

从长江经济带沿线11省市来看，江苏、浙江、四川和湖北高耗能制造业资产总额较高，其中江苏资产总额达23210.84亿元，占长江经济带比重为24.83%；湖南、重庆、云南和贵州高耗能制造业资产总额较低，其中重庆资产总额最低，仅为3165.46亿元，占长江经济带比重为3.39%。

从高耗能制造业细分行业来看，浙江、江苏和上海的石油、煤炭及其他燃料加工业资产总额占据长江经济带前三名，3省市资产总额占长江经济带比重为59%。重庆和贵州的石油、煤炭及其他燃料加工业资产总额分别仅为48.00亿元和91.27亿元，占比分别为0.83%和1.58%，资产份额差距较大。在化学原料和化学制品制造业方面，江苏、浙江、湖北和上海资产总额较高，其中江苏资产总额达到10171.00亿元，占长江经济带比重为30.82%；而重庆、云南和江西资产总额较低，其中重庆资产总额最低，仅为968.30亿元，占长江经济带比重为2.93%。从非金属矿物制品业来看，江苏、浙江、四川和安徽的资产总额占比较高，重庆、云南和上海资产总额在长江经济带排名后3位，其中上海资产总额最低，仅为874.40亿元，占长江经济带比重为

4.06%。从黑色金属冶炼和压延加工业来看，江苏、上海、湖北和四川资产总额较高，都超过 2000 亿元，其中江苏资产总额最高，为 6233.66 亿元，占长江经济带比重为 31.3%，云南、重庆和贵州资产总额较低。从有色金属冶炼和压延加工业来看，江西、云南和江苏的资产总额排名前 3 位，均超过 2000亿元，3 省份资产总额占长江经济带比重为 53.1%；而重庆、湖北和上海 3 省市资产总额排名后 3 位，3 省市资产总额占长江经济带比重为 8.39%。不同省市不同行业之间资产总额差距较大，发展水平不均衡。

表 13　2018 年长江经济带沿线 11 省市高耗能制造业及细分行业资产总额

单位：亿元

地区	高耗能制造业	石油、煤炭及其他燃料加工业	化学原料和化学制品制造业	非金属矿物制品业	黑色金属冶炼和压延加工业	有色金属冶炼和压延加工业
上海	7617.32	799.82	2941.53	874.40	2745.35	256.22
江苏	23210.84	987.85	10171.00	3758.41	6233.66	2059.92
浙江	13303.86	1635.13	6372.92	2730.93	1263.79	1301.09
安徽	7553.81	204.05	2142.56	2385.83	1391.10	1430.27
江西	7292.20	341.80	1274.94	1979.25	890.84	2805.37
湖北	8160.08	301.18	2981.01	1956.46	2537.73	383.70
湖南	5758.50	220.64	1407.63	2019.20	933.32	1177.71
重庆	3165.46	48.00	968.30	1214.12	463.19	471.85
四川	8231.52	638.36	2300.81	2445.95	2152.34	694.06
贵州	3613.25	91.27	1344.16	1226.97	450.02	500.83
云南	5567.53	501.66	1094.92	942.89	856.40	2171.66
上游地区	20577.76	1279.29	5708.19	5829.93	3921.95	3838.40
中游地区	21210.78	863.62	5663.58	5954.91	4361.89	4366.78
下游地区	51685.83	3626.85	21628.01	9749.57	11633.90	5047.50
长江经济带	93474.37	5769.76	32999.78	21534.41	19917.74	13252.68
全国	259098.89	31557.70	73423.90	49728.75	61675.61	42712.93

资料来源：根据《中国经济普查年鉴》（2018）相关数据整理。

2. 高耗能制造业集聚水平

利用区位熵测算 2018 年长江经济带高耗能制造业及细分行业的集聚水

平，测算结果如表 14 所示。2018 年长江经济带高耗能制造业整体区位熵为 0.90，产业竞争力较弱。在五大类高耗能制造业细分行业中，只有化学原料和化学制品制造业区位熵大于 1，呈现微弱的集聚优势，其余都小于 1，其中石油、煤炭及其他燃料加工业区位熵仅为 0.40，远远低于全国平均水平。从上中下游来看，下游地区区位熵明显小于 1，说明下游地区高耗能制造业竞争力水平较低，集聚程度较低；中上游地区高耗能制造业整体区位熵均为 1.30，高于全国平均水平，集聚优势明显。从细分行业而言，上游地区的石油、煤炭及其他燃料加工业，以及中游地区的石油、煤炭及其他燃料加工业与黑色金属冶炼和压延加工业区位熵小于 1，而其余行业都存在一定的集聚优势，说明高耗能制造业主要集聚在中上游地区，下游地区产业竞争力较弱。

从高耗能制造业细分行业来看，长江经济带高耗能制造业的集聚程度在五大类细分行业中出现明显分化，集聚程度由高到低依次是"化学原料和化学制品制造业，非金属矿物制品业，有色金属冶炼和压延加工业，黑色金属冶炼和压延加工业，石油、煤炭及其他燃料加工业"。有色金属冶炼和压延加工业、非金属矿物制品业与化学原料和化学制品制造业集聚程度较高，这些行业较为发达和集中，而石油、煤炭及其他燃料加工业与黑色金属冶炼和压延加工业集聚水平表现较弱，说明行业的集聚与地区资源禀赋条件有很大关联，长江沿线不具备适宜条件发展这类工业。

从长江经济带沿线 11 省市来看，下游地区 4 省市的高耗能制造业区位熵全都小于 1，呈专业化劣势；中游地区 3 省市区位熵都大于 1，成专业化优势；上游地区 4 省市集聚水平差距较大，其中重庆区位熵小于 1，产业竞争力较弱，而四川、贵州和云南区位熵都大于 1，其中云南区位熵达到 2.38，呈专业绝对优势，产业竞争力最强。云南的石油、煤炭及其他燃料加工业区位熵为 1.82，专业化程度较高，而其他省市都小于 1，其中重庆区位熵仅为 0.12，远远低于全国平均发展水平。在化学原料和化学制品制造业上，江苏、浙江、安徽和重庆呈现专业化劣势，其他省市集聚水平较高，其中湖南和云南的区位熵分别为 1.99 和 2.08，远超全国平均水平。上海、江苏和浙江3个下游地区省市的非金属矿物制品业区位熵小于1，其他省市都大于1。从黑色金属冶炼和压延加工业来看，只有四川、贵州和云南集聚水平较高，其他地区竞争力都较弱。江西、湖南、贵州和云南的有色金属冶炼和压延加工业呈现专业化优势，集聚水平较高。

表14　2018年长江经济带沿线11省市高耗能制造业及细分行业区位熵

地区	高耗能制造业	石油、煤炭及其他燃料加工业	化学原料和化学制品制造业	非金属矿物制品业	黑色金属冶炼和压延加工业	有色金属冶炼和压延加工业
上海	0.56	0.79	1.01	0.35	0.43	0.29
江苏	0.68	0.29	0.95	0.52	0.82	0.56
浙江	0.48	0.21	0.68	0.43	0.35	0.52
安徽	0.97	0.23	0.95	1.25	0.80	0.83
江西	1.39	0.66	1.23	1.65	0.76	2.15
湖北	1.04	0.33	1.26	1.25	0.91	0.53
湖南	1.51	0.53	1.99	1.82	0.55	1.39
重庆	0.82	0.12	0.64	1.28	0.41	0.85
四川	1.21	0.58	1.26	1.54	1.16	0.62
贵州	1.64	0.61	1.59	2.27	1.15	1.19
云南	2.38	1.82	2.08	1.64	2.40	5.11
上游地区	1.30	0.61	1.23	1.56	1.10	1.30
中游地区	1.30	0.49	1.51	1.56	0.74	1.28
下游地区	0.64	0.30	0.87	0.57	0.63	0.56
长江经济带	0.90	0.40	1.08	0.96	0.73	0.85

资料来源：根据《中国经济普查年鉴》（2018）相关数据整理。

（五）沿线11省市汽车制造业发展水平

如表15所示，2018年长江经济带汽车制造业主要指标在全国占比较高。其中，长江经济带的资产总额为41905.40亿元，占全国比重为52.52%；营业收入总额为42607.13亿元，占全国比重为50.43%；利润总额为3588.76亿元，占全国比重为54.25%；平均用工人数为255.14万人，占全国比重为53.64%；汽车产量为1233.90万辆，占全国比重为44.34%。长江经济带汽车制造业上中下游地区各项指标排名顺序均为

"下游、中游、上游"，其中下游地区各项指标占据长江经济带比例都超过50%，其中利润总额占长江经济带比例达64.77%。

表15　2018年长江经济带沿线11省市汽车制造业主要经济指标

地区	资产总额（亿元）		营业收入（亿元）		利润总额（亿元）		平均用工人数（万人）		汽车产量（万辆）	
	数据	排名	数据	排名	数据	排名	数据	排名	数据	排名
上海	7804.04	1	8932.65	1	1083.14	1	23.42	8	297.80	2
江苏	7034.85	4	7744.95	3	655.13	3	51.48	1	121.00	8
浙江	7148.08	3	5360.91	6	509.68	6	46.83	2	119.20	10
安徽	2755.89	11	2530.69	13	76.55	18	19.92	10	82.40	14
江西	1454.66	18	1768.01	17	74.68	20	9.69	19	55.00	18
湖北	7214.56	2	7175.69	5	733.53	2	42.00	4	241.90	4
湖南	1627.21	16	1742.97	18	76.16	19	11.10	17	52.90	19
重庆	4006.26	9	3943.51	9	153.47	12	31.08	6	172.60	6
四川	2318.35	13	2896.19	11	201.66	11	15.72	12	74.70	15
贵州	229.41	25	168.84	24	3.92	24	2.24	22	0.50	27
云南	312.09	24	342.72	22	20.84	23	1.66	23	15.90	22
上游地区	6866.11	3	7351.26	3	379.89	3	50.70	3	263.70	3
中游地区	10296.43	2	10686.67	2	884.37	2	62.79	2	349.80	2
下游地区	24742.86	1	24569.20	1	2324.50	1	141.65	1	620.40	1
长江经济带	41905.40		42607.13		3588.76		255.14		1233.90	
全国	79793.08		84491.79		6615.23		475.66		2782.70	

注：长江经济带沿线11省市排名为全国相对排名。

资料来源：根据《中国经济普查年鉴》（2018）相关数据整理。

从长江经济带沿线11省市来看，上海、湖北、浙江和江苏资产总额排名全国前4位，具有绝对资产优势，4省市合计占全国资产总额比例达到36.60%，其中上海汽车集团作为我国规模最大、技术最先进、体系最完整、配套最完备的汽车集团，一直处于国内汽车产业的领跑地位，无论是在高端汽车领域还是低端汽车领域都具有竞争优势，从而使上海汽车经济指标的水平很高。重庆资产总额为4006.26亿元，排名全国第9位。江西、云南和贵州资产总额较低，在全国排名分别为第18、24和25位。

从营业收入来看，上海、江苏、湖北、浙江和重庆的营业收入在全国排名前10位，分别是第1、3、5、6、9位，而江西、湖南、云南和贵州营业收入较低，在全国排名中下游水平。

在汽车制造业利润总额排名中，上海、湖北和江苏利润总额分别居全国前三位，浙江利润总额排名全国第6位，四川和重庆的利润总额排名分别为第11和第12位，重庆的利润总额排名和资产总额、营业收入相比产生了下滑。重庆的汽车行业2018年遭受重创，汽车产业仅规模大，实则不强，单车价格和利润均低于平均水平，产品附加值和效益较低，导致其整体竞争力不足，未来重庆应该淘汰落后汽车产能。安徽、湖南、江西、云南和贵州的利润总额都较低。

从平均用工人数来看，江苏、浙江、湖北、重庆、上海和安徽排名都在全国前10位，而江西、贵州和云南的平均用工人数较低。

从汽车产量来看，上海、湖北、重庆、江苏和浙江的汽车产量在全国排名前10位，5省市的汽车产量占长江经济带总产量的77.2%。江西、湖南、云南和贵州汽车产量全国排名比较靠后，其中贵州2018年产量仅5000辆。由此可见，长江经济带汽车行业发展差距较大，两极分化明显，资源分布不均，未能形成协同和错位发展的有效局面。

表16显示了2018年全国汽车分车型前十家生产企业销量情况。在2018年全国汽车销量前十的生产企业中，属于长江经济带的有上汽集团（上海）、东风公司（湖北）、中国长安（重庆）、吉利控股（浙江）和奇瑞汽车（安徽），其销售总量为1524.13万辆，占全国销量的54.28%。从2018年全国乘用车销量前十的生产企业来看，属于长江经济带的有上汽大众（上海）、上汽通用（上海）、吉利控股（浙江）、东风有限（本部）（湖北）、长安汽车（重庆），其销售总量为769.8万辆，在全国乘用车总销量中占比32.47%。从2018年全国商用车销量前十的生产企业来看，属于长江经济带的有东风公司（湖北）、江铃控股（江西）、江淮股份（安徽）和长安汽车（重庆），其销售总量为130.4万辆，在全国商用车总销量中占比29.83%。由此看出，长江经济带地区汽车企业的分布较集中，主要集中在重庆、上海、湖北、安徽等省市，而其他省市分布则比较分散。

表16　2018年汽车分车型前十家生产企业销量

单位：万辆，%

排名	汽车		乘用车		商用车	
	企业名称	销量	企业名称	销量	企业名称	销量
1	上汽集团	701.25	上汽大众	206.51	东风公司	53.14
2	东风公司	383.08	一汽大众	203.70	北汽福田	49.35
3	中国一汽	341.84	上汽通用	196.96	上汽通用五菱	39.75
4	北汽集团	240.21	上汽通用五菱	166.25	中国一汽	33.68
5	广汽集团	214.28	吉利控股	150.08	中国重汽	32.66
6	中国长安	213.78	东风有限（本部）	128.81	江铃控股	27.25
7	吉利控股	152.31	长城汽车	91.50	江淮股份	25.76
8	长城汽车	105.30	长安汽车	87.44	长安汽车	24.25
9	华晨汽车	77.86	北京现代	81.02	陕汽集团	18.32
10	奇瑞汽车	73.71	广汽本田	74.14	长城汽车	13.80
合计	2503.62		1386.41		317.96	
所占比重	89.16		58.47		72.75	

注：以上企业数据"汽车"按集团口径统计，"乘用车"和"商用车"按子公司口径统计。

资料来源：http://www.caam.org.cn/。

长江经济带下游地区的苏浙沪三省市生产要素齐全，拥有最大的汽车生产基地，其中江苏、上海整车企业发展良好，而浙江配备完善的零部件企业，但并没有很好带动中西部地区的发展。鉴于此，上海、江苏和浙江沿海地区应以高端汽车制造和汽车服务业为发展目标，打造世界级的汽车研发中心及出口基地，而一般的汽车制造业要逐步由东部往中西部地区转移，同时应积极制定和推动新能源汽车产业发展。

（六）沿线11省市钢铁工业发展水平

表17列出了2018年长江经济带沿线11省市钢铁工业主要经济指标。长江经济带钢铁工业利润总额为1642.33亿元，占全国比重为38.59%；平均用工人数为76.34万人，占全国比重为33.01%；营业收入为24867.20亿元，占全国比重为36.81%。下游地区钢铁工业各项指标值都超过了上中游之和，其中下游地区的利润总额占长江经济带比重达到

62.41%，而上游地区占比仅为 12.29%，上中下游地区钢铁工业利润水平差距较大。

表17 2018 年长江经济带沿线 11 省市钢铁工业主要经济指标

单位：亿元，万人

地区	资产总额		营业收入		利润总额		平均用工人数	
	数据	排名	数据	排名	数据	排名	数据	排名
上海	2745.35	8	1747.65	16	163.38	10	2.58	22
江苏	6233.66	2	9310.79	2	602.75	2	23.61	2
浙江	1263.79	17	2112.81	11	106.71	16	7.01	12
安徽	1391.10	15	1953.66	12	152.13	11	6.41	14
江西	890.84	20	1498.08	17	182.78	7	5.21	16
湖北	2537.73	9	2378.26	9	112.56	15	8.25	8
湖南	933.32	19	1430.90	18	120.14	14	4.82	18
重庆	463.19	25	547.12	24	40.83	20	1.92	26
四川	2152.34	11	2272.61	10	101.02	17	9.41	7
贵州	450.02	26	377.36	26	5.96	25	2.15	25
云南	856.40	21	1237.96	19	54.07	18	4.97	17
上游地区	3921.95	3	4435.05	3	201.88	3	18.45	2
中游地区	4361.89	2	5307.24	2	415.48	2	18.28	3
下游地区	11633.90	1	15124.91	1	1024.97	1	39.61	1
长江经济带	19917.74		24867.20		1642.33		76.34	
全国	61675.61		67564.69		4255.81		231.27	

注：长江经济带沿线 11 省市排名为全国相对排名。

资料来源：根据《中国经济普查年鉴》（2018）相关数据整理。

从长江经济带沿线 11 省市来看，江苏各项指标水平都很高，全国排名均为第 2 位，远远超过其他 10 个省市，其中资产总额、营业收入、利润总额和平均用工人数占长江经济带比重分别为 31%、37%、37% 和 31%。江苏位于东部沿海地区，经济发展水平较高，省域面积较大，生态环境相对优良，有较强的环境承载能力和经济治理能力。从其余 10 个省市来看，不同省市不同指标的排名差距较大，上海、湖北和四川的资产总额较高，都超过了 2000 亿元；安徽和浙江资产总额居中，分别为 1391.10 亿元和

1263.79 亿元；湖南、江西、云南、重庆和贵州资产总额较低，均不到 1000 亿元。从营业收入来看，湖北、四川和浙江的营业收入都超过 2000 亿元，而重庆和贵州的营业收入分别为 547.12 亿元和 377.36 亿元，占长江经济带比重分别仅为 2.2% 和 1.5%。从利润总额来看，江西、上海和安徽利润水平较高，都在 150 亿元以上，而云南、重庆和贵州的利润水平较低，3 个省市的利润总额才 100 亿元左右，其余省市的利润水平差距不大。四川和湖北的平均用工人数在全国排名前 10 位，而上海、贵州和重庆的平均用工人数较少，3 个省市平均用工人数之和占长江经济带比重仅为 8.71%。

表 18 显示了 2018 年长江经济带铁钢材产量及全国排名情况。2018 年长江经济带生铁、粗钢和钢材产量分别为 22723.84 万吨、29683.45 万吨和 35549.00 万吨，占全国比重分别为 29.47%、31.99% 和 32.16%。从上中下游来看，铁钢材产量排名顺序为"下游、中游、上游"，下游地区产量占长江经济带比重均超过 50%，其中钢材产量占比达到 57.31%。长江经济带上游地区生态环境比较脆弱，资源约束和生态环境约束较强，导致其铁钢材产量较低。长江经济带在发展钢铁工业过程中要统筹协调，做好各地区分工合作，克服"短板效应"，促进上中下游地区钢铁工业转型升级发展，提高钢材综合利用率，控制工业三废等约束性指标排放量，统筹钢铁工业、生态环境、区域经济协调发展，实现经济高质量发展。

从长江经济带沿线 11 省市来看，江苏的铁钢材产量在全国排名都为第 2 位，其中粗钢产量 10422.10 万吨，占长江经济带比重达到 35.11%；安徽和湖北的铁钢材产量排名都在全国前 10 位，其中粗钢产量都超过了 3000 万吨；江西的生铁和粗钢产量在全国排名都是前 10 位，但是钢材产量排名第 15 位；四川和湖南的生铁和粗钢产量全国排名分别为第 11 和 12 位，其中四川的钢材产量为 2896.74 万吨，排名第 13 位；浙江的钢材产量全国排名第 11 位，而生铁和粗钢产量在全国排名分别为第 22 和 19 位，排名比较靠后；重庆、贵州和云南 3 省市的铁钢材产量较低，其中重庆和贵州的生铁和粗钢产量都不到 1000 万吨。

表18　2018年长江经济带沿线11省市铁钢材产量

单位：万吨

地区	生铁产量		粗钢产量		钢材产量	
	数据	排名	数据	排名	数据	排名
上海	1476.75	16	1630.09	18	1983.32	18
江苏	6796.05	2	10422.10	2	12146.72	2
浙江	873.75	22	1266.51	19	3048.69	11
安徽	2422.01	8	3103.87	6	3194.95	10
江西	2204.17	9	2499.18	10	2571.34	15
湖北	2514.59	6	3071.80	7	3649.87	9
湖南	1963.17	12	2307.39	12	2374.69	16
重庆	580.43	25	638.16	25	1187.66	23
四川	1978.55	11	2400.70	11	2896.74	13
贵州	342.01	26	418.41	26	554.28	26
云南	1572.36	15	1925.04	17	1940.74	19
上游地区	4473.35	3	5382.31	3	6579.42	3
中游地区	6681.93	2	7878.57	2	8595.90	2
下游地区	11568.56	1	16422.57	1	20373.68	1
长江经济带	22723.84		29683.45		35549.00	
全国	77105.43		92800.90		110551.65	

注：长江经济带沿线11省市排名为全国相对排名。

资料来源：根据《中国钢铁工业年鉴》（2019）相关数据整理。

（七）沿线11省市化学工业发展水平

化学工业是国民经济的重要支柱产业，根据国家标准《国民经济行业分类》（GB/T 4754—2017），化学工业包括化学矿开采，基础化学原料制造业，肥料制造业，化学农药制造业，涂料、油墨、颜料及类似产品制造业，合成材料制造业，专用化学产品制造业，橡胶制品业，炼油、化工生产专用设备制造业，橡胶加工专用设备制造业等行业。

1.化学原料和化学制品制造业发展概况

化学原料和化学制品制造业是化学工业中最主要的组成部分，包含基础化学原料制造业，肥料制造业，化学农药制造业，涂料、油墨、颜料及类似产品制造业，合成材料制造业，专用化学产品制造业。

2018 年长江经济带沿线 11 省市化学原料和化学制品制造业主要经济指标如表 19 所示。长江经济带化学原料和化学制品制造业资产总额为 32999.78 亿元，占全国比重为 44.94%；营业收入为 36098.34 亿元，占全国比重为 51.22%；利润总额为 3051.65 亿元，占全国比重为 56.53%。上中下游经济指标分布不均匀，其中下游地区占据绝对优势，以占长江经济带 48.7% 的平均用工人数，分别创造 66% 的营业收入和 67% 的利润总额。

表 19 2018 年长江经济带沿线 11 省市化学原料和化学制品制造业主要经济指标

单位：亿元，万人

地区	资产总额		营业收入		利润总额		平均用工人数	
	数据	排名	数据	排名	数据	排名	数据	排名
上海	2941.53	8	3338.82	5	413.67	5	9.84	13
江苏	10171.00	1	11684.99	1	910.85	1	44.13	2
浙江	6372.92	3	6635.08	3	540.10	3	22.13	6
安徽	2142.56	11	2155.69	11	188.59	11	12.31	11
江西	1274.94	21	1648.15	14	189.35	10	13.51	9
湖北	2981.01	7	3232.37	6	284.58	6	18.51	7
湖南	1407.63	17	2474.73	8	154.17	12	28.01	4
重庆	968.30	23	797.52	23	80.36	18	4.81	23
四川	2300.81	10	2352.66	9	226.35	8	16.54	8
贵州	1344.16	20	815.31	22	24.27	24	4.82	22
云南	1094.92	22	963.02	18	39.36	20	6.96	18
上游地区	5708.19	2	4928.51	3	370.34	3	33.13	3
中游地区	5663.58	3	7355.25	2	628.10	2	60.03	2
下游地区	21628.01	1	23814.58	1	2053.21	1	88.41	1
长江经济带	32999.78		36098.34		3051.65		181.57	
全国	73423.90		70470.91		5397.95		373.93	

注：长江经济带沿线 11 省市排名为全国相对排名。

资料来源：根据《中国经济普查年鉴》（2018）相关数据整理。

从资产总额来看，江苏和浙江资产总额较高，占长江经济带比重分别为 30.8% 和 19.3%；长江经济带排名分别为第 3、4、5 位的湖北、上海和四川全国排名都在前 10 位，但占长江经济带比重都不到 10%；贵州、江西、云南和重庆在全国排名都在下游水平，4 省市资产总额占长江经济带比重为 14.2%。

从营业收入和利润总额来看，江苏和浙江的营业收入之和占长江经济带比重超过了 50%，达到 50.8%，从其余省市来看，只有上海利润总额占长江经济带比重为 13.6%，超过 10%，而其他省市占比都在 10% 以下，尤其重庆、贵州和云南 3 省市的营业收入和利润总额分别为 2575.85 亿元和 143.99 亿元，占比分别为 7.1% 和 4.7%。

从平均用工人数来看，江苏、湖南和浙江的平均用工人数较多，全国排名分别为第 2、4、6 位，而重庆、贵州和云南的平均用工人数较少，全国排名都在下游水平。

2. 主要化学工业产品产量

如表 20 所示，2018 年长江经济带主要化学工业产品产量中占全国比重超过 50% 的有硫酸、磷肥、化学农药原药和合成橡胶，占比分别为 63.7%、85.5%、77.4% 和 63.9%；乙烯和氮肥产量分别仅为 550.56 万吨和 1186.14 万吨，占全国比重分别为 29.6% 和 34.3%。

长江经济带上中下游地区主要化学工业产品产量呈现空间异质性，不同产品不同地区差距较大。长江经济带 51% 的硫酸产量来自上游地区，而乙烯的产量集中在中下游地区，下游占比达到 83.7%，上游的乙烯产量为 0。氮肥和磷肥的生产主要来自上游地区，占长江经济带比重分别为 47.7% 和 64.6%，下游地区的磷肥产量仅占 8.9%。化学农药原药和合成橡胶的产量主要来自下游，占比分别为 68.9% 和 55.7%，中上游占比较低。

从长江经济带沿线 11 省市来看，云南、湖北和贵州作为硫酸生产重要省份，3 省硫酸产量占长江经济带比重达到 58.9%，而上海的硫酸产量仅为 15.92 万吨，占比为 0.27%。乙烯的生产主要集中在上海、江苏、浙江和湖北 4 省市。湖北和四川的氮肥产量较高，都超过 200 万吨，而上海和江西的氮肥产量较低。贵州、云南和湖北的磷肥产量很高，3 省占长江经济带比重为 73.5%，而上海、江苏、浙江和江西的磷肥产量较低，均不到 10 万吨。

江苏化学农药原药的产量为91.53万吨，占长江经济带比重为49.3%，具有一定的垄断性，而贵州、云南和重庆的产量很少，均不到1万吨。江苏和云南的合成橡胶产量分别为138.71万吨和112.28万吨，2省产量占长江经济带比重达56.8%，而贵州、重庆、湖北和江西的产量较低，都不到10万吨。

表20 2018年长江经济带沿线11省市主要化学工业产品产量

单位：万吨

地区	硫酸	乙烯	氮肥	磷肥	化学农药原药	合成橡胶
上海	15.92	172.88	1.00	0	1.06	26.14
江苏	278.68	161.20	165.84	5.98	91.53	138.71
浙江	306.19	126.87	39.94	1.09	23.29	69.60
安徽	575.59	0	133.28	92.05	12.18	11.79
江西	314.64	0.30	2.98	4.97	6.00	7.95
湖北	1211.95	89.31	236.24	251.02	19.97	3.05
湖南	177.62	0	40.99	37.61	7.19	42.83
重庆	171.04	0	100.78	36.68	0.23	0.77
四川	569.69	0	228.82	115.61	24.12	28.66
贵州	800.99	0	152.30	340.91	0.03	0
云南	1441.99	0	83.97	223.01	0.20	112.28
上游地区	2983.71	0	565.87	716.21	24.58	141.71
中游地区	1704.21	89.61	280.21	293.60	33.16	53.83
下游地区	1176.38	460.95	340.06	99.12	128.06	246.24
长江经济带	5864.30	550.56	1186.14	1108.93	185.80	441.78
全国	9209.27	1861.76	3457.12	1296.26	240.02	691.39

资料来源：根据《中国经济普查年鉴》（2018）相关数据整理。

（八）沿线11省市食品工业发展水平

1. 资产总额

如表21所示，2018年长江经济带食品工业资产总额为25656.84亿元，占全国比重为40.34%。上游地区食品工业资产总额最高，下游次之，中游最低，上中下游地区差距较小。从长江经济带沿线11省市来看，四川、江苏、湖北和贵州食品工业资产总额较高，全国排名分别为第3、第5、第6和第8位，占长江经济带比重分别为18.02%、14.11%、13.18%和11.11%；重庆、上海和云南食品工业资产总额较低，全国排名分别为第25、第22和第21位，占长江经济带比重分别为2.88%、4.72%和4.82%。

表21 2018年长江经济带沿线11省市食品工业资产总额

单位：亿元

地区	食品工业		农副食品加工业		食品制造业		酒、饮料和精制茶制造业	
	数据	排名	数据	排名	数据	排名	数据	排名
上海	1211.07	22	322.76	24	720.40	8	167.91	23
江苏	3620.32	5	1691.58	5	749.07	6	1179.67	3
浙江	1968.44	12	827.45	16	581.90	11	559.09	12
安徽	2091.21	11	1030.96	13	361.27	16	698.98	8
江西	1578.81	17	1008.76	14	244.83	20	325.22	18
湖北	3381.18	6	1712.17	4	624.78	9	1044.23	5
湖南	2357.67	10	1391.34	9	570.03	12	396.30	15
重庆	737.70	25	411.61	21	163.11	25	162.98	24
四川	4624.13	3	1055.04	12	618.05	10	2951.04	1
贵州	2849.48	8	179.87	26	131.12	27	2538.49	2
云南	1236.83	21	575.36	18	238.76	21	422.71	14
上游地区	9448.14	1	2221.88	3	1151.04	3	6075.22	1
中游地区	7317.66	3	4112.27	1	1439.64	2	1765.75	3
下游地区	8891.04	2	3872.75	2	2412.64	1	2605.65	2
长江经济带	25656.84		10206.90		5003.32		10446.62	
全国	63605.95		30085.75		15833.11		17687.09	

注：长江经济带沿线11省市排名为全国相对排名。

资料来源：根据《中国经济普查年鉴》（2018）相关数据整理。

从食品工业细分行业资产总额来看，长江经济带农副食品加工业、食品制造业以及酒、饮料和精制茶制造业的资产总额分别占全国比重为33.93%、31.60%和59.06%，其中酒、饮料和精制茶制造业资产总额占比最高，超过全国50%的资产份额。从长江经济带上中下游来看，不同地区细分行业的资产总额有较大差距，农副食品加工业资产总额排名顺序为

"中游、下游、上游",食品制造业资产总额排名顺序为"下游、中游、上游",酒、饮料和精制茶制造业资产总额排名顺序为"上游、下游、中游"。从长江经济带沿线11省市来看,湖北、江苏和湖南的农副食品加工业资产总额较高,江苏、上海和湖北的食品制造业资产总额较高,四川、贵州和江苏的酒、饮料和精制茶制造业资产总额较高,尤其在酒、饮料和精制茶制造业上,四川、贵州和江苏3省份的资产总额排名全国前3位,三省资产总额占长江经济带比重达63.84%。

2. 利润总额

如表22所示,2018年长江经济带食品工业利润总额为3254.42亿元,占全国比重为52.80%。上游地区食品工业利润总额最高,中游次之,下游最低,其中上游地区占长江经济带比重为44.0%。从长江经济带沿线11省市来看,四川、贵州、湖北、江苏、安徽食品工业利润总额较高,全国排名分别为第1、第2、第4、第7和第9位,占长江经济带比重分别为19.66%、17.94%、16.06%、12.04%和7.80%,而上海、云南和重庆食品工业利润总额较低,全国排名分别为第19、第17和第16位,占长江经济带比重分别为2.79%、3.10%和3.30%。

从食品工业细分行业利润总额来看,长江经济带农副食品加工业、食品制造业以及酒、饮料和精制茶制造业的利润总额分别占全国比重为47.22%、33.35%和73.79%,其中酒、饮料和精制茶制造业占比最高,超过全国70%的比例,达到一定的集聚效应。从长江经济带上中下游来看,不同地区不同行业的利润总额有较大差距,农副食品加工业利润总额排名顺序为"中游、下游、上游",食品制造业利润总额排名顺序为"下游、中游、上游",酒、饮料和精制茶制造业利润总额排名顺序为"上游、下游、中游"。农副食品加工业中游地区利润总额占长江经济带比重达50.69%,食品制造业上中下游地区利润总额差距较小,占长江经济带比重分别为27.67%、32.36%和39.97%。上游地区酒、饮料和精制茶制造业利润总额远远超过中下游地区,占长江经济带比重达64.48%。

从长江经济带沿线11省市来看,湖北、湖南、四川、江苏、安徽和江西6省份的农副食品加工业利润总额较高，全国排名都在前10位，而贵州、上海和浙江利润总额较低。四川、湖北、上海和江苏的食品制造业利润总额较高，而贵州、重庆和云南利润总额较低。贵州、四川、江苏和湖北的酒、饮料和精制茶制造业利润总额较高，全国排名前4位，占长江经济带比重分别为34.86%、26.04%、12.58%和8.20%，其中贵州利润总额远超过其他省市，说明贵州酒、饮料和精制茶制造业发展水平较高。

表22 2018年长江经济带沿线11省市食品工业利润总额

单位：亿元

地区	食品工业		农副食品加工业		食品制造业		酒、饮料和精制茶制造业	
	数据	排名	数据	排名	数据	排名	数据	排名
上海	90.88	19	16.40	19	69.07	8	5.41	25
江苏	391.93	7	125.12	8	66.75	9	200.06	3
浙江	124.37	15	31.63	17	44.40	14	48.34	11
安徽	253.94	9	121.68	9	39.57	16	92.69	7
江西	189.19	12	114.11	10	30.01	17	45.07	12
湖北	522.78	4	303.09	2	89.33	6	130.36	4
湖南	249.25	10	147.80	5	58.63	10	42.82	13
重庆	107.47	16	64.21	12	21.16	20	22.10	18
四川	639.66	1	133.30	7	92.26	5	414.10	2
贵州	583.99	2	13.69	21	16.00	21	554.30	1
云南	100.96	17	43.48	14	22.77	19	34.71	14
上游地区	1432.08	1	254.68	3	152.19	3	1025.21	1
中游地区	961.22	2	565.00	1	177.97	2	218.25	3
下游地区	861.12	3	294.83	2	219.79	1	346.50	2
长江经济带	3254.42		1114.51		549.95		1589.96	
全国	6164.04		2360.19		1649.03		2154.82	

注：长江经济带沿线11省市排名为全国相对排名。

资料来源：根据《中国经济普查年鉴》（2018）相关数据整理。

（九）沿线11省市纺织服装业发展水平

如表23所示，2018年长江经济带纺织服装业主要经济指标占全国比重较高，均超过50%，其中资产总额、营业收入、利润总额和平均用工人数占比分别为54.06%、55.13%、52.94%和51.22%。从长江经济带上中下游纺织服装业各指标来看，都是下游地区最高，中游次之，上游最低，其中下游地区资产总额占长江经济带比重达79.44%，上游地区占比仅为4.11%，可见上中下游地区纺织服装业发展差距较大，下游地区发展水平远远超过中上游地区。

表23 2018年长江经济带沿线11省市纺织服装业主要经济指标

单位：亿元，万人

地区	资产总额		营业收入		利润总额		平均用工人数	
	数据	排名	数据	排名	数据	排名	数据	排名
上海	460.57	14	569.79	13	17.21	15	7.07	14
江苏	6075.01	2	8165.09	1	405.03	1	114.38	1
浙江	6500.78	1	6319.26	2	331.58	3	102.86	2
安徽	922.48	9	1581.86	9	98.99	9	28.58	8
江西	1042.95	8	1799.31	8	126.69	8	24.14	9
湖北	1356.36	7	2931.06	6	203.08	6	36.61	7
湖南	490.95	13	922.55	11	39.04	11	13.46	10
重庆	103.14	23	127.25	20	6.02	19	2.39	20
四川	507.84	12	929.13	10	51.14	10	10.15	12
贵州	44.40	26	62.08	24	3.26	22	1.44	23
云南	66.05	25	48.38	26	2.41	23	1.10	26
上游地区	721.43	3	1166.84	3	62.83	3	15.08	3
中游地区	2890.26	2	5652.92	2	368.81	2	74.21	2
下游地区	13958.84	1	16636.00	1	852.81	1	252.89	1
长江经济带	17570.53		23455.76		1284.45		342.18	
全国	32499.45		42545.18		2426.38		668.04	

注：长江经济带沿线11省市排名为全国相对排名。

资料来源：根据《中国经济普查年鉴》（2018）相关数据整理。

从长江经济带沿线11省市来看，江苏、浙江、湖北、江西和安徽5省份的纺织服装业发展水平较高，各项指标排名均在全国前10位，其中江苏省营业收入、利润总额和平均用工人数全国排名均为第 1 位，浙江资产总额全国排名第 1 位。重庆、云南和贵州 3 省市纺织服装业发展水平较差，其中贵州资产总额全国排名第 26 位，云南营业收入和平均用工人数全国排名第 26 位，云南纺织服装业营业收入仅为江苏的 0.59%，可见各省市纺织服装业发展差距较大。

三　长江经济带沿线11省市服务业发展水平比较

（一）沿线11省市服务业发展概况

1. 资产总额

如表 24 所示，2018 年长江经济带服务业资产总额为 3081020 亿元，在全国占比为 32.77%。从上中下游来看，下游地区资产总额为 1875619 亿元，占长江经济带比重为 60.88%，远远超过中上游地区，其中中游地区服务业资产总额最低，占长江经济带比重仅为 16.14%。从长江经济带沿线 11 省市服务业资产总额来看，上海、江苏和浙江服务业资产总额居长江经济带前三位，占长江经济带比重分别为 20.45%、19.11% 和 15.00%，而江西、贵州和云南的服务业资产总额较低，占长江经济带比重分别为 3.75%、4.34% 和 4.44%。

从服务业主要细分行业来看，长江经济带科学研究和技术服务业、住宿和餐饮业、教育业和房地产业资产总额占全国比重较高，分别为 45.73%、45.30%、44.48% 和 44.09%，而信息传输、软件和信息技术服务业与交通运输、仓储和邮政业资产总额占比较低，分别为 34.64% 和 37.19%，由此可见，长江经济带服务业细分行业发展水平差距较小，发展较均衡。从长江经济带上中下游来看，批发和零售业，交通运输、仓储和邮政业，住宿和餐饮业，信息传输、软件和信息技术服务业，房地产业，科学研究和技术服务业，以及教育业资产总额排名顺序都为"下游、上游、中游"，只有文化、体育和娱乐业的资产总额排名顺序为"下游、中游、上游"，其中信息传输、软件和信息技术服务业资产总额下游地区占长江经济带比重高达73.36%，而中游地区占比仅为11.10%，中下游资产总额差距较大，发展极度不平衡。

表24 2018年长江经济带沿线11省市服务业及细分行业资产总额

单位：亿元

地区	服务业	批发和零售业	交通运输、仓储和邮政业	住宿和餐饮业	信息传输、软件和信息技术服务业	房地产业	科学研究和技术服务业	教育业	文化、体育和娱乐业
上海	630033	50292	19110	1888	13518	80473	11099	5426	3149
江苏	588905	46773	19656	1996	10781	99848	16444	7073	3508
浙江	462263	42393	12897	1944	12365	80032	9371	4831	3626
安徽	194418	11118	7363	825	1967	34409	3034	2904	872
江西	115592	6231	7874	548	1144	20563	5698	2320	572
湖北	208758	14276	13568	969	2967	41113	4749	3956	1782
湖南	172874	9394	10563	836	1734	24704	3723	3719	1689
重庆	159900	10219	8066	668	1590	37128	2276	2299	865
四川	277732	14756	13320	1597	4319	49495	7581	5272	1027
贵州	133729	6768	7563	501	1088	19702	2885	2282	757
云南	136816	10305	11000	772	1186	23799	2710	2645	783
上游地区	708177	42048	39949	3538	8183	130124	15452	12498	3432
中游地区	497224	29901	32005	2353	5845	86380	14170	9995	4043
下游地区	1875619	150576	59026	6653	38631	294762	39948	20234	11154
长江经济带	3081020	222525	130980	12544	52659	511266	69570	42727	18629
全国	9400857	534452	352215	27692	152026	1159488	152124	96063	43265

资料来源：根据第四次经济普查公报数据资料整理。

从长江经济带沿线11省市来看，上海、江苏和浙江3省市的批发和零售业，住宿和餐饮业，信息传输、软件和信息技术服务业，房地产业，科学研究和技术服务业，文化、体育和娱乐业等服务业细分行业资产总额全都排在前3位，3省市服务业发展水平较高。江苏、上海和湖北的交通运输、仓储和邮政业资产总额排名前3位，江苏、上海和四川的教育业资产总额占比最高。上海的批发和零售业资产总额在长江经济带占比最高。江苏的交通运输、仓储和邮政业，住宿和餐饮业，房地产业，教育业资产总额占比最高，浙江的文化、体育和娱乐业资产总额占比最高。

从科技创新来看，上海、江苏和浙江的信息传输、软件和信息技术服务业与科学研究和技术服务业资产总额在长江经济带占比较高，说明新兴产业发展具有优势，创新活力较高。但从发展水平较差的省市来看，不同行业发展水平差距较大，江西除了科学研究和技术服务业在长江经济带沿线 11 省市排名第 5 位外，其他行业排名都在后 3 位，安徽交通运输、仓储和邮政业的资产总额在 11 省市中最低，湖南批发和零售业发展水平较低，排在第 9 位。

重庆服务业整体发展水平不高，住宿和餐饮业、科学研究和技术服务业与教育业资产总额都排名后 3 位，其中科学研究和技术服务业资产总额排名第 11 位。贵州服务业各细分行业资产总额都比较低。云南的信息传输、软件和信息技术服务业，房地产业，科学研究和技术服务业与文化、体育和娱乐业资产总额在长江经济带排名都在后 3 位。

2. 集聚水平

如表 25 所示，2018 年长江经济带服务业区位熵值为 0.92，呈现专业化劣势。从上中下游来看，长江经济带中游的区位熵大于 1，呈现专业化较优的态势，而上游和下游区位熵小于 1，专业化水平呈劣势。从 11 省市来看，上海、云南和贵州的服务业专业化集聚水平较高，分别为 1.28、1.22 和 1.21；浙江、江苏、江西和安徽的服务业区位熵小于 1，专业化水平较低，其中浙江区位熵值仅为 0.67，服务业集聚水平较差；重庆、四川、湖北和湖南 4 省市的区位熵值差距较小，介于 1.01 ~ 1.05，呈现微弱的集聚态势。

从服务业细分行业来看，长江经济带只有住宿和餐饮业的区位熵为 1.02，呈现较弱的集聚水平，其他行业的区位熵都小于 1，呈现专业化劣势水平。长江经济带下游地区的服务业细分行业都呈现不集聚态势，专业化水平较低；上游地区的住宿和餐饮业、房地产业、教育业与文化、体育和娱乐业呈现较强的集聚水平；中游地区的批发和零售业，交通运输、仓储和邮政业，教育业与文化、体育和娱乐业呈现较强的集聚水平。

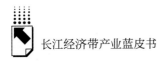

表25 2018年长江经济带沿线11省市服务业及细分行业区位熵

地区	服务业	批发和零售业	交通运输、仓储和邮政业	住宿和餐饮业	信息传输、软件和信息技术服务业	房地产业	科学研究和技术服务业	教育业	文化、体育和娱乐业
上海	1.28	1.35	1.63	2.47	2.24	1.38	1.57	0.64	1.00
江苏	0.73	0.92	0.74	0.66	0.84	0.77	0.96	0.56	0.71
浙江	0.67	0.80	0.62	0.78	0.75	0.67	0.62	0.60	0.70
安徽	0.94	0.97	1.00	0.97	0.74	0.91	0.80	1.06	0.94
江西	0.91	0.90	1.23	0.69	0.57	0.75	0.57	1.21	0.89
湖北	1.04	1.26	0.99	0.98	1.01	1.06	1.10	0.98	1.15
湖南	1.05	0.99	0.87	0.98	0.71	0.96	1.06	1.32	1.52
重庆	1.01	1.23	1.15	1.40	0.80	1.34	0.79	0.94	1.31
四川	1.03	0.81	0.90	1.04	0.96	1.08	0.98	1.23	1.05
贵州	1.21	0.89	0.90	1.38	0.60	1.20	0.69	1.72	1.20
云南	1.22	1.15	1.03	1.37	0.61	1.14	0.91	1.63	1.26
上游地区	0.98	0.98	0.98	1.24	0.81	1.17	0.88	1.30	1.17
中游地区	1.01	1.07	1.01	0.91	0.79	0.95	0.95	1.16	1.21
下游地区	0.81	0.95	0.85	0.97	0.97	0.84	0.91	0.66	0.77
长江经济带	0.92	0.98	0.92	1.02	0.89	0.94	0.91	0.92	0.97

资料来源：根据第四次经济普查公报数据资料整理。

从11省市的服务业细分行业来看，上海市除了教育业之外其他主要细分行业的集聚水平都很高，其中批发和零售业，交通运输、仓储和邮政业，住宿和餐饮业，信息传输、软件和信息技术服务业，房地产业以及科学研究和技术服务业集聚水平在长江经济带处于领先水平，上海市产业呈较均衡发展的态势；江苏和浙江的服务业细分行业呈现专业化劣势，集聚水平较差；安徽只有教育业区位熵值为1.06，呈现集聚状态。

江西的教育业与交通运输、仓储和邮政业集聚水平较高，其他行业集聚水平较低；湖北服务业细分行业整体集聚水平较高，其中批发和零售业，房地产业，科学研究和技术服务业，信息传输、软件和信息技术服务业以及文化、体育和娱乐业都呈现集聚态势，其他行业区位熵值都接近1；湖南的科学研究和技术服务业，教育业与文化、体育和娱乐业集聚水平较高，尤其文化、体育和娱乐业在长江经济带处于领先水平。

重庆除了信息传输、软件和信息技术服务业，科学研究和技术服务业以及教育业之外，其他行业的集聚水平都很高；四川和贵州的住宿和餐饮业，房地产业，教育业以及文化、体育和娱乐业集聚水平较高；云南整体服务业集聚水平较高，除了信息传输、软件和信息技术服务业与科学研究和技术服务业之外，其他行业集聚水平都较高。

（二）沿线11省市金融业发展水平

1. 金融业发展概况

如表26所示，2018年长江经济带金融业资产规模和营业收入分别为1271726.00亿元和54634.40亿元，占全国比重分别为39.52%和39.83%。从资产规模和营业收入指标来看，上中下游排名顺序均为"下游、上游、中游"，下游地区的资产规模和营业收入占长江经济带比重分别为64.97%和61.32%，远超过上游和中游地区的指标之和。从长江经济带沿线11省市来看，上海的资产规模和营业收入分别达到357232.69亿元和14191.47亿元，远超过排名第2位的江苏，两项指标占长江经济带比重分别为28.09%和25.98%。

上海、江苏和浙江的资产总额和营业收入在长江经济带排名前3位，上海作为长江经济带乃至全国的金融中心都毋庸置疑，但是上海的经济辐射作用并没有充分发挥出来，辐射范围主要在江苏和浙江，对上游和中游的辐射强度较弱（陈滋爽，2019）。中游地区湖北的资产总额和营业收入高于江西和湖南，武汉作为湖北的省会，又为全国中心城市，成为长江中游城市群的金融中心。上游地区的重庆和成都作为西部地区中心城市，显然成为上游地区金融中心，需要辐射带动周边地区的金融发展。

从从业人员和企业数来看，长江经济带从业人员和企业数分别为591.97万人和53252个，占全国比重分别为32.56%和38.87%。下游地区的企业数占长江经济带比重为69.58%，但是从业人员数量下游地区占比仅为45.36%，相比其他指标占比较低。从长江经济带沿线11省市来看，江苏、四川和浙江金融业从业人员数量排名前 3 位,而上海从业人员仅为 47.20 万人,占长江经济带比重仅为 7.97%。浙江的金融业企业数远远超过其他地区,占长江经济带比重为 31.86%,贵州的从业人员和企业数占长江经济带比重分别仅为 3.58% 和 2.83%。

表 26 2018 年长江经济带沿线 11 省市金融业主要指标

地区	资产规模 (亿元)	营业收入 (亿元)	从业人员 (万人)	企业数 (个)
上海	357232.69	14191.47	47.20	10054
江苏	223083.40	8678.80	92.60	6734
浙江	170242.30	7438.20	76.60	16965
安徽	75678.29	3192.42	52.13	3263
江西	49256.16	2169.35	36.22	1636
湖北	82096.00	3831.98	63.23	2900
湖南	66167.31	3092.22	57.91	2006
重庆	53181.37	3863.35	29.34	1817
四川	104357.00	4541.54	84.37	3390
贵州	43405.46	1746.20	21.17	1505
云南	47028.36	1888.87	31.20	2947
上游地区	247971.00	12039.96	166.08	9659
中游地区	197519.00	9093.55	157.36	6542
下游地区	826236.00	33500.89	268.53	37051
长江经济带	1271726.00	54634.40	591.97	53252
全国	3218309.00	137185.90	1818.00	137000

资料来源:根据第四次经济普查公报相关数据整理。

表 27 显示了 2018 年长江经济带金融业细分行业主要指标。从银行业来看,长江经济带银行业存贷款总额占全国比重为 44.01%,下游地区占长江经济带比重为 57.63%,其中江苏、浙江和上海银行业存贷款总额排名前 3 位,江西、云南和贵州存贷款总额排名后 3 位。

从证券业来看,长江经济带境内上市公司数和股票市价总值占全国比重分别为 47.52% 和 36.51%。从上中下游来看,资本市场发展程度差距较大,下游地区资本市场发达程度远远超过中上游地区,其中下游地区的境内上市公司数和股票市价总值占长江经济带比重分别为 71.81% 和 70.07%，浙江和江苏境内上市公司数量都超过 400 家，而贵州和云南境内上市公司数量分别仅为 29 家和 33 家。上海市共 287 家境内上市公司，但是股票市价总值为 43959.00 亿元，占长江经济带总市值的 27.68%，说明上海上市公司平均市值较高。

从保险业来看，长江经济带保费收入为 15243.78 亿元，占全国比重为 40.1%。江苏省保费收入在 11 省市中最高，为 3317.28 亿元，占长江经济带比重为 21.76%。和银行、证券业相比，长江经济带上中下游保险市场发展差距较小，集聚水平较低。

表 27　2018 年长江经济带沿线 11 省市金融业细分行业主要指标

单位：亿元，家

地区	银行存贷款总额	社会融资规模	股票市价总值	境内上市公司数	保费收入
上海	194384.70	5765	43959.00	287	1405.79
江苏	262035.30	17699	31986.10	401	3317.28
浙江	222287.70	19499	27069.56	432	1953.21
安徽	90651.90	5382	8258.50	103	1209.73
江西	65857.83	5792	3697.63	42	753.59
湖北	101882.10	6605	8373.02	102	1470.92
湖南	85455.10	6024	7053.59	104	1255.07
重庆	69135.00	5000	4700.00	50	806.24
四川	132781.90	8087	10759.36	120	1958.08
贵州	51353.86	4168	9391.48	29	445.88
云南	59226.53	3433	3554.55	33	667.99
上游地区	312497.27	20688	28405.39	232	3878.19
中游地区	253195.03	18421	19124.24	248	3479.58
下游地区	769359.50	48345	111273.16	1223	7886.01
长江经济带	1335051.80	87454	158802.79	1703	15243.78
全国	3033429.96	183544	434924.00	3584	38016.62

资料来源：根据《中国金融统计年鉴》(2019)、《中国第三产业统计年鉴》(2019) 相关数据整理。

2. 金融业集聚水平

利用区位熵计算出 2018 年长江经济带沿线 11 省市金融业及细分行业的集聚水平如表 28 所示。长江经济带金融业区位熵值为 0.78，整体集聚水平较低；银行和证券业区位熵值都大于 1，集聚水平高于全国平均水平，而保险业集聚水平较低。从上中下游来看，上游地区只有银行业区位熵值大于 1；中游地区银行业和保险业区位熵值都大于 1，但是数值较小，说明集聚水平以微弱优势超过全国平均水平；下游地区的银行业和证券业区位熵值分别为 1.19 和 1.77，集聚水平较高。

表 28　2018 年长江经济带沿线 11 省市金融业及细分行业区位熵

地区	金融业	银行业	保险业	证券业
上海	0.67	1.63	0.42	6.18
江苏	0.68	1.13	0.97	0.90
浙江	0.81	1.13	0.97	0.90
安徽	0.86	1.00	1.02	0.61
江西	0.85	1.23	0.96	0.64
湖北	0.83	0.94	1.03	0.59
湖南	0.86	0.98	1.04	0.71
重庆	0.62	1.16	0.96	0.71
四川	0.98	0.87	1.06	0.44
贵州	0.63	1.62	0.82	0.71
云南	0.75	1.18	0.97	0.76
上游地区	0.80	1.08	1.00	0.58
中游地区	0.85	1.02	1.02	0.65
下游地区	0.74	1.19	0.89	1.77
长江经济带	0.78	1.11	0.95	1.14

资料来源：根据第四次经济普查公报相关数据整理。

从长江经济带沿线 11 省市来看，金融业在全国服务业中的整体集聚水平较低，四川金融业区位熵值为 0.98，在 11 个省市中金融业集聚水平最高。从银行业区位熵来看，只有湖北、湖南和四川区位熵小于1，其他省市银行集聚水平都高于全国平均水平，其中上海银行业区位熵值为1.63，在11省市中最高，银行业集聚水平较高。安徽、湖北、湖南和四川4省份保险业区位熵大于1，但整体集聚水平都较低，说明长江经济带保险业集聚程度相比全国较低，需要加大对保险市场的投入力度。从证券业区位熵可以看出，只有上海证券业区位熵值超过1，达到6.18，远超过其他省市，而四川证券业区位熵值仅为0.44，可见不同省市集聚水平差距较大。

（三）沿线11省市旅游业发展水平

如表29所示，2018年长江经济带国际旅游收入和入境过夜游客分别为30775.76亿美元和4327.94万人次，占全国比重分别为39.45%和36.57%。从长江经济带上中下游来看，旅游业各指标排名顺序都为"下游、上游、中游"，尤其在国际旅游收入指标上，下游地区占长江经济带比重为57.49%，超过上游和中游地区之和。

从长江经济带沿线11省市来看，上海、江苏和云南的国际旅游收入较高，全国排名分别为第2、第4和第5位。上海作为全球现代化大都市，其旅游竞争力具有绝对优势，且交通基础设施完善，铁路网密度和公路网密度居长江经济带首位，旅游竞争力极强。江苏省旅游资源丰富且拥有国家历史文化名城和中国优秀旅游城市，聚集了众多高等旅游院校，为其旅游业发展提供了充足的创新动力，孕育了途牛和同程等创新型互联网旅游公司。云南拥有丰富的旅游资源，省内世界遗产和世界地质公园数量较多，具有良好的旅游潜在竞争力。

贵州和江西的国际旅游收入分别为3.18亿美元和7.45亿美元，在全国排名较低，分别仅为第27位和第21位。贵州省近几年旅游发展势头偏好，但入境旅游人数和外汇旅游收入表现欠佳；江西省旅游资源较好，但旅游市场、旅游创新等缺乏竞争力，且社会经济发展较差，导致旅游发展水平较低（林巧燕，2017）。上海、云南、浙江的入境过夜游客人次排名较高，全国分别排名第2、第3和第6位，而贵州入境过夜游客数量较少，仅为 39.69 万人次，占上海入境过夜游客数量的 5.35%，可见长江经济带沿线 11 省市入境过夜游客数量差距较大。江苏、上海和云南的入境过夜游客人均日花费较高，江西和四川的入境过夜游客人均日花费较低，但是整体差距较小，说明不同地区的消费水平差距不大。

重庆旅游业各项指标排名在长江经济带都是中下游水平，作为直辖市，其社会环境和交通设施条件优势明显，但由于旅游经济体量相对偏小，导致其旅游综合竞争力并没有十分突出。

表29　2018年长江经济带沿线11省市旅游业主要指标

地区	国际旅游收入（亿美元）		入境过夜游客（万人次）		入境过夜游客人均日花费（美元）	
	数据	全国排名	数据	全国排名	数据	全国排名
上海	72.61	2	742.04	2	266.63	3
江苏	46.48	4	400.85	10	269.62	2
浙江	25.96	11	456.76	6	233.52	7
安徽	31.88	7	370.75	12	212.78	15
江西	7.45	21	191.78	17	192.93	25
湖北	23.80	12	405.11	9	218.10	11
湖南	15.20	15	365.08	14	197.17	22
重庆	21.90	13	279.98	16	215.81	12
四川	15.12	16	369.82	13	193.82	24
贵州	3.18	27	39.69	28	213.90	14
云南	44.18	5	706.08	3	245.51	5
上游地区	84.37	2	1395.57	2	869.04	2
中游地区	46.45	3	961.97	3	608.20	3
下游地区	176.93	1	1970.40	1	982.55	1
长江经济带	307.76		4327.94		2459.79	
全国	780.06		11835.54		6629.14	

注：长江经济带沿线11省市排名为全国相对排名。

资料来源：根据《中国统计年鉴》（2019）、《中国第三产业统计年鉴》（2019）相关数据整理。

四 长江经济带沿线11省市文化及相关产业发展水平比较

《文化及相关产业分类（2018）》中对文化及相关产业进行了更加细致的分类，具体包括新闻信息服务、内容创作生产、创意设计服务、文化传播渠道、文化投资运营和文化娱乐休闲服务等活动，以及为实现文化产品的生产活动所需的文化辅助生产和中介服务、文化装备生产和文化消费终端生产（包括制造和销售）等活动。

（一）文化及相关产业基本发展概况

如表30所示，2018年长江经济带文化及相关产业法人单位数、从业人员数、资产总额、营业收入和专利授权数占全国比重分别为42.58%、45.66%、49.38%、49.53%和39.05%，其中资产总额和营业收入占比接近50%，但专利授权数占比较低，说明长江经济带文化及相关产业创新产出能力较差。从长江经济带上中下游来看，在法人单位数和资产总额上，上中下游排名顺序为"下游、上游、中游"；在从业人员数、营业收入和专利授权数上，上中下游排名顺序为"下游、中游、上游"。下游地区文化及相关产业各指标数据占长江经济带比重均超过50%，其中专利授权数下游地区数量为39558件，占长江经济带比重达到70.89%，可见下游创新活力较高。

从长江经济带沿线11省市来看，各省市文化及相关产业发展不平衡。江苏和浙江文化及相关产业各项指标在长江经济带都是遥遥领先，其中江苏省文化产业实力不断增强，文化体制创新改革、文化创意产业建设以及产业集聚等方面均呈现良好的发展态势。浙江省文化产业园区、文化特色小镇的建设都取得了一定成果，杭州、横店、宁波等正在成为重要的国家级文化科技产业融合基地。上海的资产总额、营业收入和专利授权数在长江经济带排名第3位。

湖北和四川文化及相关产业发展水平在中西部地区较高。四川省文化资源丰富且历史悠久，随着丝绸之路经济带的建设和西部地区文化创意产业的高质量发展，四川省文化及相关产业发展迅速。湖北省近年来基于良好的传统文化产业基础，以及工业创意等产业园区、产业基地的快速建设进程，促进文化及相关产业迅速发展。

安徽、重庆和湖南的文化及相关产业发展水平较低，但发展空间较大。安徽省在原有文化基础设施建设及传统文化产业方面发展较好，在文化产业效益规模扩大、特色地域文化产品开发、创意产业园区建设等方面有较大发展潜力。重庆市的传统文化产业发展较好，虽然从总体上看，重庆市的文化产业竞争力要落后于长江经济带其他省市，但近年来重庆市文化创意街区的建设为重庆市文化产业带来了新的生机和活力，文化产业竞争力有所提高。

贵州和云南文化及相关产业各指标排名都在后 3 位，由于经济、教育等多种因素的限制，文化产业发展水平较差；江西省的专利授权数为 3515 件，在长江经济带 11 省市中排名第 5 位，其余指标排名在后 3 位，整体发展水平较差。

表30　2018 年长江经济带沿线 11 省市文化及相关产业主要指标

地区	法人单位数（万个）	从业人员数（万人）	资产总额（亿元）	营业收入（亿元）	专利授权数（件）
上海	4.47	68.9	14154.9	11080.2	5217
江苏	21.15	233.5	30900.4	15927.2	15898
浙江	15.44	140.3	18736.7	12237.3	15661
安徽	8.13	68.2	5960.9	3949.0	2782
江西	3.76	53.4	3275.5	2321.7	3515
湖北	9.37	98.4	9887.6	5320.7	2793
湖南	6.15	90.0	5600.3	4342.1	2646
重庆	6.05	55.8	5962.5	3137.8	1773
四川	7.41	72.3	8398.9	4206.3	3859
贵州	3.28	26.5	4985.7	790.1	860
云南	4.35	31.4	3628.1	1163.4	799
上游地区	21.09	186.0	22975.2	9297.6	7291
中游地区	19.28	241.8	18763.4	11984.5	8954
下游地区	49.19	510.9	69752.9	43193.7	39558
长江经济带	89.56	938.7	111491.5	64475.8	55803
全国	210.31	2055.8	225785.8	130185.7	142904

资料来源：根据《中国文化及相关产业统计年鉴》（2019）相关数据整理。

从 2018 年长江经济带文化及相关产业细分行业资产总额（见表 31）来看，长江经济带文化制造业、文化批发和零售业以及文化服务业资产总额占全国比重分别为 47.19%、45.18% 和 51.72%，其中文化服务业资产总额占比超过一半。从上中下游来看，文化制造业资产总额排名顺序为"下游、中游、上游"，文化批发和零售业与文化服务业资产总额排名顺序为"下游、上游、中游"，其中下游地区细分行业资产总额占长江经济带比重都超过了 60%，下游地区文化及相关产业发展水平要远远高于中上游地区。

从长江经济带沿线 11 省市来看，江苏、浙江和四川的文化制造业资产总额水平较高，全国排名分别为第 2、第 4 和第 5 位；安徽、湖北、湖南文化制造业在长江经济带处于中游水平，全国排名分别为第 8、第 9、第 10 位，全国前 10 名中长江经济带省市占比超过了 50%；重庆、云南和贵州文化制造业资产总额水平较低，全国排名分别为第 16、第 18 和第 22 位，资产总额都不到 500 亿元。江苏、上海、浙江、重庆、四川、安徽和湖北 7 省市的文化批发和零售业资产总额在全国排名在前 10 位，占长江经济带比重达到 87.26%；江西和贵州文化批发和零售业资产总额较低，全国排名分别为第 17 和第 23 位，处在下游水平。江苏省文化服务业资产总额为 21448.41 亿元，占全国比重达 14.09%，全国排名第 1 位，此外，浙江、上海、湖北、四川、贵州和重庆全国排名都在前 10 位，而云南和江西文化服务业资产总额较低，全国排名分别为第 19 和第 21 位。

表 31　2018 年长江经济带沿线 11 省市文化及相关产业细分行业资产总额

单位：亿元

地区	文化制造业		文化批发和零售业		文化服务业	
	数据	排名	数据	排名	数据	排名
上海	888.91	12	1933.12	4	10905.09	5
江苏	6673.14	2	2005.84	3	21448.41	1
浙江	3793.68	4	1201.97	6	13139.45	4
安徽	1455.55	8	611.76	9	3710.17	12
江西	1137.06	11	313.43	17	1697.90	21
湖北	1439.82	9	600.05	10	7380.58	7
湖南	1316.81	10	340.52	15	3553.43	14

省市/区域	文化制造业		文化批发和零售业		文化服务业	
	数据	排名	数据	排名	数据	排名
重庆	477.68	16	900.20	7	4487.33	10
四川	2030.75	5	616.08	8	5365.61	8
贵州	194.54	22	144.32	23	4519.82	9
云南	404.82	18	350.82	14	2529.16	19
上游地区	3107.79	3	2011.42	2	16901.92	2
中游地区	3893.69	2	1254.00	3	12631.91	3
下游地区	12811.28	1	5752.69	1	49203.12	1
长江经济带	19812.76		9018.11		78736.95	
全国	41981.70		19961.56		152236.27	

注：长江经济带沿线11省市排名为全国相对排名。

资料来源：根据《中国文化及相关产业统计年鉴》（2019）相关数据整理。

（二）文化及相关产业集聚水平

利用区位熵测算 2018 年长江经济带沿线 11 省市文化及相关产业细分行业的集聚水平，结果如表 32 所示。长江经济带文化制造业、文化批发和零售业以及文化服务业区位熵分别为 0.99、0.93 和 1.13，只有文化服务业集聚水平超过全国平均水平。从上中下游来看，上游地区只有文化服务业区位熵值大于 1；中游地区只有文化制造业区位熵值大于 1，但是数值较小，说明集聚水平以微弱优势超过全国平均水平；下游地区的文化制造业和文化服务业的区位熵值都大于 1，存在一定的产业竞争优势。

从长江经济带沿线 11 省市来看，在文化制造业上，江西、浙江、湖南和江苏的集聚水平较高，在长江经济带排名前 4 位，而上海和重庆两个直辖市集聚水平较低，产业集中度较低。从文化批发和零售业来看，云南、上海、湖北和重庆的区位熵值都大于 1，其中云南的区位熵值达到 1.37，具有一定的产业优势，集聚水平较高，而江西、湖南、贵州和四川集聚水平较弱，但和文化制造业相比，不同省市集聚水平差异较小，发展较均衡。从文化服务业来看，只有江西、湖南和安徽的区位熵值小于 1，产业竞争力较弱，其他省市的区位熵值都不小于1，其中贵州和上海的区位熵值都大于2，产业竞争力很强，11省市集聚水平差异较大。从文化及相关产业三大细分行业可以看出，不同省市不同行业发展差距较大，其中文化服务业整体发展水平较高，文化产业发展需要因地制宜，结合当地特色发展不同的文化相关产业。

表32 2018年长江经济带沿线11省市文化及相关产业细分行业区位熵

地区	文化制造业	文化批发和零售业	文化服务业
上海	0.39	1.18	2.14
江苏	1.19	0.90	1.24
浙江	1.42	0.96	1.26
安徽	0.96	0.92	0.73
江西	1.52	0.71	0.43
湖北	0.59	1.04	1.01
湖南	1.23	0.76	0.53
重庆	0.44	1.04	1.09
四川	0.73	0.78	1.00
贵州	0.58	0.76	2.30
云南	0.49	1.37	1.09
上游地区	0.58	0.96	1.23
中游地区	1.04	0.86	0.71
下游地区	1.11	0.96	1.30
长江经济带	0.99	0.93	1.13

资料来源：根据《中国文化及相关产业统计年鉴》（2019）相关数据整理。

五 长江经济带沿线11省市建筑业发展水平比较

从建筑业基本情况来看，2018年长江经济带企业数和从业人员数分别占全国比重为39.28%和56.93%（见表33）。下游地区的企业数和从业人员数在长江经济带占比最高，分别达到52.23%和55.71%，均超过了上游和中游地区数量之和。从长江经济带沿线11省市来看，江苏省的企业数和从业人员数最高，在全国排名分别为第 2 和第 1 位，占长江经济带比重分别为 24.97% 和 24.06%。从从业人员数来看，江苏、浙江、四川排名在全国前 5 位。上海、重庆、贵州建筑业企业数较低，贵州、上海和云南的从业人员数较低，上海从业人员数和企业数在长江经济带中排名都靠后。

表 33　2018 年长江经济带沿线 11 省市建筑业主要指标

地区	企业数（个）		从业人员数（万人）		资产总额（亿元）		总产值（亿元）	
	数据	排名	数据	排名	数据	排名	数据	排名
上海	16214	23	135	17	14385	8	7072.2	14
江苏	119511	2	917	1	32422	2	30846.7	1
浙江	51739	9	787	2	21506	4	28756.2	2
安徽	62462	6	284	9	9440	15	7888.5	11
江西	27569	17	177	13	7625	20	6993.4	15
湖北	57256	7	276	10	16368	7	15133.9	3
湖南	30795	14	295	8	13645	9	9581.4	10
重庆	19330	21	228	11	8159	18	7819.4	12
四川	46075	10	451	4	20418	5	12983.8	5
贵州	19521	20	100	19	9481	14	3330.0	22
云南	28058	16	161	15	8393	17	5458.5	17
上游地区	112984	3	940	2	46451	2	29591.7	3
中游地区	115620	2	748	3	37638	3	31708.7	2
下游地区	249926	1	2123	1	77753	1	74563.6	1
长江经济带	478530		3811		161842		135864.0	
全国	1218393		6694		342356		235085.5	

注：长江经济带沿线 11 省市排名为全国相对排名。

资料来源：根据《中国经济普查年鉴》(2018)、《中国建筑业统计年鉴》(2019) 相关数据整理。

从建筑业经济指标来看，2018 年长江经济带建筑业资产总额和总产值占全国比重分别为 47.27% 和 57.79%。从资产总额来看，上中下游地区排名顺序为"下游、上游、中游"。从总产值来看，上中下游地区排名顺序为"下游、中游、上游"。从长江经济带沿线 11 省市来看，江苏和浙江两个省份的资产总额和总产值占比最高，两省之和占长江经济带比重分别达到33.32%和43.87%，表明两省份建筑业在规模及产值上有明显优势。江西、重庆和云南的建筑业资产总额较低，3省市资产总额占长江经济带比重仅为14.94%。贵州、云南和江西的建筑业总产值较低，全国排名分别为第22、第17和第15位。

从表33中可以看出，江苏的建筑业从业人员数和总产值全国排名都在第1位，而上海建筑业企业数为16214个，全国排名第23位，可见长江经济带建筑业竞争力综合实力较强，大部分省市排名都在中上游，但也存在个别省市相对落后的现状。进一步分析发现，除江苏和云南两省的各指标排名相对均衡外，其他省市不同指标的排名均呈现较大的差异，比如上海的资产总额全国排名第8位，但是企业数和从业人员数全国排名分别仅为第23和第17位。湖北省建筑业总产值为15133.90亿元，全国排名第3位，但是从业人员数在全国排名第10位，表明长江经济带在提升建筑业竞争力方面存在不同程度和层面的制约。各省市应结合自身发展特点，充分发挥优势，积极弥补短板，以实现建筑业高质量平衡发展。

六 长江经济带沿线11省市农业发展水平比较

2018年长江经济带农业总产值为47006.48亿元，占全国比重为41.39%（见表34）。其中从上中下游来看，农业总产值排名顺序为"上游、下游、中游"，但是差距不是很大。从长江经济带沿线11省市来看，四川、江苏、湖北和湖南农业总产值在长江经济带排名前4位，全国排名分别为第3、第4、第6和第9位，占据全国前10名的位置，成为农业主产省。上海、重庆两个直辖市农业总产值较低，全国排名分别为第30和第22位，农业地位较弱，其中上海农业总产值仅为289.58亿元，占长江经济带比重仅为0.62%。

2018年长江经济带农作物播种面积为65503.9千公顷，占全国比重为39.48%。从上中下游来看，农作物播种面积排名顺序为"上游、中游、下

游"，其中上游地区农作物播种面积占长江经济带比重为 38.67%。从长江
经济带沿线 11 省市来看，四川、安徽、湖南和湖北 4 省的农作物播种面积
在全国排名前 10 位，而上海、浙江和重庆在全国排名分别为第 29、第 23
和第 22 位。

表34　2018 年长江经济带沿线 11 省市农业主要指标

地区	农业总产值（亿元）		农作物播种面积（千公顷）		粮食总产量（万吨）	
	数据	排名	数据	排名	数据	排名
上海	289.58	30	282.3	29	103.7	29
江苏	7192.46	4	7520.2	10	3660.3	6
浙江	3157.25	18	1978.7	23	599.1	23
安徽	4672.71	11	8771.1	6	4007.3	4
江西	3148.57	19	5555.8	15	2190.7	13
湖北	6207.83	6	7952.9	9	2839.5	11
湖南	5361.62	9	8111.1	8	3022.9	10
重庆	2052.41	22	3348.5	22	1079.3	21
四川	7195.65	3	9615.3	4	3493.7	9
贵州	3619.52	16	5477.2	16	1059.7	22
云南	4108.88	13	6890.8	11	1860.5	14
上游地区	16976.46	1	25331.8	1	7493.2	3
中游地区	14718.02	3	21619.8	2	8053.2	2
下游地区	15312.00	2	18552.3	3	8370.4	1
长江经济带	47006.48		65503.9		23916.7	
全国	113579.50		165902.4		65789.2	

注：长江经济带沿线 11 省市排名为全国相对排名。
资料来源：根据国家统计局官网相关数据整理。

2018 年长江经济带粮食总产量为 23916.7 万吨，占全国比重为
36.35%，占比较低，上中下游地区的粮食总产量排名顺序为"下游、中
游、上游"，但是差距较小。从长江经济带沿线 11 省市来看，安徽、江苏
和四川粮食总产量在全国排名分别为第 4、第 6 和第 9 位，粮食总产量较高，
而上海、浙江、贵州和重庆粮食总产量较低，其中上海粮食总产量仅为 103.7
万吨，占长江经济带比重仅为 0.43%。随着第一产业在三次产业结构中的比

例逐年下降，部分省市粮食总产量出现需求紧张，上海和浙江随着人口的城镇化，粮食生产能力偏低，上海、浙江、重庆和贵州等总产量较低的地区存在着粮食供给缺口（肖琴等，2019）。

七 长江经济带沿线重要中心城市产业发展水平比较

长江经济带沿线重要中心城市是推动长江经济带高质量发展、建设现代化经济体系的主要力量，分析长江经济带沿线各省省会城市、副省级城市及中心城市的产业发展水平具有重要的意义。基于此，本报告以长江经济带沿线9个省份的省会城市（南京、杭州、合肥、南昌、武汉、长沙、成都、贵阳和昆明）、副省级城市（苏州、宁波）和主要中心城市（无锡、宜昌和襄阳）等14个城市作为研究对象，对这些城市的产业发展水平和集聚水平进行综合研判。

（一）经济发展水平

1. GDP

从长江经济带沿线重要中心城市GDP（见表35）可以看出，2014～2019年各城市GDP呈现快速增长态势，合肥、昆明和成都的增长速度较快，苏州、宜昌和无锡的增长速度较慢。2019年南京、无锡、苏州、杭州、宁波、武汉、长沙、成都的GDP都超过1万亿元，进入"万亿俱乐部"，其中苏州GDP达到19235.80亿元，在14个重要中心城市中排名第1位，在全国城市中排名第6位。成都、武汉、杭州和南京分列第2、3、4、5位，4个城市都是省会城市，具有先天的发展优势，其中成都在2014～2015年GDP小于武汉，而自2016年开始反超武汉，进入第2位。宁波、无锡和长沙分别排在第6、7、8位，3个城市的GDP排名处在不断变化之中，发展差距较小，竞争较激烈，随时会有互相赶超的可能性。合肥2019年GDP为9409.40亿元，排在第9位，还没有超过1万亿元，但是增长速度较快，未来发展有很大的上升空间。昆明和南昌的GDP分别排名第10、11位，但仅为 6475.88 亿元和 5596.18 亿元，发展水平较弱，和前面城市发展差距较大。襄阳、宜昌和贵阳 GDP 较低，都处于 4000 亿～5000 亿元，发展基础较差，还需要很大的上升空间。

表 35　2014～2019 年长江经济带沿线重要中心城市 GDP

单位：亿元

城市	2014 年	2015 年	2016 年	2017 年	2018 年	2019 年	2019 年排名
南京	8820.75	9720.77	10503.02	11715.10	12820.40	14030.15	5
无锡	8205.31	8518.26	9210.02	10511.80	11438.62	11852.32	7
苏州	13994.42	14761.36	15748.58	17319.51	18600.00	19235.80	1
杭州	9206.16	10050.21	11313.72	12603.36	14307.00	15373.00	4
宁波	7610.28	8003.61	8686.49	9842.10	11193.10	11985.12	6
合肥	5157.97	5660.27	6274.38	7213.45	8605.10	9409.40	9
南昌	3667.96	4000.01	4354.99	5003.19	5274.67	5596.18	11
武汉	10069.48	10905.60	11912.61	13410.34	14847.29	16223.21	3
宜昌	3132.21	3384.80	3709.36	3857.17	4064.18	4460.82	13
襄阳	3129.30	3382.10	3694.50	4064.90	4401.00	4812.84	12
长沙	7824.81	8510.13	9356.91	10535.51	11003.41	11574.22	8
成都	10056.59	10801.16	12170.23	13889.39	15698.94	17012.65	2
贵阳	2497.27	2891.16	3157.70	3537.96	3724.97	4039.60	14
昆明	3712.99	3968.01	4300.08	4857.64	5206.90	6475.88	10
全国	643563.10	688858.20	746395.10	832035.90	919281.10	990865.10	

资料来源：根据国家统计局网站和各市国民经济和社会发展统计公报相关数据整理。

2. 三次产业结构

从 2019 年长江经济带沿线重要中心城市三次产业结构（见表 36）可以看出，14 个城市中只有宜昌和襄阳的第二产业增加值高于第三产业，第二产业占据主导位置，而其他城市产业结构都为"三二一"产业模式，第三产业增加值最高，第二产业次之，第一产业最低，第三产业成为城市发展的新动力。国家三次产业结构为 7.1∶39.0∶53.9，只有宜昌和襄阳的第一产业占比超过全国平均水平，占本地 GDP 的 9.3%，高于全国 2.2 个百分点。从二三产业来看，我国第二、第三产业占全国 GDP 比重分别为 39% 和

53.9%。在长江经济带沿线重要中心城市中，南京、杭州、合肥、武汉、长沙、成都、贵阳和昆明的第三产业增加值占当地 GDP 比重均超过全国53.9%的平均水平，说明省会城市服务业发展后劲强大，可以做大做强第三产业，其中杭州第三产业增加值占比达到66.2%，无锡和苏州的第三产业增加值占比也超过50%，占 GDP 比重为51.5%。宁波、南昌第三产业增加值占比不到50%，但比第二产业增加值分别高0.9个和1.4个百分点，说明二三产业发展较均衡，处于工业化阶段。宜昌和襄阳作为湖北省两个副中心城市，发展水平和中心城市相比仍有较大差距，第二产业仍占较大比重，服务业转型仍需要一定时间，需要充分利用武汉的扩散效应来发展自身服务业。

表36　2019 年长江经济带沿线重要中心城市三次产业结构

单位：亿元

城市	第一产业	第二产业	第三产业	三次产业结构
南京	289.82	5040.86	8699.47	2.1 : 35.9 : 62.0
无锡	122.50	5627.88	6101.94	1.0 : 47.5 : 51.5
苏州	196.70	9130.20	9908.90	1.0 : 47.5 : 51.5
杭州	326.00	4875.00	10172.00	2.1 : 31.7 : 66.2
宁波	322.00	5783.00	5880.00	2.7 : 48.2 : 49.1
合肥	291.86	3415.32	5702.22	3.1 : 36.3 : 60.6
南昌	212.89	2653.82	2729.47	3.8 : 47.4 : 48.8
武汉	378.99	5988.88	9855.34	2.3 : 36.9 : 60.8
宜昌	416.05	2054.15	1990.62	9.3 : 46.1 : 44.6
襄阳	449.20	2329.20	2034.40	9.3 : 48.4 : 42.3
长沙	359.69	4439.32	6775.21	3.1 : 38.4 : 58.5
成都	612.18	5244.62	11155.86	3.6 : 30.8 : 65.6
贵阳	161.34	1496.67	2381.59	4.0 : 37.0 : 59.0
昆明	270.29	2078.75	4126.84	4.2 : 32.1 : 63.7
全国	70466.70	386165.30	534233.10	7.1 : 39.0 : 53.9

资料来源：根据国家统计局网站和各市国民经济和社会发展统计公报相关数据整理。

（二）工业发展水平

1. 工业发展概况

2018 年长江经济带沿线重要中心城市规上企业主要经济指标如表37 所

示。从企业数量来看，苏州市规上企业达 10393 个，远超过排名第 2 的宁波市；无锡、杭州和成都的规上企业数量分别排在第 3、4、5 位；而南昌、昆明和贵阳的规上企业数量排在后 3 位，贵阳的规上企业数量仅为 772 个。

表37　2018 年长江经济带沿线重要中心城市规上企业主要经济指标

单位：个，亿元

城市	企业数量		资产总额		利润总额	
	数据	排名	数据	排名	数据	排名
南京	2556	8	12852.89	5	894.96	5
无锡	5846	3	14159.63	2	1204.94	3
苏州	10393	1	32038.43	1	2034.08	1
杭州	5431	4	12870.66	4	1015.16	4
宁波	7602	2	13346.14	3	1259.50	2
合肥	2287	9	5361.93	7	346.51	11
南昌	1196	12	5064.46	8	363.37	10
武汉	2651	7	—	13	733.40	6
宜昌	1203	11	3178.15	10	444.66	9
襄阳	1571	10	3790.01	9	611.06	8
长沙	2934	6	—	13	—	14
成都	3438	5	10712.96	6	671.92	7
贵阳	772	14	1799.47	12	206.20	13
昆明	1015	13	2772.57	11	219.28	12
全国	360819		746810.13		66427.64	

资料来源：根据《中国城市统计年鉴》（2019）相关数据整理。

从资产总额来看，苏州、无锡、宁波、杭州和南京规上企业资产总额排名前 5 位，全部都属于长三角地区，其中苏州资产总额达到 32038.43 亿元，在 14 个中心城市中占比达到 49.50%；成都、合肥、南昌、襄阳和宜昌在 14 个中心城市中排名分别为第 6 ~ 10 位；昆明和贵阳规上企业资产总额最低。

从利润总额来看，苏州、宁波、无锡、杭州和南京的规上企业利润总额排名前 5 位，同样都位于长三角地区，5 个城市的利润总额为 6408.64 亿元，占 14 个中心城市的 64.05%。武汉、成都、襄阳和宜昌的规上企业利润总额排名在中游水平，南昌、合肥、昆明和贵阳的规上企业利润总额较低，4 个城市的利润总额为 1135.36 亿元，占 14 个中心城市的 11.35%。不同城市的发展水平差距较大。

2. 工业集聚水平

从工业整体集聚水平来看，2018年无锡、苏州、宁波、宜昌和襄阳的区位熵都大于1（见表38），呈现较强工业集聚态势。其中，苏州和无锡的工业区位熵分别达到2.31和1.90，工业专业化程度明显高于全国平均水平，具有一定对外辐射能力，而其余城市工业集聚程度较弱。从采矿业来看，只有宜昌区位熵为1.14，呈专业化优势，其余城市区位熵很低，很多城市区位熵都接近于0，说明采矿业基本没有集聚水平，产业发展竞争力非常弱。无锡、苏州、宁波、宜昌和襄阳的制造业区位熵都大于1，其中苏州和无锡集聚水平最高，其余城市制造业集聚程度较弱，这和工业集聚水平是一致的，说明制造业和工业的发展同步性较强。从电力、热力、燃气及水的生产和供应业来看，只有贵阳区位熵大于1，具有较强的专业化集聚水平，产业竞争力很强，其他城市的区位熵都小于1，呈现专业化程度较弱的态势。

表38　2018年长江经济带沿线重要中心城市工业区位熵

城市	工业	采矿业	制造业	电力、热力、燃气及水的生产和供应业
南京	0.73	0.04	0.85	0.45
无锡	1.90	0.01	1.53	0.47
苏州	2.31	0.00	1.67	0.18
杭州	0.79	0.01	0.84	0.36
宁波	1.50	0.00	1.32	0.50
合肥	0.76	0.01	0.57	0.98
南昌	0.74	0.00	0.66	0.38
武汉	0.75	0.03	0.87	0.46
宜昌	1.31	1.14	1.12	0.80
襄阳	1.23	0.26	1.20	0.40
长沙	0.80	0.01	0.96	0.42
成都	0.64	0.22	0.96	0.81
贵阳	0.59	0.25	0.41	2.90
昆明	0.51	0.58	0.55	0.99

资料来源：根据《中国城市统计年鉴》（2019）相关数据整理。

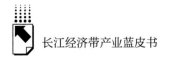

（三）服务业集聚水平

从 2018 年长江经济带沿线重要中心城市服务业主要细分行业区位熵
（见表 39）来看，南京、武汉、长沙、成都和昆明服务业区位熵大于 1，专
业化程度较高，具有比较优势；苏州、无锡、合肥和宁波的服务业区位熵都
小于 0.80，服务业竞争力较弱。

表 39　2018 年长江经济带沿线重要中心城市服务业主要细分行业区位熵

城市	服务业	批发和零售业	住宿和餐饮业	金融业	房地产业	科学研究和技术服务业	教育业	文化、体育和娱乐业
南京	1.06	1.23	1.21	0.77	1.25	1.41	0.74	1.33
无锡	0.68	1.31	1.67	1.28	1.00	0.84	0.95	0.84
苏州	0.53	1.41	1.45	1.11	1.47	0.86	0.78	0.67
杭州	0.97	1.12	1.43	1.03	1.58	1.36	0.74	0.98
宁波	0.78	1.06	0.69	1.81	0.98	0.87	0.83	0.97
合肥	0.71	1.15	1.30	0.82	1.19	1.48	0.95	1.01
南昌	0.81	1.29	0.54	1.00	1.16	1.21	0.97	1.28
武汉	1.05	1.51	1.22	0.51	1.60	1.74	0.77	1.60
宜昌	0.87	2.40	1.64	0.35	1.10	0.92	0.57	1.75
襄阳	0.85	2.63	1.06	0.36	1.16	1.15	0.70	0.94
长沙	1.07	1.01	1.15	1.42	1.42	1.68	0.93	1.97
成都	1.24	2.10	3.16	0.42	1.05	1.03	0.37	1.18
贵阳	0.95	0.98	0.58	0.65	1.45	1.26	0.83	1.11
昆明	1.11	1.16	1.31	0.61	1.27	1.44	0.86	1.07

资料来源：根据《中国城市统计年鉴》（2019）相关数据整理。

从服务业主要细分行业来看，在批发和零售业上，长江经济带沿线重要
中心城市中除了贵阳的区位熵为 0.98 之外，其余城市区位熵都大于 1，其
中宜昌、襄阳和成都区位熵都超过 2，可见批发和零售业专业化水平较高，
呈现集聚优势。在住宿和餐饮业方面，宁波、南昌和贵阳的产业竞争力较
弱，而其他沿线城市专业化程度较高，其中成都区位熵为 3.16，远远大于

其他城市，产业竞争力处于领先水平；具有一定的辐射能力。无锡、苏州、杭州、宁波和长沙金融业区位熵大于1，呈现一定专业化优势，其中宁波为1.81，在长江经济带沿线中心城市中处于领先水平；南昌金融业区位熵为1，专业化程度处于平均水平，优势不明显；其余城市区位熵都小于1，其中宜昌和襄阳区位熵分别仅为0.35和0.36，金融专业化程度较低，产业竞争力较弱。从房地产业来看，宁波区位熵为0.98，专业化程度较低；无锡为1，产业竞争力优势不明显；其余城市都呈专业化优势态势，其中专业化程度最高的城市为武汉和杭州，区位熵都大于1.5。从科学研究和技术服务业来看，无锡、苏州、宁波和宜昌呈专业化劣势，产业竞争力较弱，其他城市产业竞争力较强，其中武汉区位熵最高，呈现较强的集聚态势。长江经济带沿线重要中心城市教育业专业化态势都较低，产业竞争力较弱，存在一定的上升空间。无锡、苏州、杭州、宁波和襄阳的文化、体育和娱乐业区位熵都小于1，产业竞争力较弱，其他城市呈现专业化优势，其中长沙、宜昌和武汉集聚水平最高，优势比较明显。

参考文献

贺灿飞主编《转型经济地理研究》，经济科学出版社，2017。

刘强、李泽锦：《全要素生产率与区域产业发展质量不平衡——基于京津冀和长三角的实证分析》，《统计与信息论坛》2019年第9期，第70~77页。

郑玉：《中国产业国际分工地位演化及国际比较》，《数量经济技术经济研究》2020年第3期，第67~85页。

谈佳洁、刘士林：《长江经济带三大城市群经济产业比较研究》，《山东大学学报》（哲学社会科学版）2018年第1期，第138~146页。

宋丹丹：《长江经济带高技术产业技术创新效率研究》，硕士学位论文，安徽财经大学，2020。

林巧燕：《长江经济带旅游产业集群竞争力研究》，硕士学位论文，华东师范大学，2017。

吴传清、申雨琦：《长江经济带装备制造业发展水平评价研究》，《徐州工程学院学报》（社会科学版）2018年第1期，第57~62页。

王磊、蔡星林：《长江经济带高耗能产业集聚及其对全要素生产率的影响研究》，《工业技术经济》2019 年第 11 期，第 37 ~ 46 页。

何师元：《长江经济带高技术制造业竞争力的统计评价》，《统计与决策》2015 年第 8 期，第 120 ~ 123 页。

陈滋爽：《长江经济带金融中心体系研究》，硕士学位论文，华中师范大学，2019。

肖琴、周振亚、罗其友：《新时期长江经济带农业高质量发展：问题与对策》，《中国农业资源与区划》2019 年第 12 期，第 72 ~ 80 页。

B.3
长江经济带制造业集聚水平评估报告[*]

吴传清　叶云岭　高　坤　张冰倩[**]

摘　要： 制造业是长江经济带工业体系建设中的重要一环，建设世界级先进制造业集群是推动长江经济带制造业高质量发展的重要任务之一。本报告采用2007～2018年长江经济带沿线11省市制造业及细分行业从业人员数和销售产值等数据，运用区位熵方法和空间基尼系数对长江经济带制造业集聚水平进行测度，并分析其空间特征和产业特征。研究结果表明，长江经济带制造业集聚整体水平呈现下游、中游、上游层级递减的空间特征以及装备制造业、轻纺工业、资源加工工业横向递减的产业特征；11省市制造业细分行业专业化程度兼具稳定性和变化性；长江经济带制造业细分行业集聚水平存在"高技术高集聚，低技术较均衡"特点。推动长江经济带制造业高质量发展，应加强培育发展长江经济带世界级先进制造业集群，推动先进制造业和现代服务业深度融合发展，构建合理的专业化分工体系和产业生态系统。

关键词： 长江经济带　制造业　产业集聚　区位熵　空间基尼系数

---

[*] 基金项目：国家社会科学基金项目"推动长江经济带制造业高质量发展研究"（项目编号：19BJL061）。

[**] 吴传清，武汉大学经济与管理学院、中国发展战略与规划研究院教授、博士生导师，从事区域经济学、产业经济学研究；叶云岭，武汉大学经济与管理学院区域经济学专业博士研究生，从事区域经济学研究；高坤，武汉大学经济与管理学院区域经济学专业硕士研究生，从事区域经济学研究；张冰倩，武汉大学经济与管理学院区域经济学专业硕士研究生，从事区域经济学研究。

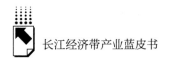

一　引言

2014年9月，国务院颁布的《依托黄金水道推动长江经济带发展的指导意见》提出，以沿江国家级、省级开发区为载体，以大型企业为骨干，打造电子信息、高端装备、汽车、家电、纺织服装等世界级制造业集群。2018年4月，在武汉召开的深入推动长江经济带发展座谈会上，习近平总书记再次强调，推动长江经济带发展是党中央做出的重大决策，是关系国家发展全局的重大战略。制造业是实体经济的重要组成部分，产业链长、关联性大、带动力强，为国民经济各行业提供原料、设备、动力和技术保障，在很大程度上决定着其他行业的发展水平。建设世界级先进制造业集群是推动制造业高质量发展的重点任务，对于长江经济带成为引领我国经济高质量发展的生力军具有重要作用和意义。

根据《中国统计年鉴》（2020），2019年全国制造业城镇企业单位就业人员数达6816.8万人（其中非私营单位就业人数为3832万人，私营企业和个体就业人数为2984.8万人），占我国城镇就业人员总数的18.1%；长江经济带制造业城镇企业单位就业人员数达3200.7万人，占全国比重为47.0%。长江经济带占据我国制造业城镇单位从业人员数的"半壁江山"，但沿线11省市制造业及细分行业增加值、销售产值、从业人员数等均存在较大差异，因此从空间维度、产业维度研判长江经济带制造业集聚水平具有较强的实践价值。

本报告侧重对2007~2018年长江经济带制造业及细分行业进行集聚水平测度，研判长江经济带制造业及细分行业集聚水平的空间特征和产业特征，结合推动长江经济带制造业高质量发展、培育世界级先进制造业集群的内在要求提出相应的政策建议。

二　评估方法和数据来源

（一）评估方法

学术界关于产业集群的相关研究成果颇多，主要集中于产业集聚水平测度、时空演变特征、影响因素分析等方面。常用的产业集聚测度方法主要包括空间基尼系数、EG 指数（Ellison & Glaeser，1997）、MS 指数（Maurel & Sedillot，1999）、Devereux 指数等。关于产业集聚水平影响因素分析的研究方法和模型包括固定效应模型（刘燕等，2019）、空间杜宾模型（蓝发钦等，2019）、超效率 SBM 模型（黄磊等，2019；曹炳汝等，2019）等。这些方法和模型在研究不同地理空间上的产业集聚问题时得到广泛运用。

对于制造业集聚的测度，不仅要关注制造业集聚水平，还需对制造业集聚结构进行测度。为同时反映长江经济带制造业集聚的空间特征和产业特征，本报告采用区位熵测算长江经济带沿线 11 省市制造业集聚专业化程度，采用空间基尼系数测度制造业细分行业在长江经济带沿线 11 省市分布的均衡程度。具体计算方法如下：

$$LQ_{ij} = \frac{\dfrac{q_{ij}}{q_j}}{\dfrac{q_i}{q}} \tag{1}$$

（1）式中，LQ_{ij} 为省市 j 内产业 i 的区位熵（地方专业化指数），q_{ij} 为省市 j 内产业 i 的从业人员数（或销售产值），q_j 为省市 j 内全部产业从业人员数（或销售产值），q_i 为产业 i 在全国范围内全部从业人员数（或销售产值），q 为全国范围内的所有产业从业人员数（或销售产值）。若 $LQ_{ij} > 1$，则省市 j 内产业 i 的集聚程度高于全国平均水平，LQ_{ij} 值越大，表明该产业在全国的专业化程度越高。

$$G = \frac{1}{2n^2 u} \sum_{i}^{n} \sum_{j}^{n} |x_i - x_j| \tag{2}$$

（2）式中，G 代表空间基尼系数，x_i 和 x_j 分别代表地理单元 i、j 某细分行业从业人员数在该行业全国从业人员总数中所占的份额，n 是地理单元数量，u 是某细分行业中各地理单元所占份额的均值。G 的取值范围为［0，1］，G 越大，说明该产业在长江经济带的产业集聚程度越高，产业的空间布局差异越大；G 越小，说明该产业在长江经济带的产业集聚程度越低，产业的空间布局越均衡。这里暂不考虑各产业中企业规模或区域地理面积随机分布带来的分异与误差。

（二）数据来源

鉴于国民经济行业分类标准发生变动（行业变动对比见表1），本报告综合2002年、2011年、2017年国民经济行业分类，选取2007～2018年长江经济带沿线11省市制造业及细分行业规模以上工业企业从业人员数，进行区位熵和空间基尼系数的测算；选取2007～2018年长江经济带沿线11省市制造业各细分行业规模以上工业企业销售产值，测算区位熵衡量11省市制造业各细分行业相对专业化程度。其中2007～2016年数据均采自《中国统计年鉴》（2008～2017）、《中国城市统计年鉴》（2008～2017）、《中国工业经济统计年鉴》（2008～2012）、《中国工业统计年鉴》（2013～2017）。囿于数据可得性，2017年暂无制造业细分行业相关数据公布，因此本报告未测算2017年空间基尼系数值，2018年数据则采自《中国经济普查年鉴》（2018）。

表1　2002年、2011年、2017年国民经济行业分类标准变动对比

	国民经济行业分类（GB/T 4754—2002）	国民经济行业分类（GB/T 4754—2011/2017）
C13	·农副食品加工业	·农副食品加工业
C14	·食品制造业	·食品制造业
C15	·饮料制造业	·酒、饮料和精制茶制造业
C16	·烟草制品业	·烟草制品业
C17	·纺织业	·纺织业
C18	·纺织服装、鞋、帽制造业	·纺织服装、服饰业
C22	·造纸及纸制品业	·造纸和纸制品业
C25	·石油加工、炼焦及核燃料加工业	·石油加工、炼焦和核燃料加工业
C26	·化学原料及化学制品制造业	·化学原料和化学制品制造业
C27	·医药制造业	·医药制造业
C28	·化学纤维制造业	·化学纤维制造业
C31	·非金属矿物制品业	·非金属矿物制品业
C32	·黑色金属冶炼及压延加工业	·黑色金属冶炼和压延加工业

国民经济行业分类（GB/T 4754—2002）	国民经济行业分类（GB/T 4754—2011/2017）
C33	·有色金属冶炼及压延加工业	·有色金属冶炼和压延加工业
C34	·金属制品业	·金属制品业
C35	·通用设备制造业	·通用设备制造业
C36	·专用设备制造业	·专用设备制造业
C37	·交通运输设备制造业	·汽车制造业
		·铁路、船舶、航空航天和其他运输设备制造业
C39	·电气机械及器材制造业	·电气机械和器材制造业
C40	·通信设备、计算机及其他电子设备制造业	·计算机、通信和其他电子设备制造业
C41	·仪器仪表及文化、办公用机械制造业	·仪器仪表制造业

注：为保证后续研究中行业代码的时间连续性，本报告以《国民经济行业分类（GB/T 4754—2002）》为基准。

资料来源：根据学术界对于《国民经济行业分类（GB/T 4754—2002）》、《国民经济行业分类（GB/T 4754—2011）》和《国民经济行业分类（GB/T 4754—2017）》变动的相关研究成果整理。

三　长江经济带制造业集聚水平的空间特征

（一）长江经济带制造业集聚整体水平的空间分布特征

1. 长江经济带沿线11省市制造业集聚水平

如表2所示，2007～2018年长江经济带制造业区位熵除2017年大于1以外，其他年份都小于1，说明长江经济带制造业在全国范围内具有的比较优势不够明显。从均值看，2007～2018年，仅江苏省制造业区位熵大于2，表明江苏省制造业在11省市中集中程度最高、专业化优势较大；上海市和浙江省在制造业专业化程度上呈逐渐下降趋势，且降幅较为明显；江西省、湖北省、湖南省、重庆市制造业区位熵近年来呈波动上升趋势，逐渐接近1；安徽省制造业区位熵自2017年显著上升，具备一定的后发潜力。相较之下，四川省、贵州省、云南省制造业区位熵一直处于全国平均水平以下且增长不明显，说明其制造业企业分布不足，地理集中度有待提升，应优化制造业发展环境以承接中下游地区产业转移。

表2 2007～2018年长江经济带沿线11省市制造业区位熵

地区	2007年	2008年	2009年	2010年	2011年	2012年	2013年	2014年	2015年	2016年	2017年	2018年	均值
上海	2.99	2.80	2.60	2.41	2.32	2.05	1.67	1.55	1.50	1.42	1.08	0.67	1.92
江苏	2.06	2.36	2.19	2.27	2.24	2.03	2.10	2.05	2.08	2.09	1.83	1.23	2.04
浙江	2.35	2.13	2.00	1.98	1.73	1.66	1.70	1.66	1.64	1.65	1.63	1.39	1.79
安徽	0.41	0.42	0.46	0.49	0.52	0.53	0.56	0.58	0.60	0.61	1.22	0.94	0.61
江西	0.54	0.62	0.61	0.63	0.65	0.68	0.72	0.76	0.82	0.86	1.65	1.19	0.81
湖北	0.60	0.63	0.72	0.73	0.71	0.67	0.76	0.83	0.80	0.80	0.93	0.86	0.75
湖南	0.48	0.49	0.52	0.55	0.60	0.56	0.62	0.62	0.66	0.70	0.97	0.95	0.64
重庆	0.76	0.78	0.79	0.78	0.78	0.71	0.77	0.82	0.89	0.94	0.88	0.86	0.81
四川	0.50	0.51	0.54	0.57	0.64	0.44	0.59	0.57	0.55	0.54	0.89	0.75	0.59
贵州	0.28	0.26	0.26	0.25	0.27	0.23	0.23	0.26	0.27	0.29	0.43	0.49	0.29
云南	0.27	0.24	0.23	0.23	0.21	0.22	0.22	0.21	0.21	0.21	0.22	0.39	0.24
长江经济带	0.97	0.99	0.97	0.98	0.97	0.89	0.93	0.93	0.94	0.95	1.07	0.88	0.96

注：均值为算术平均值。

资料来源：根据测算结果整理。

　　采用K-means聚类法将样本分为三个组，高、中、低聚类中心分别是
1.01、0.87、0.75。长江经济带下游地区的上海、江苏、浙江3省市处于高
集聚组；下游地区的安徽，中游地区的湖北、江西、湖南，以及上游地区的
四川和重庆处于中集聚组；上游地区的贵州和云南处于低集聚组（见表3），
整体呈现"东高西低"的区域特征。

表3 长江经济带沿线11省市制造业集聚整体水平的聚类结果

分类	省市
高集聚组	上海、江苏、浙江
中集聚组	安徽、四川、重庆、湖北、湖南、江西
低集聚组	贵州、云南

资料来源：根据测算结果整理。

2. 长江经济带上中下游地区制造业集聚水平

长江经济带上中下游地区制造业集聚水平差异显著。如图1所示，

2007～2018年长江经济带上游和中游地区制造业集聚水平呈波动上升趋势，年均增幅分别为1.5%和4.2%；下游地区制造业集聚水平呈波动下降趋势，年均增幅为－8.1%，制造业专业化程度不断降低，说明从业人员逐渐向中上游聚集；下游地区制造业区位熵大于1，且高于上游地区与中游地区，说明长江经济带下游地区制造业具有一定的专业化优势，中游地区具有一定的相对优势，而上游地区社会化和专业化程度相对较低。

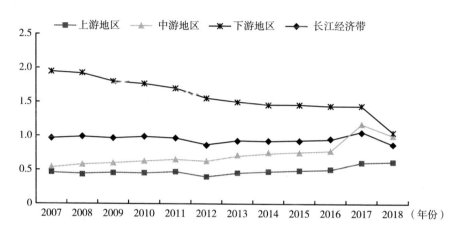

图1　2007～2018年长江经济带上中下游地区制造业集聚水平变化趋势

注：上游地区含云贵川渝；中游地区含鄂湘赣；下游地区含苏浙沪皖。
资料来源：根据测算结果整理。

（二）长江经济带制造业细分行业集聚水平的空间结构特征

本报告对2008年、2013年、2018年长江经济带沿线11省市制造业各细分行业区位熵进行测算，并列出各省市区位熵排名前4位的行业（见表4）。各省市均有专业化优势比较突出的行业，一些省市拥有部分产业发展的特殊资源优势。以2018年为例，云南、贵州有比较优质的烟草资源，其烟草制品业区位熵分别高达22.8859、4.8778。云南、江西、湖南拥有储量较大的有色金属，其有色金属冶炼和压延加工业区位熵分别为3.2883、2.5629、1.6722。具有较高区位熵的省市及其行业还有：贵州的酒、饮料和精制茶制造业（6.8580），浙江的化学纤维制造业（3.9893），上海的金属

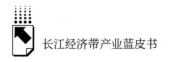

制品、机械和设备修理业（4.1639）等。

对比 2008 年、2013 年、2018 年长江经济带沿线 11 省市制造业细分行业专业化程度，发现其具有稳定性和变化性的特点。稳定性在于一些省市的优势行业具有连续性专业化优势，在三个时间节点上均表现出较高的区位熵，比如浙江的化学纤维制造业、江西的有色金属冶炼和压延加工业、云南的烟草制品业。变化性在于一些省市的制造业专业化行业在不同年份存在变化，反映了区域产业结构的变动。以湖北为例，2008年区位熵较高的四个行业分别为交通运输设备制造业、黑色金属冶炼及压延加工业、烟草制品业、饮料制造业；2013 年变化为汽车制造业，酒、饮料和精制茶制造业，农副食品加工业，烟草制品业；到 2018 年则变化为汽车制造业，废弃资源综合利用业，纺织业，酒、饮料和精制茶制造业。

表 4 2008 年、2013 年、2018 年长江经济带沿线 11 省市制造业专业化行业及其变化

地区	2008 年	2013 年	2018 年
上海	金属制品业(1.8816) 通用设备制造业(1.8281) 仪器仪表及文化、办公用机械制造业(1.7100) 交通运输设备制造业(1.6372)	烟草制品业(2.8584) 金属制品、机械和设备修理业(2.6135) 汽车制造业(2.4144) 计算机、通信和其他电子设备制造业(2.0238)	金属制品、机械和设备修理业(4.1639) 通用设备制造业(1.3292) 汽车制造业(1.2569) 仪器仪表制造业(1.0634)
江苏	造纸及纸制品业(5.9265) 化学纤维制造业(1.9398) 纺织服装、鞋、帽制造业(1.4780) 纺织业(1.4009)	仪器仪表制造业(2.7839) 化学纤维制造业(2.7186) 电气机械和器材制造业(1.6255) 计算机、通信和其他电子设备制造业(1.5236)	化学纤维制造业(3.2375) 仪器仪表制造业(1.9001) 纺织业(1.8985) 通用设备制造业(1.8215)
浙江	化学纤维制造业(2.6784) 纺织业(2.0988) 纺织服装、鞋、帽制造业(1.8133) 通用设备制造业(1.8091)	化学纤维制造业(5.4254) 纺织业(2.5446) 其他制造业(2.0929) 纺织服装、服饰业(1.8763)	化学纤维制造业(3.9893) 纺织业(2.8759) 家具制造业(2.5374) 通用设备制造业(2.5054)

地区	2008 年	2013 年	2018 年
安徽	烟草制品业(2.0538) 饮料制造业(1.8770) 医药制造业(1.2837) 农副食品加工业(1.2684)	废弃资源综合利用业(3.8267) 电气机械和器材制造业(2.0012) 印刷和记录媒介复制业(1.6344) 木材加工和木、竹、藤、棕、草制品业(1.4474)	废弃资源综合利用业(1.9499) 纺织服装、服饰业(1.4268) 烟草制品业(1.3980) 酒、饮料和精制茶制造业(1.2692)
江西	有色金属冶炼及压延加工业(3.0091) 医药制造业(2.3141) 非金属矿物制品业(1.6617) 化学原料及化学制品制造业(1.4641)	有色金属冶炼和压延加工业(2.0053) 纺织服装、服饰业(3.9488) 医药制造业(1.6657) 非金属矿物制品业(1.5763)	废弃资源综合利用业(2.9906) 有色金属冶炼和压延加工业(2.5629) 家具制造业(2.4313) 非金属矿物制品业(1.9659)
湖北	交通运输设备制造业(2.0764) 黑色金属冶炼及压延加工业(1.7713) 烟草制品业(1.6909) 饮料制造业(1.5815)	汽车制造业(2.1377) 酒、饮料和精制茶制造业(2.1366) 农副食品加工业(1.6586) 烟草制品业(1.4702)	汽车制造业(1.9317) 废弃资源综合利用业(1.6295) 纺织业(1.5426) 酒、饮料和精制茶制造业(1.3456)
湖南	烟草制品业(4.4420) 化学原料及化学制品制造业(2.2430) 有色金属冶炼及压延加工业(2.1024) 非金属矿物制品业(1.5696)	烟草制品业(2.7805) 专用设备制造业(2.4975) 有色金属冶炼和压延加工业(1.9188) 印刷和记录媒介复制业(1.5955)	烟草制品业(2.6755) 专用设备制造业(2.1648) 其他制造业(1.9089) 有色金属冶炼和压延加工业(1.6722)
重庆	交通运输设备制造业(2.5746) 专用设备制造业(2.3945) 通信设备、计算机及其他电子设备制造业(1.1265) 医药制造业(1.0109)	铁路、船舶、航空航天和其他运输设备制造业(4.8700) 汽车制造业(3.2244) 其他制造业(2.1846) 计算机、通信和其他电子设备制造业(1.7019)	铁路、船舶、航空航天和其他运输设备制造业(3.2182) 汽车制造业(2.7824) 其他制造业(1.9086) 计算机、通信和其他电子设备制造业(1.1741)
四川	饮料制造业(2.9563) 医药制造业(1.5034) 非金属矿物制品业(1.4874) 化学原料及化学制品制造业(1.3778)	酒、饮料和精制茶制造业(4.6525) 金属制品、机械和设备修理业(1.8899) 家具制造业(1.7643) 医药制造业(1.4581)	酒、饮料和精制茶制造业(3.0041) 家具制造业(1.3957) 医药制造业(1.1808) 非金属矿物制品业(1.1563)

续表

地区	2008 年	2013 年	2018 年
贵州	烟草制品业(8.5864) 饮料制造业(2.4389) 黑色金属冶炼及压延加工业(2.1570) 有色金属冶炼及压延加工业(2.0987)	烟草制品业(7.4035) 酒、饮料和精制茶制造业(6.4023) 医药制造业(2.3763) 非金属矿物制品业(2.1401)	酒、饮料和精制茶制造业(6.8580) 烟草制品业(4.8778) 铁路、船舶、航空航天和其他运输设备制造业(1.2972) 非金属矿物制品业(1.1021)
云南	烟草制品业(14.8762) 有色金属冶炼及压延加工业(5.4412) 石油加工、炼焦及核燃料加工业(1.8556) 黑色金属冶炼及压延加工业(1.8204)	烟草制品业(20.1196) 有色金属冶炼和压延加工业(3.8814) 黑色金属冶炼和压延加工业(1.7995) 酒、饮料和精制茶制造业(1.4690)	烟草制品业(22.8859) 有色金属冶炼和压延加工业(3.2883) 酒、饮料和精制茶制造业(2.1134) 农副食品加工业(1.4219)

注：括号内数据为相应行业区位熵。

资料来源：根据测算结果整理。

四　长江经济带制造业集聚水平的行业特征

（一）长江经济带制造业集聚整体水平的行业特征

本报告参考邹璇、黎恢富（2016）的做法，将制造业分为轻纺工业、资源加工工业、装备制造业三大类，其中轻纺工业包括表1中的C13、C14、C15、C16、C17、C18、C22；资源加工工业包括C25、C26、C27、C28、C31、C32、C33；装备制造业包括C34、C35、C36、C37、C39、C40、C41。2007～2018年长江经济带轻纺工业、资源加工工业、装备制造业空间基尼系数变化趋势如图2所示。

2007～2016年长江经济带制造业整体集聚水平在0.4到0.5之间，直至2018年降至0.395，基本处于连续下降的趋势，表明长江经济带制造业由集聚逐渐走向均衡化。长江经济带轻纺工业、资源加工工业、装备制造业

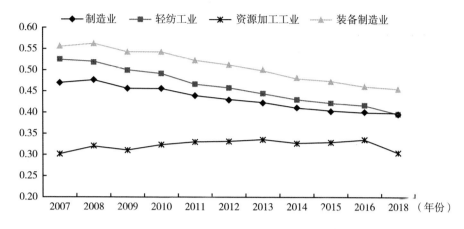

**图2 2007~2018年长江经济带轻纺工业、资源加工工业、
装备制造业空间基尼系数变化趋势**

注：2017年暂无制造业细分行业从业人员数数据公布，因此未测算2017年空间基尼系数。
资料来源：根据测算结果整理。

呈现明显的分层特征，2007~2018年三类产业的空间基尼系数大小关系为
"装备制造业＞轻纺工业＞资源加工工业"，说明装备制造业在长江经济带
沿线11省市的集聚水平最高，而资源加工工业相对均衡，这是由于各省市
虽然存在资源禀赋差异，但是资源加工工业门槛较低，而装备制造业和轻
纺工业门槛相对较高，因此各省市均可以因地制宜，发展不同特色的资源
型产业。装备制造业、轻纺工业集聚水平的时间演变趋势与制造业整体趋
同，其空间基尼系数逐年下降，均衡度逐年提高，说明各省市制造业产业
结构不断调整，装备制造业和轻纺工业得到一定程度的发展。相反，资源
加工工业则逐年走向相对集聚（仅2018年有所下降），与长江经济带
"共抓大保护、不搞大开发"的发展主题相符合，资源节约集约循环利用
程度不断提高。

（二）长江经济带制造业细分行业集聚水平的行业特征

2007~2018年长江经济带制造业各细分行业空间基尼系数测度结果如
表5所示。

表5　2007～2018年长江经济带制造业各细分行业空间基尼系数测度结果

代码	行业	2007年	2008年	2009年	2010年	2011年	2012年	2013年	2014年	2015年	2016年	2018年	均值
C	制造业	0.470	0.478	0.456	0.456	0.440	0.431	0.421	0.411	0.403	0.400	0.395	0.433
C13	农副食品加工业	0.311	0.322	0.330	0.352	0.370	0.359	0.352	0.344	0.332	0.327	0.333	0.339
C14	食品制造业	0.291	0.268	0.273	0.266	0.289	0.277	0.268	0.268	0.264	0.264	0.297	0.275
C15	饮料制造业	0.360	0.369	0.369	0.375	0.391	0.388	0.388	0.388	0.381	0.372	0.370	0.377
C16	烟草制品业	0.360	0.394	0.361	0.383	0.404	0.408	0.438	0.463	0.451	0.404	0.332	0.400
C17	纺织业	0.624	0.630	0.622	0.625	0.617	0.620	0.623	0.620	0.625	0.628	0.628	0.624
C18	纺织服装、鞋、帽制造业	0.687	0.682	0.661	0.641	0.608	0.556	0.604	0.596	0.593	0.588	0.579	0.618
C22	造纸及纸制品业	0.483	0.469	0.442	0.454	0.440	0.503	0.419	0.409	0.412	0.408	0.403	0.440
C25	石油加工、炼焦及核燃料加工业	0.270	0.299	0.243	0.254	0.244	0.257	0.279	0.319	0.331	0.346	0.291	0.285
C26	化学原料及化学制品制造业	0.363	0.376	0.368	0.375	0.389	0.391	0.392	0.390	0.395	0.402	0.357	0.382
C27	医药制造业	0.301	0.314	0.308	0.320	0.334	0.320	0.310	0.292	0.299	0.300	0.309	0.310
C28	化学纤维制造业	0.692	0.719	0.736	0.735	0.744	0.749	0.753	0.746	0.746	0.745	0.737	0.736
C31	非金属矿物制品业	0.294	0.311	0.307	0.316	0.317	0.308	0.305	0.301	0.303	0.310	0.276	0.304
C32	黑色金属冶炼及压延加工业	0.344	0.346	0.359	0.371	0.372	0.376	0.382	0.382	0.382	0.388	0.382	0.371
C33	有色金属冶炼及压延加工业	0.245	0.296	0.283	0.305	0.301	0.308	0.319	0.353	0.355	0.343	0.335	0.313
C34	金属制品业	0.605	0.600	0.571	0.564	0.536	0.520	0.508	0.499	0.488	0.473	0.474	0.531
C35	通用设备制造业	0.588	0.587	0.571	0.568	0.535	0.538	0.541	0.537	0.533	0.530	0.546	0.552
C36	专用设备制造业	0.510	0.515	0.507	0.511	0.516	0.508	0.503	0.494	0.485	0.482	0.508	0.504
C37	交通运输设备制造业	0.405	0.428	0.412	0.431	0.423	0.420	0.397	0.387	0.383	0.381	0.402	0.406
C39	电气机械及器材制造业	0.616	0.608	0.587	0.590	0.582	0.570	0.560	0.545	0.543	0.541	0.540	0.571
C40	通信设备、计算机及其他电子设备制造业	0.713	0.720	0.701	0.694	0.653	0.621	0.594	0.562	0.548	0.519	0.472	0.618
C41	仪器仪表及文化、办公用机械制造业	0.622	0.605	0.600	0.614	0.641	0.638	0.639	0.622	0.601	0.585	0.561	0.612

注：2017年暂无制造业细分行业从业人员数据公布，因此未测算2017年空间基尼系数。

1. 制造业细分行业空间基尼系数横向对比

制造业 21 个细分行业空间基尼系数呈现巨大的差异化水平,从各细分行业空间基尼系数均值看,高于制造业整体(0.433)的仅有 10 个,其中化学纤维制造业(0.736),纺织业(0.624),通信设备、计算机及其他电子设备制造业(0.618),纺织服装、鞋、帽制造业(0.618)空间基尼系数最高,处于高度集聚水平;造纸及纸制品业(0.440),金属制品业(0.531),通用设备制造业(0.552),专用设备制造业(0.504),电气机械及器材制造业(0.571),仪器仪表及文化、办公用机械制造业(0.612)则处于中度集聚水平;其他行业均低于制造业整体(0.433),集聚水平相对较低。

将 21 个细分行业按照轻纺工业、资源加工工业、装备制造业进行划分,轻纺工业中纺织业(0.624)和纺织服装、鞋、帽制造业(0.618)空间基尼系数最高,而食品制造业(0.275)和农副食品加工业(0.339)集聚水平则低于制造业集聚整体水平(0.433);资源加工工业中化学纤维制造业(0.736),化学原料及化学制品制造业(0.382),黑色金属冶炼及压延加工业(0.371)空间基尼系数最高,且仅有化学纤维制造业集聚水平高于制造业集聚整体水平(0.433);装备制造业中通信设备、计算机及其他电子设备制造业(0.618),仪器仪表及文化、办公用机械制造业(0.612),电气机械及器材制造业(0.571)空间基尼系数最高,且只有交通运输设备制造业集聚水平(0.406)低于制造业集聚整体水平(0.433),与资源加工工业的集聚特征截然不同。

2. 制造业细分行业空间基尼系数时间变化趋势

在轻纺工业细分行业中,纺织业和食品制造业空间基尼系数较为稳定,分别维持在 0.620 和 0.270 附近;纺织服装、鞋、帽制造业和造纸及纸制品业空间基尼系数处于波动下降的趋势,产业发展趋于均衡;烟草制品业、饮料制造业、农副食品加工业空间基尼系数均表现出先上升后下降的趋势,而 2018 年较之 2007 年空间基尼系数值均有小幅度上升,说明该行业一直处于低集聚水平但逐渐集聚化(见图 3a)。

在资源加工工业细分行业中，2007～2018年化学纤维制造业集聚水平一直维持在0.72附近，且遥遥领先于其他行业；医药制造业空间基尼系数处于相对稳定的低集聚水平，这与各省市医药制造业从业人员数较为均衡有关；其他行业则均呈现波动上升态势，2018年空间基尼系数值均高于2007年，而这些行业资源依赖度显然较高，进一步表明长江经济带资源节约集约利用程度不断增强（见图3b）。

在装备制造业细分行业中，通信设备、计算机及其他电子设备制造业空间基尼系数下降幅度最大，处于连续下降态势，表明各省市通信设备、计算机及其他电子设备制造业逐步得到发展，各省市信息化基础设施生产制造能力不断增强；电气机械及器材制造业，通用设备制造业，金属制品业，仪器仪表及文化、办公用机械制造业集聚水平均处于波动下降趋势，在各省市间均衡化程度逐步提高；交通运输设备制造业、专用设备制造业空间基尼系数相对稳定，一直处于相对较低的集聚水平。装备制造业各细分行业呈现和装备制造业整体集聚水平相近的变化趋势，由集聚逐渐走向均衡化，由此可能导致各省市之间的产业同构现象（见图3c）。

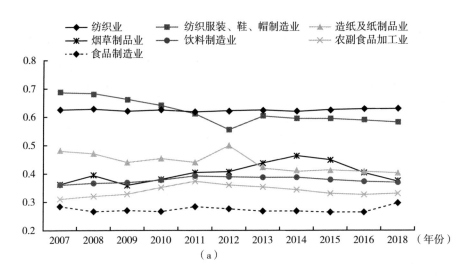

（a）

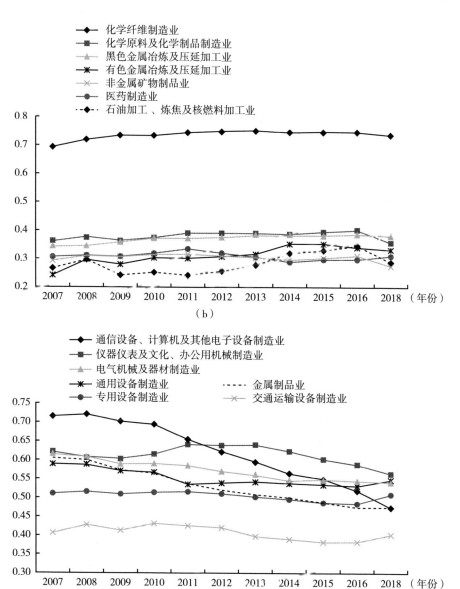

图3 轻纺工业、资源加工工业、装备制造业细分行业空间基尼系数变化趋势

注：2017年暂无制造业细分行业从业人员数数据公布，因此未测算2017年空间基尼系数。
资料来源：根据测算结果整理。

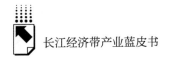

五 研究结论和政策启示

（一）研究结论

本报告运用区位熵方法和空间基尼系数对 2007～2018 年长江经济带制造业集聚水平进行测度，并分析其空间特征和产业特征，得出如下研究结论。

（1）长江经济带制造业集聚整体水平呈现下游、中游、上游层级递减的空间特征，11 省市制造业细分行业专业化程度兼具稳定性和变化性特点。2007～2018 年上海、浙江、江苏制造业均处于高度集聚水平，其中上海、江苏装备制造业细分行业区位熵相对较高，培育先进制造业集群潜力巨大；浙江是化学纤维制造业的主要集聚地区，区位熵连续处于高于 2.0 的水平；安徽制造业集聚水平在下游地区中相对较低，但其废弃资源综合利用业专业化程度较高。相对而言，2007～2018 年长江经济带中上游地区制造业专业化程度低于全国平均水平，中游省市全部落于中集聚组，制造业集聚程度有待提高。中上游地区省市制造业细分行业区位熵最高的行业多属于轻纺工业和资源加工工业，可能与装备制造业布局有待完善有关，因此从业人员分布较少。

（2）长江经济带轻纺工业、资源加工工业、装备制造业集聚水平存在显著差异，2007～2018 年连续表现出装备制造业、轻纺工业、资源加工工业横向递减的特点。长江经济带装备制造业相对最为集聚，这可能与各省市发展装备制造业的基础条件存在较大差异，并且高端装备制造业生产门槛较高有关。上海、江苏装备制造业专业化程度最高，是装备制造业发展的主要集聚区。资源加工工业空间基尼系数逐年上升的态势表明各省市资源节约集约循环利用的意识逐渐差异化，其中部分省市通过推进制造业创新发展、绿色发展，有效提高了资源节约集约利用程度，从而产生省市间的宏观差异。

（3）长江经济带制造业细分行业集聚水平存在"高技术高集聚，低技术较均衡"的特点。2007～2018年长江经济带化学纤维制造业，纺织业，通信设备、计算机及其他电子设备制造业，纺织服装、鞋、帽制造业呈现高度集聚水平，而食品制造业和石油加工、炼焦及核燃料加工业集聚水平最低，空间基尼系数低于0.3。根据国家统计局发布的《高技术产业（制造业）分类》（2017），高技术制造业包括医药制造业，航空、航天器及设备制造业，电子及通信设备制造业，计算机及办公设备制造业，医疗仪器设备及仪器仪表制造业，信息化学品制造业6大类。在6大类高技术制造业中，仅有医药制造业处于低集聚水平。在轻纺工业、资源加工工业、装备制造业三大类层面，2007～2018年各大类包含的细分行业变化趋势差异显著，其中装备制造业细分行业基本均处于波动下降态势，资源加工工业细分行业则大致呈现集聚化走向，而轻纺工业细分行业集聚水平变化趋势差异较大。

（二）政策启示

（1）加强培育发展长江经济带世界级先进制造业集群。充分利用长江经济带的科研优势、人才优势、智力密集优势，加强制度创新和分工协作，培育制造业创新发展新动能，继续实施国家制造业创新中心建设工程，促进科研成果产业化，加强关键共性技术研究，实现产业转型升级，将长江经济带打造成为引领全国转型发展的创新驱动带。加快修复长江生态环境，有序利用长江岸线资源，开展长江经济带生态文明先行示范带建设。加强长江经济带制造业顶层设计，优化制度供给，逐步放宽市场准入，通过制度创新降低交易成本，促进创新链、资金链、政策链、人才链与产业链融合发展。加强融入"一带一路"建设，实现长江大通关，将"引进来"与"走出去"相结合，抢抓国内国外"双循环"开放发展重大机遇。构建跨区域职教合作和劳务对接通道，便利长江经济带上中下游地区劳动力转移流动。加大基本养老保险、基本医疗保险等社会保险关系转移接续政策的落实力度，带动制造业行业企业跨区域有序高效转移和承接，实现惠民便民提升就业，为集中连片特殊困难地区创造脱贫新机遇，形成良性循环。继续推进电子信息、高端装备、汽车、家电、纺织服装等世界级制造业集群建设，攻克核心关键技术难关，培育知名自主品牌，沿江打造一批战略性新兴产业集聚区、国家高技术产业基地和国家新型工业化产业示范基地。

（2）推动先进制造业和现代服务业深度融合发展。大力发展"制造＋服务""产品＋服务"模式，促进制造业企业向生产服务型企业转型。培育先进制造业和现代服务业融合发展新业态新模式，深化研发、生产、流通、消费等环节关联，推动业态模式创新升级。加快原材料工业、消费品工业、装备制造业融合发展步伐，强化产业链龙头企业引领带动作用，发挥行业骨干企业示范效应，引导业内企业积极借鉴、优化创新，形成差异化的融合发展模式路径。强化中小微企业竞争优势，引导加快业态模式创新，培育一批细分行业领域的专精特新"小巨人"和"单项冠军"企业。大力建设平台型企业和机构，提升其整合资源、集聚企业等功能，为产销精准连接、高效畅通提供助力。大力建设高水平质量技术服务企业和机构，强化优质检验检测、认证认可等服务。引导产学研用等机构协同融合，提高沟通效率，发挥技术人才、金融、数据挖掘等优势，促进积极创业创新。提升行业协会协调服务等能力，促进形成区域协同、行业融合、领域创新的新型产业联盟。

（3）构建合理专业化分工体系和产业生态系统。重点依托长三角城市群、长江中游城市群、成渝城市群、黔中城市群、滇中城市群等产业发展圈，统筹规划城市功能定位和产业布局，促进城市群之间、城市群内部、上中下游地区产业互补合作，实现产业链、供应链分工对接，为建设世界级制造业集群创造良好环境。加快产业跨区域转移监督和指导制度建设，构筑统一化市场平台，促进上中下游区域良性互动发展。依托国家产业转移信息服务平台，提升产业转移信息沟通效率。落实长江经济带产业转移指南，以国家级、省级开发区为载体，逐步建成沿江产业发展轴。发展先进制造业基地和集聚区，培育合理的专业化分工体系和产业生态系统，促进形成因地制宜、特色突出、区域联动、错位竞争的制造业发展新格局。

参考文献

〔美〕保罗·克鲁格曼:《地理和贸易》,张兆杰译,北京大学出版社,2002,第53~57页。

G. Ellison, E. L. Glaeser, "Geographic Concentration in U. S. Manufacturing Industries: a Dartboard Approach," *Journal of Political Economy*105 (1997): 889 – 927.

F. Maurel, B. A. Sedillot, "A Measure of the Geographic Concentration in French Manufacturing Industries," *Regional Science an Urban Economics*29 (1999): 575 – 604.

M. P. Devereux, R. Griffith, H. Simpson, "The Geographic Distribution of Production Activity in the UK," *Regional Science and Urban Economics*34 (2004): 533 – 564.

刘燕、赵海霞:《污染型制造业空间格局演变的特征及影响因素分析——以长江经济带中下游地区为例》,《世界地理研究》2019 年第 4 期,第 96 ~ 104 页。

蓝发钦、黄嬿:《长三角产业集聚的经济效益分析——基于静态和动态空间计量杜宾模型》,《华东师范大学学报》(哲学社会科学版) 2019 年第 2 期,第 163 ~ 171 页。

黄磊、吴传清:《长江经济带城市工业绿色发展效率及其空间驱动机制研究》,《中国人口·资源与环境》2019 年第 8 期,第 40 ~ 49 页。

曹炳汝、孔泽云、邓莉娟:《长江经济带省域物流效率及时空演化研究》,《地理科学》2019 年第 12 期,第 1841 ~ 1848 页。

吴传清、龚晨:《长江经济带沿线省市的工业集聚水平测度》,《改革》2015 年第 10 期,第 71 ~ 81 页。

许修齐、项章特:《长三角制造业集聚的现状及其影响因素研究——基于 SDM 模型》,《科技与管理》2019 年第 4 期,第 26 ~ 33 页。

邹璇、黎恢富:《制造业产业结构与就业结构的协调性研究》,《工业技术经济》2016 年第 8 期,第 76 ~ 84 页。

孔令丞等:《长三角科创合作,培育世界级产业群:石墨烯产业案例分析》,《福建论坛》(人文社会科学版) 2018 年第 12 期,第 28 ~ 34 页。

白洁:《长江经济带建设背景下湖北打造世界级产业集群的对策研究》,《湖北社会科学》2017 年第 7 期,第 64 ~ 71 页。

成长春、王曼:《长江经济带世界级产业集群遴选研究》,《南通大学学报》(社会科学版) 2016 年第 5 期,第 1 ~ 8 页。

曾祥炎、成鹏飞:《全球价值链重构与世界级先进制造业集群培育》,《湖湘论坛》2019 年第 4 期,第 72 ~ 79 页。

冯德连:《加快培育中国世界级先进制造业集群研究》,《学术界》2019 年第 5 期,

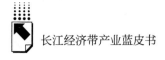

第 86～95 页。

刘志彪：《攀升全球价值链与培育世界级先进制造业集群——学习十九大报告关于加快建设制造强国的体会》，《南京社会科学》2018 年第 1 期，第 13～20 页。

王承云：《打造区域创新高地　培育世界级研发产业集群》，《中国社会科学报》2019 年 2 月 26 日，第 4 版。

张国华：《构建产业、交通、空间协调发展的世界级城市群》，《中国社会科学报》2017 年 7 月 19 日，第 8 版。

杨凤华：《培育长江经济带世界级产业集群》，《中国社会科学报》2016 年 11 月 9 日，第 4 版。

杨春蕾：《打造长江经济带世界级产业集群》，《中国社会科学报》2016 年 4 月 26 日，第 5 版。

陈文玲：《产业集群需世界级制造业的支撑》，《光明日报》2016 年 4 月 23 日，第 7 版。

侯彦全：《世界级先进制造业集群的内涵及竞争力》，《中国经济时报》2018 年 8 月 23 日，第 5 版。

侯彦全：《破解世界级先进制造业集群的认知误区应做好三个结合》，《中国经济时报》2018 年 8 月 1 日，第 5 版。

成鹏飞、黄渊基：《抓好培育世界级制造业集群的工作重点》，《经济日报》2018 年 3 月 1 日，第 5 版。

B.4

技术进步偏向、要素配置扭曲与长江经济带工业发展质量研究报告[*]

杜 宇 吴传清 李娜娜[**]

摘 要： 本报告基于2003～2017年全国30省市的面板数据，采用似不相关回归、偏最小二乘回归和熵权法分别测度技术进步偏向、要素相对配置扭曲和工业高质量发展，运用FGLS回归实证检验了技术进步偏向对长江经济带工业发展质量的影响和要素相对配置扭曲在这一过程中的调节作用。结果显示：内生性技术进步偏向通过降低非研发型劳动配置比率加快劳动密集型产业向资本密集型产业和技术密集型产业更替，推动工业发展质量提升，这一效应在长江经济带下游地区较为突出。溢出性技术进步偏向和外源性技术进步偏向通过降低资本的配置比率对工业发展质量产生了"双刃剑"效应：增加具有效率优势的研发型劳动投入缓解了机会效率损失，但也会因资本相对非研发型劳动配置过剩而加剧资本密集型产业向劳动密集型产业退化，陷入依赖外部技术导致的低端锁定陷阱，阻碍工业发展质量提升，这一效果在中上游地区较为突出。推动长江经济带工业高质量发展，必须因地制宜制定适宜的技术进步策略，加快淘汰工业低端落后产能、优化

---

* 基金项目：国家社会科学基金项目"推动长江经济带制造业高质量发展研究"（项目编号：19BJL061）。

** 杜宇，安徽大学经济学院讲师，博士，从事区域经济学研究；吴传清，武汉大学经济与管理学院、中国发展战略与规划研究院教授，博士生导师，从事区域经济学、产业经济学研究；李娜娜，安徽建筑大学经济与管理学院讲师，博士，从事产业经济学研究。

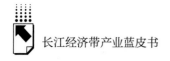

资本配置效率，提高工业绿色技术创新能力和绿色技术效益。

关键词： 长江经济带　工业发展质量　技术进步偏向　要素配置扭曲

推动长江经济带发展是党中央做出的重大战略决策，也是关系国家全局发展的重大战略。我国经济已转向高质量发展阶段，推动长江经济带建设成为引领经济高质量发展的生力军，加快转变发展方式、优化经济结构、转换增长动力，关键在于推动经济发展质量变革、效率变革、动力变革。工业高质量发展作为经济高质量发展的关键基础和重要保证，是建设现代产业体系和制造强国的必然趋势。当前，我国工业发展面临着高端制造业向发达国家回流和中低端制造业向发展中国家转移的双重挑战，长江经济带作为我国重要工业集聚区，承载着工业高质量发展的重要使命，在新时期我国工业发展格局中的战略地位越发突出。技术进步作为工业发展的重要推动力，必须摆在工业高质量发展的核心位置，以此加快由动力变革向质量变革的转变。

一　理论研究基础

（一）技术进步偏向对要素配置扭曲的影响机理

技术进步偏向通过影响要素之间的边际替代率来改变要素配置扭曲程度。根据要素绝对配置扭曲和相对配置扭曲的定义，技术进步偏向不仅通过改变要素相对投入比率的方式影响要素相对配置扭曲，同时也会通过提高或降低某种要素的投入影响绝对配置扭曲。

在利润最大化条件下，所有要素配置均达到最优状态，不存在增加或减少某种要素投入的帕累托改进空间，所有要素的绝对配置扭曲指数为1，同时也达到相对配置有效的状态，不存在通过要素之间相互替代提高边际产出的改进空间。

根据技术进步偏向特征将要素划分为偏向性要素和非偏向性要素，假设要素 A 为偏向性要素，要素 B 为非偏向性要素。由利润最大化条件可推出，技术进步通过降低要素 A 相对要素 B 的边际替代率提高生产活动中的边际产出。如果要素 A 相对要素 B 处于配置不足的状态，即要素相对配置扭曲指数大于 1，则存在着通过要素 A 替代要素 B 的改进空间，技术进步偏向于通过增加要素 A 的相对投入推动结构优化，结构红利效应缓解了要素相对配置扭曲程度，推动边际产出上升。如果要素 A 相对要素 B 处于配置过剩的状态，即要素相对配置扭曲指数小于 1，则存在通过要素 B 替代要素 A 的改进空间，技术进步偏向于增加要素 A 的相对投入阻碍结构优化，加剧了要素相对配置扭曲程度。

（二）技术进步偏向对工业发展质量的影响机理

技术进步偏向特征决定了各地区工业发展方式和特征，通过改变要素禀赋结构改变就业结构、需求结构、产业结构等，从而推动工业发展阶段的跃迁，产业发展沿着"劳动密集型—资本密集型—知识密集型"的发展脉络，推动工业发展方式由以成本节约为导向的要素驱动向以质效提升为导向的创新驱动转变，工业发展内在动力逐步增强，自然资源消耗逐步降低，工业逐步向产业链中高端跃迁，区域产业的布局逐步合理，工业转型升级实现由局部到整体的推进。技术进步偏向对工业发展质量的影响主要是通过匹配地区要素禀赋特征，同时加快优化要素在工业各部门中的配置结构来推动产业结构升级。

从产业发展特征上看，技术进步偏向呈现由使用低成本要素向使用具有效率优势的要素转变，要素配置扭曲的调节作用推动由增强成本节约效应向结构红利和效率改进效应转变，推动工业发展由劳动密集型和资本密集型向技术密集型转变。

（三）要素配置扭曲对技术进步偏向影响工业发展质量的调节作用

要素配置状态变化也会对技术进步偏向产生调节作用，进而对工业发展质量产生差异化影响。要素配置扭曲的调节作用反映技术进步偏向与要素配置状态变化的适宜性。要素相对配置扭曲对不同来源技术进步偏向影响工业发展质量的调节作用存在差异，同时与地区工业发展的要素配置扭曲特征紧密相关，形成了不同技术进步偏向对工业发展质量的作用机理。根据技术进步来源可划分为内生性、溢出性和外源性技术进步三类。其中，内生性技术进步是一种原始创新，是技术进步的直接来源，主要通过增加 R&D 经费投入实现；溢出性技术进步和外源性技术进步是一种间接技术进步，主要通过利用外资和技术购买实现。与内生性技术进步相比，溢出性技术进步和外源性技术进步的内生增长效应相对较弱，会陷入因技术进步的外部依赖导致的产业结构固化，从而阻碍效率和质量变革。

要素配置扭曲的影响表现为，在不同的工业发展阶段，技术进步的来源不同，要素禀赋差异决定了技术进步偏向特征存在差异。工业化发展初期，生产活动的推进主要依靠低成本要素投入，技术进步偏向于增加具有价格优势的要素投入推动工业规模扩张。工业化中后期，传统要素投入处于规模不经济阶段，要素红利对工业发展的促进作用有限，过度配置低成本要素会加快绝对配置扭曲，加剧工业发展效率恶化。以质效提升为导向增加具有效率优势的要素投入，能够有效推动产业结构升级。由此可知，技术进步偏向于使用具有效率优势的人力资本有助于激发结构红利效应，偏向于使用具有成本优势的资本会增加机会效率损失，抵消结构红利效应。

二　研究方法与数据来源

（一）研究方法

1. 技术进步偏向的测度方法

（1）模型设定。包括超越对数成本函数方程和要素成本份额方程，通过联立两者构建方程组，在跨方程参数约束下估计。其中，超越对数成本函数方程的形式为：

$$\ln C = \gamma_0 + \sum_i \beta_i \ln P_i + \sum_{i \neq j} \beta_{ij} \ln P_i \ln P_j + (1/2) \sum_i \beta_{ii} (\ln P_i)^2$$
$$+ \sum_i \alpha_i \ln X_i + \sum_{i \neq j} \alpha_{ij} \ln X_i \ln X_j + (1/2) \sum_i \alpha_{ii} (\ln X_i)^2 + \sum_i \sum_j \gamma_{ij} \ln X_j \tag{1}$$

式（1）中，C 表示要素总成本，P 表示要素价格，X 表示要素投入，i 表示要素类别，包括研发型劳动、资本、非研发型劳动。

鉴于式（1）中变量较多，受限于样本量有限，自由度损失较大导致参数估计精度严重下降。为了解决估计精度不高问题，参考已有研究，采用产出替代各类要素投入，降低变量个数，式（1）转化为：

$$\ln C = \gamma_0 + \mu_Y \ln Y + \sum_i \beta_i \ln Y + \sum_i \beta_i \ln P_i + \sum_{i \neq j} \beta_{ij} \ln P_i \ln P_j$$
$$+ (1/2) \sum_i \beta_{ii} (\ln P_i)^2 + \sum_i \beta_{Yi} \ln Y \ln P_i \tag{2}$$

然而，上述方程没有考虑有偏技术进步，有偏技术进步通过要素价格信息确定要素间的替代关系，相比中性技术进步假设更符合我国工业发展现实。在式（2）基础上，构建包括中性技术进步（NTP）和有偏技术进步（BTP）的超越对数成本函数，如下所示：

$$\ln C = \gamma_0 + \beta_t t + \beta_Y \ln Y + \sum_i \beta_i \ln P_i + \sum_i \beta_{it} t \ln P_i + \sum_{i \neq j} \beta_{ij} \ln P_i \ln P_j$$
$$+ (1/2) \sum_i \beta_{ii} (\ln P_i)^2 + \sum_i \ln Y \ln P_i + NTP(\cdot) + BTP(\cdot) \tag{3}$$

$$NTP(\cdot) = \sum_n \lambda_n \ln A_n \tag{4}$$

$$BTP(\cdot) = \sum_{i,n} \lambda_{in} \ln P_i \ln A_n \tag{5}$$

式（4）和式（5）衡量中性技术进步和有偏技术进步；n 是技术进步来源，包括自主研发，外资技术溢出，以及技术购买、改造、消化吸收三种方式。然而，直接估计式（3）会因严重的变量共线性导致估计精度下降，需要根据超越对数成本函数推导要素成本份额方程。假定市场完全竞争，实现了市场出清，根据谢波德引理，在产出水平和要素价格不变条件下，要素需求是成本函数对要素价格的一阶偏导，即 $X_i (Y, P) = \partial C / \partial P_i$，由此可推导出要素成本份额方程，过程如下：

$$S_i = X_i(Y,P) \frac{P_i}{C} = \frac{\partial C}{\partial P_i} \frac{P_i}{C} = \frac{\partial \ln C}{\partial \ln P_i} \qquad (6)$$

$$\begin{cases} S_K = \alpha_K + \alpha_{tK}t + \sum_i \alpha_{iK}\ln W_i + \sum_n \alpha_{in}\ln A_n \\ S_L = \alpha_L + \alpha_{tL}t + \sum_i \alpha_{iL}\ln W_i + \sum_n \alpha_{in}\ln A_n \\ S_E = \alpha_E + \alpha_{tE}t + \sum_i \alpha_{iE}\ln W_i + \sum_n \alpha_{in}\ln A_n \end{cases} \qquad (7)$$

式（7）是要素成本份额方程，由此可知，中性技术进步不会影响要素成本份额，有偏技术进步则会影响要素成本份额。在此基础上，借鉴 Hicks（1933）和 Acemoglu（2002）的相关理论，构建技术进步偏向指数，如下所示：

$$\ln(X_i/X_j) = \ln \frac{S_i C/P_i}{S_j C/P_j} = (\ln S_i - \ln S_j) - (\ln P_i - \ln P_j) \qquad (8)$$

$$D_{ij} = \frac{\partial \ln(X_i/X_j)}{\partial \ln A_n} = \frac{\partial \ln S_i}{\partial \ln A_n} - \frac{\partial \ln S_i}{\partial \ln A_n} = \frac{\beta_{in}}{S_i} - \frac{\beta_{in}}{S_j} \qquad (9)$$

式（9）中，D_{ij} 是技术进步偏向指数，衡量技术进步对要素投入比率变化的影响。在既定产出水平下，如果技术进步导致要素 i 的相对投入比率下降（$D_{ij}<0$），则表明技术进步呈现增加要素 j 的偏向特征；反之，则表明技术进步呈现增加要素 i 的偏向特征。

（2）似不相关回归。构建由式（3）和式（7）组成的方程组，加入随机扰动项进行联立估计，其中参数系数需满足一系列约束条件。考虑到要素需求系统中各方程扰动项之间存在同期相关性，同时施加跨方程的参数约束，因此采用似不相关回归。由于要素成本份额之和等于1，需要去掉其中一个要素成本份额方程，避免扰动项的协方差矩阵将转变为不可逆的退化矩阵。

根据成本函数最小化，式（3）应具有如下性质：一是对称性。成本函数对要素价格的二阶交叉偏导与求导顺序无关，应满足约束条件 $\alpha_{ij} = \alpha_{ji}$。二是一次齐次性。总成本函数 $C(Y, P)$ 对要素价格具有一次齐次性，所有要素价格均变动 k 倍，产出也变动 k 倍，表示为 $C(Y, kP) = kC(Y,$

P），推导出约束条件 $\sum_i \beta_i = 1$。三是零次齐次性。由性质二可推导出要素需求函数 X_i（Y，P）对要素价格具有零次齐次性，要素需求仅取决于要素间价格的相对变化，表示为 X_i（Y，kP）$= X_i$，可推导出约束条件 $\sum_i \alpha_{ij} = \sum_j \alpha_{ij} = 0$。根据上述性质，跨方程约束条件如下所示：

$$
\begin{cases}
[\ln C]\alpha_i = [S_i]\alpha_i \\
[\ln C]\alpha_{ti} = [S_i]\alpha_{ti} \\
[\ln C]\alpha_{ij} - [S_i]\alpha_{ij} \\
[\ln C]\alpha_{Yi} - [S_i]\alpha_{Yi} \\
[\ln C]\alpha_{ni} = [S_i]\alpha_{ni}
\end{cases}
\tag{10}
$$

式（10）中，$[\ln C]$ 表示超越对数成本函数方程，$[S_i]$ 表示要素 i 的成本份额方程，α 是变量的待估系数。

2. 要素配置扭曲的测度方法

（1）要素配置扭曲指数。要素的边际产出是测度要素配置扭曲的基础，在多要素投入模型中，超越对数产出函数相比 CES 产出函数具有更高的灵活性和适用性，因此采用超越对数产出函数测度要素边际产出。由于技术进步偏向影响要素间的相对投入比率，因此根据要素配置扭曲定义构建要素相对配置扭曲指数，如下所示：

$$
\ln Y_{it} = \alpha_0 + \alpha_t t + \alpha_{tt} t^2 + \alpha_X \sum_X \ln X_{it} + \alpha_{XZ} \sum_{X,Z} \ln X_{it} \ln Z_{it} + \alpha_{Xt} \sum_X t \ln X_{it} + \mu_{it}
\tag{11}
$$

式（11）中，X 和 Z 表示要素投入，包括研发型劳动、非研发型劳动和资本；t 和 t^2 是时间的一次项和二次项，刻画了技术进步变化；α 是变量待估参数；μ_{it} 是模型的残差项。根据式（11）推导要素边际产出公式（MP_X），如下所示：

$$
E_X = \frac{\partial Y}{\partial X}\frac{X}{Y} = \frac{\partial \ln Y}{\partial \ln X} = \alpha_X + \alpha_{XZ} \sum_{XZ} \ln Z_{it}
\tag{12}
$$

$$
MP_X = \frac{\partial Y}{\partial X} = E_X \cdot \frac{Y}{X}
\tag{13}
$$

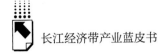

基于式（13）构建要素相对配置扭曲指数，如下所示：

$$\frac{MP_A}{MP_B} = \frac{P_A}{P_B} \Rightarrow \frac{MP_A}{P_A} = \frac{MP_B}{P_B} \tag{14}$$

$$\frac{\tau_A}{\tau_B} = \frac{MP_A/P_A}{MP_B/P_B} \tag{15}$$

式（15）表示各类要素均达到相同的配置状态，即不同要素间的边际替代率等于要素价格之比。经济活动中各类要素配置达到相对最优状态，也就实现了利润最大化。

①若$\frac{\tau_A}{\tau_B}>1$，则表明要素 A 相对要素 B 处于配置不足状态。此时增加要素 A 的投入产生的内生增长（边际产出超过要素价格的部分）高于要素 B，因此应提高要素 A 相对要素 B 的投入比率，以增强结构红利效应，推动经济发展效率提升。

②若$\frac{\tau_A}{\tau_B}<1$，则表明要素 A 相对要素 B 处于配置过剩状态。此时减少要素 A 的投入产生的内生增长高于要素 B，因此应降低要素 A 相对要素 B 的投入比率，以减少由增加要素 A 投入导致的机会效率损失，从而推动经济发展效率提升。

（2）偏最小二乘回归。这是一种新型的多元统计数据分析方法，在一个算法下集成了多元线性回归分析、主成分分析和变量之间的相关性分析，主要用于研究多自变量回归模型，尤其是自变量呈高度线性相关时，用偏最小二乘回归更加有效。偏最小二乘回归较好解决了样本个数少于变量个数的问题。偏最小二乘回归具备上述三种算法的优点，同时解决了上述算法存在的缺陷。其中，偏最小二乘回归能够提取存在多重共线性变量的有效信息，改善模型估计效果，同时避免主成分分析遗漏相关性较弱的有用变量而导致模型可靠性下降问题。此外，可以避免数据非正态分布、因子结构不确定性和模型不能识别等潜在问题。

学术界普遍采用随机前沿分析（SFA）估计式（11），但研究多是分析两要素的投入模型。在多要素投入分析中，有效降低变量间的多重共线性、得到符合实际的估计参数是学者关注的焦点。本报告模型设定的变量个数为15，混合回归结果显示，各变量的方差膨胀因子（*VIF*）均大于1000，表明模型中存在严重的多重共线性问题，直接采用随机前沿分析会导致模型估计结果严重有偏。采用偏最小二乘回归能够有效解决这一问题，将存在共线性的变量通过降低维度的方式提取有用信息估计，得到符合实际的估计结果，在多要素投入（*X*大于2）分析中相比随机前沿分析更加有效。

3. 工业发展质量的测度方法

参考杜宇等（2020）的相关研究，构建包括创新驱动、绿色转型、开放发展、协同发展、质量效益的工业高质量发展质量指数，由于篇幅所限，本报告不再详细说明。

（二）变量选取与数据来源

本报告的研究时段为2003～2017年，研究对象为全国30省市（不含港澳台地区和西藏自治区），重点探讨长江经济带沿线11省市。变量选取和处理方式如下。

（1）工业总产出。工业总产值相比工业增加值包含了生产各中间环节，价值核算存在重复，因此采用工业增加值数据衡量工业总产出，并借助工业生产者出厂价格定基指数平减为以2003年为基期的实际水平。

（2）工业总成本和要素份额。工业总成本是工业生产中各类要素投入和要素价格乘积的加总，要素份额为要素投入价值与总成本的比值。然而，已有研究忽视了劳动的异质性，导致研究结论的解释力不强。已有研究以劳动受教育程度不同划分为技能型劳动和非技能型劳动，但这种划分方式难以刻画产业发展的技术密集型和劳动密集型特征。基于这一思路，本报告将劳动划分为研发型劳动和非研发型劳动。变量选择及处理方法如下：

研发型劳动投入和价格。研发型劳动投入采用工业R&D人员衡量，根据规模以上工业企业R&D人员数据，按照规模以上工业企业平均从业人员占工业从业人员的比重，折算为工业R&D人员。研发型劳动价格采用工业R&D人员工资衡量，即采用R&D人员劳务费与R&D人员数的比值衡量，

通过居民消费价格定基指数平减为以 2003 年为基期的实际水平。

非研发型劳动投入和价格。非研发型劳动投入采用工业从业人员数减去研发型劳动投入衡量，工业从业人员数采用第二产业就业人员数减去建筑业就业人员数衡量。在研发型劳动价格基础上，计算非研发型劳动价格还需要工业从业人员平均工资数据。工业从业人员工资根据分行业城镇单位就业人员工资总额中的采矿业，制造业，电力、热力、燃气及水的生产和供应业加总与城镇单位就业人员年末人数之和的比值计算，借助居民消费价格定基指数平减为以 2003 年为基期的实际工资。

资本投入和价格。资本投入采用固定资本存量衡量，学术界一般采用永续盘存法计算，公式为：$K_{it} = I_{it} + (1 - \delta_{it}) K_{it-1}$。基期资本存量数据采用《中国工业经济统计年鉴》（2004）提供的 2003 年规模以上工业企业固定资本存量净值衡量。资本折旧率借鉴张健华和王鹏（2012）关于地区的差异化设定。固定资产投资借助固定资产投资价格定基指数平减为以 2003 年为基期的固定资产投资实际水平。参考国涓等（2010）、魏玮和周晓博（2016）的研究，资本价格的核算遵循要素边际收益等于边际成本原则，公式为 $P_K = r + \delta - \pi$，其中，r 是名义利率，采用中长期贷款利率，根据当年变动月份进行加权平均；δ 是资本折旧率；π 是通货膨胀率，采用居民消费价格指数衡量。

（3）技术进步来源。参考王班班和齐绍洲（2014，2015）、李太龙等（2019）的研究，将技术进步来源划分为内生性技术进步、溢出性技术进步、外源性技术进步。其中，采用 R&D 经费内部支出占主营业务收入的比重衡量内生性技术进步，采用外资和港澳台规模以上工业企业固定资产占规模以上工业企业固定资产的比重衡量溢出性技术进步，采用规模以上工业企业中国外技术引进、国内技术购买、技术改造和消化吸收四类支出费用的加总占主营业务收入的比重衡量外源性技术进步。

（4）控制变量。选择城镇化率（URB）、企业活力（SOE）、经济水平（ECO）作为控制变量。其中，城镇化率指标采用地区城市常住人口占地区总人口的比重衡量，企业活力指标采用规模以上国有控股工业企业固定资产净值占规模以上工业企业固定资产净值的比重衡量，经济水平采用地区人均实际 GDP 衡量，计算公式为：地区人均实际 GDP = 实际 GDP/地区总人口。其中，实际 GDP 是名义 GDP 通过 GDP 平减指数折算为以 2003 年为基期的实际水平。

上述变量采用的数据来自《中国统计年鉴》（2004～2018）、《中国科技统计年鉴》（2004～2018）、《中国工业经济统计年鉴》（2004～2012）、《中国工业统计年鉴》（2013～2016）、《中国金融年鉴》（2004～2018）、《中国劳动统计年鉴》（2004～2018）、EPS 统计数据库、中经网统计数据库以及全国 30 省市的统计年鉴和统计局官网。

三　实证结果与分析

（一）技术进步偏向对长江经济带工业发展质量影响的实证结果

1. 内生性技术进步偏向对长江经济带工业发展质量影响的实证结果

内生性技术进步偏向通过提高研发型劳动和资本相对非研发型劳动的投入比率，推动长江经济带要素结构优化，但地区间要素成本份额结构变化的不同特征导致内生性技术进步偏向对工业发展质量的影响存在明显差异（见表 1）。其中，下游地区要素成本份额呈现资本和研发型劳动上升、非研发型劳动下降的变化特征，这也与内生性技术进步偏向相一致。内生性技术进步偏向主要通过研发型劳动替代非研发型劳动来推动工业发展质量提升。中上游地区要素成本份额呈现非研发型劳动和资本上升、研发型劳动下降的变化特征，非研发型劳动对研发型劳动成本份额的挤出作用与内生性技术进步偏向提高研发型劳动相对非研发型劳动投入比率的偏向相悖，阻碍非研发型劳动向研发型劳动转化，制约技术密集型产业发展，不利于工业发展质量提升。资本替代非研发型劳动与内生性技术进步提高资本相对非研发型劳动投入的偏向相适宜，推动劳动密集型产业向资本密集型产业转型，促进工业发展质量提升，有效降低由非研发型劳动挤出研发型劳动带来的不利影响。与中上游地区相比，下游地区发展技术密集型产业的优势更加明显。

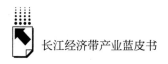

表1 内生性技术进步偏向对长江经济带工业发展质量影响的实证结果

变量	长江经济带	上游地区	中游地区	下游地区
_cons	0.317 *** (56.50)	0.254 *** (23.62)	0.315 *** (33.04)	0.310 *** (19.07)
RD(HL)	− 0.081 *** (− 14.39)	− 0.097 *** (− 5.66)	− 0.108 *** (− 9.47)	0.054 *** (3.69)
ECO	0.124 *** (25.90)	0.337 *** (14.17)	0.513 *** (13.48)	0.148 *** (12.91)
URB	2.506 *** (33.97)	4.197 *** (17.49)	9.314 *** (13.58)	5.594 *** (15.01)
SOE	− 0.459 *** (− 31.50)	− 0.156 *** (− 5.43)	− 0.770 *** (− 9.44)	− 1.300 *** (− 13.49)
P 值	0.000 ***	0.000 ***	0.000 ***	0.000 ***
_cons	0.271 *** (39.46)	0.210 *** (15.52)	0.236 *** (39.46)	0.387 *** (30.33)
RD(HK)	0.000 *** (18.73)	0.000 *** (− 4.33)	0.000 *** (5.77)	0.000 *** (8.61)
ECO	0.136 *** (19.78)	0.523 *** (6.23)	1.411 *** (8.80)	0.088 *** (11.51)
URB	3.434 *** (25.42)	6.067 *** (6.71)	30.030 *** (8.88)	2.997 *** (11.78)
SOE	− 0.868 *** (− 25.04)	− 0.624 *** (− 5.41)	− 2.697 *** (− 8.43)	− 1.193 *** (− 8.51)
P 值	0.000 ***	0.000 ***	0.000 ***	0.000 ***
_cons	0.005(0.39)	0.007(0.14)	0.041(1.42)	0.290 *** (4.69)
RD(LK)	− 0.227 *** (− 22.15)	− 0.166 *** (− 3.82)	− 0.170 *** (− 6.81)	− 0.088 * (− 1.84)
ECO	0.122 *** (25.29)	0.471 *** (9.44)	1.373 *** (8.33)	0.095 *** (10.96)
URB	2.570 *** (34.22)	5.851 *** (11.37)	22.177 *** (8.44)	3.269 *** (8.79)
SOE	− 0.521 *** (− 29.42)	− 0.434 *** (− 8.40)	− 2.418 *** (− 7.97)	− 0.559 *** (− 3.64)
P 值	0.000 ***	0.000 ***	0.000 ***	0.000 ***

注：括号内为 Z 值，*、**、*** 分别表示统计量在10%、5%、1%的显著性水平上显著。经检验，采用全面的 FGLS 与面板校正标准误差法（PCSE）的估计结果相一致，表中仅呈现全面的 FGLS 回归结果。0.000 表示回归系数较小。下同。

资料来源：根据 STATA16.0 软件运行结果整理。

经济发展水平和城镇化水平提升对长江经济带工业发展质量的推动作用呈现中游、上游、下游递减的空间分异特征。下游地区的工业发展阶段处于由规模扩张向质效提升转变，依靠要素驱动实现经济增长对工业发展质量的促进作用逐步减弱；中上游地区的工业发展仍处于规模扩张阶段，要素集聚效应对工业发展质量的促进作用较强。城镇化水平提高进一步推动中上游地区的要素集聚过程，有助于通过利用外资和区域产业合作等方式嵌入发达国家或地区的产业链，获得经济增长和技术进步的双重红利。企业结构优化对工业发展质量的推动作用呈现中游、下游、上游递减的空间分异特征。中游地区的非公有制经济发展有利于增强市场对资源的配置能力，缓解研发型劳动投入不足的局面。下游地区研发型劳动投入较高，私营经济发展对工业发展质量的促进作用较为稳定。上游地区的私营经济比重提升较慢，对工业发展质量的促进作用相对较低。

2. 溢出性技术进步偏向对长江经济带工业发展质量影响的实证结果

溢出性技术进步偏向通过提高研发型劳动和非研发型劳动相对资本的投入比率，推动长江经济带要素结构优化。与内生性技术进步相似，要素成本份额结构变化的不同特征导致溢出性技术进步偏向对工业发展质量的影响存在明显区域差异（见表2）。其中，下游地区的研发型劳动相对资本成本份额上升的特征与溢出性技术进步偏向相一致，来源于FDI利用的溢出性技术进步通过推动资本密集型产业向技术密集型产业转变促进工业发展质量的提升，但溢出性技术进步偏向与非研发型劳动相对资本成本份额下降的特征相悖，溢出性技术进步偏向通过提高非研发型劳动相对资本的投入比率而加剧产业结构退化，不利于工业发展质量的提升。下游地区溢出性技术进步推动研发型劳动相对资本投入比率上升激发的结构红利有效抵消了增加非研发型劳动对资本的替代，推动工业发展质量的提升。中上游地区溢出性技术进步偏向与非研发型劳动相对资本成本份额下降的特征相悖，阻碍了工业发展质量的提升，这种阻碍作用明显高于下游地区，面临资本密集型产业向劳动密集型产业退化风险。溢出性技术进步偏向与研发型劳动相对资本成本份额下降相悖，同样阻碍工业发展质量的提升。

表 2　溢出性技术进步偏向对长江经济带工业发展质量影响的实证结果

变量	长江经济带	上游地区	中游地区	下游地区
_cons	0.275 *** (42.59)	0.213 *** (30.48)	0.239 *** (40.02)	0.381 *** (28.49)
FDI(HL)	0.000(0.60)	− 0.001 ** (− 2.19)	0.000 *** (− 6.18)	0.000 *** (3.80)
ECO	0.136 *** (19.97)	0.406 *** (15.02)	1.516 *** (8.98)	0.091 *** (11.37)
URB	3.104 *** (22.50)	4.958 *** (17.35)	33.268 *** (9.00)	3.153 *** (11.03)
SOE	− 0.786 *** (− 20.9)	− 0.331 *** (− 7.88)	− 2.798 *** (− 8.51)	− 1.369 *** (− 8.04)
P 值	0.000 ***	0.000 ***	0.000 ***	0.000 ***
_cons	0.202 *** (56.03)	0.206 *** (12.81)	0.275 *** (20.00)	− 0.098 *** (− 3.28)
FDI(HK)	0.023 *** (20.96)	− 0.002(− 0.34)	− 0.012 *** (− 2.94)	0.121 *** (15.65)

变量	长江经济带	上游地区	中游地区	下游地区
ECO	0.114 *** (46.55)	0.499 *** (11.35)	1.336 *** (13.32)	0.062 *** (8.73)
URB	2.598 *** (63.08)	5.923 *** (13.06)	28.596 *** (13.45)	2.088 *** (13.63)
SOE	−0.684 *** (−72.1)	−0.473 *** (−8.57)	−2.620 *** (−12.94)	−0.933 *** (−12.61)
P 值	0.000 ***	0.000 ***	0.000 ***	0.000 ***
_cons	−0.012(−1.08)	−0.062(−1.28)	0.033(1.20)	0.290 *** (5.19)
FDI(LK)	0.059 *** (25.40)	0.054 *** (5.58)	0.043 *** (7.51)	0.022 ** (2.13)
ECO	0.114 *** (24.50)	0.385 *** (9.34)	1.085 *** (8.12)	0.095 *** (10.85)
URB	2.375 *** (33.82)	4.953 *** (11.74)	17.765 *** (8.25)	3.295 *** (8.99)
SOE	−0.405 *** (−27.7)	−0.331 *** (−7.92)	−1.723 *** (−7.64)	−0.463 *** (−3.33)
P 值	0.000 ***	0.000 ***	0.000 ***	0.000 ***

3. 外源性技术进步偏向对长江经济带工业发展质量影响的实证结果

外源性技术进步通过提高研发型劳动和非研发型劳动相对资本的投入比率，推动长江经济带要素结构优化。外源性技术进步与溢出性技术进步作用方式相同，但相比溢出性技术进步，外源性技术进步对长江经济带工业发展质量影响的"双刃剑"效应更加明显（见表3）。外源性技术进步偏向通过提高非研发型劳动相对资本的投入比率而对工业发展质量的阻碍作用更加明显，通过提高研发型劳动相对资本的投入比率而对工业发展质量的推动作用也相对更强。下游地区能够更好地利用外源性技术进步对工业发展质量的促进作用，而中上游地区容易陷入外源性技术进步的技术路径依赖，从而削弱内生性技术进步对工业发展质量的促进作用。

表3　外源性技术进步偏向对长江经济带工业发展质量影响的实证结果

变量	长江经济带	上游地区	中游地区	下游地区
_cons	0.277 *** (43.79)	0.213 *** (30.33)	0.238 *** (38.90)	0.384 *** (28.97)
TEB(HL)	0.000 *** (−10.6)	−0.004 ** (−2.22)	−0.001 *** (−5.57)	0.000(−0.94)
ECO	0.135 *** (20.79)	0.405 *** (15.12)	1.476 *** (8.83)	0.092 *** (11.42)
URB	3.101 *** (23.69)	4.942 *** (17.49)	32.825 *** (8.89)	3.186 *** (11.11)
SOE	−0.765 *** (−23.7)	−0.326 *** (−7.83)	−2.906 *** (−8.44)	−1.290 *** (−7.85)
P 值	0.000 ***	0.000 ***	0.000 ***	0.000 ***

续表

变量	长江经济带	上游地区	中游地区	下游地区
_cons	0.203 *** (56.75)	0.207 *** (12.90)	0.278 *** (20.20)	− 0.097 *** (− 3.27)
TEB(HK)	0.111 *** (20.56)	− 0.010(− 0.41)	− 0.063 *** (− 3.13)	0.602 *** (15.69)
ECO	0.114 *** (46.64)	0.497 *** (11.39)	1.330 *** (13.38)	0.062 *** (8.80)
URB	2.606 *** (63.27)	5.910 *** (13.11)	28.457 *** (13.52)	2.104 *** (13.85)
SOE	− 0.686 *** (− 72.6)	− 0.470 *** (− 8.58)	− 2.607 *** (− 13.00)	− 0.945 *** (− 12.83)
P 值	0.000 ***	0.000 ***	0.000 ***	0.000 ***
_cons	− 0.012(− 1.08)	− 0.062(− 1.28)	0.033(1.20)	0.290 *** (5.19)
TEB(LK)	0.290 *** (25.40)	0.268 *** (5.58)	0.213 *** (7.51)	0.110 ** (2.13)
ECO	0.114 *** (24.50)	0.384 *** (9.34)	1.084 *** (8.12)	0.095 *** (10.85)
URB	2.374 *** (33.81)	4.949 *** (11.74)	17.748 *** (8.25)	3.296 *** (8.99)
SOE	− 0.404 *** (− 27.1)	− 0.330 *** (− 7.91)	− 1.721 *** (− 7.64)	− 0.463 *** (− 3.33)
P 值	0.000 ***	0.000 ***	0.000 ***	0.000 ***

（二）要素相对配置扭曲对长江经济带技术进步偏向调节作用的实证结果

1. 要素相对配置扭曲对内生性技术进步偏向的调节作用

来源于 R&D 投入的内生性技术进步主要通过节约非研发型劳动投入的方式，加快劳动密集型产业向技术密集型产业和资本密集型产业更替，推动工业发展质量提升。内生性技术进步偏向通过提高研发型劳动和资本相对非研发型劳动的投入比率，而对长江经济带工业发展质量的促进作用明显高于提高研发型劳动相对资本的投入比率。其中，推动非研发型劳动向研发型劳动转变极大地发挥了内生性技术进步偏向对工业发展质量的促进作用。不同要素组合配置的变化对内生性技术进步偏向的影响方式也存在差异。

（1）研发型劳动相对非研发型劳动配置扭曲的调节作用。改善研发型劳动相对非研发型劳动配置不足对工业发展质量的促进作用呈现下游、中游、上游递减的空间分布特征（见表 4）。内生性技术进步偏向通过提高研发型劳动相对非研发型劳动投入比率，而与要素配置变化相适宜，研发型劳动相对非研发型劳动配置不足态势的改善增强了内生性技术进步偏向对工业发展质量的促进作用，因此两者交互项系数为正，且这种作用效果也呈现下游、中游、上游递减的空间分布特征。来源于 R&D 投入的内生性技术进步偏向通过提高具有效率优势的研发型劳动投入增强了工业发展的效益导向，极大地推动了劳动密集型产业向技术密集型产业更替。

（2）研发型劳动相对资本配置扭曲的调节作用。当前，长江经济带总体仍处于由要素集聚向高质量发展转变的过渡阶段，工业发展的资本集聚特征依然明显。虽然改善研发型劳动相对资本配置不足对工业发展质量的促进作用相对节约非研发型劳动投入较低，但地区差异也较为突出。下游地区处于工业转型发展阶段，研发型劳动积累水平提升较快，内生性技术进步偏向与要素配置变化特征相适宜，研发型劳动相对资本配置不足的改善有助于发挥内生性技术进步偏向对工业发展质量的促进作用。中上游地区处于工业集聚发展阶段，研发型劳动积累水平提升较慢，资本过度配置导致内生性技术进步偏向与要素配置变化相悖，而研发型劳动相对资本配置不足的改善加深了内生性技术进步偏向对工业发展质量的促进作用。

（3）非研发型劳动相对资本配置扭曲的调节作用。随着资本的逐步深化，资本相对非研发型劳动的配置态势由相对不足转为相对过剩，提高资本相对非研发型劳动的投入比率加剧了资本的配置扭曲，对工业发展质量产生的阻碍作用呈现明显的中游、上游、下游递减的空间分布特征。内生性技术进步偏向通过提高资本对非研发型劳动的投入比率，但会因资本的过度配置对工业发展质量产生不利影响。中上游地区工业资本扭曲程度较高，导致来源于 R&D 投入的内生性技术进步极大阻碍了劳动密集型产业向资本密集型产业的更替。

表 4　内生性技术进步偏向对上中下游地区工业发展质量影响的 FGLS 回归结果

变量	被解释变量：工业发展质量（IDQ）		
	下游地区	中游地区	上游地区
$cons$	− 0.222 *** (− 6.00)	0.090 * (1.90)	− 0.188 *** (− 5.79)
$PZ(H/L)$	5.041 *** (11.28)	4.261 *** (3.82)	2.267 *** (3.88)
$RD(H/L)$	0.152 *** (13.75)	0.080 *** (5.12)	0.099 *** (7.56)
$PZ \times RD$	3.031 *** (6.48)	2.725 *** (2.58)	0.848 * (1.70)

变量	被解释变量:工业发展质量(IDQ)		
	下游地区	中游地区	上游地区
ECO	0.028 *** (9.66)	0.051 *** (5.22)	0.035 *** (4.40)
URB	0.580 *** (10.67)	0.092(0.74)	0.432 *** (5.93)
SOE	−0.042 * (−1.68)	−0.096 *** (−3.34)	−0.154 *** (−4.49)
P 值	0.000 ***	0.000 ***	0.000 ***
$cons$	0.117 *** (4.42)	0.030(0.51)	−0.198 *** (−6.12)
$PZ(H/K)$	0.186 ** (2.52)	0.061(0.77)	0.054(0.66)
$RD(H/K)$	0.000 ** (2.33)	−0.000(−0.26)	−0.000(−0.28)
$PZ \times RD$	0.213 *** (2.65)	−0.246 *** (−3.82)	−0.223 *** (−4.29)
ECO	0.041 *** (9.54)	0.046 *** (3.79)	0.030 *** (4.09)
URB	0.116 ** (2.37)	0.196(1.18)	0.502 *** (7.22)
SOE	−0.003(−0.08)	−0.047 * (1.66)	−0.178 *** (4.18)
P 值	0.000 ***	0.000 ***	0.000 ***
$cons$	0.631 *** (6.88)	0.451 *** (3.52)	0.150 *** (2.96)
$PZ(L/K)$	−0.201 *** (−4.08)	−0.323 *** (−6.42)	−0.258 *** (−5.93)
$RD(L/K)$	0.342 *** (5.51)	0.251 *** (4.24)	0.181 *** (6.48)
$PZ \times RD$	−0.002 *** (4.91)	−0.016(−0.78)	−0.008(−0.55)
ECO	0.038 *** (10.29)	0.015 ** (1.98)	0.005(0.57)
URB	0.153 *** (3.09)	0.456 *** (6.54)	0.639 *** (12.63)
SOE	−0.029(−1.03)	−0.015(−0.24)	−0.019(−0.68)
P 值	0.000 ***	0.000 ***	0.000 ***

注:括号内为 Z 值。***、**、* 分别表示统计量在1%、5%、10%的显著性水平上显著。为保证不同样本回归结果的可比性,均采用全面的 FGLS 进行回归,同时假定不同样本的组内自相关系数存在个体差异。下同。

2. 要素相对配置扭曲对溢出性技术进步偏向的调节作用

来源于 FDI 利用的溢出性技术进步偏向主要通过改变资本的投入比率影响工业发展质量。虽然溢出性技术进步推动资本密集型产业向技术密集型产业更替,促进工业发展质量的提升,但也会加剧资本密集型产业向劳动密集型产业退化的风险,阻碍工业发展质量的提升。溢出性技术进步偏向通过提高非研发型劳动相对资本的投入比率而对工业发展质量的阻碍作用,高于通过提高研发型劳动相对资本的投入比率而对工业发展质量的促进作用，且这种作用呈现下游、上游、中游递减的空间分布特征（见表5）。

表5　溢出性技术进步偏向对上中下游地区工业发展质量影响的 FGLS 回归结果

变量	被解释变量:工业发展质量（IDQ）		
	下游地区	中游地区	上游地区
$cons$	0. 189 *** (7. 75)	0. 113 *** (5. 90)	− 0. 028(− 0. 89)
$PZ(H/L)$	1. 454 *** (11. 31)	1. 259 *** (4. 03)	0. 635 ** (2. 01)
$FDI(H/L)$	0. 000(0. 25)	0. 005 * (1. 65)	0. 001(1. 35)
$PZ \times FDI$	0. 013 * (1. 85)	0. 040 * (1. 65)	0. 020(0. 38)
ECO	0. 033 *** (13. 63)	0. 043 *** (6. 79)	0. 058 *** (12. 99)
URB	0. 271 *** (5. 84)	0. 160(1. 44)	0. 517 *** (7. 57)
SOE	− 0. 152 *** (− 4. 70)	− 0. 023(− 0. 66)	− 0. 147 *** (− 4. 21)
P 值	0. 000 ***	0. 000 ***	0. 000 ***
$cons$	0. 028(0. 76)	0. 082 *** (4. 02)	− 0. 045(− 1. 39)
$PZ(H/K)$	0. 136 ** (2. 52)	0. 103(1. 44)	0. 099 *** (2. 95)
$FDI(H/K)$	0. 050 *** (10. 28)	0. 022 *** (5. 87)	0. 011 ** (2. 45)
$PZ \times FDI$	0. 091(1. 20)	0. 075(1. 04)	0. 058(0. 73)
ECO	0. 037 *** (10. 13)	0. 050 *** (10. 89)	0. 064 *** (12. 88)
URB	0. 181 *** (3. 34)	0. 029(0. 20)	0. 550 *** (8. 29)
SOE	− 0. 031(− 0. 67)	− 0. 050 *** (− 1. 30)	0. 151 *** (4. 71)
P 值	0. 000 ***	0. 000 ***	0. 000 ***
$cons$	0. 733 *** (7. 22)	0. 049(1. 11)	0. 297 *** (3. 30)
$PZ(L/K)$	− 0. 191 *** (− 4. 37)	− 0. 061 *** (− 2. 57)	− 0. 288 *** (− 6. 97)
$FDI(L/K)$	− 0. 094 *** (− 5. 91)	− 0. 075 *** (− 5. 77)	− 0. 064 *** (− 6. 21)
$PZ \times FDI$	− 0. 030 *** (− 5. 57)	− 0. 022 *** (− 3. 53)	− 0. 010 *** (− 3. 19)
ECO	0. 038 *** (10. 25)	0. 059 *** (11. 66)	0. 004(0. 57)
URB	0. 152 *** (3. 03)	0. 094(0. 51)	0. 615 *** (10. 85)
SOE	− 0. 030(− 1. 11)	− 0. 097 *** (2. 80)	− 0. 032(− 1. 04)
P 值	0. 000 ***	0. 000 ***	0. 000 ***

（1）研发型劳动相对非研发型劳动配置扭曲的调节作用。从地区差异上看，来源于 FDI 利用的溢出性技术进步偏向通过提高研发型劳动相对非研

发型劳动的投入比率而对工业发展质量的促进作用呈中游、上游、下游递减的空间分布特征，但这种促进作用明显低于内生性技术进步偏向。研发型劳动相对非研发型劳动配置不足态势的改善促进了工业发展质量提升，溢出性技术进步偏向与要素配置变化特征相适宜，研发型劳动相对非研发型劳动投入比率的上升增强了溢出性技术进步偏向对工业发展质量的促进作用。

（2）研发型劳动相对资本配置扭曲的调节作用。溢出性技术进步偏向通过提高研发型劳动相对资本的投入比率而对工业发展质量的促进作用呈下游、中游、上游递减的空间分布特征。研发型劳动相对资本配置不足态势逐步改善，溢出性技术进步偏向与要素配置变化特征相适宜，推动了工业发展质量提升。从地区差异上看，下游地区研发型劳动积累水平相对较高，能够引导外来资本流入高附加工业部门，有效利用溢出性技术进步偏向对工业发展质量的促进作用。中上游地区研发型劳动积累水平较低，资本的依赖程度较高，研发型劳动相对配置不足导致溢出性技术进步偏向对工业发展质量的促进作用相对较低。

（3）非研发型劳动相对资本配置扭曲的调节作用。溢出性技术进步偏向通过提高非研发型劳动相对资本的投入比率而对工业发展质量的阻碍作用更加明显，通过引入FDI建立起与发达国家先进产业间的后向关联效应。与来源于R&D投入的内生性技术进步偏向相比，引入FDI获取技术的成本较低、周期较短，对工业发展能产生立竿见影的促进作用。但也会由过分依赖外部技术陷入低端锁定陷阱，加深资本密集型产业向劳动密集型产业退化的风险，制约内生性技术进步偏向对工业发展质量的促进作用。随着资本相对非研发型劳动配置态势由相对不足转向相对过剩，由溢出性技术进步带来的产业退化风险逐步加深。

3. 要素相对配置扭曲对外源性技术进步偏向的调节作用

与溢出性技术进步的调节方式相似，外源性技术进步也是通过改变资本的相对投入比率来影响工业发展质量。与溢出性技术进步相比，外源性技术进步对工业发展质量影响的"双刃剑"效应更加明显。来源于技术引进、购买、改造和消化吸收的外源性技术进步推动资本密集型产业向技术密集型产业更替的作用更强，但资本密集型产业向劳动密集型产业退化面临的风险也更高。

（1）研发型劳动相对非研发型劳动配置扭曲的调节作用。来源于技术引进、购买、改造和消化吸收的外源性技术进步偏向对工业发展质量的促进作用呈现中游、上游、下游递减的空间分布特征（见表6）。研发型劳动相对资本配置不足态势逐步改善与外源性技术进步偏向提高研发型劳动对非研发型劳动的投入比率相适宜，要素配置结构的变化增强了外源性技术进步偏向对工业发展质量的促进作用。与溢出性技术进步相同，外源性技术进步对研发型劳动与非研发型劳动的偏向特征的影响相对较小。中上游地区外源性技术进步偏向对工业发展质量的促进作用较强，倾向于采用间接获取技术进步的方式。

（2）研发型劳动相对资本配置扭曲的调节作用。外源性技术进步偏向通过提高研发型劳动相对资本的投入比率而对工业发展质量的促进作用呈现下游、上游、中游递减的空间分布特征。研发型劳动相对资本配置不足态势逐步改善与外源性技术进步偏向提高研发型劳动的投入比率特征相适宜，促进了工业发展质量。下游地区研发型劳动的积累水平较高，能够有效利用外来技术进步对工业发展质量的促进作用，而中上游地区工业资本依赖性较强，外源性技术进步偏向对工业发展质量的促进作用相对较低。

（3）非研发型劳动相对资本配置扭曲的调节作用。外源性技术进步偏向通过提高非研发型劳动相对资本的投入比率而对工业发展质量的阻碍作用呈现下游、中游、上游递减的空间分布特征。随着资本相对非研发型劳动的配置态势由相对不足向相对过剩转变，资本配置扭曲加深了外源性技术进步偏向对工业发展质量的阻碍作用，导致资本密集型产业向劳动密集型产业退化。随着资本配置扭曲程度的加深，这一阻碍作用逐步增强。下游地区能够有效利用外源性技术进步偏向对工业发展质量的推动作用，降低工业非核心领域的研发成本，研发型劳动积累水平提升降低了资本密集型产业退化的风险。中上游地区研发型劳动积累水平较低，资本依赖程度较高，难以摆脱由依赖外部技术导致的低端锁定陷阱。

表6　外源型技术进步偏向对上中下游地区工业发展质量影响的 FGLS 回归结果

变量	被解释变量:工业发展质量(IDQ)		
	下游地区	中游地区	上游地区
cons	0.193 *** (8.65)	0.124 *** (6.09)	− 0.028(− 0.90)
PZ(H/L)	1.457 *** (12.25)	0.833 *** (5.91)	0.624 * (1.94)
TEB(H/L)	0.000(0.26)	0.008(0.49)	0.003(1.35)
PZ × TEB	0.115 *** (2.80)	0.203(1.61)	0.146(0.36)
ECO	0.033 *** (14.64)	0.048 *** (9.71)	0.058 *** (12.95)
URB	0.307 *** (6.38)	0.152(1.42)	0.517 *** (7.57)
SOE	− 0.166 *** (− 5.54)	− 0.068 ** (− 2.08)	− 0.148 *** (− 4.22)
P 值	0.000 ***	0.000 ***	0.000 ***
cons	0.029(0.79)	0.076 *** (3.92)	− 0.045(− 1.39)
PZ(H/K)	0.133 ** (2.44)	0.113 * (1.76)	0.248 *** (2.93)
TEB(H/K)	0.247 *** (10.23)	0.110 *** (6.35)	0.054 ** (2.45)
PZ × TEB	0.448(1.19)	0.304(0.83)	0.286(0.73)
ECO	0.037 *** (10.15)	0.053 *** (10.46)	0.064 *** (12.89)
URB	0.180 *** (3.32)	0.008(0.05)	0.550 *** (8.29)
SOE	− 0.031(− 0.65)	− 0.047(− 1.29)	− 0.151 *** (− 4.71)
P 值	0.000 ***	0.000 ***	0.000 ***
cons	0.734 *** (7.22)	0.083(1.15)	0.317 *** (3.83)
PZ(L/K)	− 0.191 *** (− 4.37)	− 0.061 *** (− 2.58)	− 0.263 *** (− 5.41)
TEB(L/K)	− 0.463 *** (− 5.91)	− 0.064(− 0.09)	− 0.045 *** (− 2.87)
PZ × TEB	− 0.151 *** (− 5.57)	− 0.310(− 0.53)	− 0.301 *** (− 5.53)
ECO	0.038 *** (10.25)	0.056 *** (8.85)	0.009(1.04)
URB	0.152 *** (3.03)	0.094(0.51)	0.579 *** (11.78)
SOE	− 0.030(− 1.11)	− 0.095 *** (2.80)	− 0.002(− 0.08)
P 值	0.000 ***	0.000 ***	0.000 ***

四　研究结论与政策启示

(一)研究结论

本报告基于 2003~2017 年全国 30 省市面板数据,通过构建超越对数成本函数和要素成本份额的联立方程组、要素相对配置扭曲指数、工业高质量发展指数，采用似不相关回归、偏最小二乘回归和熵权法分别测算长江经济带沿线11省市的工业技术进步偏向、要素相对配置扭曲和工业发展质量，采用FGLS回归实证检验了技术进步偏向对工业发展质量的影响以及要素相对配置扭曲在这一过程中的调节作用，得出以下研究结论。

（1）技术进步偏向对长江经济带工业发展质量影响呈现显著的空间差异。其中，下游地区研发型劳动积累水平较高，内生性技术进步推动劳动密集型产业向技术密集型产业快速更替，降低由资本配置扭曲对资本密集型产业的冲击。同时下游地区能够合理引导外资进入高附加工业部门，通过技术引进、改造等方式降低非核心领域的研发成本，有效利用溢出性技术进步和外源性技术进步对工业发展质量的促进作用。而中上游地区研发型劳动积累水平较低，资本配置扭曲弱化了内生性技术进步增加研发型劳动投入带来的结构红利效应，制约了资本密集型产业的发展。

（2）不同来源技术进步偏向对长江经济带工业发展质量的影响存在差异，不同要素间相对配置扭曲在这一过程中的调节作用也不尽相同。其中，源于R&D投入的内生性技术进步主要通过降低非研发型劳动的配置比率加快劳动密集型产业向资本密集型产业和技术密集型产业更替，推动工业发展质量提升，但也会随着工业资本配置扭曲程度加深制约资本密集型产业的发展。来源于FDI利用的溢出性技术进步和来源于技术引进、购买、改造和消化吸收的外源性技术进步主要通过降低资本的配置比率对工业发展质量发挥"双刃剑"效应。偏向于提高研发型劳动相对资本的投入比率与要素配置变化特征相适宜，增加具有效率优势的研发型劳动投入缓解了由资本配置扭曲导致的机会效率损失，但同时也会因非研发型劳动相对资本配置不足加剧资本密集型产业向劳动密集型产业退化，陷入依赖外部技术导致的低端锁定陷阱，阻碍工业发展质量的提升。

（二）政策启示

（1）因地制宜制定适宜的技术进步策略。下游地区应重点加快应用型的核心技术研发，提高市场转化成效。通过政策性引导提高企业从事自主研发的积极性，强化对原始创新产权的保护和公平竞争，不断完善有利于企业自主创新的制度环境。同时鼓励有条件的企业通过签订项目的方式联合研发，建立企业联合创新机构，加快研发资源的集中与整合，降低研发成本，提高研发质量。中上游地区应该围绕技术引进、外资利用与自主研发等多种技术进步方式，在利用要素集聚推动工业规模扩张基础上，加快工业要素结构优化、技术资本积累与技术能力的形成，围绕具有优势细分领域进行重点创新活动，支持有条件的企业进行自主创新，利用技术溢出与技术示范效应，带动地区工业企业提高自主研发能力。

（2）加快淘汰工业低端落后产能，提高物质资本的配置效率。有序推进国有企业混合所有制改革，采用市场手段抑制国有企业无效率产能扩张激励，倒逼国有企业加快产能改造和资本置换，严厉打击国有企业的各种"寻租"行为，避免政企合谋引发大量不合理的产能扩张，降低对金融资本的过度依赖。根据地区产业发展规划不断完善市场准入负面清单制度，精准定位存在产能过剩行业的布局。正确处理长江经济带工业存量与增量关系，依据环保、安全、能效等标准，加快淘汰落后产能和化解过剩产能，严禁产能严重过剩行业沿江地区扩能和新增产能项目；严控高污染、高耗能产业跨区域转移，对承接项目的备案或核准实施最严格的环保、安全、用地等标准，严禁国家明令淘汰的落后产能向中上游地区转移。

（3）提高绿色技术创新能力和绿色技术效益。加大绿色科技创新投入，建立绿色技术创新基金，强化财政资金对绿色创新的引导。提高绿色科技创新配置效率，加强传统产业的绿色研发投入，特别是预期效果较好、创新积极性较强的科技型中小微企业，引导传统产业冗余创新要素向绿色新兴产业转入。强化传统产业绿色转型关键技术研发创新，围绕有色、钢铁、化工、印染等高耗能、高排放行业，强化低端清洁和高效循环生产工艺与设备研发，突破一批工业绿色转型关键技术，降低传统产业绿色转型的技术门槛。

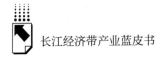

参考文献

杜宇、黄成、吴传清：《长江经济带工业高质量发展指数的时空格局演变》，《经济地理》2020年第8期，第96～103页。

王班班、齐绍洲：《有偏技术进步、要素替代与中国工业能源强度》，《经济研究》2014年第2期，第115～127页。

王班班、齐绍洲：《中国工业技术进步的偏向是否节约能源》，《中国人口·资源与环境》2015年第7期，第24～31页。

张健华、王鹏：《中国全要素生产率：基于分省份资本折旧率的再估计》，《管理世界》2012年第10期，第18～30页。

国涓、凌煜、郭崇慧：《中国工业部门能源消费反弹效应的估算——基于技术进步视角的实证研究》，《资源科学》2010年第10期，第1839～1845页。

魏玮、周晓博：《1993～2012年中国省际技术进步方向与工业生产节能减排》，《资源科学》2016年第2期，第300～310页。

李太龙、陆敏辉、朱曼：《制造业技术进步的要素偏向及其对能源强度的影响》，《统计与决策》2019年第10期，第138～141页。

B.5
长江经济带城镇化、工业集聚与工业创新能力的耦合关系评估报告*

吴传清　张诗凝**

摘　要： 新常态背景下，我国经济发展正逐渐由要素驱动和投资驱动向创新驱动的方式转变。从党的十八大提出创新驱动发展战略，到"中国制造2025"，再到党的十九大提出加快建设创新型国家，创新逐渐成为影响区域发展与推动产业升级的原动力与关键因素。城镇化与产业集聚作为创新的载体与保障，相互作用，相互促进，研究二者及其耦合关系对区域工业创新能力的影响同时具有理论价值与实践意义。本报告采用2012~2017年长江经济带沿线11省市统计数据，分别运用人口城镇化率和区位熵指标测度城镇化和工业集聚水平，运用耦合协调度模型测度城镇化－工业集聚耦合协调度，从创新投入、创新产出、创新扩散、创新环境四个维度构建指标体系，运用熵权法测度工业创新能力，利用最小二乘估计分析长江经济带城镇化、工业集聚及其耦合关系对工业创新能力的影响。研究结果表明：城镇化、工业集聚及其耦合关系对创新能力均有显著正向影响，且存在明显的地区差异。为进一步提高长江经济带工业创新能力，应积极吸纳和集聚创新

---

* 基金项目：国家社会科学基金项目"推动长江经济带制造业高质量发展研究"（项目编号：19BJL061）。

** 吴传清，武汉大学经济与管理学院、中国发展战略与规划研究院教授，博士生导师，从事区域经济学、产业经济学研究；张诗凝，武汉大学经济与管理学院区域经济学专业硕士研究生，从事区域经济学研究。

要素，完善创新激励和成果保障机制，构建更加完善的要素市场配置体制机制。

关键词： 长江经济带　城镇化　工业创新　工业集聚　耦合协调度

新常态背景下，我国经济发展正逐渐由要素驱动和投资驱动向创新驱动的方式转变。从党的十八大提出创新驱动发展战略，到"中国制造2025"，再到党的十九大提出加快建设创新型国家，创新逐渐成为影响区域发展与推动产业升级的原动力与关键因素。长江经济带作为我国创新驱动的策源地，也是我国工业发展的重要基地。《长江经济带发展规划纲要》《长江经济带创新驱动转型升级方案》《加强长江经济带绿色发展的指导意见》均强调，推进长江经济带建设，应实现高质量发展。习近平总书记于2018年4月26日在深入推动长江经济带发展座谈会上的讲话中指出，长江经济带需把握自身发展和协同发展的关系，打造成为有机融合的高效经济体。产业转型升级和新型城镇化发展均是长江经济带新时期的战略重点，城镇化和产业集聚又是区域创新的载体与保障。那么，长江经济带城镇化水平和产业集聚情况现状如何，二者之间关系是否有序，长江经济带创新能力现状如何，城镇化、产业集聚、二者耦合关系对长江经济带创新能力呈何种影响，便是有研究价值的话题。

本报告研究城镇化、工业集聚以及二者耦合关系对长江经济带工业创新能力的影响。具体研究思路为：首先，刻画城镇化和工业集聚；其次，描绘城镇化-工业集聚耦合关系；再次，构建被解释变量：创新能力的指标体系；最后，将其他影响创新能力的因素纳入分析。

一　测度方法与数据来源

（一）变量选取

从省域尺度考察2012～2017年城镇化、工业集聚及其耦合关系对长江经济带工业创新能力的影响，涉及变量如下。

1. 主要解释变量

（1）城镇化率。本报告采用居住在城镇范围内的全部常住人口所占比例测度长江经济带沿线 11 省市城镇化率，计算公式如下：

$$T_j = 城镇人口_j / 总人口_j \qquad\qquad (1)$$

关于人口城镇化率的测度主要有计算按户籍划分的非农业人口占比和按居住地划分的城镇人口占比这两种方式。前者忽略流动人口的影响，故本报告采用后者进行城镇化水平的测度。国家统计局对城镇人口指标的解释为："居住在城镇范围内的全部人口"，既包括城镇常住人口也包括暂住人口，符合计算要求。

（2）工业集聚。本报告采用区位熵测度长江经济带沿线 11 省市工业集聚水平，它具有消除规模差异、凸显行业特征并且真实反映要素分布等优势。假设一个经济系统中包含 n 个区域、m 个产业类型；X_{ij} 表示 j 地区 i 产业的产值或就业人数，区位熵 LQ 的计算公式如下：

$$LQ_{ij} = (X_{ij} / \sum_{i=1}^{m} X_{ij}) / (\sum_{j=1}^{n} X_{ij} / \sum_{i=1}^{m} \sum_{j=1}^{n} X_{ij}) \qquad\qquad (2)$$

本报告关注长江经济带 11 省市工业相对于全国的集聚水平，所研究经济系统包含全国 31 个省市，涉及农业，工业、建筑业，以及第三产业三个产业类型，该式的含义是某一省市工业就业人数占当地全行业就业人数之比同全国工业就业人数占全国全行业就业人数之比的比值。

（3）城镇化 – 工业集聚耦合协调度

本报告借助耦合协调度模型计算城镇化与工业集聚的耦合协调度。第一，分别构建城镇化子系统指标体系和工业集聚子系统指标体系；第二，运用熵权法计算城镇化指数和工业集聚指数，以确定两个子系统的贡献；第三，利用耦合协调度模型计算城镇化 – 工业集聚耦合协调度。

首先，城镇化作为现代化的必然趋势，是一个长期积累、发展的渐进式过程，伴随着经济结构、社会结构以及生产生活方式的质变。从经济学上讲，城镇化是一个由于技术进步与经济专业化发展，人们离开农业经济向非农业经济转移并在城镇集聚的过程；从人口学上讲，城镇化是一个人口向城镇集中的过程，人们从乡村地区流入大城市并在大城市集中，使居住在城市地区的人口比重上升；从地理学角度讲，城镇化是一个经济区位向城镇集中的过程，这一过程既涉及农业区甚至未开发区形成新的城镇，也涉及已有城镇向外扩展，以及城镇中经济区位向更集约、更高效结构转变；从社会学角度讲，城镇化是一个城市型生活方式发展的过程，意味着从乡村生活方式向城镇生活方式转变的过程，社会生活向城市性状态转变，人际间血缘、亲缘关系削弱，业缘关系增强。

本报告从经济城镇化、人口城镇化、地理城镇化、社会城镇化四方面构建指标体系，具体如表1所示。其一，经济城镇化意味着农村经济向城镇经济转型，城镇化从产业结构变化的角度看伴随着第二、第三产业的不断发展，从劳动力构成角度看伴随着第二、第三产业就业人数与第一产业之比不断增加，所以本报告用土地经济密度、非农产业产值占比和非农产业就业人口占比来刻画经济城镇化；其二，人口城镇化意味着人口向城镇转移，可由城镇人口占总人口比重来刻画，其中，城镇人口指标统计通常包括城区常住人口和暂住人口；其三，自"九五"计划以来，中国城镇化快速扩张的同时不可避免地产生了一系列城市建设用地无序蔓延的不充分、不合理问题，所以本报告在刻画地理城镇化时引入城市密度和城市人口密度，前者用单位建成区面积城市个数度量，后者利用国家统计局统计结果；其四，社会城镇化意味着人们不断被纳入城市的生活组织中，本报告从公共交通、环境、文化、卫生四个方面，分别选取每万人拥有公交车辆、生活垃圾无害化处理率、人均拥有公共图书馆藏量和每万人拥有医生数来共同刻画社会城镇化。

其次，产业集聚作为现代经济增长过程中的一个典型特征，已成为一种特有的资源配置方式和空间组织形态。从集聚水平上看，产业集聚意味着在某个特定地理区域内同一类型或相关产业高度集中，集聚过程伴随着各种生产要素往该区域不断汇聚；从集聚绩效上看，产业集聚被认为具有外部性，发挥着知识溢出效应、规模效应、协同效应、竞争效应等，起到促进技术进步与经济发展的作用；从集聚保障上看，产业集聚不等于产业简单或无序

表 1 城镇化子系统指标体系

子系统	二级指标	二级指标观测值
城镇化子系统	经济城镇化	土地经济密度
		非农产业产值占比
		非农产业就业人口占比
	人口城镇化	城镇人口占比
	地理城镇化	城市密度
		城市人口密度
	社会城镇化	每万人拥有公交车辆
		生活垃圾无害化处理率
		人均拥有公共图书馆藏量
		每万人拥有医生数

集中，需要形成有竞争力的比较优势。

　　本报告从集聚水平、集聚绩效、集聚保障三个维度构建工业集聚指标体系，如表 2 所示。其一，工业集聚从本质上看是要素的集聚，本报告在刻画集聚水平时，引入规模以上工业企业密度和规模以上工业企业从业人员密度，分别用单位建成区面积规模以上工业企业单位数和单位建成区面积规模以上工业企业全部从业人员年平均人数度量；其二，工业集聚的绩效体现在产出和效率两方面，本报告采用单位建成区面积工业增加值刻画工业集聚产出绩效，采用工业企业成本费用利润率刻画工业集聚效率绩效；其三，工业发展需要投资作为保障，本报告采用工业固定资产投资占总产出比重测度集聚保障。

表 2 工业集聚子系统指标体系

子系统	二级指标	二级指标观测值
工业集聚子系统	工业集聚水平	工业专业化程度
		规模以上工业企业密度
		规模以上工业企业人员密度
	工业集聚绩效	单位建成区面积工业增加值
		工业企业成本费用利润率
	工业集聚保障	工业固定资产投资占总产出比重

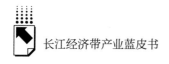

再次，采用熵权法计算城镇化指数 U_{town} 和工业集聚指数 U_{agg}，作为两个子系统对的贡献。最后，为评价长江经济带沿线 11 省市城镇化和工业集聚耦合互动发展的协调程度，构建如下耦合协调度模型。

$$C = 2 \times \frac{\sqrt{U_{town} \times U_{agg}}}{U_{town} + U_{agg}} \tag{3}$$

$$T = \beta_{town} U_{town} + \beta_{agg} U_{agg}，其中，\beta_{town} = \frac{1}{2}，\beta_{agg} = \frac{1}{2} \tag{4}$$

$$D = \sqrt{C \times T} \tag{5}$$

式中，D 为城镇化和工业集聚的耦合协调度，反映二者的整体协同效应；C 为耦合度，反映城镇化与工业集聚两个子系统相互作用的强弱；T 为综合效益指数，反映城镇化水平和工业集聚程度。

2. 控制变量

（1）经济发展水平：地方经济水平对区域创新能力产生影响，本报告采用国内生产总值代表经济发展水平；

（2）政府干预程度：政府干预对创新产生影响，本报告采用国有单位就业人数与城镇就业人数之比代表政府干预程度；

（3）对外开放水平：地区经济开放程度亦会对创新能力产生影响，本报告采用当年实际使用外资金额代表当地对外开放水平。

3. 被解释变量

本报告参考已有研究，在数据可得性的基础上，从创新投入、创新产出、创新扩散、创新环境四方面构建如表 3 所示的创新能力评价指标体系。

衡量创新投入的指标有 3 个：规模以上工业企业 R&D 人员全时当量、规模以上工业企业 R&D 经费内部支出、科学技术财政支出。区域创新主体既包括企业又包括政府，应将二者投入都纳入考虑，由于本报告将研究尺度聚焦于工业，根据数据可得性，选用规模以上工业企业数据进行研究。

衡量创新产出的指标有 2 个：规模以上工业企业新产品销售收入、规模以上工业企业有效发明专利数。企业是区域创新的载体，从新产品和专利两个维度出发能较好地概括创新产出。其中，新产品销售收入是度量前者的常用指标；专利度量指标较多，但相比于专利申请授权量、专利申请受理量等，有效发明专利数更能刻画实际创新产出。

衡量创新扩散的指标有 3 个：规模以上工业企业技术引进经费支出、规模以上工业企业消化吸收经费支出、规模以上工业企业技术改造经费支出。创新扩散体现了企业间的技术关联，而技术引进、消化吸收、技术改造串联起了该过程。

衡量创新环境的指标有 7 个：客运量总计、货运量总计、邮电业务总量、移动电话用户数、互联网用户数、银行业金融机构存款（余额）、银行业金融机构贷款（余额）。其中，客运量总计、货运量总计、邮电业务总量刻画基础设施情况，移动电话用户数、互联网用户数刻画信息化水平，银行业金融机构存、贷款余额刻画金融环境。不少学者从人才环境的角度刻画创新环境，多采用高校在校生数、专职教师人数等，然而本报告认为，影响毕业生就业城市选择的因素很多，可得的衡量人才环境的指标与该区域创新环境相关性不大，故未纳入框架。

表3 工业创新能力评价指标体系

目标层	领域层	指标层
工业创新能力	创新投入	规模以上工业企业 R&D 人员全时当量
		规模以上工业企业 R&D 经费内部支出
		科学技术财政支出
	创新产出	规模以上工业企业新产品销售收入
		规模以上工业企业有效发明专利数
	创新扩散	规模以上工业企业技术引进经费支出
		规模以上工业企业消化吸收经费支出
		规模以上工业企业技术改造经费支出
	创新环境	客运量总计
		货运量总计
		邮电业务总量
		移动电话用户数
		互联网用户数
		银行业金融机构存款（余额）
		银行业金融机构贷款（余额）

（二）模型设定与数据来源

为探究城镇化、工业集聚及其耦合关系对区域工业创新能力的影响，构建如下三个回归模型。

$$IN = \lambda_0 + \lambda_1 T + \lambda_2 LQ + \lambda_3 GDP + \lambda_4 FDI + \lambda_5 GOV + \mu \tag{6}$$

$$IN = \lambda_0 + \lambda_1 D + \lambda_2 GDP + \lambda_3 FDI + \lambda_4 GOV + \mu \tag{7}$$

$$IN = \lambda_0 + \lambda_1 T + \lambda_2 LQ + \lambda_3 D + \lambda_4 GDP + \lambda_5 FDI + \lambda_6 GOV + \mu \tag{8}$$

式中，被解释变量 IN 是用熵权法测得的创新能力；T 是人口城镇化率，LQ 是采用区位熵计算的工业专业化水平；D 是城镇化与产业集聚的耦合协调度；GDP 是国内生产总值，刻画经济发展水平；FDI 是当年实际使用外资金额，刻画对外开放水平；GOV 是国有单位就业人数占比，刻画政府干预程度。

本报告研究的空间尺度聚焦长江经济带，利用上海、江苏、浙江、安徽、江西、湖北、湖南、重庆、四川、云南、贵州 11 个省市 2012～2017 年省级层面数据进行研究。所用数据来自 2013～2018 年《中国统计年鉴》《中国科技统计年鉴》《中国城市统计年鉴》《中国区域经济统计年鉴》《中国劳动统计年鉴》《中国金融年鉴》及各省市统计年鉴和国民经济和社会发展统计公报。长江经济带城镇化、工业集聚、创新能力地区差异较大，将长江经济带作上中下游地区划分，上游地区包括云南、贵州、四川、重庆四省市，中游地区包括湖南、湖北、江西三省份，下游地区包括江苏、浙江、安徽、上海四省市。

二 长江经济带城镇化、工业集聚及其耦合关系 与工业创新能力的时空演化特征

（一）长江经济带城镇化水平

本报告利用城镇常住人口与总人口之比度量城镇化（见表4），并从人

口城镇化、经济城镇化、空间城镇化、社会城镇化四方面建立指标体系来计算城镇化指数，所得结果如表 5 所示。

表 4 长江经济带沿线 11 省市人口城镇化率

单位：%

省市	2012 年	2013 年	2014 年	2015 年	2016 年	2017 年	排名
上海	89.30	89.60	89.60	87.60	87.90	87.70	1
江苏	63.00	64.11	65.21	66.52	67.72	68.76	2
浙江	63.20	64.00	64.87	65.80	67.00	68.00	3
安徽	46.50	47.86	49.15	50.50	51.99	53.49	8
江西	47.51	48.87	50.22	51.62	53.10	54.60	7
湖北	53.50	54.51	55.67	56.85	58.10	59.30	5
湖南	46.65	47.96	49.28	50.89	52.75	54.62	6
重庆	56.98	58.34	59.60	60.94	62.60	64.08	4
四川	43.53	44.90	46.30	47.69	49.21	50.79	9
贵州	36.41	37.83	40.01	42.01	44.15	46.02	11
云南	39.31	40.48	41.73	43.33	45.03	46.69	10

注：排名为该省市 2012~2017 年平均人口城镇化率在长江经济带沿线 11 省市中的排名。

资料来源：根据《中国统计年鉴》（2013~2018）提供的数据计算整理。

表 5 长江经济带沿线 11 省市城镇化指数

省市	2012 年	2013 年	2014 年	2015 年	2016 年	2017 年	排名
上海	0.84	0.84	0.85	0.83	0.85	0.83	1
江苏	0.40	0.39	0.42	0.41	0.43	0.44	3
浙江	0.49	0.47	0.51	0.49	0.51	0.50	2
安徽	0.20	0.21	0.23	0.22	0.23	0.22	9
江西	0.28	0.29	0.29	0.32	0.28	0.30	5
湖北	0.21	0.21	0.24	0.24	0.25	0.25	7
湖南	0.30	0.33	0.39	0.39	0.42	0.40	4
重庆	0.21	0.22	0.24	0.21	0.23	0.20	8
四川	0.33	0.32	0.33	0.25	0.27	0.25	6
贵州	0.21	0.21	0.18	0.18	0.16	0.13	10
云南	0.22	0.16	0.17	0.16	0.15	0.16	11

注：排名为该省市 2012~2017 年平均城镇化指数在长江经济带沿线 11 省市中的排名。

资料来源：根据《中国统计年鉴》（2013~2018）提供的数据计算整理。

从长江经济带人口城镇化率看，上海城镇化水平远高于其他省市，且较为稳定；江苏、浙江人口城镇化水平位于第二梯队，与上海城镇化水平相比有较大差距；湖北、重庆人口城镇化率紧随其后，略高于位于第四梯队的安徽、江西、湖南、四川四省份；贵州、云南人口城镇化率较低，仍有待提升。从时间维度看，上海城镇化水平较为稳定，其余省市城镇化水平在不断增长，体现长江经济带城镇化发展取得了一定成果；从空间维度看，长江经济带下游地区城镇化水平显著高于中游地区，中游地区又高于上游地区，这与我国区域发展不平衡现状相一致。

从长江经济带城镇化指数来看，上海城镇化水平依旧远高于其他省市；江苏、浙江城镇化水平同样位于第二梯队，且与上海有较大差距；其余省市城镇化指数较为接近，低于下游地区。从时间维度看，江苏、江西、湖北、湖南城镇化指数缓慢上升，上海、浙江、安徽、重庆城镇化指数较为稳定，四川、贵州、云南城镇化指数波动下降；从空间维度看，长江经济带下游地区城镇化指数最高，中游地区和上游地区较为接近。

相比于中游地区和上游地区，长江经济带下游地区城镇化水平之所以较高，是因为该区域凭借其更高水平的经济发展、更现代化的经济结构以及更集约高效的城市生活，源源不断吸引着生产要素集聚，而这一过程伴随着城镇化的快速发展。长江经济带中上游地区提升城镇化水平，第一，其核心在于经济城镇化，即有必要进一步优化产业结构和劳动力构成；第二，其关键在于人口城镇化，促进人口城镇化应在提升经济城镇化的基础上放松户籍制度等制约人口流动的限制；第三，其载体为土地城镇化，推进土地城镇化是承载经济城镇化与人口城镇化的必要载体；第四，其保障在于社会城镇化，与城市空间和经济生产相适应的生活方式是维系城镇化的必备环境。

（二）长江经济带工业集聚水平

本报告利用区位熵度量长江经济带沿线11省市2012~2017年工业专业化程度（见表6），并从集聚水平、集聚绩效、集聚保障三方面计算工业集聚指数，所得结果如表7所示。

表6　长江经济带沿线11省市工业专业化程度

省市	2012 年	2013 年	2014 年	2015 年	2016 年	2017 年	排名
上海	1.18	1.01	0.95	0.93	0.92	0.90	5
江苏	1.35	1.12	1.17	1.21	1.22	1.23	1
浙江	1.05	1.00	0.97	0.95	0.96	1.00	3
安徽	0.90	0.92	0.92	0.93	0.93	0.94	4
江西	0.92	0.95	0.98	1.00	1.03	1.01	2
湖北	0.93	0.90	0.90	0.90	0.90	0.88	6
湖南	0.82	0.80	0.78	0.77	0.73	0.75	8
重庆	0.82	0.74	0.74	0.75	0.76	0.75	9
四川	0.85	0.87	0.82	0.78	0.75	0.76	7
贵州	0.80	0.76	0.72	0.69	0.66	0.63	11
云南	0.76	0.72	0.70	0.68	0.67	0.67	10

注：排名为该省市 2012～2017 年平均工业专业化程度在长江经济带沿线 11 省市中的排名。
资料来源：根据《中国劳动统计年鉴》（2013～2018）提供的数据计算整理。

表7　长江经济带沿线11省市工业集聚指数

省市	2012 年	2013 年	2014 年	2015 年	2016 年	2017 年	排名
上海	0.41	0.69	0.51	0.61	0.53	0.57	3
江苏	0.78	0.72	0.80	0.78	0.82	0.70	1
浙江	0.57	0.64	0.61	0.68	0.72	0.66	2
安徽	0.26	0.36	0.36	0.42	0.51	0.40	5
江西	0.30	0.58	0.48	0.59	0.63	0.58	4
湖北	0.28	0.34	0.36	0.41	0.45	0.35	7
湖南	0.28	0.37	0.35	0.44	0.46	0.40	6
重庆	0.12	0.19	0.21	0.31	0.32	0.31	10
四川	0.32	0.41	0.30	0.27	0.26	0.27	8
贵州	0.22	0.34	0.25	0.34	0.29	0.36	9
云南	0.09	0.14	0.03	0.04	0.05	0.11	11

注：排名为该省市 2012～2017 年平均工业集聚指数在长江经济带沿线 11 省市中的排名。
资料来源：根据《中国统计年鉴》（2013～2018）、《中国固定资产投资年鉴》（2013～2018）以及 EPS 数据库提供的数据计算整理。

从长江经济带工业专业化程度看，江苏、浙江、江西工业专业化程度较高；上海、安徽紧随其后；湖北、湖南、重庆、四川、贵州工业专业化程度位于第三梯队，且与第二梯队差距不大；云南工业专业化程度较低，位于第四梯队。从时间维度看，安徽、江西工业专业化程度有所上升，其余九省市工业专业化程度呈波动下降状态；从空间维度看，长江经济带下游地区工业专业化程度最高，中游次之，上游最低。

从长江经济带工业集聚指数看，江苏工业集聚程度最高；上海、浙江次之，且处于较高水平；安徽、江西、湖北、湖南、四川工业集聚指数处于第三梯队，与第二梯队有一定差距；重庆、云南工业集聚程度最低，处于第四梯队。从时间维度看，除四川工业集聚程度有所下降外，其余十省市工业集聚程度均有不同程度上升。从空间维度看，长江经济带工业集聚空间差异与工业专业化程度空间差异一致，都是下游最高，中游次之，上游最低。

（三）城镇化－工业集聚耦合协调度

本报告通过分别构建城镇化和工业集聚指标体系，利用耦合协调度模型，计算出城镇化－工业集聚的耦合协调度，以探究二者之间发展是否有序，所得结果如表8所示。

表8　长江经济带沿线11省市城镇化－工业集聚耦合协调度

省市	2012 年	2013 年	2014 年	2015 年	2016 年	2017 年	排名
上海	0.72	0.82	0.74	0.77	0.73	0.74	2
江苏	0.79	0.78	0.82	0.80	0.83	0.80	1
浙江	0.68	0.69	0.70	0.71	0.74	0.73	3
安徽	0.52	0.57	0.60	0.62	0.66	0.62	5
江西	0.52	0.63	0.60	0.65	0.64	0.65	4
湖北	0.55	0.58	0.60	0.56	0.60	0.56	6
湖南	0.47	0.51	0.51	0.54	0.55	0.54	8

省市	2012 年	2013 年	2014 年	2015 年	2016 年	2017 年	排名
重庆	0.39	0.44	0.48	0.52	0.51	0.52	9
四川	0.51	0.56	0.54	0.50	0.52	0.51	7
贵州	0.46	0.52	0.46	0.48	0.44	0.46	10
云南	0.37	0.38	0.28	0.29	0.29	0.36	11

注：排名为该省市 2012～2017 年平均耦合协调度在长江经济带沿线 11 省市中的排名。

资料来源：根据《中国统计年鉴》（2013～2018）、《中国劳动统计年鉴》（2013～2018）、《中国固定资产投资年鉴》（2013～2018）提供的数据计算整理。

本报告将城镇化与工业集聚耦合协调发展状况分为三大类十亚类，耦合协调度小于 0.4 为失调衰退区间，又均分为四段，从小到大分别是极度失调衰退、严重失调衰退、中度失调衰退、轻度失调衰退；耦合协调度介于 0.4 和 0.6 之间为过渡调和区间，均分为两段，从小到大分别是濒临失调衰退和勉强协调；耦合协调度高于 0.6 为协调发展区间，均分为四段，从小到大分别为初级协调、中级协调、良好协调和优质协调。

从 2017 年数据可以看出，上海、江苏、浙江三省市城镇化 - 工业集聚耦合协调水平最高，均处于中级协调阶段；江西、安徽次之，处于初级协调阶段；湖北、湖南、重庆、四川紧随其后，处于勉强协调阶段；贵州处于濒临失调衰退阶段；云南则一直处于轻度失调衰退阶段。

综合来看，长江经济带下游地区城镇化 - 工业集聚有序发展程度最高，中游地区次之，下游地区最差。

（四）工业创新能力

本报告从创新投入、创新产出、创新扩散、创新环境四方面建立指标体系（见表 9），得出工业创新能力指数，所得结果如表 10 所示。

表9 长江经济带沿线 11 省市工业创新能力指标体系

省市	创新投入		创新产出		创新扩散		创新环境	
	平均	排名	平均	排名	平均	排名	平均	排名
上海	0.44	3	0.33	3	0.80	1	0.34	5
江苏	1.00	1	1.00	1	0.69	2	0.87	1
浙江	0.62	2	0.52	2	0.20	3	0.78	2
安徽	0.26	4	0.25	4	0.13	7	0.36	4
江西	0.06	8	0.04	9	0.06	9	0.11	9
湖北	0.24	5	0.18	6	0.13	6	0.27	7
湖南	0.15	6	0.21	5	0.19	5	0.30	6
重庆	0.06	9	0.09	8	0.19	4	0.09	10
四川	0.13	7	0.13	7	0.09	8	0.47	3
贵州	0.01	10	0.00	11	0.02	10	0.04	11
云南	0.01	11	0.00	10	0.01	11	0.11	8

注：排名为该省市 2012～2017 年平均工业创新能力在长江经济带沿线 11 省市中的排名。
资料来源：根据《中国科技统计年鉴》（2013～2018）、《中国统计年鉴》（2013～2018）、《中国金融年鉴》（2013～2018）提供的数据计算整理。

表10 长江经济带沿线 11 省市工业创新能力指数

省市	2012 年	2013 年	2014 年	2015 年	2016 年	2017 年	平均	排名
上海	0.52	0.48	0.46	0.45	0.50	0.48	0.48	3
江苏	0.98	0.92	0.91	0.88	0.75	0.73	0.86	1
浙江	0.58	0.57	0.56	0.60	0.51	0.50	0.55	2
安徽	0.24	0.27	0.27	0.26	0.25	0.25	0.26	4
江西	0.07	0.07	0.08	0.08	0.07	0.07	0.07	9
湖北	0.20	0.21	0.22	0.23	0.20	0.20	0.21	7
湖南	0.22	0.24	0.23	0.23	0.19	0.21	0.22	6
重庆	0.10	0.11	0.12	0.13	0.09	0.09	0.11	8
四川	0.26	0.25	0.25	0.25	0.22	0.23	0.24	5
贵州	0.02	0.02	0.02	0.02	0.02	0.02	0.02	11
云南	0.05	0.05	0.05	0.06	0.04	0.04	0.05	10

综合来看，长江下游地区工业创新能力最高，中游地区次之，上游地区最弱。就创新投入而言，上海、江苏、浙江明显高于其他地区，安徽、湖北、湖南、四川次之，位于第二梯队，江西、重庆、贵州、云南

创新投入相对较少；就创新产出而言，长江下游地区均处于较高水平，湖南、湖北、四川、重庆次之，江西、云南、贵州创新产出很少；就创新扩散而言，上海、江苏明显高于其他地区，浙江、重庆、湖南创新扩散程度接近，与第一梯队有较大差距，安徽、湖北、四川紧随其后，江西、贵州、云南创新扩散不明显；就创新环境而言，江苏、浙江远高于其他地区，四川、上海、安徽、湖南、湖北与之有一定差距，位于第二梯队，江西、云南、重庆创新环境指数接近，位于第三梯队，贵州创新环境尚未完善。

三 长江经济带城镇化、工业集聚及其耦合关系对工业创新能力影响的实证研究与结果分析

（一）长江经济带整体分析

将长江经济带沿线 11 省市 2012～2017 年省级数据代入上述模型，分别采用最小二乘法、固定效应模型、随机效应模型进行估计，其中最小二乘法估计最为有效，所得结果如表 11 所示。

表 11 长江经济带整体计量结果

变量	模型 I	模型 II	模型 III
Town	0.00392 *** (-2.857)		0.00380 ** (-2.163)
LQ	0.218 * (-1.789)		0.213 (-1.668)
D		0.281 ** (-2.276)	0.0185 (-0.118)
GDP	6.07E - 06 *** (-5.209)	5.39E - 06 *** (-4.639)	6.05E - 06 *** (-5.095)
FDI	1.41E - 07 *** (-3.765)	1.71E - 07 *** (-4.832)	1.40E - 07 *** (-3.657)
GOV	0.00391 (-1.637)	0.00101 (-0.499)	0.00383 (-1.537)

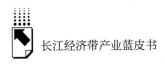

续表

变量	模型 I	模型 II	模型 III
Constant	-0.536^{***} (-4.077)	-0.251^{***} (-2.967)	-0.533^{***} (-3.953)
Observations	66	66	66
R-squared	0.89	0.877	0.89

注：括号内是 t 统计值，*、**、*** 分别表示在 10%、5%、1% 的置信水平上显著，下同。
资料来源：根据测算结果整理。

计量结果符合预期假设，在保持其他条件不变的情况下，人口城镇化率每提高 1 个百分点，创新能力预计提升 0.392 个百分点；工业专业化程度每提高 1 个百分点，创新能力预期提升 0.218 个百分点；城镇化 - 工业集聚耦合协调度每提高 1 个百分点，创新能力预期提升 0.281 个百分点。经济发展水平和对外开放水平对创新能力亦有显著正向影响。

结果表明，从总体上看，城镇化与产业集聚有序发展，起到了集聚要素、营造环境、促进扩散、扩大产出的积极作用。城镇化的内涵涉及人口、经济、空间、社会多个维度，人口城镇化为创新发展提供了基础的劳动力要素，经济城镇化为创新发展奠定了必备的产业基础，空间城镇化为创新发展构建了先决的土地要素，社会城镇化为创新发展营造了适宜的环境与保障。工业集聚的现实表征即为要素的集聚与地理的邻近，这意味着集群中的企业可以共用中间商和劳动力市场以降低成本、分散风险，可以享受被地理邻近放大的知识溢出的正外部性，进而从创新投入、创新产出、创新扩散、创新环境四方面促进创新能力的提升。城镇化与工业集聚的耦合发展，意味着对"有城镇无产业"和"有产业无城镇"等不协调现象的破解，意味着对政策引导型城镇化和低级产业集群等资源错配现象的规避，资源根据收益最大化原则自由流动、配置，也必将促进创新活力，提升创新能力。

（二）长江经济带地区差异性分析

长江经济带横贯中国东、中、西部，区域发展不协调，城镇化、工业集聚、工业创新能力存在差异，因此有必要分析地区差异性。本报告分别研究了长江经济带下游地区、中游地区、上游地区城镇化、工业集聚及其耦合关系对工业创新能力的影响。

1. 下游地区

长江经济带下游地区包括上海、江苏、浙江、安徽四省市，无论是城镇化水平、产业集聚水平，还是城镇化与产业集聚耦合关系，抑或是创新能力，都明显领先于中游地区和上游地区，回归结果如表12所示。

表12　长江经济带下游地区计量结果

变量	模型Ⅰ	模型Ⅱ	模型Ⅲ
Town	0.00177 （-0.757）		-0.00720 ** （-2.460）
LQ	0.536 （-1.630）		0.357 （-1.415）
D		1.003 *** （-3.802）	1.750 *** （-3.835）
GDP	2.60E-06 （-1.042）	5.55E-06 *** （-3.939）	2.26E-06 （-1.197）
FDI	1.39E-07 ** （-2.658）	1.64E-07 *** （-4.373）	1.38E-07 *** （-3.510）
GOV	-0.0031 （-0.304）	0.0206 ** （-2.659）	0.0144 （-1.614）
Constant	-0.460 * （-1.847）	-0.937 *** （-3.417）	-1.105 *** （-4.384）
Observations	24	24	24
R squared	0.875	0.905	0.933

资料来源：根据测算结果整理。

结果表明，城镇化-工业集聚耦合协调度显著正向影响区域创新能力，耦合协调度每提升1个百分点，创新能力预期提升1.003个百分点。城镇化和产业集聚有序发展体现了要素的有序集聚、企业机构的有序运转、制度保障的有效建立。在经济发展水平较高的地区，二者耦合发展是促进创新能力提升的关键，单一发展城镇化而不注重产业支撑，或是聚焦产业集聚而无视城镇功能配套，都不能带来创新活力，无法实现创新驱动。

在保持耦合协调度不变的情况下，工业集聚水平变化对创新能力无显著影响，城镇化水平的提升却对创新能力产生负向作用，城镇化水平每提升1个百分点，创新能力预期下降0.72个百分点。这可能是因为，长江经济带下游地区城镇化水平较高，在保持耦合协调度不变的情况下，城镇化水平的增加将带来拥挤效应，这体现为该地区劳动力要素过剩、土地资本要素稀缺、公共资源挤兑，对创新能力产生不利影响。

由此可见，推动长江经济带下游地区创新能力提升的关键是促进城镇化与产业集聚的协调发展，让产业发展引领城镇化，让城镇化水平有效支撑地区产业集聚，而单一发展城镇或产业均不能带来理想效果。

2. 中游地区

长江经济带中游地区包括江西、湖北、湖南三省份，该地区城镇化水平、工业专业化程度、耦合关系、创新能力均处于中等水平，与长江经济带下游地区有较大差距，又略高于上游地区。回归结果如表13所示。

表13　长江经济带中游地区计量结果

变量	模型 I	模型 II	模型 III
$Town$	−0.00149 (−0.366)		−0.00154 (−0.364)
LQ	−0.32 (−1.730)		−0.337 (−1.690)
D		0.489 ** (−2.576)	−0.0534 (−0.323)
GDP	8.80E−06 ** (−2.839)	1.53E−05 *** (−9.658)	8.27E−06 ** (−2.292)
FDI	−2.27E−07 *** (−10.57)	−3.52E−07 *** (−5.823)	−2.13E−07 *** (−4.438)
GOV	−0.00505 *** (−3.141)	0.00117 (−0.594)	−0.00542 ** (−2.664)

变量	模型Ⅰ	模型Ⅱ	模型Ⅲ
Constant	0.649 *** （－6.439）	－0.164 （－1.389）	0.705 *** （－3.471）
Observations	18	18	18
R-squared	0.974	0.922	0.974

资料来源：根据测算结果整理。

结果表明，城镇化－工业集聚耦合协调度显著正向影响长江经济带中游地区工业创新能力，耦合协调度每提升 1 个百分点，创新能力预期提升 0.489 个百分点。长江经济带中游地区城镇化与工业集聚耦合协调关系次于下游地区，具体来看，二者耦合度较为接近，而中游地区综合效益指数低于下游地区。这意味着，提升长江经济带中游地区工业创新能力的关键在于提升区域城镇化水平和工业集聚程度。

无论是城镇化水平较低还是产业无序集聚都会制约创新能力的发展。一方面，城镇化水平较低可能意味着产业结构和劳动力构成不合理、建成区空间配置不集约、城市生产生活方式不高效等问题；另一方面，产业无序集聚可能出现要素配置不合理、公共资源不充分、研发活力不积极等弊端。这都不利于加大创新投入、扩大创新产出、增加创新扩散、优化创新环境，继而无法提升创新能力。

此外，政府干预对长江经济带创新能力存在显著的负向影响，政府干预程度每提升 1 个百分点，区域创新能力预期下降 0.542 个百分点，这意味着在长江经济带中游地区可能存在政策过度干预现象。

3. 上游地区

长江经济带上游地区包括重庆、四川、贵州、云南四省市，该地区城镇化水平、工业集聚程度、耦合协调发展情况、区域工业创新能力均处于长江经济带较低水平，回归结果如表14所示。

表 14　长江经济带上游地区计量结果

变量	模型 I	模型 II	模型 III
Town	−0.00586 *** (−3.413)		−0.00599 *** (−3.299)
LQ	0.101 (−0.723)		0.0921 (−0.627)
D		−0.0175 (−0.159)	0.0223 (−0.294)
GDP	5.59E−06 *** (−7.062)	6.75E−06 *** (−6.765)	5.53E−06 *** (−6.647)
FDI	1.38E−07 *** (−3.921)	1.08E−07 *** (−3.487)	1.36E−07 *** (−3.718)
GOV	−0.00159 (−1.610)	0.00230 * (−2.003)	−0.00177 (−1.508)
Constant	0.170 (−0.999)	−0.123 *** (−3.192)	0.179 −1.009
Observations	24	24	24
R-squared	0.96	0.9	0.96

资料来源：根据测算结果整理。

结果表明，长江经济带上游地区在保持耦合协调度不变的情况下，城镇化水平对区域创新能力产生显著的负向影响，人口城镇化率每提升 1 个百分点，创新能力预期下降 0.599 个百分点。整体回归结果表明，城镇化显著促进区域创新能力，长江上游地区城镇化水平处于较低水平阶段，与整体趋势不符可能是由产业发展不足导致的。

城镇化为创新发展提供了劳动力、土地资源、社会保障、文化氛围等基础条件，但创新发展还需以产业为载体。产业集聚不是企业简单的集中，而是地理邻近、相互关联的企业和相关机构，因彼此的相关性和互补性相连形成的整体。除了在产业链中有明确分工职能的企业，产业集聚的主体还应包括中间服务机构和规制管理机构，提供研究、投融资、保险、质检、监测等服务。

四 研究结论与政策启示

（一）研究结论

（1）城镇化、工业集聚、二者耦合关系显著促进长江经济带工业创新能力。在保持其他条件不变的情况下，人口城镇化率每提高1个百分点，工业创新能力预期提升0.392个百分点；工业专业化程度每提高1个百分点，工业创新能力预期提升0.218个百分点；城镇化－工业集聚耦合协调度每提高1个百分点，工业创新能力预期提升0.281个百分点。城镇化与产业集聚有序发展，起到了集聚要素、营造环境、促进扩散、扩大产出的积极作用，分别从创新投入、创新产出、创新扩散、创新环境四个维度促进区域工业创新能力的提升。

（2）耦合协调度显著促进长江经济带下游、中游地区工业创新能力，城镇化则起到抑制作用。城镇化－工业集聚耦合协调度显著正向影响区域创新能力，耦合协调度每提升1个百分点，下游地区工业创新能力预期提升1.003个百分点，中游地区工业创新能力预期提升0.489个百分点。不过两个区域成因有所不同，下游地区较高工业创新水平由城镇化与产业集聚耦合协调发展所致，而中游地区较低的城镇化水平和工业集聚程度导致其工业创新能力不高。

（3）城镇化抑制长江经济带下游、上游地区工业创新。在保持耦合协调度不变的情况下，人口城镇化率每提升1个百分点，下游地区工业创新能力预期下降0.72个百分点，上游地区工业创新能力预期下降0.599个百分点。城镇如果没有产业的支撑，则仅集聚要素并不能带来创新能力的提升。相反，由政策导向的城镇是一种资源错配，过度城镇化可能带来拥挤效应，反而抑制了创新能力的提升。

（二）政策启示

（1）积极吸纳和集聚创新要素。提升城镇化－工业集聚耦合协调度以吸纳和集聚创新要素是提升创新能力的有效途径。以产业集聚为导向发展城镇化，以城镇化为支撑促进产业有效集聚。从人口、经济、空间、社会多维度提高城镇化水平，为创新发展提供要素和环境基础；从完善基础设施、营造适宜环境、引进行为主体多角度增强产业集聚，为创新驱动提供产业支持与创新载体；通过相互协调、相互发展提升城镇化与产业集聚耦合协调程度，为创新能力注入绵延不断的活力与生机。提升长江经济带尤其是上游地区工业创新能力的关键，就在于增强城镇化－工业集聚耦合协调度。这意味着需要促进城镇化和产业集聚有序发展，过度城镇化只会带来拥挤效应，而非创新能力的提升。

（2）完善创新激励和成果保障机制。完善的制度保障是维持创新活力的基础。知识溢出与技术扩散并非仅有好的一面，可能会带来"柠檬市场"和"认知距离锁定"现象，而完善的技术可以有效规避这些危害。一方面，应建立完善的知识产权保护机制和创新活动激励机制，以鼓励企业创新热情；另一方面，需在城镇化和产业集聚的过程中引入规制管理机构，即为各类生产经营企业提供服务的本地政府部门，以及技术检测和监督机构，以保证制度得以有效实施。提升长江经济带中游地区工业创新能力，应建立完善的制度以保护知识产权，激发创新活力，以规避柠檬市场导致的"搭便车"现象和认知距离锁定带来的区域思维定式。

（3）构建更加完善的要素市场化配置体制机制。促进市场引导下的要素自由流动有助于提升区域创新能力。中国经济的许多困境是资源错配的结果，解除户籍限制，降低政府干预，让市场发挥在资源配置中的决定性作用有助于资源流向最能创造价值的地方，避免"有城镇无产业"和"有产业无城镇"等发展不协调问题，从而推动区域创新能力的提升。提升长江经济带中游地区和上游地区工业创新能力，一方面，应减少政府干预，让价格机制引导资源配置，提高整体效率；另一方面，需要促进产业发展，以产业促进城镇化进程而非政府引导。积极引入符合由当地资源禀赋所决定的比较优势的企业，根据企业发展需要完善基础设施。

参考文献

吴一凡等：《中国人口与土地城镇化时空耦合特征及驱动机制》，《地理学报》2018年第10期，第1865～1879页。

谭清美、夏后学：《市民化视角下新型城镇化与产业集聚耦合效果评判》，《农业技术经济》2017年第4期，第106～115页。

陆大道：《我国的城镇化进程与空间扩张》，《城市规划学刊》2007年第4期，第47～52页。

陈春：《健康城镇化发展研究》，《国土与自然资源研究》2008年第4期，第7～9页。

张秋燕、齐亚伟：《地区规模、集聚外部性与区域创新能力——对中国工业行业的门槛效应检验》，《科技进步与对策》2016年第8期，第35～40页。

陶爱萍、查发强、陈宝兰：《产业集聚对技术创新的非线性影响》，《技术经济》2017年第5期，第82～89页。

张璐等：《专业化、多样化集聚对制造业创新效率的影响》，《中国科技论坛》2019年第1期，第57～65页。

杜江、张伟科、葛尧：《产业集聚对区域技术创新影响的双重特征分析》，《软科学》2017年第11期，第1～5页。

柏建成等：《长江经济带科技创新与金融发展互动关系研究》，《科技进步与对策》2020年第9期，第61～68页。

田泽、景晓栋、肖钦文：《长江经济带碳排放—产业结构—区域创新耦合度及时空演化》，《华东经济管理》2020年第2期，第10～17页。

刘新智、刘娜：《长江经济带技术创新与产业结构优化协同性研究》，《宏观经济研究》2019年第10期，第35～48页。

李琳、周一成：《"互联网＋"是否促进了中国制造业发展质量的提升？——来自中国省级层面的经验证据》，《中南大学学报》（社会科学版）2019年第5期，第71～79页。

习明明：《长江经济带创新环境对科技创新效率影响的实证研究》，《江西财经大学学报》2019年第3期，第19～29页。

许婷婷、吴和成：《基于因子分析的江苏省区域创新环境评价与分析》，《科技进步

长江经济带产业蓝皮书

与对策》2013 年第 4 期，第 124 ~ 128 页。

朱新玲、甘丽华：《长江经济带科技创新能力综合评价与发展变化研究》，《科技管理研究》2018 年第 3 期，第 107 ~ 112 页。

曾春媛等：《我国区域创新能力的评价及比较——基于八大经济区的实证研究》，《科技管理研究》2015 年第 10 期，第 1 ~ 6 页。

邓凯：《空间差异视角下西部地区高新技术企业创新环境的外生优势分析》，《统计与信息论坛》2018 年第 9 期，第 88 ~ 96 页。

黄磊、吴传清：《长江经济带工业绿色创新发展效率及其协同效应》，《重庆大学学报》（社会科学版）2019 年第 3 期，第 1 ~ 13 页。

B.6
长江经济带工业绿色转型发展报告*

吴传清 黄 成**

摘 要： 长江经济带工业绿色转型在建设生态文明实践中具有重要地
位。本报告以中国 30 个省市和长江经济带 110 个地级及以上
城市为样本，首先采用熵权法 – Topsis 评价模型研究长江经
济带工业排污强度，然后分别利用 Super-SBM 模型和非参数
型核密度估计分析长江经济带工业绿色转型效率的静态和动
态演变特征，最后利用 Global Malmquist-Luenberger 指数和投
入产出冗余度探析长江经济带工业绿色转型的动力和效率损
失来源。研究结论表明：长江经济带工业排污强度呈逐年降
低态势，与全国水平差异较小，地区间差异较小。长江经济
带工业绿色转型效率低于全国平均水平，整体呈"收敛"态
势；上中下游地区间差异扩大，三大城市群交替领先，演变
特征差异较大。长江经济带工业绿色转型的动力来源于绿色
技术效率和绿色技术进步，损失来源于投入和产出两端；上
中下游地区和三大城市群工业绿色转型动力和效率损失来源
各不同。对此，建议加快推进长江经济带中上游地区重污染
城市工业绿色转型，同步推进长江经济带工业绿色转型的绿

* 基金项目：国家社会科学基金一般项目"推动长江经济带制造业高质量发展研究"（项目编
号：19BJL061）；湖北省社会科学基金一般项目"长江经济带产业发展研究报告"（项目编
号：2018179）；中央高校基本科研业务费专项资金项目"区域协调发展理论与实践问题研
究"（项目编号：2042019kf1005）。
** 吴传清，武汉大学经济与管理学院、中国发展战略与规划研究院教授，博士生导师，从事区
域经济学、产业经济学研究；黄成，武汉大学中国发展战略与规划研究院特聘副研究员，中
国中部发展研究院区域经济学专业博士，从事区域经济学研究。

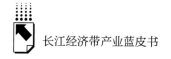

色技术追赶效应和外溢效应，以降低工业生产投入产出的结构性冗余为重要目标推动长江经济带节能减排政策精准落地。

关键词： 长江经济带 工业绿色转型效率 工业排污强度

自2013年国家正式提出长江经济带发展战略以来，打造生态文明建设先行示范带便成为长江经济带发展的重要战略定位。2018年4月26日习近平在深入推动长江经济带发展座谈会上强调，要辩证看待经济发展和生态环境保护的关系，倒逼产业转型升级和高质量发展。长江经济带工业发展在中国经济发展格局中占据重要支撑地位，2018年长江经济带工业增加值占全国比重达43.75%，然而，工业生产同时也是长江经济带环境污染的最主要来源，推动工业绿色转型成为长江经济带生态文明建设的紧迫任务。

"工业绿色转型"（IGT，industrial green transformation）脱胎于"绿色经济"概念（大卫·皮尔斯，1996），是在工业粗放型发展方式不可持续背景下提出的重要概念。在推进工业绿色转型发展的实践进程中，各级政府和大众往往将工业污染排放视为考核地方工业绿色发展的重要指标，但由于不同地方工业发展的禀赋条件、总体规模、产业结构等不相同，工业污染物排放总量和结构也不相同，因而考核的结果也很难反映工业绿色发展的客观事实。相较而言，采用工业排污强度考核更具有可比性（沈坤荣等，2017）。

学术界对"工业绿色转型"的界定一般从工业发展方式或工业绿色发展效率两个维度展开。从工业发展方式维度定义工业绿色转型的内涵包括发展方式集约化，污染排放减量化（邓慧慧和杨露鑫，2019），主要通过构建多维度指标体系衡量。从工业绿色发展效率维度定义则强调要兼顾工业经济绩效与环境绩效的双赢（陈超凡等，2018），以技术创新提高工业绿色全要素生产率，主要通过工业绿色发展效率或全要素生产率衡量（陈诗一，2010）。本报告认为，工业绿色转型是一个动态过程，在宏观上表现为工业从不可持续发展转变为可持续发展的状态，在微观上表现为企业排污量降低、资源能源利用率提高、产品绿色化等方面。这种转变的根本动力在于企业的绿色技术水平上升，进而促进工业各部门在生产、销售、消费全过程的绿色化。基于学术界相关研究，工业绿色转型效率能准确反映工业绿色技术水平的静态变化，工业绿色全要素生产率和投入产出冗余度则能进一步挖掘工业绿色转型的技术动因和效率损失的结构性原因，在研究工业绿色转型方面具有显著优势。

本报告综合考虑长江经济带工业绿色转型的理论研究与实践指导需要，采用多种方法研究长江经济带工业绿色转型的现状与发展趋势。首先，评估长江经济带工业排污强度，并从全国、长江经济带、长江经济带上中下游地区、长江三角洲城市群、长江中游城市群、成渝城市群（简称三大城市群）等尺度比较长江经济带工业排污强度的空间差异；其次，从静态和动态视角研究长江经济带及各地区工业绿色转型效率；再次，研判长江经济带及各地区工业绿色转型效率的动力来源和效率损失；最后，基于研究结论提出加快推进长江经济带工业绿色转型的政策建议。

一 长江经济带工业排污强度评估

（一）研究方法与数据来源

1. 研究方法

学术界关于工业排污水平的测度方法可归纳为两种。一种是通过排污强度衡量，即单位工业产出的排污量。对于多种污染物排污强度的处理，一般通过等权重法（王文普和陈斌，2013）、调整系数法（沈坤荣等，2017）、熵权法及其改进的熵权法 – Topsis 模型（吴传清等，2020）等对几种污染物的排污强度赋权，进而获得一个综合指标。另一种是基于减污成本的思路，通过工业污染治理强度衡量，一般采用单位产出工业治污成本或投资完成额为单一指标。由于不同工业污染物的不可加性、治理难度和成本的不可比性，采用第一种方法测度排污水平更具准确性（李玲和陶锋，2012）。

本研究基于数据可得性，采用工业"三废"排污强度衡量中国省级和长江经济带地级及以上城市工业排污强度,指标体系如表 1 所示。由于不同地区三种污染物排放比重不同,不能直接相加或主观赋权,因此采用熵权法 – Topsis 评价模型的客观赋权方法测算。

熵权法 – Topsis 评价模型包括指标赋权和综合评价两个步骤。第一步,根据基础指标信息熵大小关系获得指标权重,信息熵越大表示该指标提供的信息量越小,解释性越弱,因而权重越低,反之则权重越高;第二步,根据标准化原始数据矩阵寻找最优和最劣方案,以最优和最劣方案为参照评价其他样本的优劣,越靠近最优方案得分越高,反之得分越低。

表 1　工业排污强度指标体系

总指标	基础指标	权重
中国省级工业排污强度指数	单位工业增加值工业废水排放量(万吨/亿元)	0.3330
	单位工业增加值工业 SO_2 排放量(吨/亿元)	0.3347
	单位工业增加值工业烟(粉)尘排放量(吨/亿元)	0.3323
长江经济带地级及以上城市工业排污强度指数	单位工业产值工业废水排放量(万吨/亿元)	0.3333
	单位工业产值工业 SO_2 排放量(吨/亿元)	0.3333
	单位工业产值工业烟(粉)尘排放量(吨/亿元)	0.3334

2. 数据来源

省级尺度样本选取中国 30 个省市(不含西藏及港澳台地区),地级市尺度样本选取长江经济带 110 个地级及以上城市。涉及中国、长江经济带、长江经济带以外地区、长江经济带上中下游地区、三大城市群等研究对象各指标取值均为该研究对象空间范围下辖省市对应指标的平均值。其中,长江经济带上游地区包括重庆、四川、贵州、云南,中游地区包括江西、湖北、湖南,下游地区包括上海、江苏、浙江、安徽,三大城市群范围分别根据《国家发展改革委　住房城乡建设部关于印发长江三角洲城市群发展规划的通知》(2016 年 6 月 1 日颁布)、《国家发展改革委关于印发长江中游城市群发展规划的通知》(2015 年 4 月 13 日颁布)、《国家发展改革委　住房城乡建设部关于印发成渝城市群发展规划的通知》(2016 年 4 月 27 日颁布)确定,精确到地级市。由于 2008 年中国工业行业分类口径仅有"大中型工业企业"，2009～2010 年中国工业行业分类口径既有"大中型工业企业"又有"规模以上工业企业"，2011 年后统一改为"规模以上工业企业"的统计口径，为保证数据可比性、连续性，以及测度的准确性，本研究省级尺度研究时段设定为 2009～2018 年，地级市尺度研究时段设定为 2009～2016 年，工业企业数据均采用"规模以上工业企业"口径。本报告以下部分研究的样本选择和研究周期与该部分相同，不再赘述。

基础数据来源于《中国工业经济统计年鉴》（2010～2012）、《中国工业统计年鉴》（2013～2017）、《中国城市统计年鉴》（2010～2019）、《中国价格统计年鉴》（2010－2019），以及 EPS 数据库等，缺省年份数据采用插值法补齐。涉及市场价值的指标均以 2009 年为价格基期调整。

（二）长江经济带工业排污强度测算结果与分析

1. 长江经济带工业排污强度的时空演变特征

（1）长江经济带工业排污强度呈逐年降低态势，上中下游地区工业排污强度梯度递减（见表 2）。长江经济带各年份工业排污强度指数得分从 2009 年的 0.890 逐年提升至 2018 年的 1.098，从 2011 年开始得分超越全国平均水平，即长江经济带工业排污强度逐年下降，且从 2011 年开始低于全国平均水平。2009～2018 年长江经济带上中下游地区工业排污强度指数得分关系始终保持为下游地区＞中游地区＞上游地区，即上中下游地区工业排污强度呈梯度递减关系。

表 2　2009～2018 年中国和长江经济带工业排污强度指数得分

地区	2009 年	2010 年	2011 年	2012 年	2013 年	2014 年	2015 年	2016 年	2017 年	2018 年	平均
中国	0.895	0.933	0.944	0.966	0.990	1.008	1.025	1.066	1.084	1.090	1.000
长江经济带	0.890	0.932	0.947	0.976	1.000	1.021	1.032	1.073	1.092	1.098	1.006
长江经济带以外地区	0.898	0.933	0.942	0.960	0.985	1.000	1.021	1.062	1.079	1.085	0.996
上游地区	0.815	0.869	0.889	0.936	0.971	0.996	1.013	1.055	1.080	1.085	0.971
中游地区	0.885	0.931	0.940	0.963	0.986	1.014	1.022	1.076	1.096	1.103	1.002
下游地区	0.969	0.995	1.011	1.027	1.038	1.051	1.060	1.090	1.102	1.107	1.045

资料来源：根据测算结果整理。

（2）长江经济带三大城市群工业排污强度差异较小（见表3）。2009~2016年长江经济带三大城市群工业排污强度均呈波动下降趋势，工业排污强度指数平均得分关系始终保持为长江三角洲城市群 > 成渝城市群 > 长江中游城市群，即长江三角洲城市群工业排污强度最高，成渝城市群次之，长江中游城市群最低。三大城市群工业排污强度指数得分差异最大为2009年的0.036，最小为2016年的0.012，相对长江经济带上中下游地区间差异而言，三大城市群之间工业排污强度差异较小。

表3 2009~2016年长江经济带三大城市群工业排污强度指数得分

城市群	2009年	2010年	2011年	2012年	2013年	2014年	2015年	2016年	平均
长江三角洲城市群	1.009	1.026	1.025	1.032	1.036	1.034	1.040	1.049	1.031
长江中游城市群	0.973	0.995	0.993	1.008	1.016	1.017	1.020	1.037	1.007
成渝城市群	0.987	1.001	1.013	1.018	1.027	1.026	1.025	1.039	1.017

资料来源：根据测算结果整理。

2. 长江经济带工业排污异质性特征

根据测算结果将中国省级工业排污强度指数得分排名1~10位、11~20位、21~30位的省市分别划为轻污染、中污染、重污染组；将长江经济带地级及以上城市工业排污强度指数得分排名1~30位、31~70位、71~110位的城市分别划为轻污染、中污染、重污染组，形成中国省级样本和长江经济带地级及以上城市样本工业排污强度分组统计，得到如下结论。

（1）长江经济带工业排污强度与全国水平大体相当，省际差异较小。2009~2018年中国和长江经济带工业平均排污强度分别为1.000、1.006，二者水平相当。从中国省级样本工业排污强度分组来看，长江经济带沿线11省市中处于轻污染、中污染、重污染组的省市个数分别为3、4、4个（见表4），分布较为均衡。进一步比较全国与长江经济带工业平均排污强度标准差，分别为0.055、0.085，说明相对全国而言，长江经济带工业排污强度的省际差异较小。

表4　2009～2018年中国省级样本工业排污强度分组

组别	包含省市	平均得分
轻污染	海南、北京、天津、上海、新疆、广东、江苏、吉林、湖北、山东	1.077
中污染	浙江、四川、河南、安徽、湖南、福建、陕西、辽宁、黑龙江、河北	1.013
重污染	云南、内蒙古、青海、重庆、江西、广西、贵州、山西、甘肃、宁夏	0.910

注：省市顺序按中国省级工业排污强度指数得分排列。
资料来源：根据测算结果整理。

（2）长江经济带地级及以上城市工业排污强度没有显著的空间分异特征。2009～2016年长江经济带轻污染城市主要集中在下游地区，中污染城市在上中下游地区分布均衡，重污染城市大多数集中在上游和中游地区，少数分布在下游地区，说明工业排污强度并不存在显著的空间分异特征（见表5）。由于长江经济带中上游地区的重点生态功能区县较多，高污染排放比下游地区具有更强的负外部性，因此，处于长江经济带中上游地区，且境内布局较多重点生态功能区县的高污染城市——江西宜春、抚州、赣州，湖南永州、怀化、张家界，四川乐山、广元，云南昭通、安顺等应成为长江经济带工业节能减排的重点地区。

表5　2009～2016年长江经济带地级及以上城市样本工业排污强度分组

组别	包含城市	平均得分
轻污染	长沙、扬州、上海、南充、宁波、资阳、泰州、台州、成都、南通、苏州、温州、镇江、武汉、无锡、合肥、徐州、遂宁、鹰潭、连云港、常州、自贡、舟山、南京、绍兴、德阳、十堰、盐城、南昌、芜湖	1.044
中污染	淮安、襄阳、金华、嘉兴、黄山、杭州、安庆、随州、湖州、岳阳、株洲、阜阳、宿迁、六安、昆明、宜昌、蚌埠、黄冈、贵阳、咸宁、丽水、绵阳、孝感、铜陵、泸州、亳州、巴中、重庆、玉溪、上饶、内江、遵义、湘潭、吉安、雅安、郴州、衡阳、荆门、邯郸、淮北	1.019
重污染	宿州、九江、广安、常德、滁州、宣城、宜春、马鞍山、黄石、乐山、达州、鄂州、荆州、宜宾、萍乡、眉山、抚州、赣州、益阳、新余、攀枝花、景德镇、娄底、广元、昭通、怀化、衢州、池州、永州、张家界、曲靖、淮南、六盘水、丽江、安顺、铜仁、普洱、临沧、毕节、保山	0.948

注：城市顺序按长江经济带地级及以上城市工业排污强度指数得分排列。
资料来源：根据测算结果整理。

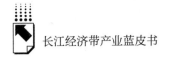
二 长江经济带工业绿色转型效率

（一）研究方法与数据来源

既有文献关于工业绿色转型效率的研究较为丰富，可分为参数法与非参数法。参数法一般通过设定具体的生产函数（如 C－D 函数）和效率项分布来测算（常青山等，2020），如随机前沿分析法（SFA）。非参数法则不需要具体的函数模型，直接从全部样本中选择前沿面，最被广泛用于研究效率的方法是数据包络法（DEA）及其改进形式。由于工业绿色发展要求投入和产出同时具备绿色属性，因此许多学者将非期望产出纳入模型，构建方向性距离函数，并对其径向性和角度性进行改进，形成非径向、非角度的方向距离函数。鉴于该模型更贴近现实，因而被大量采用，如基于制度软约束（韩晶等，2014）和资源环境约束（赵洋，2019）视角构建包含期望产出和非期望产出的投入产出模型测度产业绿色转型效率，包括 DEA－RAM 模型、非期望 HBM 模型（陈黎明等，2020）。还有一些学者为解决传统 DEA 模型效率超过 1 不可比问题，引入超效率模型形成超效率 SBM（Super－SBM）模型，为更准确地研究效率问题提供了方法，如申晨等（2018）采用 Super-SBM 模型测算中国 30 个省市的工业环境效率，考察环境规制对工业绿色转型的影响机理。目前，学术界采用数据包络法研究成果较多，该方法一方面不需要设定固定的生产函数，另一方面能充分考虑非期望产出，更贴近实际的生产活动，因而在实证研究中具备一定优势，逐渐成为学术界相关研究的主流选择。

学术界用于刻画指标动态演变的方法很多，可划分为非空间描述统计和空间描述统计两类：非空间描述统计主要有 σ 收敛、β 收敛、变异系数法、非参数型核密度估计等；空间描述统计主要有 LISA 集群地图、标准差椭圆（SDE）空间统计等。本报告不考虑空间描述统计，相对而言，基于核函数的非参数型核密度估计能更加直观考察工业绿色转型效率的动态变化趋势。

1. Super-SBM 模型

构建包含期望产出和非期望产出的投入产出模型，以此反映工业绿色转型效率。为便于比较，假设每个生产决策单元（DMU）有 m 种投入 $x = (x_1, x_2, \cdots, x_m) \in R_m^+$，产生 n 种期望产出 $y = (y_1, y_2, \cdots, y_n) \in R_n^+$ 和 k 种非期望产出 $b = (b_1, b_2, \cdots, b_k) \in R_k^+$，则第 j 个 DMU 第 t 期的投入和产出值可以表示为 (x_j, t, y_j, t, b_j, t)，其生产可能性集可表示为：

$$P^t(x^t) = \left\{ (y^t, b^t) \mid \bar{x}_{jm}^t \geq \sum_{j=1}^J \lambda_j^t x_{jm}^t, \bar{y}_{jn}^t \leq \sum_{j=1}^J \lambda_j^t y_{jn}^t, \bar{b}_{jk}^t \geqq \sum_{j=1}^J \lambda_j^t b_{jk}^t, \lambda_j^t \geq 0, \forall m, n, k \right\}$$

(1)

构建 Super – SBM 模型如下：

$$\rho^* = \min \frac{\dfrac{1}{m} \sum_{i=1}^m \dfrac{\bar{x}_i}{x_{i0}}}{\dfrac{1}{n+k} \left(\sum_{r=1}^n \dfrac{\bar{y}_r}{y_{r0}} + \sum_{l=1}^k \dfrac{\bar{b}_l}{b_{l0}} \right)} \quad \text{s. t.} \quad \begin{cases} \bar{x} \geq \sum_{j=1, \neq 0}^J \lambda_j x_j \\ \bar{y} \leq \sum_{j=1, \neq 0}^J \lambda_j x_j \\ \bar{b} = \sum_{j=1, \neq 0}^J \lambda_j x_j \\ \bar{x} \geq x_0, \bar{b} \geq 0, \bar{y} \geq 0, \lambda_j \geq 0 \end{cases}$$

(2)

式中，x、y、b 分别为投入、期望产出和非期望产出的松弛量。λ_j 是权重向量，若其和为 1 则表示规模报酬可变（VRS），否则表示规模报酬不变（CRS）。模型的最优解是由其他 DMU 构建的生产可能性集内距离前沿最近的点，即目标函数 ρ^* 越小表明越有效率。

借鉴肖滢和卢丽文（2019）的方法，从工业生产的要素投入、期望产出、非期望产出三个维度选取相关指标来测算工业绿色转型效率。

（1）要素投入。考虑劳动力、资本、能源资源三类核心工业生产投入变量。由于工业部门包含采掘业，制造业，电力、煤气及水的生产和供应业，本研究利用三类产业从业人员数之和来衡量工业劳动力投入。工业固定资产资本通过永续盘存法推算获得，折旧率参考单豪杰（2008）的方法处理，当年投资额采用规模以上工业企业固定资本投资作为度量指标。由于缺乏地级市层面价格指数，本研究采用各地级市所在省份的固定资本价格指数代替。鉴于能源消耗数据难以获得，且电力和水资源是工业消耗的主要来源，本研究分别选用工业用电量和工业用水量来衡量能源资源投入。囿于数据来源，2009～2016年工业用电量采用市辖区数据，2017～2018年工业用电量以地级市全市数据为基础，按2015年市辖区工业产值占全市比重换算。省级数据均采用该指标的地级市数据加总获得。

（2）期望产出。地级市指标利用规模以上工业企业总产值衡量，省级指标采用规模以上工业企业增加值作为度量指标，且均通过各省份工业生产者出厂价格指数调整为以2009年为基期的数据。

（3）非期望产出。选取工业废水、工业SO_2、工业烟（粉）尘为工业污染物。省级数据采用地级市数据加总获得。

2. 非参数型核密度估计

采用基于核函数的非参数型核密度估计考察工业绿色转型效率的动态变化趋势，基本原理为：假设X_1，X_2，X_3，…，X_n服从同一分布，其概率密度函数$f(x)$由样本估计获得。样本经验分布函数$F(x)$为：

$$F(x) = \frac{1}{n}\{X_1, X_2, \cdots, X_n\} \tag{3}$$

固定带宽概率密度估计式$f(x)$为：

$$f(x) = \frac{[F_n(x + h_n) - F_n(x - h_n)]}{2h} = \int_{x-h_n}^{x+h_n} \frac{1}{h} K\left(\frac{t - x}{h_n}\right) \mathrm{d}F_n(t) =$$
$$\frac{1}{nh_n}\sum_{i=1}^{n} K\left(\frac{x - x_i}{h_n}\right) \tag{4}$$

其中，n为样本数，$K(\cdot)$为核函数，h为带宽。为得到最优拟合效果，借鉴徐建中等（2018）的方法，选取常用的Epanechnikov核函数，并基于均方差最小原则选择基于数据的自动带宽。

3. 数据来源

基础数据来源于《中国统计年鉴》（2010～2019）、《中国工业经济统计年鉴》（2010～2012）、《中国工业统计年鉴》（2013～2017）、《中国城市统计年鉴》（2010～2019）、《中国环境统计年鉴》（2010～2019）、《中国价格统计年鉴》

（2010～2019），以及 EPS 数据库、中经网统计数据库等，缺省年份数据采用插值法补齐。涉及市场价值的指标均以 2009 年为价格基期调整。中国省级样本描述性统计、长江经济带地级及以上城市样本描述性统计分别如表6、表7所示。

表6　中国省级样本描述性统计

变量	样本量	极小值	极大值	均值	标准差
劳动力投入（万人）	300	4.73	1044.69	179.22	176.69
规模以上工业企业固定资本投资（亿元）	300	676.92	216166.64	52957.98	43661.75
工业用水量（亿立方米）	300	2.39	255.20	45.51	46.21
市辖区工业用电量（亿千瓦时）	300	11.98	3237.77	593.66	547.88
规模以上工业企业工业增加值（亿元）	300	291.41	35711.84	8023.11	7144.02
工业废水排放量（万吨）	300	501.00	262031.00	62529.62	58292.33
工业 SO_2 排放量（万吨）	300	0.01	161.91	44.87	35.02
工业烟（粉）尘排放量（万吨）	300	0.01	595.18	29.60	45.52

资料来源：根据 SPSS20 软件计算结果整理。

表7　长江经济带地级及以上城市样本描述性统计

变量	样本量	极小值	极大值	均值	标准差
劳动力投入（万人）	880	0.71	241.11	19.80	30.92
规模以上工业企业固定资本投资（亿元）	880	91.80	74542.91	5460.40	9272.60
工业用水量（亿立方米）	880	0.01	61.24	1.13	3.15
市辖区工业用电量（亿千瓦时）	880	0.10	805.76	56.17	99.95
规模以上工业企业总产值（亿元）	880	51.79	32603.35	3249.24	4740.74
工业废水排放量（万吨）	880	88.00	80468.00	8147.57	10140.39
工业 SO_2 排放量（万吨）	880	0.08	58.61	5.09	5.77
工业烟（粉）尘排放量（万吨）	880	0.09	21.48	2.43	2.27

资料来源：根据 SPSS20 软件计算结果整理。

（二）长江经济带工业绿色转型效率测算结果与分析

1. 长江经济带工业绿色转型效率的静态分析

（1）长江经济带工业绿色转型效率低于全国平均水平，上中下游地区差异呈扩大趋势。从全国范围看，2009～2018 年长江经济带工业绿色转型效率均低于同期全国水平，年平均水平低于全国约6.5%（见表8），说明相对全国而言长江经济带工业发展仍然属于粗放型发展模式。分上中下游地区比较，长江经济带中游地区工业绿色转型效率最高，下游地区居中，上游地区最低。上游地区工业绿色转型效率平均值低于全国约10.9%，是拉低长江经济带整体水平的主要原因。从时间演变趋势看，2009～2018年长江经济带上中下游地区工业绿色转型效率均稳步提升，交替领先，地区间差异呈扩大趋势。其中，下游地区提升速度最快，中游地区次之，上游地区最慢。有两种解释：一是下游地区绿色技术水平高于中上游地区，绿色技术运用助推工业绿色转型；二是部分高耗能、高污染产业向中上游地区转移，产业结构优化进程的"此消彼长"拉大上中下游地区的差异。

表8　2009～2018年中国和长江经济带工业绿色转型效率

地区	2009年	2010年	2011年	2012年	2013年	2014年	2015年	2016年	2017年	2018年	平均
中国	0.638	0.662	0.631	0.682	0.692	0.704	0.750	0.806	0.820	0.864	0.725
长江经济带	0.604	0.617	0.615	0.628	0.635	0.641	0.674	0.734	0.783	0.849	0.678
长江经济带以外地区	0.658	0.689	0.640	0.713	0.724	0.741	0.794	0.848	0.841	0.873	0.752
上游地区	0.600	0.612	0.612	0.624	0.640	0.641	0.638	0.681	0.716	0.694	0.646
中游地区	0.599	0.611	0.612	0.625	0.631	0.646	0.759	0.805	0.840	0.899	0.703
下游地区	0.611	0.625	0.622	0.633	0.634	0.636	0.647	0.733	0.808	0.968	0.692

资料来源：根据测算结果整理。

（2）长江经济带三大城市群工业绿色转型效率呈交替领先关系。2009～2016年长江经济带三大城市群工业绿色转型效率平均值大小关系为成渝城市群＞长江三角洲城市群＞长江中游城市群，但三大城市群工业绿色转型效率在研究期内交替领先，导致均值差异较小（见表9）。整体来看，长江三角洲城市群呈稳步提升趋势，长江中游城市群和成渝城市群均呈波动提升趋势。其中，长江三角洲城市群工业绿色转型效率自2014年开始快速提升，长江中游城市群和成渝城市群则分别自2016年和2015年才开始快速提升，说明长江中游城市群和成渝城市群工业绿色转型阻力相对较大。

表9 2009~2016年长江经济带三大城市群工业绿色转型效率

城市群	2009年	2010年	2011年	2012年	2013年	2014年	2015年	2016年	平均
长江三角洲城市群	0.621	0.624	0.613	0.627	0.627	0.643	0.663	0.746	0.646
长江中游城市群	0.562	0.577	0.583	0.597	0.636	0.618	0.620	0.685	0.610
成渝城市群	0.618	0.672	0.657	0.648	0.630	0.635	0.664	0.763	0.661

资料来源：根据测算结果整理。

2. 长江经济带工业绿色转型效率的动态演变特征

根据测算结果，对中国省级工业绿色转型效率以2009年、2012年、2015年、2018年四个年度为考察剖面，对长江经济带地级及以上城市以2009年、2012年、2016年三个年度为考察剖面，分别绘制工业绿色转型效率的非参数型核密度曲线。2009~2018年中国省域工业绿色转型效率分布的动态演进特征鲜明（见图1）：2009年中国省域工业绿色转型效率呈显著的"双波峰"形态，即大量省市工业绿色转型效率聚集在两个区间内，呈两极分化态势；随着时间推移，峰值小幅右移，且波峰高度显著降低，宽度变大，右尾延长度大幅增加，说明中国的工业绿色转型效率整体呈提升态势，部分省市大幅提升，且省际差距拉大，呈不断发散趋势；到2018年演变为较宽的"双波峰"形态，表明中国省域工业绿色转型效率已形成分化格局。

采用相同方法绘制长江经济带和三大城市群的非参数型核密度曲线（见图2），得到如下结论。

（1）长江经济带地级及以上城市工业绿色转型效率呈动态"收敛"态势。其中，2009~2012年长江经济带地级及以上城市工业绿色转型效率呈显著"右偏"分布，即存在少量城市工业绿色转型效率远高于其他城市；曲线的波峰提高且向右偏移，说明大量城市工业绿色转型效率集中在较低区间，呈"收敛"态势，整体小幅提升；2012~2016年，波峰高度下降，向右偏移，逐渐形成波峰大小悬殊的"双波峰"形态，表明长江经济带地级及以上城市工业绿色转型效率整体水平进一步提升，且有相当一部分城市聚

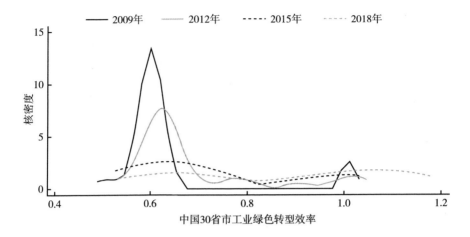

图 1   中国 30 省市工业绿色转型效率的非参数型核密度曲线

资料来源：根据测算结果，采用 stata15.0 软件绘制。

集在较高水平，个别城市甚至超过 2.5，但整体上仍呈现为"收敛"特征。相对中国省级样本而言，长江经济带地级及以上城市工业绿色转型效率并未出现显著的"分化"特征，但由于 2017～2018 年样本数据缺失，尚不能判断后续演变趋势。

（2）长江经济带三大城市群工业绿色转型效率演变特征差异较大。2009～2016 年长江三角洲城市群工业绿色转型效率经历了"收敛—分化"的演变过程。其中，2009～2012 年曲线的"右偏"特征减弱，波峰增高且

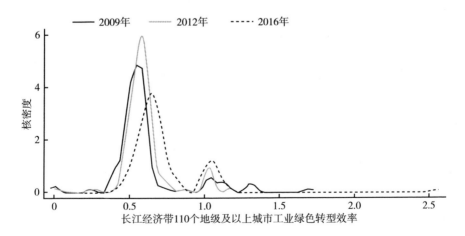

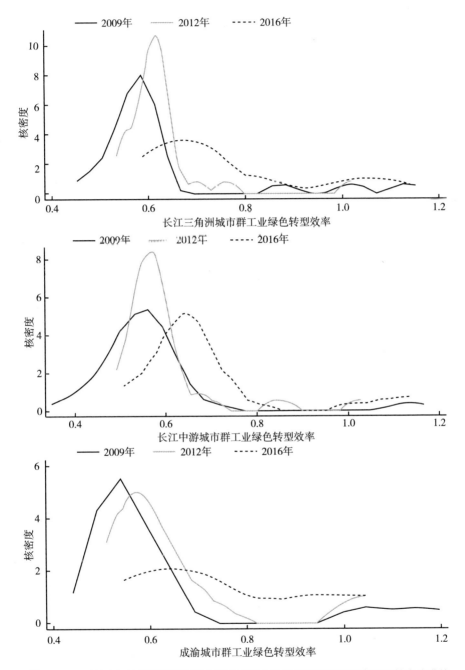

图2　2009～2016年长江经济带和三大城市群工业绿色转型效率的非参数型核密度曲线

资料来源：根据测算结果，采用 stata15.0 软件绘制。

向右移动；2012～2016 年曲线缩短，波峰大幅降低且继续向右移动，说明长江三角洲城市群工业绿色转型效率先小幅"收敛"再大幅"分化"，整体呈提高趋势。2009～2016 年长江中游城市群一直保持"收敛"态势。其中，2009～2012 年波峰增高但并未显著向右偏移，曲线缩短；2012～2016 年曲线波峰高度降低，恢复至 2009 年高度，整体向右移动，说明长江中游城市群工业绿色转型效率经历了"收敛"增强再减弱的演变过程，工业绿色转型效率自 2012 年开始才显著提高。2009～2016 年成渝城市群工业绿色转型效率呈持续"分化"态势。其中，2009～2012 年曲线波峰高度几乎没有降低，整体向右移动，"右偏"特征减弱；2012～2016 年曲线波峰高度大幅降低，说明成渝城市群工业绿色转型效率持续"分化"，整体水平持续提升。

三 长江经济带工业绿色转型的动力来源与效率损失研判

（一）研究方法与数据来源

1. Global Malmquist-Luenberger 指数

学术界关于工业绿色全要素生产率的研究，一般基于 DEA 模型及其改进形式构建的 Malmquist 指数、Malmquist-Luenberger 指数等。本研究基于生产前沿理论，考虑现实中大部分生产者存在的"技术无效率"情况，以实际样本构造前沿生产函数，利用 GML 生产指数测算工业绿色全要素生产率，进而将 GML 指数分解为全局效率变化指数 $GEFFch$ 和全局技术进步指数 $GTEch$ 的乘积，以此解析工业绿色转型效率变化的内在动因。

在 SBM 超效率模型基础上，定义任意一个 DUM 从 t 期到 $t+1$ 期的 GML 指数，公式为：

$$GML_t^{t+1} = \frac{1 + \overrightarrow{D^t}(x^t, y^t, b^t; g^t)}{1 + \overrightarrow{D^{t+1}}(x^{t+1}, y^{t+1}, b^{t+1}; g^{t+1})} \tag{5}$$

式中，$\overrightarrow{D^t}$ $(x^t, y^t, b^t; g^t)$ 表示全局方向性距离函数，$g = (-x, y, -b)$ 为方向向量。若 GML、GEFFch 和 GTEch 三个指数均大于 1，则说明绿色全要素生产率、绿色技术效率、绿色技术进步均呈改进态势，具有绿色技术追赶效应和外溢效应；反之，则呈停滞或恶化态势。

2. 投入产出冗余度

投入产出冗余度表示投入和非期望产出相关指标的松弛改进值占原值的比例，能有效刻画工业绿色转型的效率损失来源，准确判断节能减排的方向与潜能，为制定针对性政策提供科学依据（肖滢和卢丽文，2019）。计算公式为：

投入冗余度＝投入指标松弛改进值/投入指标原值

产出冗余度＝产出指标松弛改进值/产出指标原值

式中，投入和产出指标松弛改进值均由工业绿色转型效率测算过程生成。

3. 数据来源

本节数据来源与测算工业绿色转型效率的数据来源相同。由于 GML 指数刻画的是 DUM 从 t 期到 $t+1$ 期的改进，因此测算结果比样本周期少一年。

（二）研究结果与分析

1. 长江经济带工业绿色转型的动力来源

（1）长江经济带工业绿色转型的动力同时来源于绿色技术追赶效应和外溢效应。2009～2018 年长江经济带 GML 指数均值为 1.078，表明长江经济带工业绿色全要素生产率年平均增长 7.8%（见表 10）。由于多数年份高于全国水平，说明长江经济带工业绿色全要素生产率呈赶超态势。从绿色全要素生产率的分解来看，全国 GEFFch、GTEch 指数均值分别为 1.027、1.065，即绿色技术效率年均增长 2.7%，绿色技术进步年均增长 6.5%；长江经济带 GEFFch、GTEch 指数均值分别为 1.059、1.036，即绿色技术效率年均增长 5.9%，绿色技术进步年均增长 3.6%。这说明 2009～2018 年长江经济带工业绿色技术效率和绿色技术进步均呈改进态势，同时具有绿色技追赶效应和外溢效应，但相对全国平均水平而言，绿色技术效率增长较快，绿色技术进步较慢；长江经济带工业绿色转型效率提升主要得益于人力资本积累、绿色技术应用、制度创新等方面，但在绿色生产技术和工艺提升方面有待加强。

（2）长江经济带上中下游地区工业绿色转型动力来源各不同。2009～2018 年长江经济带上中下游地区 *GML* 指数均值大小关系为中游地区 > 上游地区 > 下游地区，*GEFFch* 指数均值大小关系为下游地区 > 中游地区 > 上游地区，*GTEch* 指数均值大小关系为中游地区 > 上游地区 > 下游地区。中游地区 *GML* 指数和 *GTEch* 指数均最高，说明工业绿色全要素生产率提升最快，且具有相对较高的绿色技术外溢效应。下游地区 *GEFFch* 指数最高，说明绿色技术追赶效应最显著。上游地区则在两方面均有较大提升空间。整体而言，中下游地区绿色技术效率和绿色技术进步是推动长江经济带工业绿色转型效率提高的主要动力。

（3）长江经济带三大城市群工业绿色转型的动力来源各不相同。2009～2018 年长江经济带三大城市群 *GML* 指数均值大小关系为长江中游城市群 > 长江三角洲城市群 > 成渝城市群，*GEFFch* 指数均值大小关系为长江中游城市群 > 成渝城市群 > 长江三角洲城市群，*GTEch* 指数均值大小关系为长江三角洲城市群 > 成渝城市群 > 长江中游城市群。长江中游城市群 *GML* 指数和 *GEFFch* 指数均最高，说明工业绿色全要素生产率提升最快，且具有相对较高的绿色技术追赶效应。长江三角洲城市群 *GTEch* 指数最高，说明绿色技术外溢效应最显著。成渝城市群在两方面均处于中间位置，且 *GML* 指数均值与长江三角洲城市群差异较小，说明工业绿色转型效率的动力来源相对均衡。

2. 长江经济带工业绿色转型的效率损失

（1）长江经济带工业绿色转型效率的损失来源于投入和产出两端。如表 11 所示，2009～2018 年长江经济带工业部门四种投入要素的冗余度分别为 0.135、0.016、0.469、0.041，三种非期望产出的冗余度分别为 0.513、0.801、0.700。其中，劳动力和水资源投入冗余度高于全国平均水

表 10　2009～2018 年中国和长江经济带工业绿色全要素生产率

年份	指标	中国	长江经济带	长江经济带以外地区	上游地区	中游地区	下游地区	长江三角洲城市群	长江中游城市群	成渝城市群
2009～2010	GML	1.106	1.088	1.117	1.101	1.063	1.093	1.021	1.035	1.042
	GEFFch	1.018	0.994	1.032	1.009	0.954	1.008	1.075	1.114	1.114
	GTEch	1.090	1.097	1.086	1.094	1.114	1.086	0.955	0.944	0.954
2010～2011	GML	1.045	1.046	1.045	1.042	1.073	1.029	0.996	1.024	1.016
	GEFFch	1.061	1.103	1.036	1.099	1.140	1.078	0.874	0.928	0.965
	GTEch	0.987	0.949	1.009	0.948	0.942	0.955	1.166	1.135	1.053
2011～2012	GML	1.106	1.066	1.129	1.044	1.104	1.059	1.027	1.039	1.008
	GEFFch	1.017	1.070	0.987	1.073	1.123	1.027	1.019	1.004	0.936
	GTEch	1.100	0.999	1.158	0.976	0.984	1.034	1.016	1.047	1.094
2012～2013	GML	1.048	1.058	1.042	1.133	1.045	0.994	1.013	1.078	1.015
	GEFFch	1.028	1.078	1.000	1.166	1.106	0.968	1.080	1.099	1.064
	GTEch	1.033	0.988	1.059	0.978	0.946	1.029	0.946	0.983	0.956
2013～2014	GML	1.071	1.090	1.061	1.139	1.064	1.060	1.030	0.994	1.018
	GEFFch	1.053	1.161	0.990	1.181	1.316	1.023	0.960	0.966	0.982
	GTEch	1.041	0.963	1.086	0.973	0.852	1.037	1.081	1.029	1.040
2014～2015	GML	1.102	1.040	1.138	1.025	1.049	1.048	1.028	1.002	1.048
	GEFFch	0.921	0.903	0.931	0.859	0.939	0.921	0.936	0.985	0.967
	GTEch	1.205	1.167	1.227	1.230	1.121	1.138	1.102	1.030	1.084
2015～2016	GML	1.083	1.108	1.069	1.120	1.078	1.118	1.089	1.103	1.048
	GEFFch	1.078	1.037	1.102	1.040	1.015	1.051	0.990	1.041	0.977
	GTEch	1.018	1.070	0.988	1.080	1.061	1.066	1.101	1.069	1.074
2016～2017	GML	1.032	1.135	0.972	0.994	1.312	1.144			
	GEFFch	0.961	0.997	0.940	0.939	0.950	1.091			
	GTEch	1.098	1.139	1.074	1.059	1.365	1.050			
2017～2018	GML	1.077	1.074	1.079	1.068	1.037	1.107			
	GEFFch	1.105	1.192	1.055	1.064	1.039	1.433			
	GTEch	1.015	0.952	1.051	1.004	0.998	0.865			
平均	GML	1.075	1.078	1.072	1.074	1.092	1.073	1.029	1.039	1.028
	GEFFch	1.027	1.059	1.008	1.048	1.065	1.067	0.990	1.020	1.000
	GTEch	1.065	1.036	1.082	1.038	1.042	1.029	1.052	1.034	1.036

资料来源：根据测算结果整理。

平，资本和能源投入冗余度低于全国平均水平，非期望产出冗余度均高于全国平均水平，说明长江经济带工业绿色转型效率低于全国平均水平既要归因于劳动力和水资源的高冗余投入，又要归因于污染物的高冗余排放，节能减排压力依然较大。从 2009～2018 年长江经济带工业绿色转型投入产出冗余度的动态变化来看，劳动力、资本的投入冗余情况，以及工业废水的产出冗余情况改进较为显著，而水资源、能源的投入冗余情况，以及工业 SO_2、工业烟（粉）尘的产出冗余情况改进缓慢（见表 12）。综合来看，未来应重点加强降低水资源的投入冗余度，以及工业 SO_2、工业烟（粉）尘的产出冗余度。

（2）中上游地区是长江经济带工业绿色转型效率的损失主体。2009～2018 年长江经济带上游地区的能源投入和三种非期望产出冗余度均为最高；中游地区的劳动力、水资源投入冗余度为最高；下游地区仅资本投入冗余度最高。这说明长江经济带劳动力和水资源投入冗余度较高主要由中游地区导致，而非期望产出冗余度较高主要由上游地区导致。

表 11　2009～2018 年中国和长江经济带工业绿色转型投入产出冗余度均值

地区	投入冗余度				非期望产出冗余度		
	劳动力	资本	水资源	能源	工业废水	工业 SO_2	工业烟（粉）尘
中国	0.099	0.020	0.273	0.076	0.421	0.675	0.601
长江经济带	0.135	0.016	0.469	0.041	0.513	0.801	0.700
长江经济带以外地区	0.078	0.022	0.160	0.096	0.368	0.602	0.543
上游地区	0.129	0.001	0.470	0.062	0.515	0.914	0.772
中游地区	0.176	0.000	0.536	0.002	0.513	0.717	0.655
下游地区	0.110	0.042	0.417	0.048	0.510	0.751	0.662

资料来源：根据测算结果整理。

表12　2009～2018年长江经济带工业绿色转型投入产出冗余度

年份	投入冗余度				产出冗余度		
	劳动力	资本	水资源	能源	工业废水	工业SO$_2$	工业烟(粉)尘
2009	0.210	0.031	0.695	0.098	0.769	0.954	0.827
2010	0.129	0.023	0.680	0.077	0.723	0.949	0.794
2011	0.173	0.018	0.576	0.068	0.685	0.937	0.843
2012	0.180	0.017	0.565	0.047	0.633	0.923	0.804
2013	0.213	0.018	0.523	0.028	0.582	0.913	0.790
2014	0.167	0.016	0.413	0.029	0.539	0.891	0.815
2015	0.159	0.013	0.353	0.016	0.508	0.801	0.725
2016	0.070	0.011	0.302	0.017	0.327	0.669	0.558
2017	0.049	0.003	0.295	0.007	0.200	0.546	0.464
2018	0.001	0.003	0.284	0.021	0.161	0.425	0.384

资料来源：根据测算结果整理。

（3）三大城市群工业绿色转型的效率损失来源差别较大。2009～2016年长江三角洲城市群的资本、能源投入冗余度最高；长江中游城市群的劳动力、水资源投入冗余度，以及三种非期望产出冗余度均为最高；成渝城市群的投入和非期望产出冗余度均为最低（见表13）。整体来看，三大城市群工业绿色转型的效率损失来源差别较大，长江中游城市群亟须改进的空间较大。

表13　2009～2016年长江经济带三大城市群工业绿色转型投入产出冗余度

城市群	投入冗余度				产出冗余度		
	劳动力	资本	水资源	能源	工业废水	工业SO$_2$	工业烟(粉)尘
长江三角洲城市群	0.173	0.128	0.152	0.415	0.627	0.739	0.664
长江中游城市群	0.208	0.087	0.224	0.348	0.673	0.782	0.701
成渝城市群	0.133	0.081	0.132	0.336	0.585	0.689	0.579

资料来源：根据测算结果整理。

四 研究结论与政策启示

（一）研究结论

（1）长江经济带工业排污强度呈逐年降低态势，与全国水平差异较小，地区间差异较小。2009～2018年长江经济带工业排污强度与全国平均值持平，逐年下降，虽然上中下游地区、三大城市群之间的工业排污强度均呈现稳定的大小关系，但相互间差值较小。2009～2016年长江经济带工业排污强度较低城市主要集中在下游地区，工业排污强度处于中高水平的城市在上中下游地区均有分布，空间分异并不显著。

（2）长江经济带工业绿色转型效率低于全国平均水平，上中下游地区间差异扩大，三大城市群交替领先。2009～2018年长江经济带工业绿色转型效率低于全国平均水平约6.5%，仍属于粗放型发展模式。长江经济带中游地区工业绿色转型效率最高，下游地区居中，上游地区最低。2009～2016年长江经济带三大城市群工业绿色转型效率交替领先，相互间均值差异较小。相对而言，长江中游城市群和成渝城市群工业绿色转型阻力较大。

（3）长江经济带工业绿色转型效率整体呈"收敛"态势，三大城市群工业绿色转型效率演变特征差异较大。2009～2016年，随着长江经济带工业绿色转型效率稳步提升，出现"收敛"特征先加强、后弱化的演变过程，但整体上仍为"收敛"态势。长江三角洲城市群工业绿色转型效率经历了"收敛—分化"的演变过程，长江中游城市群一直保持"收敛"态势，成渝城市群呈持续"分化"态势。三大城市群工业绿色转型效率均在2012年后显著提升。

（4）长江经济带工业绿色转型的动力来源于绿色技术效率和绿色技术进步两方面，二者均呈改进态势，但长江经济带上中下游地区和三大城市群工业绿色转型动力来源各不同。2009～2018年长江经济带工业绿色全要素生产率、绿色技术效率、绿色技术进步年平均增长分别为7.8%、5.9%、

3.6%，同时具有绿色技术追赶效应和外溢效应。长江经济带下游地区绿色技术追赶效应最显著，中游地区具有相对较高的绿色技术外溢效应，上游地区则在两方面均有较大提升空间。长江三角洲城市群绿色技术外溢效应最显著；长江中游城市群工业绿色全要素生产率提升最快，且具有相对较高的绿色技术追赶效应；成渝城市群在两方面均处于中间位置，工业绿色转型效率的动力来源相对均衡。

（5）长江经济带工业绿色转型效率的损失来源于投入和产出两端，中上游地区是长江经济带工业绿色转型效率的损失主体，三大城市群工业绿色转型的效率损失来源差别较大。2009—2018年，与全国平均水平比较，长江经济带在劳动力和水资源两种要素存在高冗余投入，在三种非期望产出均存在高冗余排放。从动态变化看，劳动力、资本的投入冗余情况，以及工业废水的产出冗余情况改进较为显著。分上中下游地区看，长江经济带劳动力和水资源投入冗余度较高主要由中游地区导致，而非期望产出冗余度较高主要由上游地区导致。三大城市群中，长江三角洲城市群的资本、能源投入冗余度最高；长江中游城市群的劳动力、水资源投入冗余度，以及三种非期望产出冗余度均为最高；成渝城市群均居中。

（二）政策启示

（1）加快推进长江经济带中上游地区重污染城市工业绿色转型。加快推进保山等长江经济带中上游地区重污染城市工业绿色转型，完善环境规制体系，引导和支持工业企业应用绿色新技术对生产工艺实现绿色化改造，降低中上游地区高污染排放的负外部性。以安顺等下辖较多重点生态功能区县的中上游高污染城市为攻坚目标，加大政府对工业企业绿色转型的资金和政策扶持力度，淘汰一批不符合绿色标准且难以转型的工业企业，充分发挥政府在推动工业企业绿色转型工作中的引导和激励作用，率先实现工业绿色转型。

（2）同步推进长江经济带工业绿色转型的绿色技术追赶效应和外溢效应。长江经济带工业绿色转型既要重视清洁技术和工艺水平等"绿色技术硬实力"提升，发挥工业绿色转型的外溢效应，又要重视人力资本积累和制度创新等"绿色软实力"提升，发挥工业绿色转型的绿色技术追赶效应。同时，还要加强长江经济带上中下游地区、三大城市群之间，以及城市群与非城市群之间工业企业的先进制度和管理经验交流借鉴，共同推进长江经济带工业绿色转型。

（3）以降低工业生产投入产出的结构性冗余为重要目标推动长江经济带节能减排政策精准落地。在长江经济带工业发展整体层面，要重点降低水资源的投入冗余度，以及工业 SO_2、工业烟（粉）尘的产出冗余度。在地区产业结构层面，重点培育一批清洁型工业企业，淘汰一批高耗能、高污染、高排放工业企业，推动产业结构优化升级。在工业园层面，制定包括投入产出冗余度相关指标的企业准入门槛和评定标准，推动工业园区绿色转型。在企业生产结构层面，科学评估企业生产各环节的投入产出冗余度，筛选冗余度较高的环节重点突破。

参考文献

大卫·皮尔斯等：《绿色经济蓝图》，何晓军译，北京师范大学出版社，1996，第6页。

沈坤荣、金刚、方娴：《环境规制引起了污染就近转移吗？》，《经济研究》2017年第5期，第44~59页。

邓慧慧、杨露鑫：《雾霾治理、地方竞争与工业绿色转型》，《中国工业经济》2019年第10期，第118~136页。

陈超凡、韩晶、毛渊龙：《环境规制、行业异质性与中国工业绿色增长——基于全要素生产率视角的非线性检验》，《山西财经大学学报》2018年第3期，第65~80页。

陈诗一：《节能减排与中国工业的双赢发展：2009~2049》，《经济研究》2010年第3期，第129~143页。

王文普、陈斌：《环境政策对绿色技术创新的影响研究——来自省级环境专利的证据》，《经济经纬》2013年第5期，第13~18页。

吴传清等：《长江经济带产业蓝皮书：长江经济带产业发展报告2019》，社会科学文献出版社，2020，第313~314页。

李玲、陶锋：《中国制造业最优环境规制强度的选择——基于绿色全要素生产率的视角》，《中国工业经济》2012 年第 5 期，第 70～82 页。

常青山等：《科技人力资源对工业绿色转型的门槛效应——基于环境规制的视角》，《科技管理研究》2020 年第 12 期，第 220～228 页。

韩晶、陈超凡、王赟：《制度软约束对制造业绿色转型的影响——基于行业异质性的环境效率视角》，《山西财经大学学报》2014 年第 12 期，第 59～69 页。

赵洋：《我国资源型城市产业绿色转型效率研究——基于地级资源型城市面板数据实证分析》，《经济问题探索》2019 年第 7 期，第 94～101 页。

陈黎明等：《中国区域绿色全要素生产率的影响因素及其空间特征》，《财经理论与实践》2020 年第 4 期，第 122～132 页。

申晨、李胜兰、黄亮雄：《异质性环境规制对中国工业绿色转型的影响机理研究——基于中介效应的实证分析》，《南开经济研究》2018 年第 5 期，第 95～114 页。

肖滢、卢丽文：《资源型城市工业绿色转型发展测度——基于全国 108 个资源型城市的面板数据分析》，《财经科学》2019 年第 9 期，第 86～98 页。

单豪杰：《中国资本存量 K 的再估算：1952～2006 年》，《数量经济技术经济研究》2008 年第 10 期，第 17～31 页。

徐建中、王曼曼：《绿色技术创新、环境规制与能源强度——基于中国制造业的实证分析》，《科学学研究》2018 年第 4 期，第 744～753 页。

B.7
长江经济带污染密集型产业集聚的
绿色经济效应研究报告[*]

黄 磊[**]

摘　要： 污染治理是长江经济带生态环境保护与绿色发展的难点与痛
　　　　 点，而高污染产业集聚正是造成长江环境问题的重要诱因。
　　　　 本报告以污染密集型产业为例，基于 1999～2018 年长江经济
　　　　 带沿线省市面板数据，采用污染密集指数和加权标准差椭圆
　　　　 方法，系统识别污染密集型产业行业范畴及其集聚时空演化
　　　　 格局，进而采用固定效应模型探究污染密集型产业集聚的绿
　　　　 色经济效应。结果显示：长江经济带污染密集型产业集聚深
　　　　 度弱于全国水平，产业结构朝绿色低碳化转型，下游地区转
　　　　 型效果尤为突出；长江经济带污染密集型产业集聚地区分异
　　　　 显著，中上游地区污染产能集聚能力较强，重心呈向西南移
　　　　 动趋势；污染密集型产业集聚对长江经济带绿色发展能力在
　　　　 短期内具有抑制作用，引致污染生产和污染扩散加剧，以中
　　　　 上游地区最为凸显；污染密集型产业集聚在长期存在绿色转
　　　　 型机制，内生性产业集群与政府有序布局使得污染产能收缩，
　　　　 下游、中游、上游地区绿色转型速率梯度递增。进一步提升
　　　　 长江经济带绿色发展能力，应强化污染型产业绿色转型技术

---

* 基金项目：国家社会科学基金青年项目"长江上游地区'化工围江'的环境风险及差异化治
　理路径研究"（项目编号：20CJL021）。
** 黄磊，西南大学经济管理学院讲师，西南大学经济研究中心兼职研究员，中国人民大学长江
　经济带研究院客座研究员，武汉大学区域经济学专业博士，从事区域经济学研究。

支撑，优化对污染型产能扩张与迁移的监管，加快绿色新兴产能培育。

关键词： 长江经济带　产业集聚　污染密集型产业　绿色发展

2018 年 4 月习近平总书记在深入推动长江经济带发展座谈会上强调要下决心把长江沿岸有污染的企业都搬出去，彻底根除长江污染隐患。2019 年 10 月召开的党的十九届四中全会明确要完善污染防治区域联动机制，落实最严格的生态环境保护制度。2019 年 12 月举行的中央经济工作会议再次强调要打好污染防治攻坚战，突出精准治污。污染防治作为全面建成小康社会的"三大攻坚战"之一，党和国家始终高度重视，特别是重点战略区域污染防治问题，而污染密集型产业作为污染生产与排放的主要来源，是推动污染治理的主体。长江经济带作为新时期国家经济增长的战略支撑带，污染密集型产业份额较高，产业结构绿色清洁度有待提升，产业污染环境风险治理任务艰巨，推动低端过剩产能有序退出成为践行长江经济带共抓大保护战略的当务之急。那么长江经济带污染密集型产业集聚态势如何？是否对长江经济带绿色发展能力存在持续削弱作用？又该如何推动长江经济带污染密集型产业绿色生态集聚？深入探讨上述问题对强化长江经济带生态环境保护、加快长江经济带经济绿色高质量发展、推动国家生态文明治理体系和治理能力现代化具有重要意义，本报告侧重解决上述三大问题。

一　污染密集型产业集聚的特征事实

（一）污染密集型产业识别

当前关于污染密集型产业识别主要存在六种方法，或侧重于排放强度、治理成本与生成规模，或依托于前期经验和国家标准，或结合排放总量与强度。本报告认为污染密集型产业主要集中于排污强度和排污总量两个维度，故综合考虑污染密集型产业的规模和强度作为主要判识依据，借鉴仇方道等（2013）的规模强度思路，并对其识别方法进行一定改进。具体实现过程如下：

第一步，计算第 i 产业第 t 年第 j 种污染物排放强度：

$$E_{i,j,t} = \frac{X_{i,j,t}}{Y_{i,t}} \tag{1}$$

第二步，将第 i 产业第 t 年第 j 种污染物排放强度进行归一化处理：

$$E'_{i,j,t} = 0.01 + 0.99 \times \frac{E_{i,j,t} - \min_{i'=1}^{34}\{E_{i',j,t}\}}{\max_{i'=1}^{34}\{E_{i',j,t}\} - \min_{i'=1}^{34}\{E_{i',j,t}\}} \tag{2}$$

第三步，计算第 i 产业第 t 年第 j 种污染物排放规模：

$$P_{i,j,t} = \frac{X_{i,j,t}}{\sum\limits_{i'=1}^{34} X_{i',j,t}} \tag{3}$$

第四步，将第 i 产业第 t 年第 j 种污染物排放规模进行归一化处理：

$$P'_{i,j,t} = 0.01 + 0.99 \times \frac{P_{i,j,t} - \min_{i'=1}^{34}\{P_{i',j,t}\}}{\max_{i'=1}^{34}\{P_{i',j,t}\} - \min_{i'=1}^{34}\{P_{i',j,t}\}} \tag{4}$$

第五步，计算第 i 产业第 t 年第 j 种污染物污染密集指数：

$$EPI_{i,j,t} = \sqrt{E'_{i,j,t} \times P'_{i,j,t}} \tag{5}$$

第六步，计算第 i 产业第 t 年污染密集指数：

$$EPI_{i,t} = \frac{1}{3} \times \sum_{j=1}^{3} EPI_{i,j,t} \tag{6}$$

第七步，计算第 i 产业污染密集指数：

$$EPI_i = \frac{1}{T} \sum_{t=1}^{T} EPI_{i,t} \tag{7}$$

式中，E 表示污染物排放强度，X 表示污染物排放绝对量，Y 表示对应工业行业产值，P 表示污染物排放份额，EPI 表示污染密集指数，i 表示产业类型，j 表示污染物类别，t 表示年份。污染物主要考虑工业"三废"，即工业废水排放总量（万吨）、工业废气排放总量（亿标立方米）、一般工业固体废物产生量（万吨），考虑工业产值数据可得性与统一性，使用主营业务收入替代工业总产值（亿元），并采用以 2001 年为基期的定基工业生产者出厂价格指数平减。数据来源于《中国统计年鉴》（2002～2016）、《中国环境统计年鉴》（2004～2016）、《中国工业经济统计年鉴》（2002～2004）、《中国经济普查年鉴》（2004）、《中国工业经济统计年鉴》（2006～2012）、《中国工业统计年鉴》（2013～2016）、长江经济带沿线 11 省市 2002～2016 年统计年鉴。

为规避直接使用仇方道（2013）归一化处理带来的 0 值，将归一化作加权分项，保证最小值为 0.01，以使在第五步取几何平均时不至于出现因一方数值为 0 而使得整个平均数为 0 的特殊情况。考虑到《中国统计年鉴》（2002）开始较为全面统计各工业行业污染排放物，而《中国环境统计年鉴》（2016）为统计各工业行业污染排放物的最新年鉴，本报告为力求最大程度反映工业行业污染密集指数，在现有数据约束条件下，选取 2001～2015 年作为污染密集型产业识别研究周期，将其间各产业的平均污染密集指数作为识别依据。由于我国的产业划分标准在 2003 年和 2011 年进行了部分调整，本报告综合两次产业分类调整，删除匹配不完全行业与合并若干行业后，最终选取 34 个工业二位数细分行业作为待识别对象，并将排名前1/3的工业行业纳入污染密集型产业。

经测算，最终确定煤炭开采和洗选业，黑色金属矿采选业，有色金属矿采选业，纺织业，造纸及纸制品业，石油加工、炼焦及核燃料加工业，化学原料及制品制造业，非金属矿物制品业，黑色金属冶炼及压延加工业，有色金属冶炼及压延加工业，电力、热力生产和供应业等 11 个排污规模和排污强度较强的行业为污染密集型产业（各行业平均污染密集指数及排序见表1，各行业污染密集指数见表 2 和表 3）。与 2006 年国务院出台的《第一次全国污染源普查方案》所明确的 11 个重污染行业具有较强相似性，其中 8

个行业相同，切合度高达72.73%，仅煤炭开采和洗选业、黑色金属矿采选业、有色金属矿采选业三个行业与食品加工业、食品制造业、皮革毛皮羽绒及其制品业不同，且前者属重工业，污染属性应较后者严重。因此，本报告测度所得的11个污染密集型产业具有可信性、现实性和全面性，可作为污染密集型产业一种科学表征。

表1 2001~2015年全国34个工业二位数细分行业平均污染密集指数及排序

行业	EPI	排名	行业	EPI	排名
电力、热力生产和供应业	0.506	1	金属制品业	0.039	18
黑色金属冶炼及压延加工业	0.369	2	皮革毛皮羽绒及其制品业	0.032	19
造纸及纸制品业	0.365	3	交通运输设备制造业	0.031	20
有色金属矿采选业	0.323	4	木材加工及竹、藤、棕、草制品业	0.027	21
黑色金属矿采选业	0.321	5	电子及通信设备制造业	0.027	22
非金属矿物制品业	0.264	6	石油和天然气开采业	0.026	23
化学原料及制品制造业	0.239	7	燃气生产和供应业	0.025	24
煤炭开采和洗选业	0.190	8	橡胶和塑料制品业	0.023	25
有色金属冶炼及压延加工业	0.139	9	通用设备制造业	0.021	26
纺织业	0.126	10	专用设备制造业	0.021	27
石油加工、炼焦及核燃料加工业	0.094	11	服装及其他纤维制品制造	0.020	28
化学纤维制造业	0.091	12	仪器仪表及文化、办公用机械制造业	0.020	29
食品加工业	0.088	13	电气机械及器材制造业	0.016	30
饮料制造业	0.078	14	烟草加工业	0.016	31
医药制造业	0.063	15	印刷业记录媒介的复制	0.015	32
食品制造业	0.060	16	家具制造业	0.013	33
非金属矿采选业	0.059	17	文教体育用品制造业	0.011	34

资料来源：根据相关统计年鉴资料整理编制。

表2 2001~2008年全国34个工业二位数细分行业污染密集指数

行业\年份	2001	2002	2003	2004	2005	2006	2007	2008
煤炭开采和洗选业	0.216	0.203	0.213	0.181	0.183	0.191	0.166	0.145
石油和天然气开采业	0.035	0.026	0.026	0.024	0.023	0.022	0.021	0.020
黑色金属矿采选业	0.328	0.310	0.295	0.326	0.270	0.268	0.296	0.251

续表

年份 行业	2001	2002	2003	2004	2005	2006	2007	2008
有色金属矿采选业	0.366	0.378	0.288	0.265	0.336	0.342	0.307	0.322
非金属矿采选业	0.070	0.066	0.064	0.072	0.087	0.074	0.064	0.054
食品加工业	0.072	0.087	0.094	0.093	0.094	0.078	0.095	0.099
食品制造业	0.053	0.058	0.062	0.061	0.060	0.058	0.055	0.061
饮料制造业	0.071	0.063	0.062	0.063	0.068	0.088	0.083	0.088
烟草加工业	0.017	0.017	0.018	0.015	0.015	0.016	0.016	0.016
纺织业	0.100	0.102	0.111	0.115	0.113	0.126	0.125	0.135
服装及其他纤维制品制造业	0.013	0.014	0.015	0.020	0.018	0.021	0.020	0.021
皮革毛皮羽绒及其制品业	0.024	0.025	0.026	0.030	0.030	0.031	0.031	0.036
木材加工及竹、藤、棕、草制品业	0.025	0.026	0.032	0.032	0.031	0.026	0.032	0.024
家具制造业	0.013	0.014	0.014	0.012	0.015	0.014	0.015	0.013
造纸及纸制品业	0.370	0.383	0.382	0.379	0.384	0.387	0.387	0.381
印刷业记录媒介的复制	0.014	0.012	0.013	0.012	0.012	0.011	0.013	0.012
文教体育用品制造业	0.014	0.014	0.012	0.011	0.010	0.010	0.010	0.011
石油加工、炼焦及核燃料加工业	0.072	0.085	0.097	0.104	0.092	0.089	0.091	0.102
化学原料及制品制造业	0.285	0.278	0.275	0.273	0.260	0.257	0.250	0.218
医药制造业	0.049	0.062	0.061	0.066	0.055	0.055	0.051	0.058
化学纤维制造业	0.139	0.133	0.115	0.104	0.095	0.094	0.081	0.088
橡胶和塑料制品业	0.023	0.022	0.022	0.021	0.021	0.021	0.023	0.023
非金属矿物制品业	0.319	0.315	0.313	0.314	0.305	0.322	0.283	0.267
黑色金属冶炼及压延加工业	0.341	0.362	0.335	0.324	0.342	0.377	0.345	0.382
有色金属冶炼及压延加工业	0.180	0.157	0.147	0.132	0.129	0.120	0.108	0.118
金属制品业	0.023	0.028	0.027	0.025	0.029	0.032	0.039	0.035
通用设备制造业	0.026	0.022	0.023	0.026	0.025	0.020	0.019	0.023
专用设备制造业	0.026	0.028	0.026	0.024	0.022	0.020	0.017	0.017
交通运输设备制造业	0.033	0.033	0.039	0.039	0.028	0.031	0.029	0.031
电气机械及器材制造业	0.021	0.020	0.019	0.015	0.014	0.014	0.014	0.015
电子及通信设备制造业	0.021	0.020	0.018	0.017	0.019	0.022	0.023	0.027
仪器仪表及文化、办公用机械制造业	0.013	0.012	0.030	0.030	0.022	0.021	0.021	0.019
电力、热力生产和供应业	0.476	0.477	0.398	0.515	0.521	0.511	0.529	0.545
燃气生产和供应业	0.041	0.038	0.039	0.034	0.039	0.032	0.024	0.025

资料来源：根据相关数据整理编制。

表3 2009～2015年全国34个工业二位数细分行业污染密集指数

年份 行业	2009	2010	2011	2012	2013	2014	2015	平均
煤炭开采和洗选业	0.155	0.163	0.174	0.190	0.158	0.230	0.283	0.190
石油和天然气开采业	0.023	0.022	0.020	0.025	0.055	0.022	0.027	0.026
黑色金属矿采选业	0.242	0.248	0.375	0.378	0.456	0.380	0.388	0.321
有色金属矿采选业	0.315	0.310	0.309	0.323	0.342	0.316	0.331	0.323
非金属矿采选业	0.047	0.045	0.050	0.052	0.045	0.045	0.046	0.059
食品加工业	0.090	0.088	0.085	0.095	0.040	0.099	0.107	0.088
食品制造业	0.068	0.067	0.060	0.066	0.034	0.072	0.074	0.060
饮料制造业	0.085	0.093	0.082	0.088	0.042	0.093	0.100	0.078
烟草加工业	0.016	0.014	0.014	0.015	0.015	0.015	0.016	0.016
纺织业	0.141	0.142	0.145	0.160	0.060	0.156	0.162	0.126
服装及其他纤维制品制造业	0.020	0.018	0.027	0.023	0.015	0.026	0.027	0.020
皮革毛皮羽绒及其制品业	0.034	0.037	0.037	0.037	0.019	0.037	0.044	0.032
木材加工及竹、藤、棕、草制品业	0.025	0.022	0.027	0.025	0.021	0.027	0.035	0.027
家具制造业	0.012	0.012	0.012	0.012	0.012	0.012	0.012	0.013
造纸及纸制品业	0.380	0.380	0.406	0.369	0.163	0.370	0.357	0.365
印刷业记录媒介的复制	0.012	0.012	0.013	0.013	0.042	0.013	0.014	0.015
文教体育用品制造业	0.011	0.010	0.015	0.012	0.011	0.011	0.012	0.011
石油加工、炼焦及核燃料加工业	0.099	0.094	0.097	0.103	0.033	0.114	0.136	0.094
化学原料及制品制造业	0.213	0.207	0.213	0.213	0.146	0.239	0.252	0.239
医药制造业	0.058	0.058	0.059	0.068	0.101	0.068	0.071	0.063
化学纤维制造业	0.089	0.078	0.069	0.068	0.038	0.088	0.092	0.091
橡胶和塑料制品业	0.021	0.021	0.027	0.025	0.019	0.027	0.030	0.023
非金属矿物制品业	0.254	0.219	0.266	0.258	0.045	0.236	0.238	0.264
黑色金属冶炼及压延加工业	0.348	0.328	0.364	0.347	0.557	0.374	0.409	0.369
有色金属冶炼及压延加工业	0.106	0.102	0.108	0.105	0.330	0.112	0.126	0.139
金属制品业	0.036	0.033	0.049	0.042	0.087	0.045	0.051	0.039
通用设备制造业	0.021	0.020	0.017	0.017	0.020	0.018	0.019	0.021
专用设备制造业	0.029	0.019	0.019	0.017	0.014	0.017	0.017	0.021
交通运输设备制造业	0.027	0.025	0.029	0.030	0.022	0.032	0.035	0.031
电气机械及器材制造业	0.014	0.015	0.015	0.016	0.013	0.017	0.020	0.016

续表

年份 行业	2009	2010	2011	2012	2013	2014	2015	平均
电子及通信设备制造业	0.027	0.031	0.034	0.037	0.020	0.042	0.050	0.027
仪器仪表及文化、办公用机械制造业	0.018	0.017	0.011	0.014	0.038	0.013	0.014	0.020
电力、热力生产和供应业	0.528	0.532	0.530	0.503	0.495	0.516	0.516	0.506
燃气生产和供应业	0.023	0.021	0.014	0.015	0.013	0.013	0.012	0.025

注：平均值为 2001~2015 年污染密集指数算术平均值。
资料来源：根据相关数据整理编制。

（二）长江经济带污染密集产业集聚的时空特征分析

1. 研究方法

（1）产业集聚测度方法。学术界衡量产业集聚的方法已较为成熟，如行业集中度、E-G 指数、区位熵、空间基尼系数、赫芬达尔指数，各种方法均具有其优势，或侧重于企业视角，或侧重于区域视角，或侧重于行业视角。本报告参考苏丹妮等（2020）的做法，采用兼能衡量区域视角与行业视角的区位熵作为长江经济带污染密集型产业集聚水平的测度方法。具体算法如下：

$$agg_{it} = \frac{pollu_{it}/indus_{it}}{POLLU_t/INDUS_t} \tag{8}$$

式中，agg_{it}、$pollu_{it}$、$indus_{it}$ 分别表示 i 地区在 t 年份的污染密集型产业集聚水平、污染密集型产业主营业务收入、规上工业企业整体主营业务收入，$POLLU_t$、$INDUS_t$ 分别表示在 t 年份的全国污染密集型产业主营业务收入、规上工业企业整体主营业务收入。若 agg_{it} 大于 1，则表示该地区污染密集产业集聚程度较高，产业结构趋向高能耗高排放化；若 agg_{it} 小于 1，则表示该地区污染密集型产业集聚程度不高，产业结构趋于绿色高端清洁化。

（2）时空特征表征方法。参考赵璐和赵作权（2014）的做法，采用加权标准差椭圆方法作为分析长江经济带污染密集型产业空间差异的分析工

223

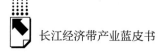

具,该方法可表征长江经济带污染密集型产业集聚空间分布的重心位置、主体范围、集中方向、密集程度、空间变动,即椭圆的中心性、展布性、方向性、密集性、形状等基本特征,能基本反映长江经济带污染密集型产业集聚的主要时空特征。具体计算公式如下:

平均中心 ($\bar{X}_w$,$\bar{Y}_w$):

$$\bar{X}_w = \frac{\sum\limits_{i=1}^{11} w_i x_i}{\sum\limits_{i=1}^{11} w_i}, \quad \bar{Y}_w = \frac{\sum\limits_{i=1}^{11} w_i y_i}{\sum\limits_{i=1}^{11} w_i} \tag{9}$$

方位角 θ:

$$tan\theta = \frac{(\sum\limits_{i=1}^{11} w_i^2 \tilde{x}_i^2 - \sum\limits_{i=1}^{11} w_i^2 \tilde{y}_i^2) + \sqrt{(\sum\limits_{i=1}^{11} w_i^2 \tilde{x}_i^2 - \sum\limits_{i=1}^{11} w_i^2 \tilde{y}_i^2)^2 + 4\sum\limits_{i=1}^{11} w_i^2 \tilde{x}_i^2 \tilde{y}_i^2}}{2 \times \sum\limits_{i=1}^{11} w_i^2 \tilde{x}_i^2 \tilde{y}_i^2} \tag{10}$$

X 轴标准差:

$$\sigma_x = \sqrt{\frac{\sum\limits_{i=1}^{11} (w_i \tilde{x}_i cos\theta - w_i \tilde{y}_i sin\theta)^2}{\sum\limits_{i=1}^{11} w_i^2}} \tag{10}$$

Y 轴标准差:

$$\sigma_y = \sqrt{\frac{\sum\limits_{i=1}^{11} (w_i \tilde{x}_i sin\theta - w_i \tilde{y}_i cos\theta)^2}{\sum\limits_{i=1}^{11} w_i^2}} \tag{12}$$

式中,(x_i,y_i) 表示省域空间中心的经纬度坐标,w_i 表示每个省市污染密集型产业集聚水平;($\bar{X}_w$,$\bar{Y}_w$) 表示加权平均中心,即要素分布几何中心;θ 为椭圆方位角,即椭圆长轴逆时针旋转到正北方向所形成的夹角;$\tilde{x}_i$、$\tilde{y}_i$ 分别表示各省域空间中心经纬度坐标与要素分布几何中心的差值;

σ_x、σ_y 分别表示沿 X 轴、Y 轴的标准差，即标准差椭圆的长短轴一半长度。椭圆范围表明污染密集型产业集聚的发展态势，若椭圆长短轴缩短，则椭圆空间范围减少，标准差椭圆内部省市要素发展态势快于外部省市；椭圆中心反映省域要素分布的重点方向，椭圆中心朝哪个方向移动，则该方向省域要素发展态势较快；椭圆长短轴比重反映省域要素分布的均衡性，若长短轴比重趋近于 1，则省域要素分布较为均衡；椭圆方位角表示省域要素分布的主要偏向，若方位角减小，则东北或西南部省域要素影响增强。

2. 数据来源

将前文确定的 11 个污染密集型产业作为基础数据搜集对象。由于重庆市直辖于 1997 年，故最佳起始研究年份为 1997 年，但由于缺失《中国工业经济统计年鉴》（1999），本报告选取 1999 年作为起始年份，将研究周期确定为 1999～2018 年。数据来源于《中国工业经济统计年鉴》（2001～2004）、《经济普查年鉴》（2004）、《中国工业经济统计年鉴》（2006～2012）、《中国工业统计年鉴》（2013～2017）及 2018 年和 2019 年《中国统计年鉴》与长江经济带沿线 11 省市统计年鉴。工业主营业务收入指标采用以 1999 年为基期的工业出产品定基价格指数评价物价。

3. 测度结果分析

（1）长江经济带污染密集型产业集聚的时间特征分析。1999～2018 年长江经济带污染密集型产业集聚水平整体呈稳步下降趋势，污染集聚能力衰减（见表 4）。研究周期内长江经济带污染密集型产业集聚指数始终低于 1，由 1999 年的 0.983 下降至 2018 年的 0.881，年均下降 0.005。相对全国平均水平而言，长江经济带污染型产业发展整体并不占优势，污染密集型产业从来都不是长江经济带产业发展重点，长江经济带产业结构趋于绿色化和高端化。

上中下游地区污染密集型产业集聚水平亦呈下降趋势，降幅呈上游、下游、中游地区梯度递增趋势。上游地区由 1999 年的 1.019 下降至 2018 年的 0.933，下降幅度为 8.44%，在 2012 年党的十八大之前，污染密集型产业集聚水平均大于 1，前期高污染产业在上游地区集聚程度较高，而后在生态文明建设战略要求下逐渐推动产业结构向绿色低碳转型。中游地区由 1999

年的 1.138 下降至 2018 年的 0.952，下降幅度达 16.34%，尽管中游地区降幅最大，但直至 2018 年污染密集型产业集聚指数才降至 1 以下，表明中游地区污染密集型产业基础较为牢固，绿色转型压力巨大。下游地区由 1999 年的 0.939 下降至 2018 年的 0.836，下降幅度达 10.97%，污染密集型产业集聚指数一直在 1 以下，可见下游地区主导长江经济带污染密集型产业集聚态势，下游地区产业结构迈向绿色高端化是推动长江经济带产业结构绿色低碳化的根本动力。

表 4 1999~2018 年长江经济带上中下游地区污染密集型产业集聚水平

年份\地区	上游地区	中游地区	下游地区	长江经济带	年份\地区	上游地区	中游地区	下游地区	长江经济带
1999	1.019	1.138	0.939	0.983	2009	1.048	1.146	0.863	0.939
2000	1.019	1.162	0.933	0.980	2010	1.060	1.136	0.849	0.934
2001	1.013	1.123	0.944	0.979	2011	1.036	1.114	0.849	0.932
2002	1.037	1.120	0.938	0.977	2012	1.011	1.081	0.837	0.917
2003	1.084	1.192	0.896	0.959	2013	0.991	1.066	0.857	0.926
2004	1.218	1.275	0.865	0.956	2014	0.988	1.048	0.844	0.914
2005	1.121	1.229	0.901	0.972	2015	0.988	1.038	0.860	0.923
2006	1.137	1.228	0.893	0.969	2016	0.957	1.025	0.864	0.918
2007	1.122	1.228	0.874	0.958	2017	0.925	1.007	0.855	0.903
2008	1.081	1.177	0.868	0.947	2018	0.933	0.952	0.836	0.881

资料来源：根据相关统计资料整理编制。

沿线 11 省市污染密集型产业发展各异，污染密集型产业集聚呈典型的逐底倾向，集聚深度与所在省市发展水平呈负相关关系（见表 5）。上海、江苏、浙江、重庆等四省市属于第一梯队，污染密集型产业集聚水平持续保持低位态势，四省市为经济强省和直辖市，经济发展程度相对较高，传统高能耗高排放产业比重较小，特别是注重发展先进制造业和高端研发产业，污染密集型产业发展空间较小。安徽、湖北、湖南、四川等四省份属第二梯队，前期污染密集型产业集聚指数均大于 1，高污染产业集聚程度较高，但自身产业基础和创新能力较强，通过逐渐加快产业结构调整，淘汰化解污染型过剩产能，使污染密集型产业发展空间大幅压缩，集聚指数趋于低水平，与第一梯队逐渐趋同。江西、贵州、云南等三省份处于第三梯队，污染密集型产业集聚水平持续处于高位态势，除云南省集聚指数在1999年低于1以外，三省份集聚指数均高于1甚至有加强趋势，经济发展水平较低，全产业生产技术较为落后，产业发展较大程度依赖污染属性较高的矿产资源开发，污染密集型产业发展空间较大。

表5　1999~2018年长江经济带沿线11省市污染密集型产业集聚水平

年份\地区	上海	江苏	浙江	安徽	江西	湖北	湖南	重庆	四川	贵州	云南
1999	0.756	0.985	0.972	1.252	1.287	1.037	1.246	0.874	1.052	1.244	0.968
2000	0.743	0.999	0.933	1.266	1.328	1.046	1.280	0.838	1.040	1.258	1.010
2001	0.817	1.001	0.925	1.179	1.317	0.988	1.253	0.819	1.039	1.250	1.011
2002	0.764	1.006	0.934	1.189	1.331	0.979	1.240	0.817	1.063	1.309	1.033
2003	0.695	0.973	0.897	1.201	1.403	1.027	1.324	0.818	1.086	1.388	1.165
2004	0.653	0.906	0.896	1.273	1.328	1.172	1.385	0.851	1.152	1.638	1.538
2005	0.704	0.951	0.917	1.191	1.378	1.103	1.298	0.801	1.062	1.485	1.347
2006	0.691	0.950	0.889	1.171	1.400	1.084	1.284	0.812	1.032	1.518	1.467
2007	0.646	0.935	0.873	1.143	1.415	1.090	1.244	0.782	1.012	1.531	1.500
2008	0.662	0.889	0.880	1.183	1.375	1.045	1.180	0.796	0.957	1.537	1.493
2009	0.623	0.876	0.910	1.121	1.329	1.054	1.114	0.755	0.954	1.555	1.435
2010	0.643	0.850	0.904	1.055	1.345	1.029	1.099	0.759	0.969	1.567	1.502
2011	0.645	0.834	0.936	0.997	1.330	1.010	1.067	0.730	0.938	1.599	1.508
2012	0.642	0.824	0.916	0.963	1.247	1.004	1.036	0.692	0.918	1.513	1.460
2013	0.631	0.838	0.964	0.970	1.242	0.972	1.029	0.656	0.889	1.510	1.493
2014	0.594	0.830	0.962	0.930	1.242	0.937	1.005	0.624	0.907	1.507	1.509
2015	0.602	0.858	0.968	0.916	1.234	0.930	0.987	0.616	0.947	1.487	1.436
2016	0.607	0.867	0.972	0.897	1.226	0.916	0.967	0.580	0.930	1.424	1.423
2017	0.607	0.851	0.960	0.926	1.193	0.908	0.948	0.532	0.844	1.379	1.498
2018	0.590	0.824	0.926	0.960	1.137	0.843	0.918	0.555	0.832	1.391	1.496

资料来源：根据相关统计资料整理编制。

（2）长江经济带污染密集型产业集聚的空间特征分析。长江经济带污染密集型产业集聚重心明显朝西南方向移动，污染型产业有向西南地区集聚趋势（见图1）。1999~2018年椭圆重心整体向西南方向移动81.89千米，其中向西移动69.27千米,向南移动43.69千米,所在位置由湖南省岳阳市转移至常德市。长江经济带局域地区的西南方向主要是指云南、贵州二省,标准差椭圆长轴朝云贵西南方向大幅伸展160余公里,贵州地区将成为长江经济带污染密集型产业潜在主导集聚区。椭圆扁率略微扩张,反映出东西向污染密集型产业集聚程度有所加深,而加深地区主要为西南地区。此外,需要注意的是,椭圆重心并非稳步朝西南向移动,仍面临一定的西北方向阻力,下游地区的江苏等省市亦集聚着巨大的污染密集型产能,存在一定的抵消效应。

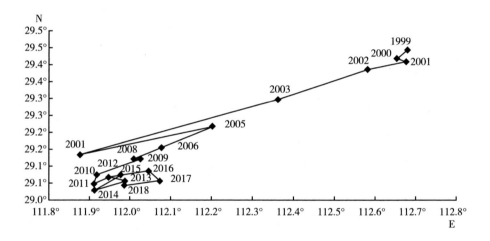

图1 1999~2018年长江经济带污染密集型产业集聚标准差椭圆的重心轨迹

长江经济带污染密集型产业集聚态势呈现在分散中集聚的趋势,整体集聚趋势有一定弱化,但相对集聚能力不断强化。1999~2018年椭圆面积扩张了29556.89平方千米(见表6),主要由于椭圆西南方向拉伸造成的面积增量大于南北方向收缩产生的面积损量,长江经济带污染密集型产业正处于由下游地区向中上游地区集聚的过渡阶段,表现出集聚与分散的并存态势。椭圆方位角小幅收窄2.24度,再次印证污染密集型产业存在较强的西南向集聚态势,一定程度强化了椭圆主轴收缩趋势。整体而言,长江经济带南部与中上游地区省市的污染密集型产业集聚程度较北部与下游地区省市更为严重。污染密集型产业集聚态势表明未来长江经济带环境风险多发地区将为中上游地区，因此需严防下游地区向中上游地区转移污染产能。

表6 1999~2018 年长江经济带污染密集型产业集聚标准差椭圆的基本参数

参数\年份	重心坐标	长轴（千米）	短轴（千米）	扁率（%）	方位角（度）	面积（平方千米）
1999	(112.68°E,29.44°N)	1750.88	482.91	0.7242	76.84	663891.35
2000	(112.66°E,29.42°N)	1749.62	482.54	0.7242	76.58	662911.62
2001	(112.67°E,29.41°N)	1763.95	482.92	0.7262	76.66	668865.24
2002	(112.58°E,29.39°N)	1765.59	485.43	0.7251	76.60	672964.36
2003	(112.36°E,29.30°N)	1764.56	487.57	0.7237	76.26	675540.87
2004	(111.88°E,29.14°N)	1792.58	487.80	0.7279	75.40	686517.50
2005	(112.20°E,29.22°N)	1787.64	483.32	0.7296	75.69	678399.39
2006	(112.08°E,29.16°N)	1800.37	481.34	0.7326	75.34	680424.61
2007	(112.01°E,29.12°N)	1802.25	480.80	0.7332	75.18	680367.78
2008	(112.03°E,29.12°N)	1810.37	476.92	0.7366	75.05	677912.23
2009	(112.02°E,29.12°N)	1810.21	477.72	0.7361	75.13	678994.26
2010	(111.92°E,29.08°N)	1821.67	479.46	0.7368	75.15	685785.14
2011	(111.91°E,29.05°N)	1829.47	476.54	0.7395	75.08	684452.02
2012	(111.95°E,29.07°N)	1833.35	476.75	0.7400	75.08	686276.33
2013	(111.99°E,29.06°N)	1842.97	473.35	0.7432	74.92	684948.30
2014	(111.91°E,29.03°N)	1847.62	476.69	0.7420	74.94	691522.22
2015	(111.98°E,29.07°N)	1844.26	481.20	0.7391	75.20	696803.38
2016	(112.04°E,29.09°N)	1849.26	480.44	0.7402	75.18	697588.53
2017	(112.07°E,29.06°N)	1863.60	471.54	0.7470	74.68	689966.01
2018	(111.99°E,29.04°N)	1869.06	472.54	0.7472	74.60	693448.24

资料来源：根据 ArcGIS10.5 软件输出结果整理。

长江经济带污染密集型产业分行业集聚态势呈现显著差异，资源矿产型高污染产业偏向于中上游地区集聚，而需复杂加工型高污染产业则偏向于下游地区集聚（见表7）。煤炭开采和洗选业，有色金属矿采选业，黑色金属矿采选业，电力、热力生产和供应业等资源指向型高污染产业技术含量较低，多集中于云南、贵州、湖南等省份，对地方政府的环境管制和地区资源禀赋条件依托较大。非金属矿物制品业、黑色金属冶炼及压延加工业、有色金属冶炼及压延加工业则偏向于湖北、湖南、安徽等中下游地区省市，对传统标准化制造技术依赖较大，切合中下游地区省市工业技术梯度。化学原料及制品制造业，造纸及纸制品业，石油加工、炼焦及核燃料加工业等高污染产业毒害物质含量较高，污染治理技术要求相对较高，倾向于布局长江下游地区，其中江苏省是我国第一大化工产业省份，集聚着全国10%左右的污染产能。此外，由于江浙地区是我国蚕桑产业中心，纺织服装产业较为发达，因而纺织业集聚重心尤为偏向于中下游地区，特别是苏浙沪三省市。

表7　1999～2018年长江经济带污染密集型产业分行业平均集聚标准差椭圆的基本参数

行业 ＼ 参数	重心坐标	长轴（千米）	短轴（千米）	扁率（%）	方位角（度）	面积（平方千米）
电力、热力生产和供应业	(110.83°E,28.71°N)	1902.88	473.78	0.7510	74.26	707851.96
黑色金属冶炼及压延加工业	(112.11°E,29.34°N)	1888.56	485.54	0.7429	74.79	719968.71
造纸及纸制品业	(113.33°E,29.66°N)	1703.62	469.58	0.7244	80.06	628145.22
有色金属矿采选业	(109.09°E,27.65°N)	1671.54	480.93	0.7123	75.50	631221.15
黑色金属矿采选业	(109.63°E,28.88°N)	1747.65	580.61	0.6678	73.92	796797.71
非金属矿物制品业	(111.58°E,29.22°N)	1639.83	512.26	0.6876	78.19	659615.40
化学原料及制品制造业	(113.03°E,29.47°N)	1839.77	461.35	0.7492	75.58	666419.46
煤炭开采和洗选业	(108.17°E,27.96°N)	1391.30	474.27	0.6591	70.17	518151.55
有色金属冶炼及压延加工业	(112.06°E,28.71°N)	1870.31	398.62	0.7869	71.42	585301.58
纺织业	(116.25°E,30.45°N)	1321.49	370.61	0.7195	84.71	384558.56
石油加工、炼焦及核燃料加工业	(114.07°E,29.55°N)	1867.89	441.60	0.7636	76.02	647620.27

注：分行业平均集聚水平根据历年数据加总而得。

资料来源：根据ArcGIS10.5软件输出结果整理。

二 污染密集型产业集聚绿色经济
效应的实证分析

（一）模型设定

为考察长江经济带污染密集型产业集聚的绿色经济效应，鉴于本报告所用数据均为面板数据，因此直接使用面板数据模型检验其影响效应。模型具体形式如下：

$$efficiency_{it} = \alpha_0 + \alpha_1 \times agg_{it} + \alpha_2 \times agg_{it}^2 + X \times \beta + \varepsilon_{it} \tag{13}$$

式中，$efficiency$ 表示被解释变量经济绿色发展效率，具体根据改进的数据包络分析 EBM 模型测得。其中投入指标主要考虑劳动、资本、能源三种要素，分别采用全社会从业人员数（万人）、全社会固定资本存量（亿元）、全社会能源消费总量（万吨标准煤）表示；期望产出主要考虑全社会新增财富，采用地区生产总值（亿元）表示；非期望产出主要为生产生活过程中所产生和排放的"三废"，分别采用全社会废水排放总量（万吨）、全社会二氧化硫排放总量（吨）、一般工业固体废物产生量（万吨）表示。由于 EBM 模型可以考虑多投入、多产出情况，且对非期望产出的处理同时考虑了径向变动与非径向松弛变动，可更加有效地测度绿色经济效率。

agg 表示核心解释变量污染密集型产业集聚水平，利用上文测算的区位熵表示，为考察污染密集型产业的交替效应，同时纳入其二次项 agg^2。X 表示控制变量，参考既有文献相关做法，本报告主要考虑环境规制、技术创新、对外开放、产业结构高级化等四个变量，分别采用环境污染治理投资总额占地区生产总值比重（%）、全社会研发强度（%）、外贸依存度（%）、一二三次产业份额加权值表示，其中一产份额权重为 1，二产权重为 2，三产权重为 3。i 表示长江经济带沿线 11 省市，t 表示年份，α 表示核心解释变量回归系数，β 表示控制变量回归系数，ε 表示随机误差项。

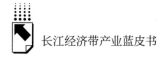
（二）数据来源

研究绿色发展问题须考虑环境问题，获取相关污染排放数据构成研究数据的关键和主要瓶颈。由于自《中国环境统计年鉴》（2004）开始全面统计各省市污染排放数据，并于《中国环境统计年鉴》（2018）停止更新主要污染物排放数据，因此本节研究周期限定在 2003～2017 年。核心解释变量数据取上文测度结果，其余变量基础数据源自《中国统计年鉴》（2004～2018）、《中国科技统计年鉴》（2004～2018）、《中国贸易外经统计年鉴》（2004～2018）及沿线 11 省市 2004～2018 年统计年鉴。由于解释变量和被解释变量均为比率指标，故而此处指标未进行物价平减，但并不影响回归结果可信度。

（三）结果分析

1. 基准回归结果

Hausman 检验统计量为 84.13，对应的伴随概率为 0.000，在 1% 显著性水平拒绝原假设，应选择固定效应模型作为备选模型，逐项将控制变量纳入模型，对应的回归参数如表 8 所示。

污染密集型产业集聚在短期内的确会削弱长江经济带绿色发展能力。污染密集型产业集聚回归系数均显著为负，对长江经济带绿色发展效率具有负向影响。同田光辉等（2018）验证的"污染避难所"效应一致，其生产技术要求相对较低，生产过程中伴随着较大的能源消耗和污染排放，在短期内将对长江经济带生态环境造成严重影响，侵蚀地区环境容量。前期地区环境技术尚不足以消化长江经济带污染密集型产业集聚的环境效应，在经济增长压力下环境问题并未引起足够重视，污染密集型产业集聚对长江经济带绿色发展能力具有较强的抑制作用。

污染密集型产业集聚到一定阶段后可以倒逼长江经济带绿色发展能力提升。随着污染密集型产业集聚程度提升，长江经济带发展水平会相应提升，此时环境问题凸显与发展水平提升将强化居民的环保意识，倒逼企业加快技术革新，政府也将实行更为严苛的环境政策治理高污染企业。长江经济带定位于建设国家生态文明建设的先行示范带，在"生态优先、绿色发展"要求下，逐渐清理区内污染密集型产业集聚引发的环境问题（黄磊和吴传清，2019），从严管控污染型产业迁移，压缩污染密集型产业迁移空间，推动污染型产业向技术密集型低碳清洁产业转型。

产业结构高级化未对长江经济带绿色发展能力产生促进作用，长江经济带产业结构仍有待优化，区内二三产业科技含量和绿色程度有待提升。环境规制对长江经济带绿色发展能力具有抑制作用，长江经济带污染治理力度尚不足以对污染排放形成有效约束。技术创新可显著增强长江经济带绿色发展能力，创新有利于革新生产技术，提升资源能力利用效率。对外开放亦有利于长江经济带绿色发展能力提升，有利于获取国外先进生产技术外溢，从而推动长江经济带绿色生产技术进步。

表 8　长江经济带污染密集型产业集聚的绿色经济效应

变量	模型 1	模型 2	模型 3	模型 4	模型 5
agg	− 1. 451 ***	− 1. 599 ***	− 1. 059 *	− 0. 785 *	− 2. 473 ***
	(0. 510)	(0. 571)	(0. 559)	(0. 461)	(0. 394)
agg^2	0. 719 ***	0. 778 ***	0. 514 **	0. 462 *	1. 208 ***
	(0. 230)	(0. 252)	(0. 248)	(0. 246)	(0. 175)
$industrial$		− 0. 613	− 0. 681	− 1. 827 ***	− 1. 895 ***
		(0. 523)	(0. 508)	(0. 691)	(0. 554)
$environment$			− 0. 128 ***	− 0. 128 ***	− 0. 065 **
			(0. 029)	(0. 029)	(0. 028)
$technique$				0. 106 **	0. 070 *
				(0. 044)	(0. 038)
$opening$					0. 177 ***
					(0. 048)
$cons$	1. 412 ***	1. 972 ***	1. 913 ***	2. 418 ***	3. 287 ***
	(0. 271)	(0. 609)	(0. 591)	(0. 627)	(0. 457)
F 统计量	12. 44 ***	12. 97 ***	33. 31 ***	40. 40 ***	92. 79 ***
	[0. 002]	[0. 005]	[0. 000]	[0. 000]	[0. 000]
R^2	0. 354	0. 272	0. 193	0. 246	0. 380

变量	模型1	模型2	模型3	模型4	模型5
Hausman 统计量	34.09 *** [0.000]	31.64 *** [0.000]	35.56 *** [0.000]	40.98 *** [0.000]	84.13 *** [0.000]
样本量	165	165	165	165	165

注：*、**、*** 分别表示通过10%、5%、1% 的显著性检验，小括号内为标准误，中括号内为双侧伴随概率 p 值。

资料来源：根据 stata15.1 回归结果整理。

2. 区域异质性分析

考虑到长江经济带地跨我国东中西部三大经济地带，上中下游地区发展差异显著，因此本报告亦对其污染密集型产业集聚的绿色经济效应进行地区异质性分析，结果如表9所示。长江经济带上中下游地区模型 *Hausman* 检验统计量均通过显著性检验，表明各地区回归模型均应采取固定效应模型作为备选模型。

长江经济带污染密集型产业集聚的绿色经济效应整体具有同向性，均呈现先抑制后促进的 U 形态势。从固定效应模型回归系数可以看出，污染密集型产业集聚的一次项回归系数均显著为负，而二次项则显著为正，U 形影响路径较为稳定，可作为下文稳健性检验的一个印证。从模型回归结果来看，"先污染、后治理"成为长江经济带上中下游地区产业发展的一种必然趋势。经济发展需支付一定的环境成本。在早期，出于经济发展和稳定就业考虑，在低技术和低资本约束条件下，基于比较优势分工理论，污染密集型产业快速增长，成为地区经济的重要支柱；而后期随着技术积累和环境意识强化，引致污染密集型产业向低碳清洁化转型，倒逼产业结构绿色化，客观上增强了地区绿色发展内生性。

尽管长江经济带上中下游地区呈现 U 形态势，但污染密集型产业集聚的绿色转折点却存在较大差异，呈上中下游地区梯度递减格局。经计算，上中下游地区污染密集型产业集聚的绿色转折点分别为 1.32、1.19、0.69，上游地区绿色转型速度最慢，中游地区次之，而下游最快。从转折点先后时间可以看出，长江经济带中上游地区存在一定污染密集型产业深度集聚阶段，以资本和技术禀赋相对匮乏的上游地区最为典型，经历较长阶段的粗放发展模式才可为产业结构绿色转型做好技术和资本储备，与周沂等（2015）得出的污染密集型产业由沿海向内陆转移结论相呼应。下游地区依托雄厚的技术和资本积累，可较快实现污染密集型产业集聚的绿色经济效应，无须经过高污染产业深度集聚阶段。当前中上游地区省市污染密集型产业集聚尚处于 U 形下降阶段，仍需经历较长周期才能迈向生态集聚阶段。

产业结构高级化在中上游地区均呈现抑制性效应，而在下游地区则具有促进作用，中上游地区产业结构有待优化，高技术绿色产业发展仍不充分。环境规制则在上下游地区呈现负向影响、中游地区则不显著，上中下游地区环境规制强度仍有待加强。技术创新同样在中上游地区具有抑制作用，而在下游地区具有正向促进作用，创新的环境效应良好，中上游地区开展绿色技术创新需更加关注资源环境问题。对外开放亦对中上游地区具有负面影响，而对下游地区具有促进作用，中上游地区在开放过程中容易引致污染迁入。

表9　长江经济带上中下游地区污染密集型产业集聚的绿色经济效应

变量	上游地区_FE	上游地区_RE	中游地区_FE	中游地区_RE	下游地区_FE	下游地区_RE
agg	-2.752^{***}	-1.010	-4.802^{**}	2.281	-1.112^{*}	0.965
	(0.484)	(0.993)	(2.300)	(2.126)	(0.591)	(2.277)
agg^2	1.044^{***}	0.251	2.022^{**}	-0.766	0.810^{*}	-0.053
	(0.199)	(0.383)	(0.904)	(0.831)	(0.433)	(1.115)
$industrial$	-2.340^{***}	-4.199^{***}	-1.949^{***}	6.541^{***}	0.799^{***}	1.507
	(0.542)	(1.051)	(0.656)	(1.749)	(0.283)	(2.192)
$environment$	-0.081^{**}	-0.080^{**}	-0.048	-0.056^{*}	-0.135^{*}	-0.068^{**}
	(0.034)	(0.040)	(0.043)	(0.032)	(0.058)	(0.034)
$technique$	-0.449^{***}	-0.116	-0.318^{***}	-0.616^{***}	0.119^{*}	0.017
	(0.064)	(0.135)	(0.115)	(0.100)	(0.060)	(0.077)
$opening$	-0.544^{**}	-0.361	0.361	-1.469^{**}	0.078^{**}	-0.345
	(0.301)	(0.306)	(0.617)	(0.604)	(0.039)	(0.258)
$cons$	4.795^{***}	4.997	5.320^{***}	-4.948^{**}	0.341	-0.928
	(0.392)	(0.964)	(1.669)	(2.341)	(1.268)	(1.995)

续表

变量	上游地区_FE	上游地区_RE	中游地区_FE	中游地区_RE	下游地区_FE	下游地区_RE
F 统计量	184.47 *** [0.000]		103.1 *** [0.000]		92.3 *** [0.000]	
$Wald$ 统计量		10.75 *** [0.000]		32.39 *** [0.000]		8.75 *** [0.000]
R^2	0.777	0.563	0.731	0.335	0.6352	0.512
$Hausman$ 统计量	10.11 ** [0.017]		18.11 *** [0.000]		15.55 *** [0.001]	
样本量	60	60	45	45	60	60

注：*、**、*** 分别表示通过 10%、5%、1% 的显著性检验，小括号内为标准误，中括号内为双侧伴随概率 p 值。

资料来源：根据 stata15.1 回归结果整理。

3. 稳健性检验

在上文进行异质性分析时已在一定程度上反映出基准回归模型的稳健性，为进一步增强上述结果分析可信性，本报告采用三种方式进行稳健性检验。一是调整核心解释变量测度指标，采用污染密集型产业占工业份额表示集聚水平，分别通过不加入控制变量（模型 1）与加入控制变量（模型 2）进行回归。二是对变量进行截尾处理，以被解释变量绿色发展效率为标准，将 1% 至 99% 以外的异常值替换为 1% 和 99% 处的变量值并进行回归（模型 3）。三是分时间段进行回归，将研究周期等分为 2003 ~ 2007 年（模型 4）、2008 ~ 2012 年（模型 5）、2013 ~ 2017 年（模型 6）三个子时间段。观察回归结果（见表 10），所有模型污染密集型产业集聚一次项系数显著为负，二次项显著为正，显示出极强的稳健性，表明污染密集型产业集聚对长江经济带绿色发展能力确实存在先抑制后促进的 U 形影响效应。

表 10　长江经济带污染密集型产业集聚的绿色经济效应稳健性检验结果

变量	模型 1	模型 2	模型 3	模型 4	模型 5	模型 6
agg	- 3.185 *** (0.911)	- 2.146 ** (0.957)	- 2.521 *** (0.388)	- 1.910 ** (0.969)	- 3.724 *** (0.771)	- 0.319 ** (0.138)
agg^2	2.525 *** (0.846)	1.480 * (0.831)	1.222 *** (0.173)	0.669 * (0.387)	1.742 *** (0.327)	0.282 * (0.158)

续表

变量	模型 1	模型 2	模型 3	模型 4	模型 5	模型 6
industrial		−2.774 *** (0.745)	−1.939 *** (0.536)	−2.630 ** (1.256)	−1.846 * (1.020)	0.339 (1.024)
environment		−0.121 *** (0.023)	−0.060 ** (0.027)	−0.248 *** (0.082)	−0.027 (0.031)	−0.024 (0.042)
technique		−0.025 (0.043)	0.055 ** (0.027)	−0.375 *** (0.098)	0.077 (0.075)	0.212 ** (0.097)
opening		−0.652 *** (0.092)	0.186 *** (0.047)	0.295 ** (0.139)	0.095 (0.110)	0.061 (0.153)
cons	1.641 *** (0.235)	3.927 *** (0.592)	3.364 *** (0.446)	4.593 *** (1.136)	3.852 *** (0.823)	0.078 (0.905)
F 统计量	21.16 *** [0.000]	23.17 *** [0.000]	97.25 *** [0.000]	23.3 *** [0.000]	42.04 *** [0.000]	20.35 *** [0.002]
R^2	0.189	0.484	0.381	0.365	0.678	0.4925
Hausman 统计量	17.97 *** [0.000]	94.65 *** [0.000]	84.15 *** [0.000]	17.94 ** [0.012]	13.16 * [0.068]	12.25 * [0.093]
样本量	165	165	165	55	55	55

注: * 、** 、*** 分别表示通过 10% 、5% 、1% 的显著性检验, 小括号内为标准误, 中括号内为双侧伴随概率 p 值。

资料来源: 根据 stata15.1 回归结果整理。

4. 内生性问题

为克服模型可能存在的遗漏变量所导致的内生性问题, 本报告采用系统 GMM 模型以最大限度克服该问题, 引入被解释变量一阶滞后项考察除解释变量以外的其他因素对被解释变量的影响。系统 GMM 可以利用滞后的解释变量与被解释变量作为工具变量消除内生性, 控制住未被模型观察到的个体效应, 且参数估计标准误更小, 能够捕捉不随时间变化的变量系数, 估计结果更为有效。具体回归结果如表 11 所示。

可以看到, 各模型 *AR* (1) 均通过显著性检验, 而 *AR* (2) 未通过, 表明扰动项不存在自相关, 满足系统 GMM 适用性假定, 且 *Sargan* 检验无法拒绝 "所有工具变量均有效" 的原假设, 可保证工具变量有效性, 并有效克服内生性问题。滞后一期绿色发展效率对长江经济带绿色发展效率具有促进作用，表明长江经济带绿色发展具有动态累积效应，前期绿色发展成效可为当前绿色发展提供基础支撑和经验借鉴。同时，产业集聚一次项、二次项回归系数均通过显著性检验，前者符号为负，后者符号为正，表明在考虑内生性条件下，污染密集型产业集聚对长江经济带绿色发展的 U 形影响效应这一判断依然成立，污染产能扩张效应与绿色技术改进效应交替出现。

表 11　长江经济带污染密集型产业集聚的绿色经济效应内生性检验结果

变量	模型 1	模型 2	模型 3	模型 4	模型 5
efficiency. l	1.290 ***	1.200 ***	1.172 ***	1.222 ***	0.121 **
	(0.273)	(0.358)	(0.426)	(0.415)	(0.049)
agg	−1.937 *	−2.226 *	−4.071 **	−11.240 *	−52.228 **
	(1.181)	(1.193)	(2.018)	(6.907)	(24.194)
agg^2	0.599 **	0.760 *	1.419 *	4.211 **	19.673 *
	(0.299)	(0.405)	(0.847)	(1.874)	(10.672)
industrial		0.742	0.368	1.565	−2.445 **
		(1.974)	(2.073)	(2.249)	(1.147)
environment			−0.024 *	−0.007	0.022
			(0.013)	(0.023)	(0.033)
technique				−0.351 *	−1.636
				(0.217)	(3.444)
opening					−0.686
					(1.235)
cons	1.074	0.605	1.732 **	5.375	33.021 *
	(1.203)	(4.107)	(0.672)	(3.672)	(19.986)
Wald 统计量	737.02 ***	402.28 ***	329.12 ***	2370.33 ***	469.70 ***
	[0.000]	[0.000]	[0.000]	[0.000]	[0.000]
AR(1)	1.621 *	−2.242 **	−1.697 *	1.869 *	−1.710 *
	[0.105]	[0.025]	[0.0869]	[0.616]	[0.087]
AR(2)	0.745	0.793	0.529	−1.318	0.286
	[0.456]	[0.428]	[0.597]	[0.187]	[0.775]
Sargan 统计量	7.235	7.070	5.648	2.940	4.028
	[1.000]	[1.000]	[1.000]	[1.000]	[1.000]
样本量	154	154	154	154	154

注：*、**、*** 分别表示通过 10%、5%、1% 的显著性检验，小括号内为标准误，中括号内为双侧伴随概率 p 值。

资料来源：根据 stata15.1 回归结果整理。

三　研究结论与政策启示

本报告从污染密集型产业绿色经济效应的理论机理出发，通过系统识别污染密集型产业的行业边界，采用标准差椭圆方法研判 1999～2018 年长江经济带污染密集型产业集聚的时空演化特征，进而运用面板数据模型考察 2003～2017 年污染密集型产业集聚对长江经济带绿色发展能力的影响效应，得出如下研究结论。

（一）研究结论

（1）长江经济带污染密集型产业集聚态势整体呈下降趋势，以下游地区为主导，产业结构正朝低碳绿色转型。研究周期内长江经济带污染密集型产业集聚程度始终未超过1，相对全国而言低端产能集聚程度较弱，未成为推动经济增长的主导产业，特别是在"生态优先、绿色发展"战略定位下，长江经济带产业结构绿色化成效显著。污染型产业集聚弱化趋势主要得益于下游地区产业结构迈向高端化，下游地区产业规模占据绝对优势，引领长江经济带产业集聚发展态势，中上游地区依然存在较强的低端产业发展倾向。长江经济带污染密集型产业集聚地区差异显著，尽管污染密集型产业空间逐渐收缩，其发展趋势呈现明显向西南地区和欠发达省市转移倾向，以云南、贵州、江西三省资源型高污染产业最为典型，成为长江经济带绿色发展与环境治理的薄弱环节。

（2）长江经济带污染密集型产业集聚在短期内存在污染扩张效应，对地区绿色发展能力具有侵蚀作用。要素禀赋条件与比较优势理论决定在初始条件下区域发展倾向于增长性强的低技术产业，使得在初始阶段污染密集型产业面临较少的约束条件，实现区域经济增长是政府的主要目标。而污染型产业的资源能源利用效率较低，在集聚过程中加速污染密集型产业环境废物生产和排放，长江经济带作为国家经济增长的战略支撑带，在实现经济增长过程中早期存在低端产能扩张与污染扩散倾向。对于经济发展水平和生产技术条件相对较低的中上游地区，污染密集型产业的污染扩张型效应强度要高于下游地区省市，以传统产能基础牢固的中游地区最为突出，面临较大的经济增长与环境保护双重压力。污染型产能扩张在初期对长江经济带绿色发展能力具有不利影响，引致对低端产能的路径依赖。

（3）长江经济带污染密集型产业集聚存在自我纠正机制，在越过低端集聚阶段后能够迈向高质量发展阶段。尽管高污染产业在集聚过程中会加剧长江经济带环境压力，但随着居民环保需求增长与政府环境规制强化，污染密集型产业从无序集聚转为内生集群，企业生产关联与技术能力不断提升，区域环境污染排放与环境压力维持在承载能力阈值内，绿色发展内生动力稳健性增强。长江经济带发展正经历由"先污染"向"后治理"的发展过程，污染型产业在区域内集聚到一定阶段后，出于市场"绿色产品"激励和政府"共抓大保护"约束，呈现降低排放的倾向性，促进区域绿色发展能力趋于平衡。绿色转型速度亦呈现典型的地区分异，与区域内经济基础与技术储备具有正相关关系，其中下游地区最先达到污染型绿色转折点，而中游地区次之，上游地区最为迟滞，上游地区仍存在较强的污染型产业发展倾向。

（二）政策启示

（1）加强绿色技术支撑，降低污染密集型产业污染属性。组建技术创新联盟，围绕国家重大科技创新工程，以矿产、造纸、化工等重污染行业为重点，推动长江沿线龙头企业与区域内重点高校和科研机构开展技术合作，联合攻关污染型产业绿色转型关键技术，开发一批重大环保装备，支持污染密集型产业绿色改造升级。设立绿色转型技术研发基金，由中央层面牵头，以下游发达地区省市为主导，联合长江经济带沿线省市设立专项财政基金用于支持节能环保技术研发，撬动社会资本进入，技术创新红利按照市场化原则进行分配，保障污染型产业绿色技术研发资金供给。加快绿色创新成果市场化运用，以具有紧迫性和前瞻性的污染型产业绿色技术研发为重点，将技术应用普及率作为后期研发支持参考依据，大力推广绿色节能工艺、设备和管理模式，对应用性强的绿色技术持续加大投入，提升绿色技术创新效率。

（2）强化污染型产业规制力度，防治污染转移。加快出台长江保护法、整合环保法、水污染防治法、航道法等有关长江污染防治内容的法律法规，形成长江治污的系统性法律，并将长江法列入国家基本法，从法律层面完善长江保护的顶层设计，保障长江污染型产业治理的权威性。强化统一环境信用体系建设，构建长江经济带工业企业环境信息数据库，根据企业污染排放信息对企业环境信用进行分类评级，对污染密集型行业企业坏境行为进行动态监控与严格监管，推动上中下游地区环境信息共用共享，在全域从严惩处环境违法频繁、环境信息较低的工业企业，提升企业污染排放生产成本。编制统一产业准入清单，根据长江经济带资源环境承载能力和国土空间开发适宜性，制定统一的高污染高排放产业准入负面清单，将清单类型细化到三位数和四位数行业，以提升监管可操作性，切实防止下游地区淘汰的污染型产业向中上游地区转移集聚。

（3）积极布局绿色新兴产业，加速污染型产业转型接续进程。推动低端过剩产能有序退出，根据能耗、环保、质量等标准，从严控制传统污染型产能规模，对于具有条件能够实现绿色转型的工业企业，给予配套政策支持，深挖传统污染型产能的绿色潜能，对于无法实现节能降耗的工业企业，责令限期"关停并转"，为绿色新兴动能腾出发展空间。发展比较优势型绿色新兴产业，上中下游地区及沿线省市应立足自身产业基础和资源禀赋，有针对性地发挥具有较强地区适宜性和发展后劲的特色新兴产业，实现传统产能有序接续。强化绿色制造体系建设，围绕绿色设计平台布局、绿色产品开发、绿色工业园区建设、绿色供应链完善，在污染密集型产业领域实施一批绿色制造示范项目，推动污染型产业绿色生态集聚，形成若干具有国际竞争力的世界级产业集群，引领长江经济带工业绿色高质量发展。

参考文献

仇方道等：《江苏省污染密集型产业空间转移及影响因素》，《地理科学》2013年第7期，第789~796页。

黄磊、吴传清：《长江经济带城市工业绿色发展效率及其空间驱动机制研究》，《中国人口·资源与环境》2019年第8期，第40~49页。

苏丹妮等：《全球价值链、本地化产业集聚与企业生产率的互动效应》，《经济研究》2020年第3期，第100~115页。

田光辉等：《环境规制、地方保护与中国污染密集型产业布局》，《地理学报》2018年第10期，第1954~1969页。

赵璐、赵作权：《中国制造业的大规模空间聚集与变化——基于两次经济普查数据的实证研究》，《数量经济技术经济研究》2014年第10期，第110~121页。

周沂、贺灿飞、刘颖：《中国污染密集型产业地理分布研究》，《自然资源学报》2015年第7期，第1183~1196页。

B.8
长江经济带工业废气污染治理效率评估报告[*]

吴传清　李姝凡[**]

摘　要：　选取1998～2015年30个省市（除西藏）数据，采用超效率SBM模型测算全国、长江经济带工业废气污染治理效率；采用门槛效应模型研判长江经济带工业废气污染治理效率的影响因素。研究发现：1998～2015年长江经济带工业废气污染治理效率大于全国工业废气污染治理效率；长江经济带工业废气污染治理效率与全国工业废气污染治理效率的演变轨迹相似；长江经济带工业废气污染治理效率的空间规律为"两极分化型"向"过渡型"演变；长江经济带沿线11省市工业废气污染治理效率与重工业占比呈负相关；当人均GDP较小时，长江经济带工业废气污染治理效率与工业化率、地方法规颁布件数、环境污染与破坏总次数呈负相关，与群众因污染来信数呈正相关；当人均GDP跨过门槛阈值拐点后，相关关系反之。为进一步推动长江经济带高质量发展，应加强中央与地方共促工业污染防控治理；推动重化工业绿色发展；加强媒体对废气污染的长期有效监督；推动建立科学有效的"三方共治"体系。

---

* 基金项目：国家社会科学基金项目"推动长江经济带制造业高质量发展研究"（项目编号：19BJL061）。

** 吴传清，武汉大学经济与管理学院、中国发展战略与规划研究院教授，博士生导师，从事区域经济学、产业经济学研究；李姝凡，武汉大学经济与管理学院区域经济学专业硕士研究生，从事区域经济学研究。

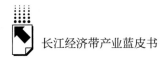

关键词： 长江经济带 工业废气污染 超效率 SBM 模型

长江是中华民族的生命河，也是我国重要生态宝库。2016 年 1 月 5 日，习近平总书记在重庆主持召开推动长江经济带发展座谈会，强调要"共抓大保护、不搞大开发"，"坚持生态优先、绿色发展"。2016 年 9 月中共中央印发的《长江经济带发展规划纲要》进一步强调，严格治理工业污染是保护和改善长江经济带水环境的重中之重。2018 年 4 月 26 日，习近平总书记在武汉主持召开深入推动长江经济带发展座谈会，指出"长江沿岸重化工业高密度布局，是我国重化工产业的集聚区"，"沿江工业发展惯性较大，污染物排放基数大，生态环境形势依然严峻"。提高长江经济带工业废气污染治理效果尤为迫切，研究长江经济带工业废气治理效率问题具有重要的实践意义。

一 长江经济带工业废气污染治理效率评价

（一）评价方法

环境治理效率评价方法主要有均匀污染法、投入产出数学归纳法等。基于投入产出数学归纳法延伸出来的数据包络分析（Data Envelopment Analysis，DEA）采用频率相对较高。数据包络分析是一种基于被评价对象间相对比较的非参数技术效率分析方法。在 DEA 模型的分析结果中，通常会出现多个 DMU 被评价有效的情况，而超效率模型（Super Efficiency Model，SEM）则用于区分有效 DMU 的有效程度。传统径向角度 DEA 方法（BCC、CCR）对无效 DMU 仅进行比例改进，忽略了松弛改进。基于此，本报告采用考虑松弛改进的基于至前沿最远距离函数的 DEA 方法，即 SBM 模型（Slack Based Measure，SBM），并结合超效率模型，提出 SBM 超效率模型。其数学表达式为：

$$\beta^* = \min\beta_{SE} = \frac{1 + \frac{1}{m}\sum_{i=1}^{m} s_i^{\,-}/x_{ik}}{1 - \frac{1}{s}\sum_{r=1}^{s} s_r^{\,+}/y_{rk}}$$

$$\text{s. t}\begin{cases} \sum_{j=1,j\neq k}^{n} x_{ij}\lambda_j - s_i^{\,-} \leqslant x_{ik} \\ \sum_{j=1,j\neq k}^{n} y_{rj}\lambda_j + s_r^{\,+} \geqslant y_{rk} \\ \lambda, s^+, s^- \geqslant 0 \\ \sum_{j=1,j\neq k}^{n} \lambda_j = 1 \\ i = 1,2,\cdots,m; r = 1,2,\cdots,q; j = 1,2,\cdots,n(j\neq k) \end{cases}$$

式中，$(s_i^{\,-}, s_r^{\,+})$ 表示投入产出的松弛变量，(x_{ik}, y_{rk}) 是第 k 个生产单元 t 时的投入产出值。β^* 为要计算的工业废气污染治理效率，m、s 分别为投入产出的个数，λ_i 表示投入产出的权重。当 $\beta^* = 1$ 时，综合效率有效；当 $\beta^* < 1$ 时，决策单元无效率，存在改进余地。

工业生产过程可细分为工业生产和工业治理，本文侧重考查工业治理环节效率。工业废气污染物主要有工业二氧化硫、工业二氧化碳、工业氮氧化物等。《中国环境年鉴》收录的工业二氧化硫数据较齐全。为方便计算，本文选取工业二氧化硫表示工业废气污染物。

中国工业污染治理投资占工业总投资的比重较低，工业治理废气投资存量不便计算，因此本文选取更为直接的工业废气治理设施数。综上，本文选取工业废气治理设施数、工业废气治理设施运行费用、工业生产环节二氧化硫排放量为投入指标。考虑到数据可获得性，本文选取工业二氧化硫治理量为产出指标。

（二）数据来源

本文研究时段为 1998～2015 年，选取 1998～2015 年 30 个省市（除西藏）数据，数据整理自《中国环境年鉴》（1999～2016）、《中国统计年鉴》（1999～2016）、《中国环境统计年鉴》（2005～2016）以及国家统计局网站。

其中，工业废气治理设施本年运行费用采用工业固定投资价格指数进行平减。变量描述性统计结果如表1所示。

表1 变量描述性统计结果

类别	指标名称	最小值	最大值	平均值	标准偏差
投入	工业废气治理设施数（套）	292.00	25673.00	5910.32	4362.94
	工业生产环节二氧化硫排放量（万吨）	1.92	707.57	133.18	107.56
	工业废气治理设施本年运行费用（万元）	797.50	2243764.00	242746.68	334545.32
产出	治理量（万吨）	0.00001	585.47590	72.90847	84.27830

资料来源：整理自1998~2015年全国30省市相关统计数据。

（三）评价结果

为研究全国视角下长江经济带工业废气污染治理效率，选取1998~2015年全国30个省市（除西藏）相关数据，将其标准化处理后，按照长江经济带上中下游划分三个板块，对每个区域进行时空比较推演。

1. 长江经济带工业废气治理效率

1998~2015年长江经济带工业废气污染治理效率大于全国工业废气污染治理效率，其中中游地区工业废气污染治理效率最高，下游地区次之，上游地区最低（见表2）。1998年长江经济带上游地区工业废气污染治理效率按从高到低排序依次为云南省、重庆市、四川省、贵州省；2015年长江经济带上游地区工业废气污染治理效率按高到低排序依次为云南省、贵州省、重庆市、四川省，表明贵州省资源配置优化、产业结构升级对工业废气污染治理效率的提升明显。1998~2015年长江经济带中游地区工业废气污染治理效率最高的省份为江西省，湖南省次之；1998年湖北省工业废气治理效率最低，但增速较快。下游地区中，安徽省工业废气污染治理效率最高；江苏省、浙江省工业废气污染治理效率接近均值，且演变路径相似；1998年、

2015 年上海市工业废气污染治理效率较高，2003 年、2007 年上海市效率较低。安徽省、江西省、云南省工业废气污染治理效率均大于均值，重庆市工业废气污染治理效率与均值路径最为相似。

表 2　1998～2015 年长江经济带工业废气污染治理效率

地区	1998 年	2003 年	2007 年	2011 年	2015 年
重庆	0.36	0.41	0.57	0.79	0.74
四川	0.24	0.22	0.44	0.67	0.71
贵州	0.15	0.23	0.49	0.81	0.89
云南	0.64	0.69	0.87	0.84	0.99
上游地区	0.30	0.35	0.57	0.77	0.83
江西	1.04	0.79	0.77	0.88	0.93
湖北	0.43	0.46	0.60	0.78	0.89
湖南	0.63	0.56	0.52	0.77	0.79
中游地区	0.66	0.59	0.62	0.81	0.87
上海	0.63	0.16	0.23	0.72	0.93
江苏	0.20	0.26	0.65	0.76	0.85
浙江	0.10	0.39	0.67	0.82	0.77
安徽	0.71	0.75	0.82	0.92	1.00
下游地区	0.31	0.33	0.54	0.80	0.88
长江经济带	0.37	0.39	0.57	0.79	0.86
全国	0.27	0.21	0.44	0.71	0.84

注：限于篇幅，本表选取 1998 年、2003 年、2007 年、2011 年、2015 年数据。

2. 长江经济带工业废气污染治理效率的时序变化特征

1998～2015 年全国工业废气污染治理效率演变路径与长江经济带工业废气污染治理效率演变路径相似（见图 1），凸显长江经济带的重要战略地位及其代表性。1998～2015 年长江经济带工业废气污染治理效率高于全国平均水平，且二者均呈倒"Z"形，其中 2006 年、2010 年为拐点。1998～2006 年长江经济带工业废气污染治理效率从高到低排序依次是中游地区、上游地区、下游地区，2006 年后长江经济带下游地区工业废气污染治理效率增速提升，效率值一跃而上，在 2013 年后与中上游地区几乎达到同一水平。

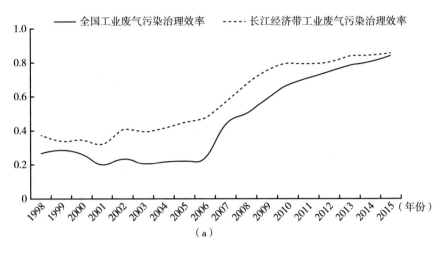

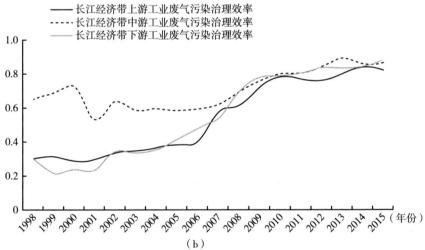

图 1   1998～2015 年长江经济带工业废气污染治理效率

资料来源：根据测算结果整理。

3. 长江经济带工业废气污染治理效率的空间演化特征

总体来看，1998～2015 年长江经济带工业废气污染治理效率空间格局从"两极分化型"向"过渡型"演变（见表 3）。1998 年长江经济带工业废气污染治理效率空间格局呈现"两极分化型"，空间分异性强，除江西省外，其他省市效率相对较低。2003 年江西省工业废气治理效率降低。2007

年浙江省、江苏省、安徽省、云南省工业废气治理效率提高,从而使下游地区工业废气污染治理效率提升,整体逐步呈现两边高、中间低的特征,长江经济带工业废气治理效率空间格局开始向"过渡型"转变。2011 年长江经济带中上游地区工业废气污染治理效率出现上升,其中贵州省增幅最明显,重庆市、湖北省、湖南省次之。2015 年湖北省、四川省、江苏省工业废气污染治理效率升高,重庆市、浙江省工业废气污染治理效率降低。与 1998年相比,2015 年各省市废气治理效率整体上升,差异变小,呈现"过渡型"特征。

表 3   1998～2015 年长江经济带工业废气污染治理效率

省市	1998 年	2003 年	2007 年	2011 年	2015 年
上海	0.63	0.16	0.23	0.72	0.93
江苏	0.20	0.26	0.65	0.76	0.85
浙江	0.10	0.39	0.67	0.82	0.77
安徽	0.71	0.75	0.82	0.92	1.01
江西	1.04	0.79	0.77	0.88	0.93
湖北	0.43	0.46	0.60	0.78	0.89
湖南	0.63	0.56	0.52	0.77	0.79
重庆	0.36	0.41	0.57	0.79	0.74
四川	0.24	0.22	0.44	0.67	0.71
贵州	0.15	0.23	0.49	0.81	0.89
云南	0.64	0.69	0.87	0.84	0.99

注:限于篇幅,本表选取 1998 年、2003 年、2007 年、2011 年、2015 年数据。

二   长江经济带工业废气污染治理效率影响因素分析

(一)理论分析与研究假设

现代经济中,市场通常为调节大多数产品和服务生产成本及消费需求的手段。亚当·斯密认为外部性、信息不对称以及天然垄断会导致市场失灵,市场失灵时需要政府进行宏观调控。污染问题即市场功能不能产生社会期望

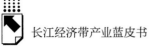

的污染程度，当污染造成过量损失时，需要对污染进行治理，而污染治理是典型环境规制行为，受经济发展水平的制约、产业结构的影响，同时为公众与媒体所监督。

综观学术界相关研究成果，影响工业废气污染治理效率的因素主要包括以下几方面。

（1）经济发展水平。经济增长与污染治理之间存在参数异质性，具有显著的门槛效应特征（邢有为等，2018）。基于此，提出以下假设：

H1：地区经济发展水平不同，产业结构、环境规制、公众参与、媒体舆论对工业废气污染治理效率的影响不同。

（2）工业化水平。工业化规模经济扩张所带来的工业废气、工业废水排放量是中部地区环境问题的关键，中部县域是发达区域环境污染的转移地（赵定涛，2008）。地区经济发展水平较低时，高工业化率使环境污染更加严重，而政府缺少环保投入资金则会导致工业污染治理效率降低；地区经济发展水平较高时，政府财政收入增多，因而有能力投入更多资金进行污染治理，高工业化率地区的工业也成为重点管制对象，工业污染治理效率提高。基于此，提出以下假设：

H2：地区经济发展水平较低时，工业化率与工业废气污染治理效率呈负相关；地区经济发展水平较高时，工业化率与工业废气污染治理效率呈正相关。

（3）产业结构。一般来说，重工业行业具有高耗能、高排放的特点，重工业所占比重越大，工业污染治理效率应越低。但随着经济发展水平提高，环境管制更加严格，重工业占比越高的地方污染治理效率越高（王兵等，2015）。基于此，提出以下假设：

H3：经济发展水平较低地区，重工业比重与工业废气污染治理效率呈负相关；经济发展水平较高地区，重工业比重与工业废气污染治理效率呈正相关。

（4）环境规制。环境规制从两方面影响污染治理效率，一是通过减少污染物的排放，加大污染物的处理力度，提升污染物的治理效率；二是资源配置结构扭曲造成规模边际效应递减，环境规制投入增加会造成污染的治理效率下降（孙静，2019）。经济发展水平较低地区资源配置结构扭曲，环境规制投入致使工业污染治理效率下降；经济发展水平较高地区，政府管理水平较强，环境规制投入增加会减少污染排放来源，提升污染物治理效率。基于此，提出以下假设：

H4：经济发展水平较低地区，环境规制程度与工业废气治理效率呈负相关；经济发展水平较高地区，环境规制程度与工业废气污染治理效率呈正相关。

（5）公众参与。在不同的地区经济发展水平下，公众诉求对地区污染治理的影响轨迹呈现出不同门槛特征（邓彦龙等，2017）。公众是环境污染的直接受害者，也应是污染治理的参与者和监督者，从国家层面的结果看，公众对环境污染的来信行为对工业污染治理效率具备显著的促进作用（张国兴等，2019）。基于此，提出以下假设：

H5：经济发展水平较高地区，公众参与对工业污染治理效率的提升具有较强正效应；反之，则具有负效应。

（6）媒体舆论。大众媒体作为与立法权、行政权、司法权并行的"第四种权力"，具备信息中介、传播和披露环境信息、曝光企业污染、抑制政府"偏好效应"的能力（涂正革等，2018）。基于此，提出以下假设：

H6：经济发展水平较高地区，媒体舆论对工业污染治理效率的提升具有较强正效应；反之，则具有较弱正效应。

（二）模型选取、变量说明与数据来源

1. 模型选取

长江经济带沿线11省市经济发展水平存在差异及非空间均衡分布特征，工业废气污染治理效率影响因素与工业废气污染存在非线性关系的门槛特征。采用Hansen的门槛面板模型，参考孔骁等（2018）研究成果，本文构建的门槛回归模型如下：

$$Y_{it} = \alpha X_{it} + \beta_1 T_{it} \times I(T_{it} \leq \delta_1) + C + \varepsilon_{it} \tag{1}$$

$$Y_{it} = \alpha X_{it} + \beta_1 T_{it} \times I(T_{it} \leq \delta_1) + \beta_2 T_{it} \times I(\delta_1 < T_{it} < \delta_2) \\ + \beta_3 T_{it} \times I(\delta_2 < T_{it} < \delta_3) + C + \varepsilon_{it} \tag{2}$$

$$Y_{it} = \alpha X_{it} + \beta_1 T_{it} \times I(T_{it} \leq \delta_1) + \beta_2 T_{it} \times I(\delta_1 < T_{it} < \delta_2) + \beta_3 T_{it} \\ \times I(\delta_2 < T_{it} < \delta_3) + \beta_4 T_{it} \times I(\delta_3 < T_{it} < \delta_4) + C + \varepsilon_{it} \tag{3}$$

式中，Y_{it} 为第 i 个地区第 t 年的工业废气污染治理效率，X 为解释变量，T 为人均 GDP，δ 为固定的门槛值，α 为 X_{it} 对工业废气污染治理效率的影响系数，β_1 和 β_2 分别是门槛变量 T_{it} 在 $T_{it} < \delta_1$、$T_{it} > \delta_1$ 时对工业废气污染治理效率的影响系数，β_3 和 β_4 的意义类似于 β_1，C 为常数项，$\varepsilon_{it} \sim (0, \sigma_2)$ 为随机扰动项，$I(\cdot)$ 为示性函数。

2. 变量说明

样本省市的不可控环境因素对工业废气污染治理效率有很大影响，本文主要从产业结构、环境规制、公众参与、媒体舆论角度考察影响工业废气污染治理效率的因素。根据数据可得性，选取长江经济带工业废气污染治理效率（Y_{it}）为被解释变量，人均 GDP 为门槛变量，工业化率（X_1）、重工业比重（X_2）、颁布地方法规件数（X_3）、群众因污染来信数（X_4）、环境污染与破坏事故总次数（X_5）为核心解释变量，城镇化率（K_1）、国有及国有企业控股比重（K_2）、颁布地方行政规章件数（K_3）、来访问题总数（K_4）为控制变量。

3. 数据来源

选择 1998 年为基期，将人均 GDP 以相应地区的 CPI 指数进行平减，剔除价格因素影响。变量描述性统计结果如表 4 所示。

表4　变量描述性统计结果

变量	指标名称	最小值	最大值	平均值	标准偏差
Y	工业废气污染治理效率	0.00	4.88	0.55	0.34
X_1	工业化率(%)	19.93	58.83	45.45	0.11
X_2	重工业比重(%)	43.09	79.37	66.56	0.56
X_3	颁布地方法规件数(件)	1.00	18.00	1.89	0.19
X_4	群众因污染来信数(封)	51.00	75485.00	14888.13	1196.93

变量	指标名称	最小值	最大值	平均值	标准偏差
X_5	环境污染与破坏事故总次数（次）	0.00	498.00	63.64	6.14
K_1	城镇化率（%）	19.93	89.61	45.84	1.21
K_2	国有及国有企业控股比重（%）	9.91	83.44	42.69	1.44
K_3	颁布地方行政规章件数（件）	0.00	47.00	2.48	5.47
K_4	来访问题总数（批）	5.00	9896.00	2546.28	132.65
门槛变量	人均GDP（万元）	0.23	7.71	1.92	1.11

资料来源：整理自长江经济带沿线11省市1998~2015年的统计数据。

（三）实证结果

为进一步研究长江经济带工业废气污染治理效率的影响因素，将长江经济带工业废气污染治理效率计算结果及各项指标数据，借助Stata15.1软件进行面板回归分析。根据Hausman检验结果，应该拒绝随机效应模型，采用固定效应模型。为确定门槛个数和模型具体形式，采用次数分别为100、200、300的Bootstrap自抽样方法，得到门槛回归结果，如表5、表6所示。

除X_5的三重门槛回归不显著外，其他核心解释变量均存在显著的门槛效应。根据显著性检验结果，解释变量X_1、X_2、X_3均采用双重门槛模型，X_4、X_5采用单一门槛模型。其中，X_1的门槛估计值为1.448、3.715，X_2的门槛估计值为1.443、2.840，X_3的门槛估计值为1.834、3.715，X_4的门槛估计值为2.417，X_5的门槛估计值为2.076。

表5 解释变量门槛效果检验

模型	X_1	X_2	X_3	X_4	X_5
单一门槛检验	75.560 ***	91.177 ***	24.984 **	24.468 ***	55.784 ***
	(0.000)	(0.000)	(0.000)	(0.003)	(0.003)
双重门槛检验	64.933 ***	61.408 ***	9.749 ***	11.852 **	21.309 ***
	(0.000)	(0.005)	(0.000)	(0.015)	(0.000)

续表

模型	X_1	X_2	X_3	X_4	X_5
三重门槛检验	0.000 ***	0.000 **	− 2.487 *	− 8.633 *	− 22.538
	(0.050)	(0.030)	(0.090)	(0.100)	(0.530)

注：表中数据为门槛检验所对应的 F 统计量，*** 、** 和 * 分别表示在 1% 、5% 和 10% 的水平上显著，括号内为 P 统计量。

表6　解释变量门槛值估计

核心解释变量	门槛变量	门槛估计值 1	门槛估计值 2
X_1：工业化率	人均 GDP	1.448	3.715
X_2：重工业比重	人均 GDP	1.443	2.840
X_3：颁布地方法规件数	人均 GDP	1.834	3.715
X_4：群众因污染来信数	人均 GDP	2.417	
X_5：环境污染与破坏事故总次数	人均 GDP	2.076	

选取人均 GDP 为门槛变量，分析产业结构、环境规制、公众参与、媒体舆论对长江经济带工业废气污染治理效率的门槛效应，具体结果如表7 所示。

（1）长江经济带沿线 11 省市工业化率在不同门槛值下对工业废气污染治理效率的影响不同。人均 GDP 小于门槛值 1.448 时，工业化率对工业废气污染治理效率的影响系数为负值，且通过 10% 显著水平检验，表明人均 GDP 较低省市，高工业化率对工业废气污染治理效率提升具有抑制作用。跨过此门槛后，高工业化率对工业废气污染治理效率提升具有促进作用，当人均 GDP 区间范围为（1.448，3.715）时，工业化率对工业废气污染治理效率的影响系数为 0.0021，而当人均 GDP 越过第二个门槛值 3.715 时，工业化率对工业废气污染治理效率的影响系数为 0.0065，表明随着人均 GDP 进一步提升，高工业化率对工业废气污染治理效率提升的促进作用越发增强。假设 H2 成立，原因在于人均 GDP 较低时，地方政府多以牺牲环境为代价发展经济，追求 GDP 粗暴增长，主要发展高耗能、高污染、高排放工业，工业化率越高则带来的工业污染越多，而治理技术与基础设施完备性欠缺，治理成本较高，由此导致工业废气污染治理效率低下。而随着人均 GDP 的提高，政府逐渐意识到环境的重要性，引导工业企业由资源依赖型向创新驱动型转变，发展生态工业，激发工业企业技术创新活力，提高工业废气污染治理效率。样本数据显示，上海市于 2004 年率先跨过第二门槛，江苏省于 2010 年跨过此门槛，浙江省紧随其后，长江经济带中上游省市均未跨过第二门槛。

（2）重工业占比对长江经济带沿线 11 省市工业废气污染治理效率的影响均为负向且显著。随着人均 GDP 不断增长，跨越一重及二重门槛阈值，系数估计值绝对值增大，表明随着人均 GDP 增长，重化工业企业数目增多会抑制工业废气治理效率提高，原因可能是重化工企业为谋取利益最大化，盲目扩张，发展路径与规律不符，同时缺少绿色政策引导，致使工业废气污染治理效率低下。假设 H3 不成立，表明政府过度追求经济效益，而忽略经济质量符合事实。

（3）长江经济带沿线 11 省市颁布地方法规件数的不同对工业废气污染治理效率产生不同影响。当人均 GDP 小于一重门槛值 1.834 时，颁布地方法规件数对工业废气污染治理效率的系数估计值为负数，且通过 5% 显著性检验；而当人均 GDP 位于一重门槛值 1.834 和二重门槛值 3.715 之间时，颁布地方法规件数对工业废气污染治理效率的系数估计值为正数且显著；且当人均 GDP 越过二重门槛值后影响程度更为明显。即在经济发展水平较低地区，颁布地方法规件数增多阻碍当地工业废气污染治理水平提升。假设 H4 成立，原因可能是经济落后地区，政府治理审时度势能力较差，颁布地方行政法规冗杂且无效；而经济发达地区，政府治理能力较强，颁布地方行政法规精准且有效。

（4）长江经济带沿线 11 省市群众因污染来信数对工业废气污染治理效率影响不同。当人均 GDP 小于门槛值 2.417 时，影响正向且显著，群众因污染来信数的增多会提升工业废气污染治理效率；跨过门槛值后，影响负向但不显著，假设 H5 成立。实证结果显示，江苏省、浙江省 2005 年后跨过门槛值 2.417，湖北省、重庆市、安徽省和湖南省、四川省、江西省分别于 2009 年、2011 年、2012 年、2013 年、2014 年后跨过门槛值。这侧面表明长江经济带中上游地区传统群众监督方式转型较慢，信件监督目前依然有效。

（5）长江经济带沿线 11 省市环境污染与破坏事故总次数对工业废气污染治理效率的影响不同。当人均 GDP 小于门槛值 2.076 时，环境污染与破坏事故总次数被曝光次数与工业废气污染治理效率呈负相关且显著，影响较小；当人均

GDP 越过门槛值 2.076 时，环境污染与破坏事故总次数被曝光次数与工业废气污染治理效率呈正相关且显著，假设 H6 不成立。研究结果显示，1998～2015 年仅上海市人均 GDP 越过门槛值 2.076，江苏省、浙江省、湖北省、湖南省人均 GDP 分别于 2005 年、2009 年、2010 年越过门槛值，表明长江经济带中下游地区经济发展较快，媒体舆论对工业废气治理效率的监督作用也愈加明显。

表 7　解释变量门槛模型参数估计

变量	X_1	X_2	X_3	X_4	X_5
产业结构	− 0.0064 ***	− 0.0053 ***	− 0.0023 **	0.0111 ***	0.0113 ***
	(0.000)	(0.000)	(0.033)	(0.000)	(0.000)
环境规制	− 0.0023 ***	− 0.0017 **	− 0.0032 ***	− 0.0033 ***	− 0.0023 ***
	(0.005)	(0.017)	(0.000)	(0.000)	(0.007)
公众参与	− 0.9953 **	− 0.0038 *	− 0.0057 **	− 0.0018	− 0.0006
	(0.027)	(0.080)	(0.034)	(0.361)	(0.757)
媒体舆论	− 0.0003 ***	− 0.0001 ***	− 0.0005 ***	− 0.0002 ***	− 0.0003 ***
	(0.000)	(0.005)	(0.000)	(0.000)	(0.000)
$X \cdot I(T_{it} < \delta_1)$	− 0.0030 *	− 0.0063 ***	− 0.0034 **	4.15E − 86 ***	− 0.0002 **
	(0.060)	(0.000)	(0.030)		(0.048)
$X \cdot I(\delta_1 < T_{it} < \delta_2)$	0.0021 *	− 0.0089 ***	0.0591 ***	− 2.55E − 86	0.0027 ***
	(0.080)	(0.000)	(0.000)	(0.970)	(0.000)
$X \cdot I(T_{it} < \delta_3)$	0.0065 ***	− 0.01218 ***	0.1179 ***		
	(0.000)	(0.000)	(0.000)		
$Constant$	1.0009 ***	0.3313 ***	0.9131 ***	0.2887 ***	0.1939 *
	(0.000)	(0.000)	(0.000)	(0.009)	(0.061)
R^2	0.3330	0.4365	0.1999	0.4727	0.4858

注：***、** 和 * 分别表示在 1%、5% 和 10% 的水平上显著，括号内为 P 统计量。

三　研究结论与政策启示

（一）研究结论

（1）1998～2015 年长江经济带上中下游地区之间、11 省市之间的工业废气污染治理效率差异明显。下游地区工业废气污染治理效率最高,中游地区次之,上游地区最低。江西省、湖南省、云南省工业废气污染治理效率值较大,而2006年后上海市、江苏省、浙江省工业废气污染治理效率值增速变快,与长江经济带工业污染治理效率值趋近,逐渐变为高效率模式省市。

(2)1998~2015年长江经济带工业废气污染治理效率的时序演变特征呈现倒"Z"形。1998~2006年长江经济带中游地区工业废气污染治理效率值最大,上游地区次之;2006年后长江经济带上、下游地区工业废气污染治理效率增速变快,逐渐与中游地区趋于一致。

(3)1998~2015年长江经济带工业废气污染治理效率的空间演化呈现从"两极分化型"向"过渡型"转变特征。1998年长江经济带工业废气污染治理效率空间格局呈现"两极分化型",2007年开始向"过渡型"转变,2015年最终演变为"过渡型"。

(4)长江经济带沿线11省市重工业占比与工业废气治理污染效率呈负相关,工业化率、颁布地方法规件数、环境污染与破坏事故总次数、群众因污染来信数对工业废气治理污染效率的影响不同。当人均GDP较小时,长江经济带工业废气污染治理效率与工业化率、颁布地方法规件数、环境污染与破坏事故总次数呈负相关,与群众因污染来信数呈正相关;当人均GDP跨过门槛阈值拐点后,相关关系反之。1998~2015年上海市工业废气污染治理效率与工业化率、颁布地方法规件数、环境污染与破坏事故总次数呈正相关,与群众因污染来信数呈负相关。其他省市相关关系受门槛阈值拐点影响,当人均GDP水平较低时,工业废气污染治理效率与工业化率、颁布地方法规件数、环境污染与破坏事故总次数呈负相关,与群众因污染来信数呈正相关;跨过门槛阈值拐点后相关关系反之。

(二)政策启示

(1)加强中央与地方共促工业废气防控治理。中央政府负责长江经济带沿线11省市工业污染治理合作顶层设计。长江经济带沿线11省市政府与重点城市政府在中央政府统筹协调下，探索财税体制创新安排，对废气污染排放进行差别收费，颁发可交易环境污染许可证，并引入政府间协商议价机制，通过颁布地方行政法规，协调多元利益主体在工业废气污染治理中的利益诉求。

（2）推动重化工业绿色发展。加大燃煤电厂超低排放改造、"散乱污"企业治理、挥发性有机物削减等工作力度，严控二氧化硫等污染物排放。提升重化工业技术装备水平、优化产品结构、加强产业融合，综合提升区域煤炭高效清洁利用水平，实现减煤、控煤、防治大气污染。按照《清洁生产促进法》，引导沿江重化工业开展清洁生产审核，实施中小企业清洁生产水平提升计划，构建"互联网＋"清洁生产服务平台，鼓励各地政府购买清洁生产培训、咨询等相关服务，加快工业绿色化改造。

（3）加强媒体对废气污染的长期有效监督。媒体监督具备广泛性、快捷性、互动性等特质，应加强媒体对有关工业污染的事实及披露，使公民了解实情，进行监督。保障媒体对立法权、行政权和司法权的监督，促进法治建设。

（4）推动建立科学有效的"三方共治"体系。政府要建立良好的司法体制保障，促使民众参与到环境决策中。注意控制自媒体的舆论导向，促使大众媒体为公众利益披露相关信息，以防利益集团误导民众。

参考文献

邓彦龙、王旻：《公众诉求对地区环境治理的门槛效应研究》，《生态经济》2017年第12期，第169～173页。

孔晓、冯锋：《R&D主体对区域经济绩效影响的门槛效应研究》，《科学学研究》2018年第5期，第839～846页。

孙静、马海涛、王红梅：《财政分权、政策协同与大气污染治理效率——基于京津冀及周边地区城市群面板数据分析》，《中国软科学》2019年第8期，第154～165页。

涂正革、邓辉、甘天琦：《公众参与中国环境治理的逻辑：理论、实践和模式》，

《华中师范大学学报》（人文社会科学版）2018 年第 3 期，第 49~61 页。

王兵、罗佑军：《中国区域工业生产效率、环境治理效率与综合效率实证研究——基于 RAM 网络 DEA 模型的分析》，《世界经济文汇》2015 年第 1 期，第 99~119 页。

邢有为、姜旭朝、黎晓峰：《环境治理投入对经济增长的异质性影响研究——基于城市化的视角》，《自然资源学报》2018 年第 4 期，第 576~587 页。

张国兴等：《公众环境监督行为、公众环境参与政策对工业污染治理效率的影响——基于中国省级面板数据的实证分析》，《中国人口·资源与环境》2019 年第 1 期，第 144~151 页。

赵定涛、毕军贤、林寿富：《中部县域工业化与环境负荷关系研究》，《经济理论与经济管理》2008 年第 11 期，第 64~70 页。

B.9
长江经济带制造业集聚的环境
效应评估报告[*]

吴传清　周西一敏[**]

摘　要： 推动长江经济带绿色制造对长江经济带绿色发展具有重要意
　　　　 义。本报告采用区位熵法、熵权法，分别测度2009～2018年
　　　　 长江经济带制造业集聚水平、环境污染水平，考察其时空演
　　　　 变规律；构建面板数据模型检验长江经济带制造业集聚与环
　　　　 境污染的互动机制及影响因素。研究结果表明：2009～2018
　　　　 年长江经济带制造业集聚水平呈上中下游地区依次升高的空
　　　　 间特征，其中上游地区较低且呈小幅下降趋势，中游地区呈
　　　　 上升趋势，下游地区呈先降后升趋势。长江经济带环境污染
　　　　 水平呈上中下游地区依次升高的空间特征，环境污染主要分
　　　　 布在中下游地区。长江经济带上游地区环境污染水平较低且
　　　　 呈显著下降趋势，中游地区和下游地区环境污染水平呈先升
　　　　 后降趋势。长江经济带制造业集聚对环境污染具有显著的促
　　　　 进作用，经济发展水平、对外开放程度、教育投入对长江经
　　　　 济带制造业集聚的环境效应具有显著的促进作用，而人口规
　　　　 模、产业结构对长江经济带制造业集聚的环境效应具有显著
　　　　 的抑制作用，科技投入对长江经济带制造业集聚的环境效应

　　*　基金项目：国家社会科学基金项目“推动长江经济带制造业高质量发展研究”（项目编号：
　　　　19BJL061）。
　**　吴传清，武汉大学经济与管理学院、中国发展战略与规划研究院教授，博士生导师，从事区
　　　　域经济学、产业经济学研究；周西一敏，武汉大学经济与管理学院区域经济学专业硕士研究
　　　　生，主要从事区域经济学研究。

具有不显著的抑制作用。

关键词： 长江经济带　制造业集聚　环境效应

长江经济带具备建设先进制造业集聚区的良好基础，是我国重要的制造业集聚区。2016年9月《长江经济带发展规划纲要》正式印发，提出要以沿江国家级、省级开发区为载体，以大型企业为骨干，打造电子信息、高端装备、汽车、家电、纺织服装等世界级制造业集群。2017年6月30日，工信部等五部门联合印发《关于加强长江经济带工业绿色发展的指导意见》，要求推进传统制造业绿色化改造，全面推进绿色制造，减少工业发展对生态环境的影响，实现绿色增长。2017年7月13日，《长江经济带生态环境保护规划》强调以产业绿色发展推动长江经济带绿色发展，要求以钢铁、水泥、有色金属、建材、化工、纺织等行业为重点加快长江经济带绿色制造业发展。长江经济带制造业集聚迅猛发展的同时也伴随着环境污染形势逐渐严峻，制造业绿色发展、制造业绿色化改造迫在眉睫。

一　长江经济带制造业集聚评价

（一）评价方法与数据来源

1. 评价方法

本报告采用区位熵法测算长江经济带制造业集聚水平，其计算公式如下：

$$LQ = \frac{x_{ij} / \sum_i x_{ij}}{\sum_j x_{ij} / \sum_i \sum_j x_{ij}} \tag{1}$$

其中，x_{ij} 为制造业单位从业人数，$\sum_i x_{ij}$ 为年末单位从业人数，$\sum_j x_{ij}$ 为全国制造业单位从业人数，$\sum_i \sum_j x_{ij}$ 为全国城镇单位从业人数。本报告从地级市尺度进行测度，i 为长江经济带各地级市，j 为包括制造业在内的所有行业。该指数越大，产业集聚程度越高，反之则越低。

2. 数据来源

基于城市数据的可获得性，本报告剔除巢湖、遵义、毕节、铜仁等数据信息缺失严重的地级市，测度 2009～2018 年长江经济带 107 个地级市制造业集聚水平。数据来源于《中国城市统计年鉴》（2010～2019）、《中国统计年鉴》（2010～2019）。

（二）评价结果与分析

2009～2018 年长江经济带 107 个地级市制造业集聚水平如表 1～表 3 所示，本报告将分别从长江经济带上中下游地区考察制造业集聚水平在地级市尺度下的空间分布特征。表中排名为各地级市制造业集聚水平年均值排名，表中最后一行分别为长江经济带上中下游地区制造业集聚水平的历年均值。

从长江经济带上游地区来看，2009～2018 年制造业集聚整体水平居于 0.66～0.70，在研究期内呈小幅下降趋势。从各地级市制造业集聚水平年均值排名来看，排名前 10 位的地级市中攀枝花市等 7 个市均为四川省地级市，此外云南省的玉溪市排名第 5 位，贵州省的安顺市排名第 9 位，重庆市排名第 10 位。排名第 11 至第 20 位的地级市中，包含 4 个四川省地级市，5 个云南省地级市和 1 个贵州省地级市，其中四川省地级市集聚水平仍较靠前。排名第 21 至第 30 位的地级市中，包含 7 个四川省地级市，1 个贵州省地级市和 2 个云南省地级市，其中四川省地级市集聚水平仍旧相对靠前，云南省地级市集聚水平相对靠后。整体而言，长江经济带上游地区制造业集聚水平较低且呈小幅下降趋势，其中四川省、重庆市集聚水平相对较高，而云南省、贵州省相对较低。

表1　2009～2018年长江经济带上游地区制造业集聚水平测度结果

地区/年份	2009	2010	2011	2012	2013	2014	2015	2016	2017	2018	排名
重庆	0.83	0.83	0.87	0.74	0.71	0.73	0.76	0.79	0.78	0.84	10
成都	0.94	0.94	1.03	0.99	0.68	0.80	0.72	0.67	0.71	0.71	8
自贡	0.97	0.79	0.83	0.75	0.81	0.79	0.72	0.67	0.62	0.57	13
攀枝花	1.68	1.67	1.58	1.58	1.11	1.27	1.08	0.98	0.95	1.08	1
泸州	0.64	0.57	0.58	0.62	0.62	0.59	0.57	0.51	0.54	0.26	21
德阳	1.08	1.12	1.20	1.28	1.32	1.28	1.27	1.29	1.36	1.38	2
绵阳	1.27	1.26	1.29	1.22	1.01	0.98	0.90	0.85	0.91	0.86	4
广元	0.27	0.26	0.29	0.30	0.30	0.28	0.28	0.29	0.28	0.24	27
遂宁	0.55	0.49	0.44	0.50	0.78	0.70	0.78	1.28	0.77	0.69	15
内江	0.66	0.66	0.62	0.67	1.02	0.94	0.87	0.89	0.80	0.74	11
乐山	1.07	1.03	0.94	0.92	1.05	0.92	0.99	0.90	0.86	0.64	6
南充	0.21	0.31	0.30	0.38	0.72	0.68	0.71	0.67	0.66	0.53	22
眉山	0.88	0.96	0.79	0.69	0.92	0.92	0.94	0.91	0.91	0.78	7
宜宾	1.02	1.15	1.21	1.17	1.01	1.00	0.97	0.98	1.02	1.08	3
广安	0.07	0.04	0.04	0.03	0.17	0.17	0.17	0.19	0.78	0.84	29
达州	0.34	0.33	0.35	0.20	0.34	0.34	0.36	0.37	0.52	0.53	25
雅安	0.54	0.48	0.48	0.57	0.47	0.43	0.48	0.46	0.43	0.45	23
巴中	0.18	0.19	0.24	0.30	0.47	0.49	0.45	0.44	0.44	0.47	26
资阳	0.83	0.81	0.85	0.85	1.07	0.85	0.74	0.57	0.52	0.69	12
贵阳	0.79	0.76	0.83	0.78	0.62	0.57	0.56	0.52	0.50	0.46	17
六盘水	0.52	0.63	0.58	0.56	0.50	0.46	0.36	0.35	0.35	0.36	24
安顺	0.44	0.47	0.77	0.80	0.82	0.77	1.00	0.96	1.12	0.77	9
昆明	0.73	0.77	0.69	0.64	0.57	0.48	0.52	0.49	0.48	0.50	19
曲靖	0.80	0.83	0.80	0.70	0.65	0.67	0.66	0.68	0.74	0.80	14
玉溪	1.03	1.02	1.03	1.13	0.98	1.00	1.02	1.02	1.07	1.06	5
保山	0.54	0.56	0.54	0.61	0.56	0.61	0.61	0.65	0.66	0.76	18
昭通	0.31	0.31	0.28	0.23	0.22	0.25	0.23	0.23	0.25	0.20	28
丽江	0.38	0.32	0.30	0.21	0.20	0.20	0.19	0.13	0.21	0.21	30
普洱	0.72	0.75	0.65	0.62	0.75	0.74	0.76	0.55	0.72	0.72	16
临沧	0.65	0.45	0.48	0.56	0.57	0.64	0.63	0.65	0.56	0.57	20
上游地区	0.70	0.69	0.70	0.69	0.70	0.69	0.68	0.67	0.68	0.66	—

资料来源：根据测算结果整理。

从长江经济带中游地区来看，2009～2018年制造业集聚整体水平居于0.90～1.01，在研究期内呈上升趋势。从各地级市制造业集聚水平年均值排名来看，排名前10位的地级市分别为新余市、鄂州市、荆门市、十堰市、景德镇市、黄石市、襄阳市、宜昌市、鹰潭市、株洲市，包含2

个江西省地级市、6 个湖北省地级市、2 个湖南省地级市。其中，江西省新余市排名省内第 1 位，湖北省鄂州市排名省内第 1 位，湖南省鹰潭市排名省内第 1 位，均为非省会城市。排名第 11 至第 26 位的地级市分别为孝感市、宜春市、九江市、赣州市、荆州市、随州市、萍乡市、长沙市、武汉市、岳阳市、吉安市、南昌市、咸宁市、黄冈市、湘潭市、娄底市，其中包括 7 个湖北省地级市、6 个江西省地级市、3 个湖南省地级市，3 个省份的省会城市排名均较靠后。排名末尾 10 位的地级市分别为上饶市、益阳市、衡阳市、抚州市、常德市、永州市、郴州市、邵阳市、怀化市、张家界市，包括 2 个江西省地级市、8 个湖南省地级市，其中湖南省地级市排名靠后。整体而言，长江经济带中游地区制造业集聚水平较上游地区更高且呈上升趋势，其中江西省及湖北省地级市制造业集聚水平较高，湖南省地级市相对较低。

表 2　2009～2018 年长江经济带中游地区制造业集聚水平测度结果

地区/年份	2009	2010	2011	2012	2013	2014	2015	2016	2017	2018	排名
南昌	0.88	0.91	0.97	1.05	0.86	0.93	0.84	0.90	0.85	0.85	22
景德镇	1.24	1.34	1.35	1.27	1.17	1.24	1.17	1.34	1.40	1.45	5
萍乡	0.90	0.85	0.63	0.64	1.13	1.21	1.20	1.32	1.24	1.01	17
九江	0.96	0.94	0.98	1.11	1.04	1.14	1.15	1.19	1.27	1.12	13
新余	1.61	1.60	1.65	1.65	1.60	1.69	1.75	1.83	1.74	1.49	1
鹰潭	0.76	1.14	1.05	1.11	1.09	1.21	1.49	1.63	1.62	1.44	9
赣州	0.99	1.03	0.98	1.11	1.15	1.14	1.10	1.14	1.05	1.05	14
吉安	0.25	0.21	0.34	0.37	1.18	1.21	1.25	1.36	1.46	1.48	21
宜春	0.74	0.78	1.13	1.11	1.21	1.25	1.29	1.39	1.41	1.33	12
抚州	0.71	0.71	0.65	0.69	0.69	0.78	0.76	0.81	0.69	0.56	30
上饶	0.69	0.52	0.44	0.62	0.91	0.86	0.85	0.88	0.86	0.68	27
武汉	0.97	1.01	0.95	0.96	0.92	0.91	0.91	0.91	0.88	0.86	19
黄石	1.27	1.36	1.37	1.37	1.27	1.25	1.28	1.22	1.26	1.32	5
十堰	1.42	1.44	1.47	1.42	1.22	1.29	1.27	1.30	1.34	1.42	4
宜昌	1.14	1.21	1.35	0.86	1.32	1.35	1.34	1.37	1.34	1.37	8
襄阳	1.12	1.34	1.22	1.27	1.32	1.56	1.19	1.26	1.26	1.41	7
鄂州	1.36	1.48	1.60	1.63	1.43	1.44	1.41	1.36	1.36	1.45	2
荆门	1.49	1.35	1.31	1.41	1.30	1.30	1.33	1.34	1.34	1.49	3

地区/年份	2009	2010	2011	2012	2013	2014	2015	2016	2017	2018	排名
孝感	1.19	1.19	1.15	1.22	1.23	1.18	1.20	1.21	1.25	1.33	11
荆州	1.18	1.24	0.83	0.96	0.97	0.99	1.04	1.03	1.03	0.93	15
黄冈	0.61	0.91	0.70	0.69	0.51	0.80	1.18	1.21	1.01	1.12	24
咸宁	0.96	1.03	0.92	0.98	0.86	0.86	0.86	0.84	0.87	0.60	23
随州	0.78	0.93	1.09	1.06	1.04	1.11	1.11	1.03	1.01	1.01	16
长沙	0.93	0.99	1.07	1.06	1.01	1.03	1.02	0.92	1.04	0.93	18
株洲	1.35	1.34	1.32	1.26	1.12	1.15	1.18	1.22	1.21	1.18	10
湘潭	1.02	1.01	1.10	1.00	0.97	0.69	0.64	0.58	0.80	0.75	25
衡阳	0.76	0.67	0.84	0.83	0.79	0.70	0.69	0.67	0.69	0.58	29
邵阳	0.30	0.32	0.35	0.40	0.44	0.47	0.48	0.48	0.48	0.49	34
岳阳	0.86	1.19	1.03	0.92	0.84	0.86	0.86	0.83	0.75	1.00	20
常德	0.81	0.79	0.77	0.72	0.65	0.65	0.63	0.58	0.64	0.69	31
张家界	0.12	0.16	0.21	0.19	0.17	0.18	0.21	0.23	0.27	0.24	36
益阳	0.77	0.64	0.77	0.80	0.75	0.77	0.73	0.72	0.73	0.61	28
郴州	0.49	0.52	0.60	0.59	0.55	0.57	0.56	0.51	0.52	0.55	33
永州	0.52	0.52	0.58	0.61	0.53	0.56	0.60	0.57	0.60	0.60	32
怀化	0.36	0.37	0.40	0.38	0.33	0.32	0.34	0.32	0.26	0.28	35
娄底	0.86	0.79	0.90	0.78	0.71	0.72	0.75	0.70	0.69	0.84	26
中游地区	0.90	0.94	0.95	0.95	0.95	0.98	0.99	1.01	1.01	0.99	—

资料来源：根据测算结果整理。

从长江经济带下游地区来看，2009～2018年制造业集聚整体水平居于1.02～1.15，在研究期内呈先降后升趋势。从各地级市制造业集聚水平年均值排名来看，排名前10位的地级市分别为苏州市、嘉兴市、无锡市、镇江市、常州市、宁波市、湖州市、铜陵市、芜湖市、温州市，包含4个江苏省地级市、4个浙江省地级市、2个安徽省地级市。其中，江苏省苏州市排名省内第1位，浙江省嘉兴市排名省内第1位，安徽省铜陵市排名省内第1位，均为非省会城市。排名中段的地级市以江苏省及浙江省地级市为主，南京市排名第20位，杭州市排名第24位，上海市排名第14位。排名末尾10位的地级市分别为金华市、亳州市、池州市、丽水市、六安市、淮北市、阜阳市、黄山市、宿州市、淮南市，包括2个浙江省地级市、8个安徽省地级市，其中安徽省地级市排名相对靠后。整体而言，长

江经济带下游地区制造业集聚水平相对于中上游地区较高，呈先降后升趋势，其中上海市、江苏省地级市制造业集聚水平较高，浙江省、安徽省地级市相对较低。

表3 2009～2018年长江经济带下游地区制造业集聚水平测度结果

地区/年份	2009	2010	2011	2012	2013	2014	2015	2016	2017	2018	排名
上海	1.31	1.29	1.32	1.41	1.18	1.03	1.01	1.05	1.04	1.04	14
南京	1.34	1.35	1.36	1.30	0.93	0.84	0.89	0.86	0.84	0.84	20
无锡	1.92	1.97	1.92	1.92	1.97	2.00	2.01	2.02	2.12	2.23	3
徐州	0.69	0.71	0.74	0.81	0.74	0.76	0.79	0.82	0.82	0.79	30
常州	1.63	1.59	1.45	1.64	1.55	1.58	1.70	1.75	1.82	1.84	5
苏州	2.44	2.47	2.38	2.36	2.34	2.43	2.47	2.54	2.61	2.75	1
南通	1.72	1.72	1.68	1.63	0.75	0.73	0.80	0.83	0.78	0.77	17
连云港	0.89	0.93	0.91	0.90	0.81	0.84	0.89	0.83	0.82	0.79	27
淮安	1.33	1.34	1.29	1.48	1.12	1.10	1.14	1.16	1.13	1.26	11
盐城	1.09	1.13	1.13	1.13	1.05	1.04	1.00	1.00	0.96	0.87	21
扬州	1.22	1.23	1.29	1.29	0.87	0.95	0.95	0.96	0.95	0.93	19
镇江	1.72	1.77	1.71	1.74	1.60	1.74	1.77	1.82	1.63	1.53	4
泰州	1.45	1.48	1.42	1.42	1.00	0.96	0.98	0.96	0.97	0.80	16
宿迁	0.95	0.99	1.04	1.09	1.02	1.14	1.17	1.32	1.32	1.34	18
杭州	1.26	1.17	1.05	1.02	0.89	0.84	0.84	0.82	0.87	0.92	24
宁波	1.62	1.63	1.71	1.68	1.58	1.55	1.55	1.54	1.58	1.76	6
温州	1.71	1.69	1.48	1.36	1.15	1.09	1.03	1.07	0.97	0.95	10
嘉兴	2.35	2.33	2.27	2.21	2.11	2.10	2.04	2.07	2.12	2.28	2
湖州	1.82	1.81	1.52	1.38	1.31	1.34	1.33	1.39	1.44	1.49	7
绍兴	1.41	1.26	1.04	1.00	0.96	0.93	0.89	0.88	0.96	0.92	22
金华	0.98	1.05	0.97	0.64	0.61	0.57	0.57	0.56	0.67	0.62	32
衢州	1.29	1.30	1.18	1.16	1.15	1.14	1.14	1.15	1.07	1.00	15
舟山	0.97	0.94	0.86	0.82	0.79	0.79	0.78	0.80	0.66	0.70	29
台州	1.14	1.18	1.29	1.23	1.22	1.16	1.08	1.21	1.23	1.34	13
丽水	0.71	0.72	0.74	0.69	0.59	0.60	0.58	0.54	0.59	0.67	35
合肥	0.83	0.90	0.92	0.87	0.81	0.87	0.88	0.88	0.89	0.81	26
芜湖	1.42	1.52	1.32	1.39	1.37	1.37	1.39	1.47	1.47	1.60	9
蚌埠	0.90	0.93	0.79	0.81	0.79	0.82	0.78	0.81	0.76	0.87	28
淮南	0.42	0.38	0.36	0.34	0.45	0.35	0.28	0.27	0.30	0.32	41

地区/年份	2009	2010	2011	2012	2013	2014	2015	2016	2017	2018	排名
马鞍山	1.63	1.61	1.32	1.26	1.01	1.02	1.04	1.05	1.04	1.31	12
淮北	0.49	0.49	0.51	0.46	0.65	0.61	0.49	0.48	0.61	0.59	37
铜陵	1.56	1.54	1.67	1.65	1.45	1.44	1.28	1.31	1.34	1.37	8
安庆	0.46	0.46	0.45	0.45	0.84	0.84	0.95	0.99	1.00	1.19	31
黄山	0.43	0.42	0.40	0.45	0.51	0.52	0.51	0.53	0.57	0.63	39
滁州	0.68	0.64	0.65	0.72	1.01	0.99	1.11	1.16	1.34	1.41	23
阜阳	0.45	0.45	0.40	0.47	0.47	0.49	0.49	0.53	0.57	0.76	38
宿州	0.36	0.37	0.42	0.39	0.54	0.56	0.62	0.63	0.09	0.65	40
六安	0.33	0.35	0.70	0.71	0.68	0.53	0.51	0.52	0.57	0.64	36
亳州	0.48	0.53	0.50	0.56	0.66	0.68	0.76	0.75	0.78	1.00	33
池州	0.50	0.53	0.48	0.50	0.63	0.70	0.70	0.76	0.82	0.93	34
宣城	0.89	0.93	0.51	0.57	0.57	1.03	1.08	1.12	1.17	1.41	25
下游地区	1.14	1.15	1.10	1.10	1.02	1.03	1.03	1.05	1.06	1.12	—

资料来源：根据测算结果整理。

为了进一步考察地级市尺度下长江经济带制造业集聚态势的时空格局，本报告利用 ArcGIS 软件将表1～表3中所测得的结果绘制成2009～2018年长江经济带107个地级市制造业集聚空间态势图，通过自然断裂点法将制造业集聚水平分为四类：低水平集聚、较低水平集聚、较高水平集聚、高水平集聚。制造业集聚水平越高，地级市所对应的圆就越大，反之则越小。

从空间维度来看，长江经济带大体上呈上中下游地区制造业集聚水平依次升高的特征，长江经济带制造业主要集聚在中下游地区。从时间维度来看，2009～2018年长江经济带上中下游地区制造业集聚的空间格局存在差异性波动。其中，上游地区地级市制造业集聚水平以低水平为主，且波动趋势不显著；中游地区地级市制造业集聚水平以较低水平及较高水平为主，且呈较显著上升趋势；下游地区地级市制造业集聚水平以高水平为主，且呈显著的先上升后下降趋势，据此可初步推断是由于下游地区制造业逐步转移至中游地区，使得其制造业集聚水平得到提升。

二 长江经济带环境污染评价

（一）评价方法与数据来源

1. 评价方法

由于制造业不同细分行业所排放的主要污染物种类不同，发展不同产业的地区所产生的主要污染物不同，相较于单一污染排放指标，环境污染指数能够更加全面地考量多种形态的污染物排放量，故本报告通过选取多个环境污染物排放指标构建环境污染指数考察长江经济带环境污染态势，指标选取将分别从大气环境和水资源环境两个维度展开（见表4）。

表4 环境污染指数指标体系

指标维度	指标名称	单位
大气环境	工业二氧化硫排放量	吨
	工业烟（粉）尘排放量	万吨
水资源环境	工业废水排放量	万吨

本报告选择采用熵权法合成环境污染指数，首先对数据进行归一化处理。归一化处理也称作标准化处理，将不同量纲的指标同量纲化，由于本报告选取的所有指标均为负向指标，故不需要同向处理，计算方法如下：

$$x'_{ij,t} = \frac{x_{ij,t} - \min(x_{j,t})}{\max(x_{j,t}) - \min(x_{j,t})} \tag{2}$$

其中 $x_{ij,t}$ 表示第 t 年第 i 个地区第 j 个指标，$x'_{ij,t}$ 表示归一化处理后的指标，$\min(x_{j,t})$ 和 $\max(x_{j,t})$ 分别表示第 t 年第 j 个指标的最小值和最大值，i 表示长江经济带107个地级市。

然后计算各项指标的熵值进而计算出指标权重，计算公式如下：

$$y_{ij,t} = \frac{x'_{ij,t}}{\sum_t \sum_i x'_{ij,t}} \tag{3}$$

$$e_j = -\frac{\sum_t \sum_i y_{ij,t} \ln y_{ij,t}}{\ln(NT)} \tag{4}$$

$$w_j = \frac{1 - e_j}{e_j} \tag{5}$$

其中，$y_{ij,t}$ 为第 t 年第 i 个地区第 j 个指标占该指标总体样本之和的比重，e_j 为第 j 项指标的熵值，w_j 为第 j 项指标的权重。

最后利用计算所得的权重合成环境污染指数，计算公式如下：

$$pol = \sum_j (w_j x_{ij,t}) \tag{6}$$

2. 数据来源

基于城市数据的可获得性，本报告剔除巢湖、遵义、毕节、铜仁等数据信息缺失严重的地级市，测度 2009～2018 年长江经济带 107 个地级市环境污染指数。工业二氧化硫排放量、工业烟（粉）尘排放量、工业废水排放量数据来源于《中国城市统计年鉴》（2010～2019），其中 2009～2010 年工业烟（粉）尘排放量数据从国泰安数据库获取。

（二）评价结果与分析

2009～2018 年长江经济带 107 个地级市环境污染指数如表 5～表 7所示，本报告将分别从长江经济带上中下游地区考察环境污染水平在地级市尺度下的空间分布特征。表中排名为各地级市环境污染水平年均值排名，表中最后一行分别为长江经济带上中下游地区环境污染水平的历年均值。

从长江经济带上游地区来看，2009～2018 年环境污染指数整体水平居于 0.033～0.069，在研究期内呈显著下降趋势（见表 5）。从各地级市环境污染水平年均值排名来看，排名前 10 位的地级市为重庆、曲靖、六盘水、宜宾、攀枝花、成都、昆明、乐山、内江、贵阳，其中包括 5 个四川省地级市，2 个贵州省地级市，2 个云南省地级市。排名第 11 至第 20 位的地级市中，包含7个四川省地级市，4个云南省地级市，1个贵州省地级市，其中四川省地级市环境污染水平相对较高。排名第21至第30位的地级市中，包含6个四川省地级市，4个云南省地级市，其中四川省地级市集聚水平相对靠后，云南省地级市集聚水平相对靠前。整体而言，长江经济带上游地区环境污染水平较低且呈显著下降趋势，其中重庆市、四川省地级市环境污染水平相对较高，云南省、贵州省相对较低。

表5　2009～2018年长江经济带上游城市环境污染指数测度结果

地区/年份	2009	2010	2011	2012	2013	2014	2015	2016	2017	2018	排名
重庆	0.568	0.490	0.491	0.466	0.482	0.509	0.475	0.236	0.186	0.201	1
成都	0.156	0.095	0.086	0.086	0.077	0.078	0.073	0.055	0.044	0.038	6
自贡	0.027	0.037	0.020	0.026	0.020	0.023	0.020	0.010	0.006	0.005	24
攀枝花	0.055	0.071	0.096	0.097	0.097	0.101	0.072	0.070	0.067	0.066	5
泸州	0.065	0.068	0.050	0.040	0.035	0.033	0.032	0.026	0.023	0.023	15
德阳	0.030	0.033	0.047	0.042	0.039	0.048	0.043	0.030	0.026	0.021	18
绵阳	0.069	0.069	0.064	0.046	0.042	0.041	0.049	0.021	0.020	0.019	13
广元	0.035	0.042	0.039	0.026	0.025	0.018	0.017	0.008	0.006	0.006	20
遂宁	0.020	0.018	0.013	0.012	0.009	0.010	0.010	0.007	0.006	0.005	29
内江	0.037	0.058	0.071	0.058	0.067	0.076	0.066	0.055	0.028	0.030	9
乐山	0.080	0.073	0.070	0.061	0.060	0.068	0.068	0.058	0.051	0.042	8
南充	0.007	0.008	0.025	0.019	0.018	0.016	0.016	0.020	0.029	0.033	25
眉山	0.046	0.069	0.045	0.054	0.034	0.034	0.045	0.033	0.020	0.020	14
宜宾	0.079	0.085	0.097	0.102	0.078	0.086	0.124	0.082	0.039	0.038	4
广安	0.040	0.048	0.051	0.042	0.058	0.040	0.035	0.035	0.015	0.011	17
达州	0.065	0.053	0.047	0.044	0.027	0.059	0.067	0.045	0.024	0.020	12
雅安	0.010	0.012	0.018	0.012	0.013	0.016	0.015	0.009	0.008	0.007	26
巴中	0.014	0.014	0.004	0.004	0.004	0.004	0.003	0.003	0.003	0.003	30
资阳	0.027	0.025	0.009	0.009	0.009	0.011	0.011	0.009	0.005	0.003	28
贵阳	0.056	0.055	0.068	0.052	0.057	0.066	0.054	0.037	0.048	0.038	10
六盘水	0.084	0.075	0.136	0.140	0.144	0.141	0.126	0.089	0.111	0.087	3
遵义	0.041	0.044	0.050	0.054	0.059	0.078	0.050	0.037	0.034	0.034	16

地区/年份	2009	2010	2011	2012	2013	2014	2015	2016	2017	2018	排名
安顺	0.048	0.079	0.057	0.057	0.051	0.045	0.027	0.011	0.010	0.009	16
铜仁	0.045	0.043	0.041	0.039	0.036	0.023	0.032	0.010	0.010	0.010	2
毕节	0.117	0.118	0.119	0.115	0.124	0.118	0.099	0.091	0.076	0.068	11
昆明	0.058	0.062	0.119	0.117	0.088	0.062	0.066	0.074	0.065	0.062	7
曲靖	0.110	0.105	0.194	0.122	0.122	0.115	0.122	0.108	0.063	0.075	2
玉溪	0.015	0.013	0.014	0.040	0.053	0.087	0.065	0.052	0.057	0.067	11
保山	0.018	0.017	0.040	0.041	0.036	0.047	0.041	0.043	0.013	0.011	19
昭通	0.009	0.016	0.016	0.030	0.031	0.033	0.027	0.017	0.016	0.017	22
丽江	0.004	0.003	0.015	0.024	0.023	0.014	0.012	0.012	0.007	0.006	26
普洱	0.015	0.014	0.022	0.022	0.024	0.024	0.026	0.023	0.019	0.020	23
临沧	0.010	0.010	0.032	0.031	0.031	0.028	0.038	0.026	0.008	0.006	21
上游地区	0.062	0.061	0.069	0.065	0.063	0.065	0.061	0.044	0.035	0.033	—

资料来源：根据测算结果整理。

从长江经济带中游地区来看，2009~2018 年环境污染指数整体水平居于 0.026~0.069，在研究期内呈先上升后下降趋势（见表6）。从各地级市环境污染指数年均值排名来看，排名前 10 位的地级市分别为武汉、九江、赣州、宜春、宜昌、娄底、衡阳、岳阳、黄石、湘潭，其中包含 3 个湖北省地级市、3 个江西省地级市、4 个湖南省地级市。这 10 个地级市绝大多数是制造业集聚中等或较高水平城市，或许与这些地级市所发展的制造业绿色化水平较低有关。排名第 11 至第 26 位的地级市分别为新余、郴州、南昌、萍乡、常德、荆门、荆州、益阳、上饶、襄阳、吉安、怀化、株洲、孝感、永州、景德镇，其中包括 4 个湖北省地级市、6 个江西省地级市、6 个湖南省地级市。排名末尾 10 位的地级市分别为鄂州、抚州、长沙、邵阳、黄冈、咸宁、十堰、鹰潭、随州、张家界，其中包括 5 个湖北省地级市、2 个江西省地级市，3 个湖南省地级市。整体而言，长江经济带中游地区环境污染指数较上游地区略低且呈先升后降趋势，其中江西省及湖北省地级市环境污染指数较高，湖南省地级市相对较低。

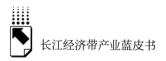

表6 2009～2018 年长江经济带中游城市环境污染指数测度结果

地区/年份	2009	2010	2011	2012	2013	2014	2015	2016	2017	2018	排名
南昌	0.051	0.055	0.064	0.066	0.064	0.071	0.069	0.071	0.052	0.033	13
景德镇	0.041	0.041	0.054	0.051	0.044	0.050	0.049	0.051	0.022	0.015	26
萍乡	0.038	0.038	0.083	0.083	0.084	0.089	0.078	0.046	0.036	0.021	13
九江	0.069	0.079	0.100	0.103	0.108	0.117	0.136	0.126	0.065	0.061	2
新余	0.040	0.042	0.077	0.072	0.069	0.102	0.109	0.071	0.046	0.049	11
鹰潭	0.032	0.029	0.027	0.021	0.021	0.022	0.022	0.011	0.008	0.007	34
赣州	0.064	0.066	0.127	0.117	0.102	0.111	0.122	0.087	0.057	0.048	3
吉安	0.074	0.069	0.052	0.047	0.043	0.045	0.053	0.036	0.029	0.026	21
宜春	0.056	0.066	0.105	0.098	0.093	0.096	0.116	0.075	0.071	0.061	4
抚州	0.054	0.044	0.044	0.054	0.051	0.039	0.039	0.028	0.017	0.015	28
上饶	0.041	0.040	0.057	0.054	0.066	0.064	0.069	0.051	0.051	0.048	19
武汉	0.153	0.125	0.146	0.131	0.108	0.113	0.103	0.098	0.084	0.070	1
黄石	0.070	0.070	0.095	0.072	0.074	0.086	0.083	0.067	0.048	0.044	9
十堰	0.025	0.025	0.035	0.032	0.029	0.022	0.021	0.012	0.007	0.006	33
宜昌	0.068	0.087	0.114	0.112	0.099	0.107	0.119	0.044	0.041	0.039	5
襄阳	0.081	0.072	0.063	0.065	0.064	0.059	0.055	0.037	0.023	0.021	20
鄂州	0.039	0.037	0.046	0.036	0.040	0.064	0.062	0.031	0.020	0.018	27
荆门	0.060	0.055	0.078	0.087	0.085	0.085	0.057	0.023	0.018	0.018	16
孝感	0.051	0.047	0.057	0.049	0.058	0.052	0.045	0.029	0.020	0.021	24
荆州	0.046	0.075	0.083	0.070	0.066	0.068	0.073	0.027	0.024	0.020	17
黄冈	0.025	0.024	0.040	0.042	0.040	0.037	0.032	0.015	0.012	0.010	31
咸宁	0.027	0.025	0.035	0.029	0.040	0.029	0.032	0.015	0.012	0.013	32
随州	0.013	0.013	0.021	0.019	0.018	0.014	0.016	0.003	0.002	0.002	35
长沙	0.065	0.060	0.034	0.032	0.040	0.039	0.034	0.024	0.022	0.018	29
株洲	0.085	0.057	0.054	0.041	0.047	0.042	0.041	0.032	0.025	0.023	23
湘潭	0.082	0.069	0.080	0.061	0.059	0.090	0.084	0.066	0.053	0.047	10
衡阳	0.076	0.074	0.091	0.102	0.082	0.088	0.087	0.067	0.035	0.027	7
邵阳	0.032	0.034	0.040	0.041	0.057	0.053	0.040	0.020	0.014	0.010	30
岳阳	0.081	0.080	0.105	0.097	0.093	0.079	0.075	0.041	0.036	0.035	8
常德	0.080	0.073	0.072	0.078	0.074	0.072	0.063	0.030	0.018	0.019	15
张家界	0.009	0.007	0.014	0.013	0.014	0.016	0.015	0.009	0.004	0.002	36

地区/年份	2009	2010	2011	2012	2013	2014	2015	2016	2017	2018	排名
益阳	0.073	0.073	0.074	0.065	0.069	0.064	0.065	0.030	0.018	0.014	18
郴州	0.074	0.070	0.097	0.076	0.069	0.077	0.063	0.033	0.022	0.023	12
永州	0.051	0.032	0.073	0.063	0.063	0.057	0.049	0.020	0.008	0.008	25
怀化	0.053	0.056	0.062	0.054	0.057	0.074	0.068	0.019	0.013	0.011	22
娄底	0.077	0.078	0.067	0.057	0.097	0.089	0.115	0.077	0.044	0.035	6
中游地区	0.057	0.055	0.069	0.064	0.064	0.066	0.066	0.042	0.030	0.026	—

资料来源：根据测算结果整理。

从长江经济带下游地区来看，2009～2018年环境污染指数整体水平居于0.046～0.099，在研究期内呈先升后降趋势（见表7）。从各地级市环境污染水平年均值排名来看，排名前10位的地级市分别为苏州、上海、杭州、无锡、南京、绍兴、宁波、常州、嘉兴、徐州，其中包含5个江苏省地级市、4个浙江省地级市以及上海市。排名中段的地级市以安徽省及浙江省地级市为主，其中合肥市排名第16位。排名末尾10位的地级市分别为丽水、宿州、安庆、蚌埠、池州、阜阳、六安、亳州、舟山、黄山，包括8个安徽省地级市、2个浙江省地级市。整体而言，长江经济带下游地区环境污染指数相对于中上游地区最高，呈先升后降趋势，其中上海市、江苏省地级市环境污染指数较高，浙江省、安徽省地级市相对较低。

表7　2009～2018年长江经济带下游城市环境污染指数测度结果

地区/年份	2009	2010	2011	2012	2013	2014	2015	2016	2017	2018	排名
上海	0.274	0.272	0.300	0.342	0.288	0.332	0.303	0.218	0.140	0.118	2
南京	0.206	0.194	0.179	0.169	0.191	0.202	0.196	0.129	0.096	0.090	5
无锡	0.219	0.199	0.190	0.158	0.153	0.193	0.180	0.157	0.143	0.134	4
徐州	0.082	0.089	0.131	0.156	0.155	0.145	0.134	0.116	0.077	0.037	10
常州	0.171	0.167	0.119	0.097	0.087	0.157	0.145	0.106	0.106	0.081	8
苏州	0.301	0.332	0.370	0.368	0.356	0.349	0.337	0.267	0.223	0.197	1
南通	0.115	0.113	0.138	0.124	0.106	0.117	0.104	0.081	0.059	0.053	11
连云港	0.028	0.033	0.057	0.054	0.054	0.078	0.073	0.066	0.041	0.029	24
淮安	0.064	0.067	0.075	0.071	0.066	0.070	0.068	0.041	0.027	0.022	23

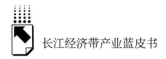

续表

地区/年份	2009	2010	2011	2012	2013	2014	2015	2016	2017	2018	排名
盐城	0.054	0.075	0.105	0.107	0.105	0.125	0.105	0.081	0.059	0.048	14
扬州	0.075	0.066	0.067	0.062	0.067	0.063	0.061	0.043	0.035	0.042	22
镇江	0.066	0.063	0.107	0.080	0.079	0.077	0.072	0.059	0.029	0.027	18
泰州	0.094	0.090	0.088	0.066	0.061	0.068	0.050	0.034	0.027	0.024	21
宿迁	0.034	0.038	0.045	0.061	0.059	0.060	0.055	0.043	0.036	0.030	27
杭州	0.345	0.341	0.237	0.212	0.204	0.217	0.186	0.132	0.110	0.098	3
宁波	0.140	0.136	0.160	0.158	0.146	0.133	0.123	0.093	0.078	0.074	7
温州	0.055	0.089	0.066	0.059	0.057	0.051	0.052	0.028	0.023	0.018	25
嘉兴	0.121	0.113	0.135	0.134	0.127	0.129	0.122	0.089	0.087	0.080	9
湖州	0.071	0.068	0.082	0.077	0.079	0.078	0.072	0.058	0.052	0.049	17
绍兴	0.143	0.143	0.159	0.143	0.127	0.150	0.143	0.108	0.101	0.094	6
金华	0.070	0.066	0.080	0.075	0.072	0.076	0.078	0.043	0.042	0.040	19
衢州	0.070	0.061	0.109	0.087	0.113	0.122	0.118	0.074	0.062	0.052	13
舟山	0.031	0.030	0.020	0.017	0.017	0.017	0.015	0.008	0.007	0.006	40
台州	0.037	0.035	0.057	0.051	0.049	0.046	0.049	0.033	0.030	0.028	31
丽水	0.036	0.031	0.059	0.051	0.050	0.046	0.042	0.027	0.022	0.018	32
合肥	0.067	0.085	0.077	0.076	0.075	0.135	0.110	0.032	0.031	0.030	16
芜湖	0.044	0.043	0.094	0.069	0.076	0.081	0.068	0.057	0.045	0.042	20
蚌埠	0.038	0.036	0.031	0.030	0.033	0.030	0.036	0.013	0.011	0.009	35
淮南	0.104	0.095	0.086	0.085	0.082	0.083	0.074	0.048	0.041	0.041	15
马鞍山	0.058	0.052	0.081	0.080	0.079	0.139	0.114	0.106	0.097	0.088	12
淮北	0.054	0.044	0.052	0.051	0.047	0.047	0.054	0.033	0.019	0.016	30
铜陵	0.042	0.040	0.046	0.050	0.050	0.059	0.050	0.034	0.034	0.033	28
安庆	0.034	0.034	0.040	0.033	0.041	0.047	0.044	0.027	0.018	0.016	34
黄山	0.010	0.011	0.007	0.005	0.006	0.006	0.007	0.006	0.006	0.006	41
滁州	0.056	0.048	0.056	0.058	0.063	0.067	0.059	0.028	0.018	0.015	26
阜阳	0.017	0.017	0.030	0.029	0.029	0.030	0.030	0.024	0.022	0.019	37
宿州	0.026	0.027	0.063	0.039	0.039	0.049	0.048	0.029	0.019	0.019	33
六安	0.027	0.023	0.028	0.028	0.024	0.047	0.044	0.009	0.008	0.007	38
亳州	0.009	0.016	0.025	0.018	0.018	0.025	0.027	0.013	0.016	0.012	39
池州	0.044	0.028	0.025	0.024	0.025	0.032	0.024	0.019	0.017	0.017	36
宣城	0.030	0.033	0.066	0.063	0.065	0.062	0.055	0.022	0.021	0.019	29
下游地区	0.087	0.086	0.096	0.091	0.088	0.099	0.091	0.064	0.052	0.046	—

资料来源：根据测算结果整理。

为了进一步考察地级市尺度下长江经济带环境污染态势的时空格局，本报告利用 ArcGIS 软件将表5～表7中所测得的结果绘制成2009～2018年长江经济带 107 个地级市环境污染水平空间态势图，通过自然断裂点法将环境污染分布类型分为四类：低污染区、较低污染区、较高污染区、高污染区，其中深绿色区域代表低污染区，浅绿色区域代表较低污染区，橙色区域代表较高污染区，红色区域代表高污染区。

从空间维度来看，长江经济带呈上中下游地区环境污染水平依次升高的特征，环境污染主要分布在中下游地区。从时间维度来看，2009～2018 年长江经济带上中下游地区环境污染态势存在差异性波动。其中，上游地区环境污染水平以低污染区为主且波动趋势不显著，但重庆市始终为高污染区，与上游地区其他地级市污染水平差异性较大。中游地区地级市环境污染水平以较低污染区及低污染区为主，且呈较显著的先升后降趋势，橙色区域显著减少。下游地区地级市环境污染水平以较高污染区及高污染区为主，且呈显著的先升后降趋势。

三　长江经济带制造业集聚的环境效应分析

（一）理论分析与研究假设

参考学术界相关研究成果，长江经济带制造业集聚的环境效应受诸多因素调节，本报告通过理论分析其影响机制进而提出研究假设。

（1）经济发展水平。经济发展水平提高，一方面，伴随着绿色技术水平提升，企业绿色生产及废物循环利用的能力相应提高，可以减少因企业生产造成的环境污染排放；另一方面，居民及政府的绿色环保意识逐渐提升，促使政府实施环境规制工具减少环境污染排放，对制造业集聚的环境效应产生抑制作用。基于此，提出以下研究假设：

假设 1：经济发展水平的提高能够抑制长江经济带制造业集聚的环境效应。

（2）对外开放度。一方面，对外开放度的提高将吸引外资引入，如若没有相应的环境规制对引进外资进行绿色化筛查，将导致长江经济带污染排放的加剧；另一方面，对外开放通常伴随着技术外溢，促进绿色生产技术及绿色治污技术的引进与推广，进而推动长江经济带制造业绿色化转型升级，减少环境污染排放效应。目前，长江经济带外资引进绿色负面清单机制尚不健全，同时由技术外溢效应带来的产业绿色转型升级效果尚不显著。基于此，提出以下假设：

假设2：对外开放度的提高能够提升长江经济带制造业集聚的环境效应。

（3）产业结构。此处的产业结构为长江经济带第三产业占GDP比重，产业结构中第三产业占比越大，代表着服务业发展水平越高，产业转型升级水平越高，工业生产质量越高，环境污染排放越少。基于此，提出以下假设：

假设3：第三产业占比的增加能够抑制长江经济带制造业集聚的环境效应。

（4）人口规模。人口规模的提升，为制造业集聚提供了充足的人力资本要素，对于制造业尚未饱和的地区，则有利于制造业集聚发展，制造业集聚的环境污染效应将进一步提升。然而对于制造业过度密集的地区，城市资源的过度挤占将导致制造业企业转移至人口密集度较低的地区，进而导致制造业集聚的污染排放降低。目前，长江经济带正逐步将下游地区制造业有序转移至中上游地区，缓解下游地区低端制造业造成的城市拥挤、资源消耗、环境破坏等问题。基于此，提出以下假设：

假设4：人口规模的增加能够抑制长江经济带制造业集聚的环境效应。

（5）教育和科学技术投入。一方面，教育和科学技术投入能够促进制造业绿色生产技术进步，进而提升企业节能减排及废物循环利用能力，减少环境污染排放；另一方面，居民绿色环保意识增强，以及具备绿色科技研发水平的高质量人才增加，有利于地区环境污染的减少。基于此，提出以下假设：

假设5：教育和科学技术投入的增加能够抑制长江经济带制造业集聚的环境效应。

（二）模型构建与数据来源

本报告构建环境污染和制造业集聚的估计方程如下：

$$\ln P_{it} = \alpha_0 + \alpha_1 \ln agg_{it} + \alpha_2 \sum X_{it} + \varepsilon_{it} \tag{7}$$

其中，P_{it} 代表环境污染指数，即前文中测得的长江经济带 107 个地级市环境污染指数；agg_{it} 代表制造业集聚水平，即前文中测得的长江经济带 107 个地级市制造业集聚水平；$\sum X_{it}$ 表示本模型中的控制变量，包括经济发展水平（gdp）、对外开放程度（open）、产业结构（stru）、人口规模（pop）、科技投入（tec）、教育投入（edu）。其中，人均地区生产总值代表经济发展水平，实际利用外商投资额代表对外开放程度，第三产业占 GDP 比重代表产业结构，年末人口数代表人口规模。为了减少模型的异方差影响，本报告将 GDP、人口规模数据作自然对数变换，将实际利用外商投资额、教育及科技投入用占 GDP 比重来表示。数据来源于《中国区域经济统计年鉴》、《中国城市统计年鉴》（2010～2019）。

（三）实证结果与分析

2009～2018 年长江经济带 107 个地级市制造业集聚、环境污染指数及其影响因素的描述性统计结果如表 8 所示。

表 8　制造业集聚、环境污染指数及其影响因素的描述性统计结果

变量	观测量	均值	标准差	最小值	中间值	最大值
环境污染（pol）	1070	0.0069	0.008	0.00017	0.00512	0.08105
制造业集聚（agg）	1070	0.9300	0.434	0.03304	0.87755	2.75159
经济发展水平（gdp）	1070	16.5100	0.936	14.00344	16.37827	19.60485
对外开放程度（open）	1070	0.3300	0.273	0.00024	0.25150	1.42094
产业结构（stru）	1070	43.3100	10.223	18.94000	43.19000	79.71000
人口规模（pop）	1070	6.0300	0.612	4.30136	6.14062	8.13271
教育投入（edu）	1070	3.3300	1.635	1.18612	2.91808	13.03129
科技投入（tec）	1070	0.3200	0.243	0.02196	0.25946	1.99629

通过检验个体效应获得 F 统计量的概率为 0.000，表明本报告实证研究中固定效应模型优于混合 OLS 模型。通过 LM 检验时间效应的结果显示，P 值为 0.000，表明随机效应非常显著，可见随机效应模型也优于混合 OLS 模

型。通過 Hausman 檢驗獲得的 P 值為 0.000，拒絕原假設，表明固定效應模型優於隨機效應模型，因此選擇固定效應模型進行影響因素分析。採用 STATA15.0 得到的回歸結果如表 9 所示。

實證檢驗結果表明，長江經濟帶製造業集聚對環境污染具有顯著的促進作用，經濟發展水平、對外開放程度、教育投入對長江經濟帶製造業集聚的環境效應均具有顯著的促進作用，分別在 1%、5%、1% 的置信水平上顯著。該結果驗證假設 1、假設 5 不成立，假設 2 成立。其中，經濟發展水平的影響係數最大，促進作用相對較大。人口規模、產業結構均在 1% 的置信水平上顯著抑制長江經濟帶製造業集聚的環境污染效應，假設 3、假設 4 成立。科技投入雖對長江經濟帶製造業集聚的環境效應產生負向抑制作用，但結果並不顯著。

表 9　長江經濟帶製造業集聚的環境效應實證結果

因變量	估計結果
截距值	−0.829
	(0.686)
製造業集聚（agg）	0.155 ***
	(0.052)
人口規模（pop）	−0.256 ***
	(0.067)
經濟發展水平（gdp）	0.801 ***
	(0.073)
產業結構（stru）	−0.006 ***
	(0.002)
對外開放程度（open）	0.197 **
	(0.094)
科技投入（tec）	−0.002
	(0.095)
教育投入（edu）	0.105 ***
	(0.015)

注：括號內為標準誤差，*、**、*** 分別表示在 10%、5%、1% 的統計水平上顯著。
資料來源：根據回歸結果整理。

四 研究结论与政策启示

（一）研究结论

（1）2009～2018年长江经济带制造业集聚水平呈上中下游地区依次升高的空间特征，长江经济带制造业主要集聚在中下游地区。长江经济带上游地区制造业集聚水平较低且呈小幅下降趋势，其中四川省、重庆市集聚水平相对较高，云南省、贵州省相对较低。中游地区制造业集聚水平较上游地区较高且呈上升趋势，其中江西省及湖北省地级市制造业集聚水平较高，湖南省地级市相对较低。下游地区制造业集聚水平相对于中上游地区最高，呈先降后升趋势，其中上海市、江苏省地级市制造业集聚水平较高，浙江省、安徽省地级市相对较低。

（2）2009～2018年长江经济带环境污染水平呈上中下游地区依次升高的空间特征，环境污染主要分布在中下游地区。长江经济带上游地区环境污染水平较低且呈显著下降趋势，其中重庆市、四川省地级市环境污染水平相对较高，云南省、贵州省相对较低。中游地区环境污染水平较上游地区略低且呈先升后降趋势，其中江西省及湖北省地级市环境污染水平较高，湖南省地级市相对较低。下游地区环境污染水平相对于中上游地区最高，呈先升后降趋势，其中上海市、江苏省地级市环境污染水平较高，浙江省、安徽省地级市相对较低。

（3）长江经济带制造业集聚对环境污染具有显著的促进作用，经济发展水平、对外开放程度、教育投入对长江经济带制造业集聚的环境效应具有显著的促进作用；人口规模、产业结构则具有显著的抑制作用；科技投入虽对长江经济带制造业集聚的环境效应产生负向抑制作用，但效果并不显著。

（二）政策启示

（1）推动长江经济带制造业有序转移。目前长江经济带制造业集聚存在着显著的不均衡态势，制造业集聚的中心主要分布在长江经济带下游地区，这对下游地区城市基础设施、人力资源、生态环境均提出了严峻的挑战。应着力培育长江经济带下游地区高端制造业集群，加大科技创新研发力度，推动中低端制造业绿色化转型升级。与此同时，不应一味将下游地区部分中低端制造业转移至中上游地区，应在中上游地区因地制宜培育制造业集群，建立完善市场准入负面清单，避免由制造业盲目转移造成环境污染的顺势转移。

（2）提升对外开放质量。完善市场准入机制，提升制造业企业进入制造业集聚区的硬性门槛。从目前长江经济带外商投资引进的技术外溢效应来看，尚且不足以产生推动制造业全面绿色化改造的力量，更多的是吸引了大量高耗能、高污染制造业企业，造成了环境污染排放的集聚。长江经济带制造业绿色转型升级、绿色化改造仍旧需要扩大教育及科研支出，加强多种产学研合作，促进企业绿色生产技术创新，提升制造业节能减排、循环利用的能力。

（3）加强区域间协同治理能力。搭建区域间产业转移促进服务平台和合作平台，有效推动制造业科学转移。建立环境规制政策实施效果长效考核机制，构建长江经济带上中下游污染协同治理体系，明确环境污染治理职责。区域间共同商讨对策措施，加强环境污染治理工作交流，完善健全制造业聚集地区污染物排放集中治理机制，统筹安排治理设施，不断提升环境污染协同治理能力。

参考文献

李伟娜：《中国制造业集聚与环境技术效率研究》，人民出版社，2016，第15页。

汪彩君、徐维祥、唐根年：《过度集聚、要素拥挤与产业转移研究》，中国社会科学出版社，2013，第21～35页。

殷广卫：《新经济地理学视角下的产业集聚机制研究》，上海人民出版社，2011，第98～121页。

任晓松、刘宇佳、赵国浩：《经济集聚对碳排放强度的影响及传导机制》，《中国人口·资源与环境》2020 年第 4 期，第 95～106 页。

袁华锡等：《产业集聚加剧了环境污染吗？——基于外商直接投资视角》，《长江流域资源与环境》2019 年第 4 期，第 794～804 页。

吴传清、申雨琦：《中国装备制造业集聚对绿色创新效率的影响效应研究》，《科技进步与对策》2019 年第 5 期，第 54～63 页。

李稚、段珅、孙涛：《制造业产业集聚如何影响生态环境——基于绿色技术创新与外商直接投资的双中介模型》，《科技进步与对策》2019 年第 6 期，第 51～57 页。

纪玉俊、邵泓增：《产业集聚影响环境污染：加剧抑或抑制？——基于我国城市面板数据的实证检验》，《经济与管理》2018 年第 3 期，第 59～64 页。

孔凡斌、李华旭：《长江经济带产业梯度转移及其环境效应分析——基于沿江地区 11 个省（市）2006～2015 年统计数据》，《贵州社会科学》2017 年第 9 期，第 87～93 页。

刘小铁：《我国制造业产业集聚与环境污染关系研究》，《江西社会科学》2017 年第 1 期，第 72～79 页。

曹杰、林云：《我国制造业集聚与环境污染关系的实证研究》，《生态经济》2016 年第 6 期，第 82～87 页。

杨仁发：《产业集聚、外商直接投资与环境污染》，《经济管理》2015 年第 2 期，第 11～19 页。

杨仁发：《产业集聚能否改善中国环境污染》，《中国人口·资源与环境》2015 年第 2 期，第 23～29 页。

B.10
长江经济带制造业金融化对经济高质量发展影响研究报告

黄庆华　时培豪*

摘　要： 金融部门为实体经济提供了资源优化配置的通道，是经济高质量发展的重要支撑。本报告基于长江经济带沿线 11 省市 2013～2019 年微观数据，实证分析了长江经济带制造业金融化对经济发展质量的影响，得出以下四点结论。(1) 长江经济带制造业金融化就短期效应而言，以发挥"蓄水池"效应为主，能够显著提升经济发展质量，但长期则以"挤出"效应为主，并不利于提升经济发展质量。(2) 地区金融化水平对制造业金融化短期发挥"蓄水池"效应具有促进作用；融资约束对制造业金融化发挥"蓄水池"效应具有抑制作用，不利于提升经济发展质量；地区金融监管在制造业金融化影响经济发展质量中的作用并不显著。(3) 一般盈利企业和中小规模企业提升其金融化水平，对经济发展质量的影响更为显著。(4) 机制检验表明，降低信息不确定程度以及增加主营业务投资是制造业金融化发挥短期"蓄水池"效应，提升经济发展质量的两条重要作用路径。

关键词： 长江经济带　制造业　金融化　高质量发展　"蓄水池"效应

---

* 黄庆华，西南大学经济管理学院副院长，教授，博士生导师，从事区域经济、产业结构和产业政策研究；时培豪，西南大学助理研究员，从事区域经济、企业创新研究。

一 引言

实体经济是促进经济高质量发展的重要支撑。实体部门适度参与金融投资，能够分散投资、化解融资约束，在管控经营风险的基础上促进经济发展。当前，资本运作和金融投资日益成为实体部门扩张、盈利的重要途径，促使实体部门纷纷提升金融化资产的配置，导致资源在实体部门与金融部门配置的非对称性。实体部门与金融部门的利润率差距进一步拉大，为金融化行为突破"适度"红线提供了理性推手，促使实体企业走上了"脱实向虚"的"转型之路"。实体部门资金"脱实向虚"削弱了实体经济在国民经济中的基础性作用。2008 年金融危机、2020 年新冠肺炎疫情等重大外生事件，凸显金融波动给实体经济带来的剧烈冲击，实体经济过度金融化的风险隐患引起世界各国的警惕。如何抑制实体部门资金流入金融部门，提升实体部门竞争力，成为当前摆在经济发展中的一个难题。

金融化是指实体经济部门参与金融投资，经济利润中的金融收益占比提高的现象，是经济"脱实向虚"的重要表征，微观层面主要表现为非金融企业的金融化行为（裴祥宇，2017；胡海峰等，2020）。实体经济金融化可以带来利润增长的短期效应，缓解企业的外部融资约束，表现为"蓄水池"效应；也有观点认为实体经济进行金融化使企业减少主营业务投资、牺牲实体经济发展机会，形成"挤出"效应。在当前制造业普遍参与金融投资的情况下，实体企业参与金融投资是"产融相长"还是"脱实向虚"，对经济发展的质量产生如何影响成为亟待解决的现实问题。

长江经济带是中国制造业中心。本报告以长江经济带沿线 11 省市沪深股市制造业上市公司数据为样本，实证检验制造业金融化对经济发展质量的影响，探究地区市场化程度、融资约束在制造业金融化影响经济高质量发展中的作用，以及不同特征的企业对其影响的差异性。同时本报告进一步从信息不对称和主营业务投入方面探究制造业金融化对经济发展质量的作用机制。

本报告的边际贡献在于：（1）从制造业方面打开了企业"脱实向虚"对经济发展质量影响的理论"黑箱"。制造业金融化本质上是企业财务政策的体现，本报告不仅从微观层面丰富了全要素生产率领域的相关文献，同时也为实体企业金融化这一热点问题提供了较为全面的经验发现。（2）丰富了制造业金融化对经济发展质量影响机制的研究。本报告将信息不对称和主营业务投入纳入研究框架，对于短期内了解企业金融化影响全要素生产率的途径提供了新解释。（3）为金融政策指定提供了一定的参考价值。研究结果显示制造业短期内"脱实向虚"会促进全要素生产率的提升。本报告关于实体企业金融资产配置与全要素生产率之间关系的经验分析为当下我国提振实体经济、提升全要素生产率水平提供了重要的方向性参考。

二 理论分析和研究假设

金融是服务实体经济发展的重要支持，在实体经济发展过程中扮演着重要的角色。金融部门的资金支持能够有效缓解实体企业面临的融资约束，促进实体企业的发展。在现实中，实体企业对金融资产普遍存在过度偏爱的倾向，使得实体企业出现"金融化"和"脱实向虚"的趋势。实体企业，特别是制造型企业进行金融投资的主要目的是获取高于主营业务利润的超额投资回报率，这就会导致企业资源存在错配的风险，引致有限资金得不到有效甚至无效的利用，最终对企业经济发展质量产生不利影响。

企业将资源投入金融部门可能带来两种效应："蓄水池"效应和"挤出"效应。"蓄水池"效应认为实体企业将资金投资于金融部门，不仅能够从金融部门的高额回报收益中分得一杯羹，而且可以充分将企业闲散资源实现价值最大化，在未来经营过程中需要资金时能够迅速变现，缓解所面临的融资约束，最终实现企业价值最大化。"蓄水池"效应主要是基于"预防性储蓄理论"，着眼点在于实现资源利用效率最大化的同时，也能够满足企业经营的需要。"挤出"效应认为，任何实体部门所掌握的资源都是稀缺的，能够自由支配的资本也是有限的，当实体部门将有限的资源投入金融部门时，必然会挤出实体部门在研发创新投资、新产品研发支出以及固定资产更新改造等主业方面的投资，从而削弱实体部门长期发展的能力。"挤出"效应的着眼点在于，在既定资源有限的情况下，如何选择资源配置的方向和配置结构的问题。

"蓄水池"效应和"挤出"效应分别从不同角度针对有限资源如何配置的问题进行论述。已有文献对两种文献都进行了验证。张昭等（2018）、陈赤平和孔莉霞（2020）等研究发现，企业金融化对企业全要素生产率产生不利影响，"挤出"效应大于"蓄水池"效应。胡海峰等（2020）则发现，企业金融化与生产效率之间存在倒 U 形关系，并非存在完全的"挤出"效应。本报告认为，从短期看实体部门将闲置资源配置到金融领域增强了资本的流动性，提高了融资能力和资产收益率，并提升了企业价值，实现了产融结合，对提升全要素生产率具有促进作用。此外，实体部门将在金融部门获得的收益合理地分配到主营业务中，从而提升了长期发展潜能，这对提升企业全要素生产率，实现经济高质量发展亦具有促进作用。但是，若实体部门将有限的资源长期配置到金融部门，期望从中获得持久收益，则势必会因技术研发、生产改进、人才培养和管理改进等影响主营业务相关领域的投入不足，从而抑制全要素生产率的提升，不利于经济的高质量发展。据此，本报告提出假设 1：

H1：实体企业提升金融化水平，从短期看会产生"蓄水池"效应，提升全要素生产率，促进经济高质量发展；从长期看，则会导致主营业务投入不足，抑制企业高质量发展。

制造业将经济资源投入以市场为导向的金融部门中，当外部市场信息不对称程度越小或环境不确定性降低时，企业资本要素就能更自由地流动，资产的配置倾向于达到最优，发挥其资源有效配置的优势促进经济发展质量的提升，因此市场化程度的提高可能会促进制造业金融化对全要素生产率的影响。此外，地区的市场化水平越高，就会在一定程度上带动金融利率的市场化，发挥利率价格的优势，缓解制造业企业融资约束，促进制造业企业将资源进行优化配置，并提

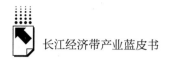

升经济发展质量（刘笃池等，2016）。为此，本报告提出假设2：

H2：地区市场化程度越高，制造业金融化会充分发挥竞争优势，优化经济资源配置，提升经济发展质量。

若上述分析成立，制造业金融化主要是为了从金融部门的高额收益中分一杯羹，当制造业企业面临较强的融资约束时，为充盈现金流保证主营业务的正常运行，转移到金融部门的经济资源就会减少，从而就会抑制企业的金融化，从短期看就会抑制经济发展质量的提升。当实体企业面临较低的融资约束时，企业可支配的资源在满足主营业务发展需要的同时，还可以部分用于金融投资，充分发挥资源配置优化的优势，从而在一定程度上减弱外部融资依赖，反哺主业发展。基于以上分析，本报告提出假设3：

H3：融资约束较低的企业，金融化越能发挥"蓄水池"效应，提升经济发展质量。

从短期而言，制造业金融化对经济发展质量具有促进作用，对于一般盈利的制造业企业而言，出于集聚生产资源的需要，企业就越有动机提升金融化水平，即利用投资金融产品获得的高额收益，补偿制造业主营业务的投资不足问题。由于高盈利制造业企业内生增长动力强，能够通过自身主营业务的发展缓解融资约束问题，对制造业企业金融化发挥"蓄水池"效应的影响较小；对于低盈利企业而言，面对较强的融资约束时，并未有充分的资源投入金融部门，不能获得超额收益，也不能基于主营业务的发展，提升内生发展动力，最终发挥"蓄水池"效应。同时，从企业规模角度看，中小企业由于处于发展的上升期，同时具有较小的信用额度，对经济资源的需求量高，因此有动力充分利用经济资源，缓解融资约束，将获得的高额收益反哺主营业务。基于上述分析，本报告提出假设4：

H4a：对于一般盈利企业而言，越有动力优化资源配置，金融化越能发挥"蓄水池"效应，提升经济发展质量。

H4b：中小型企业，由于融资约束较高，进行金融化越能发挥"蓄水池"效应，提升经济发展质量。

三 实证研究设计

(一)基准计量模型

为检验长江经济带制造业金融化与经济高质量发展的关系,本报告建立基准模型(1):

$$QDevelop_{i,t} = a_0 + b_1 CFinance_{i,t} + \sum_{j=1}^{n} a_j Controls + Year + Industry + \varepsilon_{i,t} \qquad (1)$$

模型(1)中,$QDevelop$ 表示长江经济带经济高质量发展,为本报告的响应变量;$CFinance$ 为预测变量,表示长江经济带制造业金融化水平;$Controls$ 表示本报告中的一系列控制变量;$Year$ 和 $Industry$ 分别表示年份和行业固定效应;ε 表示模型的残差。

为检验不同因素在长江经济带制造业金融化影响经济高质量发展过程中的作用,本报告构建模型(2):

$$QDevelop_{i,t} = a_0 + b_1 CFinance_{i,t} + b_2 Adjvar_{i,t} + b_3 CFinance_{i,t} \times Adjvar_{i,t} +$$
$$\sum_{j=1}^{n} a_j Controls + Year + Industry + \varepsilon_{i,t} \qquad (2)$$

模型(2)中,$Adjvar$ 代表影响长江经济带制造业金融化和经济高质量发展之间关系的变量,$CFinance \times Adjvar$ 代表制造业金融化与其交互项,其他参数与模型(1)中一致。考虑到企业金融化对企业全要素生产率的影响需要一定的时滞,本报告对核心解释变量及其控制变量进行了滞后1期处理,从而使回归结果与现实更加契合,也能降低因内生性对研究结果的干扰。

(二)变量选取和指标构建

1. 经济高质量发展

经济高质量发展本质上是提升要素生产率,基于该逻辑,本报告以全要素生产率作为经济高质量发展的替代指标。全要素生产率测度方法主要有参数法、半参数法和非参数法。其中，参数法和非参数法主要用于宏观、中观全要素生产率的测度。如黄庆华等（2020）以长江经济带沿线 11 省市中地级市数据，采用 DEA 模型测度经济发展质量。半参数法主要包括 LP 法和OP 法。由于 LP 法能更好地克服模型估计中所存在的内生性问题，测算出的全要素生产率指标更有效，因此本报告实证检验将采用该算法进行计算。假定制造业企业经营符合柯布 – 道格拉斯生产函数，两边取对数后，构造如下函数：

$$Ln(ValueAdd_{i,t}) = \partial_1 Ln(L_{i,t}) + \partial_2 Ln(M_{i,t}) + \partial_3 Ln(K_{i,t}) + Ln(TFP_{i,t}) \qquad (3)$$

其中，$ValueAdd$ 代表企业实际增加值，L、M 和 K 分别代表企业员工数量，购入商品、接受劳务支付的现金和固定资产净额。$Ln(TFP_{i,t})$ 为全要素生产率的对数，本质上为模型的残差。需要指出的是，购入商品、接受劳务支付的现金和固定资产净额指标，本报告采用永续盘存法，根据各地区固定资产平减指数、投资平减指数进行消涨。考虑到上市公司年报中不披露企业的增加值，本报告借鉴任曙明和孙飞（2014）的处理方法，用固定资产折旧、劳动者报酬、生产税净额和营业盈余之和进行度量。

2. 企业金融化

制造业金融化的本质是资源从生产部门转移到金融部门，从微观企业上看，则主要体现为非金融企业的金融资产拥有量。基于该逻辑，本报告用企业金融资产与总资产的比值度量企业金融化水平。其中，本报告参考杜勇等（2017）的思路，将交易性金融资产、衍生金融资产、可供出售金融资产、投资性房地产、持有至到期投资和长期股权投资等六个科目划分为金融资产。需要指出的是，虽然货币也属于金融资产，但考虑到经营活动本身也会产生货币，故本报告中未将货币资金包括在内。该指标数值越大，表示企业金融化程度越高。

3. 控制变量

本报告在参考张成思和张步昙（2016）、龚关和胡关亮（2013）等相关研究基础上，从公司特征、公司治理和外部环境特征三个方面选择控制变量（见表

1）。公司特征方面，选择企业规模（*Lnasset*）、资产负债率（*Leverage*）、总资产收益率（*Roa*）、主营业务收入增长率（*Growth*）、企业性质（*Soe*）、企业年龄（*Firmage*）；公司治理方面，选择股权集中度（*Topten*）、董事会规模（*Supervisors*）、两职合一（*Dual*）、独董比例（*Indepent*）、管理层激励（*Stockmoti*）；本报告选择赫芬达尔指数（*HHI*）反映企业面对的外部竞争状况。此外，本报告还考虑了制造业细分行业和年份的差异特征。

表1 变量说明

变量类型	变量名称	变量符号	变量说明
核心变量	全要素生产率	*Lptfp*	基于LP法计算得到
	企业金融化	*CorFinance*	企业金融资产/企业总资产
控制变量	企业规模	*Lnasset*	企业总资产加1后取对数
	资产负债率	*Leverage*	负债与期末资产总额的比值
	总资产收益率	*Roa*	税后利润/企业资产总额
	主营业务收入增长率	*Growth*	本期营业净收入/上期营业收入
	企业性质	*Soe*	哑变量，企业是否国有企业。若是取值为1，否则取值为0
	管理层激励	*Stockmoti*	高管激励的股份数/企业总股本
	企业年龄	*Firmage*	ln（企业上市年限+1）
	股权集中度	*Topten*	前十大股东的持股数量/企业总股本
	董事会规模	*Supervisors*	公司董事人数加1后的对数值
	两职合一	*Dual*	哑变量，董事长是否兼任总经理。若兼任，取值为1，否则取值为0
	独董比例	*Indepent*	独立董事人数/企业董事总人数
	行业竞争度	*HHI*	主营业务收入/所在细分行业营业总收入
	年份	*Year*	年份哑变量
	行业	*Industry*	行业哑变量，根据《2012年最新国民经济行业分类标准》设定

（三）样本数据来源

本报告选择2013～2019年长江经济带沿线11省市内的制造业上市公司数

据进行验证。本报告参考现有文献的做法，从数据库中载入数据后，对样本进行了如下筛选：（1）剔除企业注册所在地不属于长江经济带沿线11省市的上市公司样本；（2）剔除非制造业上市公司，依据的标准是《2012年最新国民经济行业分类标准》；（3）剔除ST、暂停上市和退市的公司样本观测值；（4）剔除核心变量和控制变量有严重缺失的样本。对于缺失较少的变量，本报告采用0值替换。本报告数据来自国泰安数据库和万德数据库。为了缓解极端值的影响，本报告对所有连续型变量进行上下1%分位的缩尾处理。

（四）基本统计分析

表2显示了本报告基本变量的统计结果。可以看出，全要素生产率（*Lptfp*）最大值为3.165，最小值为2.051，均值为2.915，中位数为2.913，这表明样本期制造业企业全要素生产率存在较大的差异。企业金融化（*CorFinance*）最大值为25.66，最小值为7.601，说明不同企业进行金融投资具有显著差异。可见制造业在不同程度上配有金融资产，存在"脱实向虚"风险，这也很可能导致企业存在资源错配现象。

表2　描述性统计分析

变量	个数	均值	最大值	中位数	最小值	标准差
全要素生产率（*Lptfp*）	6702	2.915	3.165	2.913	2.051	0.045
企业金融化（*CorFinance*）	6702	18.28	25.66	18.47	7.601	2.163
企业规模（*Lnasset*）	6702	22.10	27.47	21.98	17.88	1.169
资产负债率（*Leverage*）	6702	0.418	10.49	0.398	0.008	0.258
总资产收益率（*Roa*）	6702	0.037	0.669	0.038	−1.403	0.087
股权集中度（*Topten*）	6702	57.71	100.0	57.71	9.090	14.16
企业性质（*Soe*）	6702	0.319	1	0	0	0.435
主营业务收入增长率（*Growth*）	6702	0.396	429.0	0.110	−0.991	6.703
企业年龄（*Firmage*）	6702	11.12	30	9	0	7.120
董事会规模（*Supervisors*）	6702	3.526	12	3	0	1.046
两职合一（*Dual*）	6702	0.279	1	0	0	0.449
独董比例（*Indepent*）	6702	0.374	0.800	0.333	0.143	0.054
管理层激励（*Stockmoti*）	6702	0.102	0.803	0.001	0	0.166
行业竞争度（*HHI*）	6702	0.054	0.460	0.051	0.012	0.040

资料来源：根据测算结果整理。

表 3 显示了变量间的相关性分析结果。可以看出，制造业金融化与经济高质量发展的相关系数为 0.118，在 1% 的统计水平上具有显著的正相关关系。这初步印证了本报告研究假设 1 的理论设想。其他变量相关系数及其显著性表明，本报告控制变量的选取是恰当的。为考察变量之间是否存在多重共线性，本报告还进行了方差膨胀因子检验，可以看出方差膨胀因子结果均在 1 和 2 之间，远小于 10，说明本报告的控制变量间并不存在多重共线性问题。

表 3 变量相关性分析

	VIF	Lptfp	CorFinance	Lnasset	Leverage	Roa	Topten	Soe
全要素生产率（Lptfp）	1.060	1						
企业金融化（CorFinance）	1.560	0.118***	1					
企业规模（Lnasset）	1.990	0.166***	0.566***	1				
资产负债率（Leverage）	1.650	-0.039***	0.133***	0.314***	1			
总资产收益率（Roa）	1.540	0.165***	0.003	0.034***	-0.521***	1		
股权集中度（Topten）	1.300	0.100***	-0.083***	0.064***	-0.117***	0.209***	1	
企业性质（Soe）	1.470	0.012	0.163***	0.284***	0.220***	-0.131***	-0.128***	1
主营业务收入增长率（Growth）	1							
企业年龄（Firmage）	0.030***	1						

续表

	VIF	Lptfp	CorFinance	Lnasset	Leverage	Roa	Topten	Soe
董事会 规模 (*Supervisors*)	0. 018 *	0. 283 ***						
两职合一 (*Dual*)	0. 016	− 0. 208 ***	− 0. 147 ***	1				
独董比例 (*Indepent*)	0	− 0. 019 *	− 0. 095 ***	0. 105 ***	1			
管理层 激励 (*Stockmoti*)	− 0. 008	− 0. 531 ***	− 0. 230 ***	0. 211 ***	0. 051 ***	1		
行业竞 争度 (*HHI*)	0. 005	0. 088 ***	0. 065 ***	− 0. 062 ***	− 0. 014	− 0. 078 ***	1	

注：表中报告的是皮尔逊相关系数。***、**、*分别表示回归系数在1%、5%、10%的统计水平上通过显著性检验。

资料来源：根据测算结果整理。

四　计量结果与分析

（一）基准分析："蓄水池"效应还是"挤出"效应

本报告根据模型（1），采用分步回归法进行分析，旨在检验长江经济带制造业金融化对经济高质量发展是否存在显著的影响，实证统计结果参见表4。本报告进行 Hausman 检验得到 P 值为 0，即拒绝原假设，故采用固定效应模型进行分析。此外，本报告采用企业层面聚类的方式修正因数据截面相关、异方差或自相关等方面可能带来的估计偏误。考虑到制造业金融化对经济高质量发展的影响可能存在滞后性，本报告对预测变量和控制变量均采用一阶滞后量进行回归。

由表4列（1）可以看出，制造业金融化对经济高质量发展的回归系数为正，并且在1%的统计水平上通过显著性检验，说明长江经济带制造业金融化能够促进企业的高质量发展，即样本期间内，长江经济带制造业企业提升金融化程度能够发挥"蓄水池"效应，促进企业提升发展质量。依次加入企业特征、治理特征和外部行业特征后，回归结果参见表4列（2）和列（3）。可以发现，制造业金融化对经济高质量发展的回归系数依然为正，并且显著性并未发生变化，说明加入一系列控制变量后，长江经济带制造业进行金融化，其对企业高质量发展的促进作用并未发生改变。从经济意义上看，长江经济带制造业企业的金融资产每提高1个百分点，对提升经济发展质量的作用达到约1%的水平，符合经济意义。

接下来，本报告对核心预测变量分别滞后1期、2期和3期后带入模型（1）进行分析，探究制造业金融化对经济高质量发展影响的长期效应，结果参见表4列（4）。可以看出，滞后1期的制造业金融化变量对经济高质量发展的影响仍然显著为正，但滞后2期和滞后3期的制造业金融化变量对经济高质量发展的影响却为负。这说明，从短期来看，长江经济带制造业提升金融化水平对经济高质量发展具有促进作用，但是从长期来看，其对经济高质量发展具有抑制作用，即从短期来看，制造业金融化对经济高质量发展发挥了"蓄水池"效应，但从长期来看，其对经济高质量发展的影响还是以"挤出"效应为主。本报告的研究假设1得到验证。

表4 制造业金融化对经济高质量发展影响的回归结果

变量	（1）	（2）	（3）	（4）
	Lptfp	*Lptfp*	*Lptfp*	*Lptfp*
L. CorFinance	0.0126 ***	0.0109 ***	0.0099 ***	0.0220 **
	（3.901）	（3.285）	（2.933）	（2.196）
L2. CorFinance				−0.0027
				（−0.301）
L3. CorFinance				−0.0114
				（−1.159）

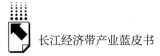
续表

变量	（1）	（2）	（3）	（4）
	Lptfp	*Lptfp*	*Lptfp*	*Lptfp*
L. *Lnasset*		0.0496 **	0.0493 **	− 0.0876 **
		(2.371)	(2.283)	(− 2.475)
L. *Leverage*		− 0.0034	− 0.0039	0.0007
		(− 0.689)	(− 0.780)	(0.183)
L. *Roa*		0.0675 ***	0.0681 ***	0.0080
		(6.087)	(6.091)	(0.475)
L. *Topten*		0.0001 ***	0.0002 ***	− 0.0001
		(3.309)	(3.859)	(− 1.155)
L. *Soe*		− 0.0021	− 0.0025	− 0.0012
		(− 1.375)	(− 1.422)	(− 0.365)
L. *Growth*		0.0000	0.0000	− 0.0001
		(0.232)	(0.238)	(− 0.348)
L. *Firmage*			0.0002 *	0.0001
			(1.883)	(0.337)
L. *Supervisors*			− 0.0008	− 0.0009
			(− 1.135)	(− 0.959)
L. *Dual*			0.0005	− 0.0010
			(0.382)	(− 0.269)
L. *Indepent*			− 0.0014	− 0.0070
			(− 0.150)	(− 0.455)
L. *Stockmoti*			− 0.0014	0.0042
			(− 0.355)	(0.326)
L. *HHI*			− 0.0267 **	− 0.0301
			(− 1.962)	(− 1.228)
年份	控制	控制	控制	控制
行业	控制	控制	控制	控制
常数项	2.8916 ***	2.7403 ***	2.7443 ***	3.1798 ***
	(497.475)	(44.742)	(43.210)	(30.297)
观测值	6702	6702	6702	4564
Adj R	0.004	0.042	0.042	0.043
F	15.22	9.769	7.306	8.357

注：***、**、* 分别表示回归系数在1%、5%、10%的统计水平上通过显著性检验；括号中数值为相应的 *t* 统计值；为保证估计结果的准确性，本报告在企业层面进行了聚类稳健估计。下同。

资料来源：根据回归结果整理。

上文已得出，从短期看，制造业金融化发挥了"蓄水池"效应，促进了经济高质量发展。接下来本报告探究在这一过程中，影响制造业金融化发挥"蓄水池"效应的因素。本报告根据模型（2）进行回归分析，表5报告了回归结果。由表5列（1）可以看出，制造业金融化水平与地区市场化程度变量的交互项（$L.\,CorFinance \times Marketization$）为正，并在10%的统计水平上通过显著性检验，这说明制造业企业所处的地区市场化程度越高，越有助于提升金融化水平，并提升经济发展质量。本报告的研究假设2得到验证。本报告认为，市场化程度越高，市场所提供的金融产品就越丰富，从而有助于企业充分配置资源，提升企业金融化的"蓄水池"效应，最终提升经济发展质量。由表5列（2）可以看出，制造业金融化水平与企业融资约束的交互项（$L.\,CorFinance \times Constra$）显著为负，说明长江经济带制造业面对较强的融资约束时，会抑制其金融资产的配置，从而影响经济发展质量。本报告的研究假设3得到检验。可能的原因是，面对较强的融资约束时，企业为了保证未来主营业务的发展，就会限制在金融部门的投资，这就抑制了从金融部门获取超额收益而反哺实体经济的机会。

有研究表明，金融监管在很大程度上可以降低企业的金融化水平。为此，本报告进一步探究了金融监管在制造业金融化发挥"蓄水池"效应影响经济高质量发展中的作用，借鉴唐松等（2020）做法，采用金融监管支出与当地金融业增加值的比值作为当地金融监管的代理变量。结果发现，制造业金融化水平与金融监管水平的交互项（$L.\,CorFinance \times Supvison$）并不显著，说明外部金融监管对长江经济带制造业金融化水平的影响较小。

表5 制造业金融化与经济高质量发展的调节效应检验

变量	（1）	（2）	（3）
	lptfp	lptfp	lptfp
L. CorFinance	0. 0443 **	0. 0447 ***	0. 0067
	(2. 199)	(4. 652)	(1. 235)
Marketization	0. 0076 *		
	(1. 715)		
L. CorFinance × Marketization	0. 0042 *		
	(1. 721)		

续表

变量	（1）	（2）	（3）
	lptfp	*lptfp*	*lptfp*
Constra		0. 2997 ***	
		（3. 404）	
L. CorFinance × Constra		− 0. 1956 ***	
		（ − 4. 062）	
Supvison			− 0. 0013
			（ − 0. 393）
L. CorFinance × Supvison			0. 0012
			（0. 601）
控制变量	控制	控制	控制
年份	控制	控制	控制
行业	控制	控制	控制
常数项	2. 6859 ***	2. 8156 ***	2. 6812 ***
	（36. 662）	（43. 311）	（38. 572）
观测值	6702	6702	6702
Adj R	0. 043	0. 052	0. 043
F	6. 678	9. 165	6. 824

资料来源：根据回归结果整理。

本报告接下来考察不同特征的企业对企业金融化影响经济发展质量是否有影响，主要从企业盈利能力和企业规模方面展开研究。本报告首先根据企业规模中位数的大小，将研究样本分成中小规模企业和大规模企业两类，利用模型（1），采用分组回归法进行验证，模型估计结果参见表6列（1）和列（2）。可以看出，中小规模企业和大规模企业的估计系数分别为0.0143和0.0003，其中，中小规模企业的估计结果在1%的统计水平上通过显著性检验。中小规模企业金融化水平每提升1个百分点，企业资源要素利用水平就提升1.43个百分点，符合现实经济意义，通过经济学现实检验。本报告认为，中小规模企业通过提升金融化水平促进全要素生产率提升，主要是基于金融部门的资源投入产出的高收益性，通过将企业资源分配到金融领域，能够从繁荣的金融市场中分一杯羹（江春、李巍，2013），从而在一定程度上改善企业的盈利状况。中小企业融资约束通常要强于大型企业，短期内往往更倾向于将资源投入金融领域，以提升企业当期的盈利能力。

基于该逻辑，本报告进一步从企业盈利能力方面进行异质性分析。在参考陈赤平和孔莉霞（2020）处理方法基础上，本报告依据企业资产回报率三分位数，将样本划分为高盈利企业、一般盈利企业和低盈利企业，利用模型（1）进行验证，回归结果参见表6列（3）至列（5）。其中，高盈利企业、一般盈利企业和低盈利企业的回归系数分别为 0.0048、0.0124 和 0.0098，只有一般盈利企业的估计结果在 5% 的统计水平上通过显著性检验。从经济意义上看，企业金融化每提升一个百分点，企业全要素生产率就提升 1.24 个百分点，符合现实经济意义。本报告假设 4a、4b 得到验证。

表6 制造业金融化与经济高质量发展的异质性分析

变量	（1）	（2）	（3）	（4）	（5）
	中小规模企业	大规模企业	高盈利企业	一般盈利企业	低盈利企业
	lptfp	*lptfp*	*lptfp*	*lptfp*	*lptfp*
L. CorFinance	0.0143 ***	0.0003	0.0048	0.0124 **	0.0098
	(3.068)	(0.082)	(0.907)	(2.504)	(1.105)
控制变量	控制	控制	控制	控制	控制
年份	控制	控制	控制	控制	控制
行业	控制	控制	控制	控制	控制
常数项	2.6801 ***	2.7571 ***	2.8755 ***	2.7709 ***	2.3016 ***
	(24.325)	(25.021)	(34.022)	(33.389)	(11.875)
观测值	3480	3222	2061	3721	920
Adj R	0.218	0.113	0.081	0.025	0.089
F	20.26	7.671	8.234	3.623	2.854

资料来源：根据回归结果整理。

（二）进一步分析：信息不对称程度、主营业务投资与"蓄水池"效应

以上研究表明，长江经济带制造业金融化短期内发挥"蓄水池"效应，提升企业全要素生产率，长期看则以"挤出"效应为主，对企业全要素生产率产生抑制作用；企业所在地的市场化程度和面临的融资约束因素是影响

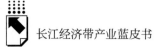
金融化程度对全要素生产率发生作用的重要因素。本报告从企业规模和盈利能力两方面展开异质性研究，接下来将对长江经济带制造业金融化对企业全要素生产率发挥短期"蓄水池"效应的内在机理进行探究。

从理论上看，制造业企业短期内将部分资金分配到金融部门，一方面，能够降低制造业企业与金融市场中的信息不对称程度，赢得资本市场的青睐，提升企业市场价值，为企业主营业务发展集聚生产资源。另一方面，企业从中分享金融部门投资所获得的投资收益，将获得的收益盈余投入实际生产中，能够提升研发创新、新产品开发、管理创新、组织创新、人才引进、固定资产更新改造等方面的支出（彭俞超、黄志刚，2018；倪志良等，2019；邱洋冬，2020），从而促进企业全要素生产率的提升，改善企业发展质量。因此，本报告从"企业金融化—信息不对称降低—经济发展质量"和"企业金融化—主营业务投资—经济发展质量"两个方面分析短期内长江经济带制造业金融化影响企业全要素生产率的传导机制。

本报告采用标准的中介效应分析模型进行验证，中介效应模型的检验步骤如下：

$$QDevelop_{i,t} = a_0 + b_1 CFinance_{i,t} + \sum_{j=1}^{n} a_j Controls + Year + Industry + \varepsilon_{i,t}$$

$$Channel_{i,t} = a_0 + b_1 CFinance_{i,t} + \sum_{j=1}^{n} a_j Controls + Year + Industry + \varepsilon_{i,t} \tag{4}$$

$$QDevelop_{i,t} = a_0 + b_1 CFinance_{i,t} + \delta_{i,t} Channel_{i,t} + \sum_{j=1}^{n} a_j Controls + Year + Industry + \varepsilon_{i,t}$$

模型（4）中，$Channel$ 为本报告的影响渠道变量，即信息不对称程度（$Asymmetry$）和主营业务投资（PPE），其他参数的含义与模型（1）中一致。本报告选用上市公司年平均的流动性比率（LR 值）指标作为企业信息不对称的代理变量。该指标计算方法参见（5）。其中 $Shares$ 表示上市公司股票年交易量，$return$ 表示上市公司股票年平均回报率的比率。

$$Asymmetry = \sqrt{\frac{\log(Shares_{it})}{return_{it}}} \tag{5}$$

对于主营业务投资（*PPE*）的测度，考虑到制造业企业的主业投资主要表现为对固定资产更新改造、新产品研发以及技术创新等的投入，本报告参考杜勇等（2017）、黄贤环和王瑶（2019）的做法，用固定资产净值与总资产的比值进行度量。

本报告根据模型（4）对样本进行验证，回归结果参见表7。由表7列（1）可以看出，制造业金融化对信息不对称的回归系数为 - 0.0093，在10%的统计水平上通过显著性检验，说明制造业企业进行金融化能够降低信息不对称程度。从表7列（2）可以看出，将企业金融化和信息不对称程度变量同时放进模型中，发现信息不对称（*Asymmetry*）的回归系数显著为负，且企业金融化（*L. CorFinance*）的回归系数相对于基准回归结果而言明显变小，*t* 统计量为2.835，与基准回归而言，其数值也有显著减小。综合以上分析，可以得出长江经济带制造业金融化通过降低企业外部信息不确定程度，最终提升企业全要素生产率。从表7列（3）可以看出，制造业企业金融化对主营业务投资（*PPE*）的回归系数为0.0202，在5%的统计水平上通过显著性检验，说明制造业金融化短期内有助于提升主营业务投资水平。表7列（4）显示了将制造业企业金融化对主营业务投资变量（*PPE*）同时放入模型中的回归结果，可以看出制造业企业金融化变量的回归系数为正（0.0035），但并未通过统计显著性检验，主营业务投资（*PPE*）的回归系数为0.0491，并在1%的统计水平上通过显著性检验。综合以上分析结果，本报告得出，长江经济带制造业金融化对经济高质量发展的另一个影响途径是通过提升主营业务投资（*PPE*）实现的。表7列（5）的回归再次印证了如下事实：信息不对称（*Asymmetry*）和主营业务投资（*PPE*）是制造业金融化影响经济高质量发展的途径。

表7　制造业金融化影响经济高质量发展的机理分析

变量	（1）	（2）	（3）	（4）	（5）
	Asymmetry	*Lptfp*	*PPE*	*Lptfp*	*Lptfp*
L. CorFinance	- 0.0093 *	0.0095 ***	0.0202 **	0.0035	0.0033
	（ - 1.813）	（2.835）	（2.181）	（1.035）	（0.982）
Asymmetry		- 0.0041 ***			- 0.0034 **
		（ - 2.696）			（ - 2.449）

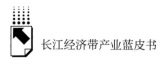

续表

变量	（1） Asymmetry	（2） Lptfp	（3） PPE	（4） Lptfp	（5） Lptfp
PPE				0.0491 ***	0.0481 ***
				（10.660）	（10.490）
L. Lnasset	− 0.6243 ***	0.0235	0.7657 ***	0.0869 ***	0.0648 ***
	（− 17.363）	（1.022）	（7.363）	（4.187）	（2.930）
L. Leverage	0.0316 **	− 0.0025	0.0305	− 0.0024	− 0.0013
	（2.342）	（− 0.551）	（1.550）	（− 0.528）	（− 0.308）
L. Roa	− 0.1164 ***	0.0633 ***	− 0.2352 ***	0.0565 ***	0.0527 ***
	（− 8.319）	（5.599）	（− 6.036）	（5.357）	（4.950）
L. Topten	0.0008 ***	0.0002 ***	− 0.0005 **	0.0002 ***	0.0002 ***
	（11.600）	（4.488）	（− 2.266）	（3.459）	（4.027）
L. Soe	0.0036	− 0.0023	− 0.1317 ***	− 0.0015	− 0.0014
	（1.640）	（− 1.342）	（− 8.062）	（− 0.885）	（− 0.823）
L. Growth	0.0001 ***	0.0000	− 0.0007 ***	− 0.0000	− 0.0000
	（3.290）	（0.347）	（− 3.487）	（− 0.668）	（− 0.545）
L. Firmage	− 0.0002	0.0002 *	− 0.0015 **	0.0001	0.0001
	（− 1.052）	（1.834）	（− 2.222）	（1.304）	（1.273）
L. Supervisors	− 0.0013	− 0.0008	0.0053	− 0.0005	− 0.0006
	（− 1.633）	（− 1.218）	（1.477）	（− 0.760）	（− 0.836）
L. Dual	− 0.0022	0.0004	− 0.0004	0.0005	0.0004
	（− 1.323）	（0.310）	（− 0.075）	（0.380）	（0.318）
L. Indepent	− 0.0102	− 0.0018	0.0529	0.0012	0.0008
	（− 0.784）	（− 0.195）	（0.956）	（0.128）	（0.085）
L. Stockmoti	0.0062	− 0.0011	− 0.0348 **	− 0.0031	− 0.0028
	（1.130）	（− 0.289）	（− 1.962）	（− 0.814）	（− 0.748）
L. HHI	0.0289	− 0.0255 *	0.2939 ***	− 0.0122	− 0.0115
	（1.406）	（− 1.876）	（3.717）	（− 0.937）	（− 0.881）
常数项	2.0632 ***	2.8293 ***	− 1.9384 ***	2.6491 ***	2.7216 ***
	（20.308）	（41.094）	（− 6.285）	（43.619）	（41.456）
观测值	6702	6702	6702	6702	6702
Adj R	0.449	0.046	0.170	0.066	0.068
F	517.3	7.561	21.05	12.44	12.41

资料来源：根据回归结果整理。

（三）稳健性检验

为保证本报告研究结论的可靠性，本报告从替代预测变量、滞后效应检验、变换经济高质量发展的测度方法和子样本回归4个方面对基准回归结果进行稳健性检验。

1. 替代预测变量

本报告参照杜勇等（2017）的处理方法，以交易性金融资产、衍生金融资产、可供出售金融资产、投资性房地产、持有至到期投资和长期股权投资之和的对数值作为长江经济带制造业企业金融化的代理指标，重新检验制造业金融化对经济高质量发展的影响，表8列（1）为相应的估计结果。结果显示，制造业金融化对经济高质量发展的影响仍然显著为正，原有结论不变。

2. 滞后效应检验

本报告将重新算出的制造业企业金融化的代理指标进行滞后性分析，结果参见表8列（2）。可以看出，滞后1期后，制造业金融化对企业全要素生产率的估计系数为0.0288，并且在1%的统计水平上通过显著性检验，说明长江经济带制造业金融化对企业高质量发展在短期内仍然以发挥"蓄水池"效应为主，本报告的研究结果仍然稳健。

3. 变换经济高质量发展的测度方法

本报告采用OP法对经济发展质量进行测度，并将得出的数据代入模型中进行回归，结果参见表8列（3）。可以看出，长江经济带制造业金融化对企业发展质量提升的回归系数为0.3289，并且在1%的统计水平上通过显著性检验，说明采用不同的方法测度经济发展质量后，制造业金融化对其影响的结果并未发生明显变化，研究结果仍然是稳健的。

4. 子样本回归

考虑到上海作为中国的金融中心，金融化环境优越，企业具有配置金融资产的天然倾向。基于该考量，本报告将注册地属于上海的研究样本进行剔除并再次带入模型（1）进行检验，结果参见表8列（4）。可以看出，制造业金融化对企业全要素生产率的回归系数为0.0097，并且在1%的统计水平上通过显著性检验。这与基准回归的结果基本一致。

表 8　稳健性检验

变量	（1）	（2）	（3）	（4）
	Lptfp	Lptfp	Lptfp	Lptfp
CorFinance2	0. 0287 ***			
	（4. 922）			
L. CorFinance2		0. 0288 ***		
		（4. 254）		
CorFinance			0. 3289 ***	
			（3. 167）	
L. CorFinance				0. 0097 ***
				（2. 774）
控制变量	控制	控制	控制	控制
年份	控制	控制	控制	控制
行业	控制	控制	控制	控制
常数项	2. 6771 ***	2. 6781 ***	1. 5359	2. 7520 ***
	（44. 682）	（44. 559）	（0. 736）	（40. 960）
观测值	6702	6702	6702	6702
Adj R	0. 045	0. 045	0. 048	0. 039
F	7. 818	7. 468	7. 329	6. 504

资料来源：根据回归结果整理。

五　研究结论与政策启示

金融部门高营利性促使制造部门资源出现流出趋势，制造业进入化趋势对经济发展质量的提升有何影响，成为当前研究的热点。长江经济带是中国制造业中心，沿线省市集聚了众多化工产业，探究长江经济带制造业金融化趋势对经济发展质量的影响，对于中国经济高质量发展具有显著的意义。本报告基于长江经济带沿线 11 省市的沪深股市 2013～2019 年微观数据，实证分析了长江经济带制造业金融化对经济发展质量的影响，得出如下结论。

（一）研究结论

（1）长江经济带制造业金融化就短期效应而言，以发挥"蓄水池"效应为主，能够显著提升经济发展质量；长期而言则以"挤出"效应为主，并不利于提升经济发展质量。

（2）地区金融化水平和融资约束是影响制造业金融化短期发挥"蓄水池"效应，提升经济发展质量的重要因素。同时，本报告还发现，地区金融监管在长江经济带制造业金融化影响经济发展质量中的作用并不显著。

（3）长江经济带一般盈利企业和中小规模企业，提升其金融化水平，对经济发展质量的影响更为显著。

（4）机制检验表明，长江经济带制造业金融化通过降低信息不确定程度、增加主营业务投资，从而发挥"蓄水池"效应，提升经济发展质量。

（二）政策启示

（1）适度"脱实向虚"，提升企业资源要素利用效率。企业作为理性的经济主体，最终目的是要实现企业价值最大化。由回归分析结果可知，长江经济带制造业进行金融化，就短期效应而言，能够发挥"蓄水池"效应，促进企业全要素生产率提升。因此，实体企业应该优化资金"脱实向虚"结构，合理规范资金"脱实向虚"行为，以提升企业全要素生产率。对于投资盈利空间压缩、产能过剩的制造业，将资金投入金融部门是对社会资源的有效利用，有利于提升经济循环总产出的最大化，对于这些类型的制造业进行适度的"脱实向虚"可以提高资金的使用效率，增加企业收益。

（2）专注"主营业务"，注重改善长期经济发展效益。长江经济带制造业短期持有金融资产能够获取比实业投资更高的报酬，对企业提升经济发展质量也具有促进作用，但应该认识到，从长期看资金"脱实向虚"会降低实体企业全要素生产率，削弱企业竞争力。长江经济带制造业应该专注于自身主业，积极主动增加对技术研发和创新、新产品开发、人才培养、管理创新、组织创新以及固定资产更新改造的资源投入，以提升企业的全要素生产率，最终促进高质量发展，而不可"舍本逐末"只关注投资金融部分获得的短期收益。

（3）改善"营商环境"，着眼于提升经济高质量发展。当前长江经济带制造业出于"逐利动机"普遍偏离主业投资，而偏爱于对金融资产的投资，导致实体经济与虚拟经济发展出现结构性失衡，并抑制经济的高质量发展。为此，政府部门应该积极引导实体企业回归主业，特别是在新冠肺炎疫情肆虐下，夯实实体经济在国民经济中的基础性地位，能够有效促进国内国际经济双循环。具体而言，政府可采取的措施有：进一步降低实体企业税费负担，提升实体企业盈利空间；进一步加大对实体企业研发投入的加计扣除措施，积极鼓励制造业企业加大技术攻关，配套相关技术创新制度，提升制造业企业的创新能力和动力；进一步规范金融市场中的投资行为，完善金融市场投资制度，抑制过度金融化和"脱实向虚"风险。

参考文献

陈赤平、孔莉霞：《制造业企业金融化、技术创新与全要素生产率》，《经济经纬》2020 年第 4 期，第 73～80 页。

杜勇、张欢、陈建英：《金融化对实体企业未来主业发展的影响：促进还是抑制》，《中国工业经济》2017 年第 12 期，第 113～131 页。

龚关、胡关亮：《中国制造业资源配置效率与全要素生产率》，《经济研究》2013 年第 4 期，第 4～15 页。

胡海峰、窦斌、王爱萍：《企业金融化与生产效率》，《世界经济》2020 年第 1 期，第 70～96 页。

黄庆华、时培豪、胡江峰：《产业集聚与经济高质量发展：长江经济带 107 个地级市例证》，《改革》2020 年第 1 期，第 87～99 页。

黄贤环、王瑶：《实体企业资金"脱实向虚"与全要素生产率提升："抑制"还是"促进"》，《山西财经大学学报》2019 年第 10 期，第 55～69 页。

江春、李巍：《中国非金融企业持有金融资产的决定因素和含义：一个实证调查》，《经济管理》2013 年第 7 期，第 13～23 页。

刘笃池、贺玉平、王曦：《企业金融化对实体企业生产效率的影响研究》，《上海经济研究》2016 年第 8 期，第 74～83 页。

倪志良、张开志、宗亚辉：《实体企业金融化与企业创新能力》，《商业研究》2019 年第 10 期，第 31～42 页。

裴祥宇：《美国经济金融化测度研究》，《商业研究》2017 年第 1 期，第 91～99 页。

彭俞超、黄志刚：《经济"脱实向虚"的成因与治理：理解十九大金融体制改革》，《世界经济》2018 年第 9 期，第 3～25 页。

邱洋冬：《资质认定型产业政策与企业金融资产配置》，《投资研究》2020 年第 3 期，第 113～132 页。

唐松、伍旭川、祝佳：《数字金融与企业技术创新——结构特征、机制识别与金融监管下的效应差异》，《管理世界》2020 年第 5 期，第 52～66 页。

张成思、张步昙：《中国实业投资率下降之谜：经济金融化视角》，《经济研究》2016 年第 12 期，第 32～46 页。

张昭、朱峻萱、李安渝：《企业金融化是否降低了投资效率》，《金融经济学研究》2018 年第 1 期，第 104～116 页。

B.11
长江经济带科技服务业发展研究报告[*]

许水平[**]

摘　要：　本报告提出科技服务业发展水平的SP－B－C（服务机构发展—业务发展—客户发展）三维度测度模型，采用熵权法赋权对长江经济带各省市科技服务业发展水平进行评价。基于评价结果采用空间泰尔指数进行区域差异测度与结构分析、采用耦合协调度模型进行协调发展状态分析，利用地理探测器进行驱动因素分析和风险区域识别。研究结果显示：长江经济带各省市科技服务业发展水平时序上表现为稳步上升趋势，空间上呈东高西低梯度格局；长江经济带各省市间发展水平差异程度小于全国水平，且呈下降趋势，上、中、下游之间的区间差异是造成发展不平衡的主要原因。从机构发展、业务发展和客户发展三者耦合关系来判断，长江经济带各省市科技服务业协调发展水平不断提升，协调水平较高地区为上海、江苏和浙江。因子探测和交互作用探测发现科技服务业发展的驱动因素由强到弱依次是创新活动强度、人力资本、经济发展水平、产业结构、经济开放度、政府支持，驱动因素两两交互作用为双因子增强型。风险探测表明长江经济带科技服务业发展的风险区域（低值区域）主要集中在中上游地区。

* 基金项目：江西省高校人文社会科学规划项目"创新不平衡对我国区域发展质量的影响及其协调机制研究"（项目编号：JJ18113）。

** 许水平，南昌大学经济管理学院副教授，博士，硕士生导师，主要从事区域经济学、创新管理研究。

关键词： 长江经济带　科技服务业　空间差异　驱动因素

2014 年出台的《关于加快科技服务业发展的若干意见》指出：加快科技服务业发展，是推动科技创新和科技成果转化、促进科技经济深度融合的客观要求，是调整优化产业结构、培育新经济增长点的重要举措，是实现科技创新引领产业升级、推动经济向中高端水平迈进的关键一环，对于深入实施创新驱动发展战略、推动经济提质增效升级具有重要意义。《长江经济带发展规划纲要》明确了要将长江经济带建设成为引领全国转型升级的创新经济带的战略目标。鉴于科技服务业在创新驱动发展中的重要作用，长江创新经济带建设目标的实现，离不开高水平科技服务业的发展。

长江经济带科技服务业有着良好基础和许多成功案例，如 1987 年武汉建立了全国第一家科技企业孵化器——武汉东湖新技术创业者中心，2002 年浙江省在全国率先建立的网上技术市场（http：//www.51jishu.com）已发展成为全国影响力最大的技术市场之一。然而，在长江经济带科技服务业快速发展的同时，其区域分布表现出发达地区多而强，欠发达地区少而弱的特征，区域发展不平衡问题严重。对长江经济带各省市科技服务业发展水平和区域差异进行科学测度，发现科技服务业空间发展不平衡的驱动因素具有重要意义。

一　长江经济带科技服务业发展水平测度与空间差异分析

（一）指标选取

SP－C（SP 指服务提供商 Service Provider，C 指客户 Client）互动模型广泛应用于分析服务业中服务提供商和被服务客户之间互动关系。服务过程中供求双方主要通过市场关系进行互动，也就是在市场业务（Business）的开展过程中进行技术、信息的互动。据此逻辑，本报告构建科技服务业发展的 SP－B－C 概念模型，从科技服务机构发展（*SP*）、业务发展（*B*）和客户发展（*C*）三个维度设计科技服务业发展水平综合评价指标体系。

在 SP－B－C 框架下，按照国务院《关于加快科技服务业发展的若干意见》明确的科技服务业发展重点，借鉴国内学者相关研究成果（张鹏、梁咏琪、杨艳君，2019；张恒、周中林、郑军，2019；王颖、蓝云飞、汪琳，2019；陈岩峰、于文静，2009），考虑数据的可得性，合理选择各维度下具体指标。其中 *SP* 测度区域科技服务机构总体发展情况，包括科技服务业法人单位数量、科技服务业从业人员数、科技服务业总资产、孵化器数量、众创空间数量等五个指标。*B* 测度科技服务机构业务开展状况，包括科技服务业营业收入、技术市场成交金额、高等院校和研究开发机构专利所有权转让及许可件数、科技企业孵化器在孵企业数、众创空间当年服务的企业和团队数、科技馆当年参观人数等六个指标。*C* 测度服务客体发展情况，包括开展创新合作的企业数、R&D 经费外部支出、R&D 经费其他资金来源、规模以上企业外部研发经费支出、在孵企业从业人员数、孵化企业当年获得风险投资额等六个指标。考虑到各区域在土地面积、人口总量、经济发展总量上的差异，以上绝对量指标需转化为强度指标，科技服务业发展水平测度时主要依据强度指标。科技服务业发展水平评价的 SP－B－C 框架及指标体系见表1。

表1　科技服务业发展水平评价的 SP－B－C 框架及指标体系

发展维度	指标代码	绝对量指标及单位	强度指标及单位
科技服务机构发展（*SP*）	*SP1*	科学研究与技术服务业企业法人单位数（个）	SP1/法人单位数（%）
	SP2	科学研究与技术服务业企业法人单位总资产（亿元）	SP2/GDP（%）
	SP3	科学研究与技术服务业企业法人单位从业人员数（万人）	SP3/总人口（%）
	SP4	孵化器数量（个）	SP4/总人口（个/万人）
	SP5	众创空间数量（个）	SP5/总人口（个/万人）

续表

发展维度	指标代码	绝对量指标及单位	强度指标及单位
业务发展（B）	B1	科学研究与技术服务业营业收入（亿元）	B1/GDP（%）
	B2	技术市场成交金额（亿元）	B2/GDP（件/万人）
	B3	高校及研发机构专利所有权转让及许可件数（件）	B3/总人口（件/万人）
	B4	孵化器在孵企业数（个）	B5/总人口（个/万人）
	B5	众创空间当年服务的企业及团队数（个）	B6/总人口（次/人）
	B6	科技馆当年参观人数（万人次）	B7/总人口（个/万人）
客户发展（C）	C1	开展创新合作的企业数（个）	C1/企业总数（%）
	C2	R&D 经费外部支出（万元）	C2/R&D 经费内部支出（%）
	C3	R&D 经费其他资金来源（万元）	C3/R&D 经费内部支出（%）
	C4	规上企业外部研发经费支出（万元）	C4/总创新费用（%）
	C5	在孵企业从业人员数（人）	C5/总人口（%）
	C6	孵化企业当年获得风险投资额（千元）	C6/总人口（千元/万人）

（二）长江经济带科技服务业发展水平测度

1. 评价方法和数据说明

科技服务业 SP－B－C 评价模型涉及多维指标，需对各指标进行合理赋权。熵权法赋权的基本思想是依据总体在各指标的熵值（离散程度）进行赋权，熵值越大说明该指标越能体现区域差异，从而赋予权重越大。在极端情况下，如果所有样本在某个指标上的值都相等，说明每个样本在该指标上是无差异的，则没必要将该指标纳入发展水平评价体系，从而赋权为零。与常用的德尔菲法、层次分析法、主成分分析法、粗糙集法相比较，熵权法具有便于操作、易于理解、相对客观等优点。本报告采用熵权法确定各指标权重，在此基础上计算科技服务业 SP－B－C 三个维度得分，进而求均值得到SP－B－C 总得分。

本报告以长江经济带九省二市科技服务业为主要研究对象。为了进行比较分析，同时需要对全国各省区市进行分析。采用的原始数据涉及全国30 个省区市（西藏数据缺失），数据来源于《中国统计年鉴》《中国科技统计年鉴》《第三产业统计年鉴》《火炬统计年鉴》，研究时间跨度为

2016～2018 年。

2. 长江经济带科技服务业发展水平测度结果

基于全国 30 个省级数据计算各指标权重，进一步计算各省市科技服务业 SP – B – C 三维度得分和综合发展水平得分，以及分地区得分情况，结果见表 2。

表 2　长江经济带科技服务业发展水平各维度得分

地区	2016 年				2017 年				2018 年			
	SP – B – C	SP	B	C	SP – B – C	SP	B	C	SP – B – C	SP	B	C
上海	41.94	40.84	39.24	45.75	44.89	47.25	41.01	46.41	49.02	51.16	46.26	49.63
江苏	34.69	37.50	29.34	37.23	37.86	42.34	32.89	38.36	42.39	50.99	34.89	41.30
浙江	25.51	26.43	20.31	29.80	30.89	33.41	25.16	34.10	38.10	43.76	28.89	41.65
安徽	18.05	17.29	14.09	22.77	19.72	18.49	15.91	24.75	22.56	25.36	17.79	24.52
江西	14.65	13.00	12.32	18.63	16.02	14.94	13.48	19.64	18.72	19.90	14.70	21.55
湖北	18.76	15.25	18.14	22.90	23.59	22.28	22.44	26.04	28.41	29.88	25.12	30.23
湖南	15.60	13.72	12.73	20.35	17.74	15.98	14.44	22.80	21.61	21.37	16.00	27.45
重庆	22.46	28.74	16.85	21.79	22.25	27.01	17.18	22.58	24.21	28.64	19.46	24.53
四川	18.45	15.78	14.95	24.62	19.72	17.05	15.78	26.34	22.25	22.44	19.54	24.75
贵州	14.58	13.25	10.83	19.66	15.38	14.09	11.97	20.07	16.68	17.71	13.32	19.00
云南	15.22	12.62	11.82	21.23	16.29	14.98	12.77	21.11	17.51	17.84	13.55	21.16
长江经济带	21.81	21.31	18.24	25.88	24.03	24.35	20.28	27.47	27.41	29.91	22.68	29.62
下游	30.05	30.52	25.75	33.89	33.34	35.37	28.74	35.91	38.02	42.82	31.96	39.27
中游	16.34	13.99	14.40	20.63	19.12	17.73	16.79	22.83	22.91	23.72	18.61	26.41
上游	17.68	17.60	13.61	21.82	18.41	18.28	14.43	22.52	20.16	21.66	16.47	22.36
非长江经济带	23.18	24.82	19.77	24.96	24.75	26.84	21.05	26.35	27.37	31.82	22.42	27.87
全国均值	22.68	23.54	19.21	25.30	24.48	25.93	20.77	26.76	27.38	31.12	22.52	28.51
东部均值	32.40	34.54	28.60	34.05	34.07	37.70	30.13	34.39	38.50	44.72	32.38	38.39
中部均值	16.52	15.70	13.81	20.03	18.75	18.40	15.78	22.06	21.85	23.98	17.46	24.12
西部均值	18.14	18.59	14.57	21.26	19.80	20.34	15.93	23.12	21.57	24.51	17.30	22.90
东北均值	19.27	20.66	15.72	21.44	21.19	22.23	17.25	24.09	22.72	24.35	18.87	24.92

计算结果显示，2016～2018 年长江经济带全域范围科技服务业 SP – B – C 综合发展水平得分分别为 21.81、24.03 和 27.41，表现出逐年稳定增长的趋势。下游省市综合发展均值分别为 30.05、33.34 和 38.02，中游省市

综合发展均值为 16.34、19.12 和 22.91，上游省市均值为 17.68、18.41 和 20.16。下游省市 SP－B－C 综合发展水平明显高于中上游地区。中上游之间均值水平接近，2016 年上游地区综合得分高于中游地区，但 2017 年和 2018 年中游地区高于上游地区。从 SP－B－C 的三个维度来看，长江经济带 2018 年科技服务业机构发展、业务发展和客户发展得分分别为 29.91、22.68 和 29.62，下游省市各维度得分均高于中上游省市。

分省市来看，地处东部地区的上海、江苏、浙江科技服务业 SP－B－C 综合发展水平得分分别为 49.02、42.39 和 38.10，明显高于其他省市。中西部地区的安徽、江西、湖北、湖南分别为 22.56、18.72、28.41 和 21.61，其中湖北相对较高，江西发展相对滞后。西部地区的重庆、四川、贵州和云南分别为 24.21、22.25、16.68 和 17.51，贵州和云南明显滞后。

2018 年全国 SP－B－C 科技服务业综合水平均值为 27.38，而长江经济带为 27.41，长江经济带科技服务业发展水平稍高于全国水平。与东、中、西部和东北地区比较，长江经济带科技服务业发展明显落后于东部地区（38.50），但要高于中部地区（21.85）、西部地区（21.57）和东北地区（22.72）。

（三）长江经济带科技服务业发展水平空间差异分析

为明晰长江经济带科技服务业发展水平的空间差异及其构成，通过计算和分解泰尔指数考察 SP－B－C 及各维度全域性差异 T，上、中、下游地区各自组内差异 T_k、组内总差异 T_w 以及组间差异 T_b。

1. 空间差异计算及分解方法

泰尔指数表达式为：

$$T = \frac{1}{N} \sum_{i=1}^{n} \frac{y_i}{y} \ln\left(\frac{y_i}{y}\right)$$

式中 y_i 为样本得分，y 为样本得分之和，$\frac{y_i}{y}$ 表示样本所占份额，N 为样本数。T 取值在 0 到 1 之间，取值越大，表示差异越大。

泰尔指数具有良好的可分解性。将样本分为 K 群组时，泰尔指数可以

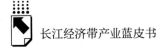

分解为各组组内差异、组内总差异、组间差异，并据此计算组内差异与组间差异对总差异的贡献率。泰尔指数分解表达式为：

$$T = T_b + T_w = \sum_{k=1}^{k} \frac{y_k}{y} \ln \frac{y_k}{n_k/n} + \sum_{k=1}^{k} \frac{y_k}{y} \left(\sum_{i \in g_k} \frac{y_i}{y_k} \ln \frac{y_i/y_k}{1/n_k} \right)$$

式中 y_k 为 k 组得分之和，$\frac{y_i}{y_k}$ 为样本 i 在所在 k 组所占份额，$\frac{y_k}{y}$ 为 k 组所占份额。组间差异 T_b、组内总差异 T_w、各组内差异 T_k 分别有如下表达式：

$$T_b = \sum_{k=1}^{k} y_k \ln \frac{y_k}{\dfrac{n_k}{n}}$$

$$T_w = \sum_{k=1}^{k} y_k \left(\sum_{i \in g_k} \frac{y_i}{y_k} \ln \frac{y_i/y_k}{1/n_k} \right)$$

$$T_k = \sum \frac{y_i}{y_k} \ln \frac{\dfrac{y_i}{y_k}}{\dfrac{1}{n_k}}$$

2. 长江经济带科技服务业发展空间差异及分解结果分析

分别计算长江经济带各省市、全国各省市以及非长江经济带地区各省市科技服务业 SP - B - C 及各维度空间泰尔指数，结果见表3。

2018 年长江经济带科技服务业 SP - B - C 综合发展水平及各维度空间泰尔指数分别为 0.067、0.078、0.085 和 0.049。机构发展和业务发展区域差异水平相对较大，是导致区域差异的主要原因。时序上，综合发展水平泰尔指数由 2016 年的 0.069 下降到 0.067，说明长江经济带科技服务业发展的区域差异有缩小的趋势。三个维度上，服务机构发展和业务发展的泰尔系数分别由 0.099 和 0.090 下降到 0.078 和 0.085。但是客户发展维度，泰尔指数由 0.044 上升到 0.049。

2018 年，全国 30 个省市科技服务业 SP - B - C 综合发展水平及各维度空间泰尔指数分别为 0.085、0.087、0.129 和 0.069，剔除长江经济带之外的全国其他非长江经济带地区分别为 0.095、0.091、0.154 和 0.081，均明显高于长江经济带地区。

表3 科技服务业发展水平的空间泰尔指数

发展维度	年份	全国	非长江经济带	长江经济带
SP – B – C	2016	0.089	0.101	0.069
	2017	0.083	0.092	0.068
	2018	0.085	0.095	0.067
SP	2016	0.119	0.125	0.099
	2017	0.103	0.105	0.097
	2018	0.087	0.091	0.078
B	2016	0.145	0.173	0.090
	2017	0.137	0.164	0.086
	2018	0.129	0.154	0.085
C	2016	0.058	0.067	0.044
	2017	0.053	0.060	0.041
	2018	0.069	0.081	0.049

进一步将长江经济带科技服务业空间泰尔指数按上、中、下游地区进行分解，分解结果见表4。结果显示，2018 年综合发展总差异为 0.067，其中组间差异和组内差异分别为 0.042 和 0.025，组间差异对总差异的贡献率

表4 2016～2018 年长江经济带科技服务业发展水平区域差异分解

发展维度	年份	总差异	组间		组内		下游组内差异	中游组内差异	上游组内差异
			差异	贡献率（%）	差异	贡献率（%）			
SP – B – C	2018	0.067	0.042	63.11	0.025	36.89	0.035	0.015	0.012
	2017	0.068	0.041	60.69	0.027	39.31	0.041	0.014	0.011
	2016	0.069	0.04	57.725	0.029	42.275	0.047	0.006	0.015
SP	2018	0.078	0.051	66.194	0.026	33.806	0.033	0.017	0.021
	2017	0.097	0.056	57.866	0.041	42.134	0.052	0.016	0.037
	2016	0.099	0.054	54.635	0.045	45.365	0.049	0.002	0.063
B	2018	0.085	0.047	54.791	0.039	45.209	0.053	0.03	0.017
	2017	0.086	0.049	57.032	0.037	42.968	0.054	0.027	0.011
	2016	0.09	0.047	52.042	0.043	47.958	0.069	0.016	0.016
C	2018	0.049	0.031	63.329	0.018	36.671	0.029	0.01	0.006
	2017	0.041	0.026	64.021	0.015	35.979	0.024	0.007	0.005
	2016	0.044	0.027	60.895	0.017	39.105	0.032	0.004	0.003

为 63.11%，组内差异对总差异的贡献率为 36.89%。可见，长江经济带科技服务业各省市间发展的不平衡主要体现在上、中、下游或东、中、西部地区之间的差异。并且，从时序来看，组间差异的绝对量和对总差异的贡献率均呈上升趋势，分别由 2016 年的 0.04 和 57.725% 上升到 0.042 和 63.11%。可见，要促进长江经济带科技服务业相对均衡发展，主要的着力点在于控制和缩小上中下游之间差异。而组内差异则由 0.029 下降到 0.025，对总差异的贡献率从 42.275% 下降到 36.89%。正是由于组内差异的缩小，使得全域范围总差异呈缩小趋势。从上、中、下游组内差异来看，2018 年下游三省一市的组内差异为 0.035，而中游和上游组内差异分别为 0.015 和 0.012，可见下游地区明显高于中上游地区，这主要是由于下游地区安徽省科技服务业发展水平与苏浙沪差距较大。

二 长江经济带科技服务业 SP－B－C 协调发展分析

科技服务业健康发展，需要整个行业的供需匹配，即科技服务机构（SP）与科技服务需求方（C）通过业务（B）活动的开展，保持合理的耦合互动关系。本报告借助经典的耦合协调度模型，测度长江经济带科技服务业协调发展状态。

（一）科技服务业协调发展评价模型

包含科技服务机构发展（SP）、业务发展（B）和客户发展（C）三元子系统的科技服务业耦合状态评价模型为：

$$CI_{ik} = 3 \times \left[\frac{SP_{ik} \times B_{ik} \times C_{ik}}{SP_{ik} + B_{ik} + C_{ik}} \right]^h \tag{1}$$

式中，CI_{ik} 为第 i 年第 k 个省（市）科技服务业服务机构、业务发展与客户发展三者耦合度。h 为调节系数，h 越大，耦合度的区分度越高。参考逯进、朱顺杰（2015）以及彭新一、王春梅（2018）的经验，本报告 h 取 3，即子系统个数。

耦合度 CI 介于 0 到 1 之间。当各子系统得分相同时，耦合度为 1，耦合度达到最大，表明系统间处于最佳耦合状态。当其中一个或多个子系统得分为零时，耦合度为 0，表明系统无序发展。

耦合度模型能够较好刻画子系统之间相互耦合匹配的关系，但未能体现系统的发展水平。当各子系统发展水平都较低时，仍然能够得到较高的耦合度。为避免这一不足，引入协调度模型，以此综合反映区域科技服务业协调发展水平。协调度 DI 是协调度和发展水平的综合，计算表达式为：

$$DI_{ik} = \sqrt{CI_{ik} \times \overline{SPBC_{ik}}}$$

式中 CI 和 $SPBC$ 分别为上文的耦合系数和科技服务业综合发展水平。

（二）长江经济带科技服务业 SP－B－C 耦合度分析

按以上公式计算得到长江经济带科技服务业 SP－B－C 三元系统耦合度和协调度，结果见表5。

表5　2016～2018 年长江经济带各省市科技服务业耦合协调度

地区	耦合度 CI			发展水平 SP－B－C			协调度 DI		
	2016 年	2017 年	2018 年	2016 年	2017 年	2018 年	2016 年	2017 年	2018 年
上海	0.98	0.98	0.99	41.94	44.89	49.02	0.64	0.66	0.70
江苏	0.94	0.95	0.90	34.69	37.86	42.39	0.57	0.60	0.62
浙江	0.89	0.92	0.86	25.51	30.89	38.10	0.48	0.53	0.57
安徽	0.84	0.86	0.90	18.05	19.72	22.56	0.39	0.41	0.45
江西	0.85	0.89	0.89	14.65	16.02	18.72	0.35	0.38	0.41
湖北	0.88	0.98	0.97	18.76	23.59	28.41	0.41	0.48	0.52
湖南	0.82	0.84	0.81	15.60	17.74	21.61	0.36	0.39	0.42
重庆	0.81	0.86	0.89	22.46	22.25	24.21	0.43	0.44	0.47
四川	0.79	0.79	0.96	18.45	19.72	22.25	0.38	0.39	0.46
贵州	0.75	0.81	0.90	14.58	15.38	16.68	0.33	0.35	0.39
云南	0.72	0.82	0.86	15.22	16.29	17.51	0.33	0.36	0.39
长江经济带	0.84	0.88	0.90	21.81	24.03	27.41	0.42	0.45	0.49
一下游	0.91	0.93	0.91	30.05	33.34	38.02	0.52	0.55	0.58
一中游	0.85	0.90	0.89	16.34	19.12	22.91	0.37	0.41	0.45
一上游	0.77	0.82	0.90	17.68	18.41	20.16	0.37	0.39	0.43

续表

地区	耦合度 CI			发展水平 SP - B - C			协调度 DI		
	2016 年	2017 年	2018 年	2016 年	2017 年	2018 年	2016 年	2017 年	2018 年
非长江经济带	0.83	0.84	0.83	23.18	24.75	27.37	0.43	0.45	0.47
全国	0.84	0.86	0.86	22.68	24.48	27.38	0.43	0.45	0.48
—东部地区	0.82	0.85	0.82	32.40	34.07	38.50	0.50	0.53	0.55
—中部地区	0.87	0.90	0.88	16.52	18.75	21.85	0.38	0.41	0.44
—西部地区	0.81	0.83	0.87	18.14	19.80	21.57	0.38	0.40	0.43
—东北地区	0.90	0.91	0.91	19.27	21.19	22.72	0.42	0.44	0.45

2016 年、2017 年和 2018 年，长江经济带全域范围内科技服务业 SP - B - C 系统耦合度分别为 0.84、0.88 和 0.90，整体表现出逐年上升趋势。从表 5 可以看出，长江经济带科技服务业中服务机构发展、业务发展和客户发展三者之间的结构比例关系趋于改善。其中下游地区耦合度最高，三年得分分别为 0.91、0.93 和 0.91，时序上呈波动态势。中游地区 2016 ~ 2018 年耦合度分别为 0.85、0.90 和 0.89，上游地区分别为 0.77、0.82 和 0.90。上游地区增幅较大，在 2018 年超过中游地区。

分省市看，2018 年耦合度排名前三的省市中上、中、下游地区各占一个，分别为上海、湖北和四川，耦合度分别为 0.99、0.97 和 0.96。江苏、安徽和贵州三省的得分均为 0.90。江西、重庆、云南、浙江和湖南排名靠后，耦合度分别为 0.89、0.89、0.86、0.84 和 0.81，说明这些地区在 SP - B - C 三者中出现短板。分析 SP - B - C 各维度发展状况可以发现，浙江在机构发展和客户发展两方面表现突出，但业务发展相对滞后；湖南省客户发展在长江经济带排名第五，而机构发展和业务发展都排在第七位。时序上，除江苏、浙江和湖南以外，其他省市耦合度水平均有提升，其中中游和上游省市增幅较大。

与全国和其他地区比较。2016 年，长江经济带科技服务业耦合度水平与全国持平，均为 0.84。此后两年，长江经济带增长速度快于全国。2017 年和 2018 年，长江经济带耦合度分别为 0.88 和 0.90，全国水平分别为 0.86 和 0.86，前者高于后者。非长江经济带地区科技服务业耦合度水平在 2016 年和 2018 年均为 0.83，增长速度为 0。可见长江经济带科技服务业有序发展方面优于其他地区。与全国东部、中部、西部和东北地区来比较，长江经济带 SP – B – C 耦合度高于东、中、西部地区，但低于东北地区。

（三）长江经济带科技服务业 SP – B – C 协调度分析

长江经济带科技服务业 SP – B – C 协调度综合考虑 SP – B – C 耦合度和发展水平，用于测度科技服务业协调发展状态。

2016 年、2017 年和 2018 年，长江经济带科技服务业协调度水平稳步上升，分别为 0.42、0.45 和 0.49，上升幅度大于耦合度的上升幅度，主要是因为域内科技服务业发展水平提升较大。上、中、下游地区协调度水平均显示增长态势，其中下游地区由 0.52 增长到 0.58，中游地区由 0.37 增长到 0.45，上游地区由 0.37 增长到 0.43。横向比较可以发现，长江经济带科技服务业协调发展水平呈现东高西低的格局，经济带内东部省市协调度高于中部地区，中部地区高于西部地区。虽然耦合度分析表明其 SP – B – C 耦合度水平在 2018 年超过中部地区，但由于其 SP – B – C 综合发展水平低于中部地区，因此二者综合使得其协调发展水平低于中部省市。

分省市来看，地处东部地区的上海、江苏和浙江 2018 年协调度水平分别为 0.70、0.62 和 0.57，明显高出经济带其他省市。其中，上海和江苏SP – B – C 耦合度和综合发展水平均较高，其协调度水平自然就高。浙江虽然 SP – B – C 耦合度水平排名靠后，但发展水平较高，二者综合协调度水平排名第三。经济带内中西部地区省市中，湖北省科技服务业协调度最高，2018 年协调水平为 0.52，与其长江经济带中上游地区经济大省和科技大省地位相匹配。安徽、江西、湖南、重庆和四川协调度水平在 0.4 到 0.5 之间，分别为 0.45、0.41、0.42、0.47 和 0.46。贵州和云南协调度水平最低，均为 0.39。

2016 年、2017 年和 2018 年非长江经济带地区科技服务业发展的协调度分别为 0.43、0.45 和 0.47。长江经济带协调度水平在 2016 年低于非长江经济带地区，但 2018 年高于后者。与东部地区比较，虽然长江经济带科技服务业耦合度高于东部地区，但协调度要低于后者，原因在于长江经济带科技服务业 SP – B – C 发展水平明显低于东部地区。与东北地区比较，虽然长江

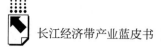

经济带科技服务业耦合度低于东北地区，但协调度要高于后者，原因在于长江经济带科技服务业 SP－B－C 发展水平明显高于东北地区。长江经济带科技服务业协调度高于中部和西部协调度水平。

三　长江经济带科技服务业发展的驱动因素

（一）科技服务业发展驱动因素模型

产业发展受供给、需求、政府政策、外部环境多方因素影响。综合现有学者研究成果（徐顽强、孙正翠、周丽娟，2016；张清正、李国平，2015；张清正、魏文栋、孙瑜康，2015；钟小平，2016），本报告提出科技服务业发展驱动因素模型（见图1）。

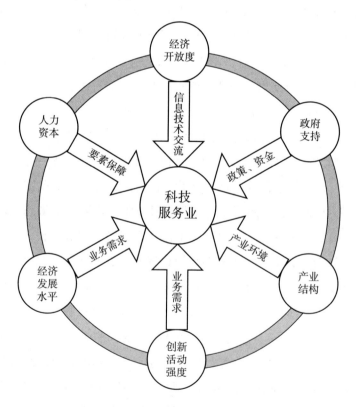

图1　科技服务业发展驱动因素模型

政府支持与科技服务业发展。由于科技创新活动外部性的存在，政府往往对科技服务业的发展予以政策及资金的支持，在我国就存在大量事业单位性质的科技服务机构。同时，政府还可通过购买服务等形式支持科技服务业发展。因此，政府支持是科技服务业发展的驱动因素之一。

人力资本与科技服务业发展。科技服务业是知识密集型产业，对从业人员专业能力和业务素养具有较高的要求。因此，地区人力资本水平从供给层面为科技服务业发展提供要素保障。

经济发展水平与科技服务业发展。科技服务业与地方经济发展水平相关，经济越发达的地区，对科技服务需求越大。同时，经济发展水平越高，科技服务机构发展所需的人、财、物越容易获取。

经济开放度与科技服务业发展。与一般服务业不同，科技服务机构提供的业务往往与世界科技前沿领域保持一致。区域开放便利科技服务机构对外交流合作，获取相关技术、信息以及资金支持。

创新活动强度与科技服务业发展。科技服务业主要服务科技创新活动。区域创新活动越活跃，对科技服务的需求就越大，区域创新活动是影响科技服务业发展的因素。

产业结构与科技服务业发展。当地方大力发展第三产业或第三产业发达的时候，可为科技服务业发展提供良好的外部环境。第三产业越发达的地区，科技服务业越发达。

（二）科技服务业发展驱动因素识别方法

地理探测器是探测空间分异性，以及揭示其背后驱动因子的一种新的统计学方法，近年来在自然和社会科学多领域得到广泛应用。地理探测器的基本思想是：假设研究区分为若干子区域，如果子区域的方差之和小于区域总方差，则存在空间分异性；如果两变量的空间分布趋于一致，则两者存在统计关联性（王劲峰、徐成东，2017）。地理探测器可进行因子探测、交互作用探测、风险探测和生态探测，其中前三种探测较为常用。

因子探测器用于探测因子 X 对考察对象 Y 的解释力，通过 q 值度量，q

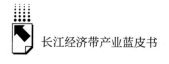

值的表达式为：

$$q = 1 - \frac{\sum_{h=1}^{L} N_h \sigma_h^2}{N\sigma^2} = 1 - \frac{SSW}{SST}$$

$$SSW = \sum_{h=1}^{L} N_h \sigma_h^2, SST = N\sigma^2$$

式中：$h = 1, \cdots, L$ 为因子 X 的分区；N_h 和 N 分别为层 h 和全区的单元数；σ_h^2 和 σ^2 分别是层 h 和全区的 Y 值的方差。SSW 和 SST 分别为层内方差和全区总方差。q 的值域为 $[0, 1]$，q 值越大表示自变量 X 对属性 Y 的解释力越强，反之则越弱。

交互作用探测器探测两个因子 $X1$ 和 $X2$ 共同作用于 Y 时的交互作用。通过比较 $q(X1|X2)$｜$Min(q(X1), q(X2))$｜$Max(q(X1), q(X2))$｜$q(X1) + q(X2)$ 的大小判断交互作用。$q(X1|X2) < Min(q(X1), q(X2))$ 为非线性减弱，$Min(q(X1), q(X2)) < q(X1|X2) < Max(q(X1), q(X2))$ 为单因子非线性增强，$(X1 \cap X2) > Max(q(X1), q(X_2))$ 为双因子增强，$q(X1|X2) = q(X1) + q(X2)$ 则为交互作用为独立，$q(X1|X2) > q(X1) + q(X2)$ 为非线性增强。

地理驱动器最早是用于研究疾病发生的区域差异，其中风险探测器用于探测某一特定子区域疾病发生率是否显著高于其他子区域，即识别疾病发生的高风险区域，因此称为风险探测器。一般意义上，风险探测器用于判断依据驱动因素确定的不同子区域间的属性均值是否有显著的差别，可用 t 统计量来检验。

（三）科技服务业发展驱动因素识别结果

1. 数据说明

实证检验科技服务业发展驱动因素模型各因素对科技服务业发展的解释力时，各因素分别采用以下指标表示。人均 GDP 代表区域经济发展水平放（$ECON$），地区生产总值中第三产业占比代表产业结构（$INDS$），政府一般预算支出中科学技术支出占比代表政府支持（*GOV*），六岁以上人口中大专以上学历占比代表人力资本（*HUM*），进出口总额与 GDP 之比代表对外开放度（*OPEN*），R&D 内部支出占 GDP 比重代表区域创新活动强度（*INNOV*）。

地理探测器多用于研究同一时点区域差异。本报告首先计算 2016～2018 年全国各省市科技服务发展水平及各驱动因素均值，基于均值开展因子探测和交互作用探测，并识别长江经济带科技服务业发展的风险（低值）区域。由于地理探测器要求解释因子为分类变量，因此本报告采用 K-means 分类算法将各驱动因子分为四类。

2. 驱动因子探测结果分析

因子探测器可以衡量各因子对科技服务业发展水平的影响强度，q 值越大，表示该因子的驱动力越强。因子探测结果如表 6 所示。

表 6　科技服务业发展驱动因子探测 q 值

发展维度	驱动因素					
	ECON	*INDS*	*GOV*	*OPEN*	*HUM*	*INNOV*
SP – B – C	0.707 ***	0.699 ***	0.662 ***	0.689 ***	0.855 ***	0.922 ***
SP	0.760 ***	0.589 **	0.617 **	0.706 ***	0.823 ***	0.887 ***
B	0.635 ***	0.727 ***	0.577 **	0.576 ***	0.915 ***	0.929 ***
C	0.556 **	0.627	0.654 **	0.647 **	0.609	0.745 **

注：*** 表示通过 1% 的显著性水平检验，** 表示通过 5% 的显著性水平检验。

对科技服务业综合发展水平而言，驱动因素模型中的六个因素地理探测器 q 值均通过显著性检验，说明这六个因素对科技服务业区域发展水平的区域差异分布具有解释力。q 值大小顺序依次为创新活动强度（0.922）＞人力资本（0.855）＞经济发展水平（0.707）＞产业结构（0.699）＞经济开放度（0.689）＞政府支持（0.662）。可见，创新活动强度是科技服务业发展水平空间分异的最重要的驱动因素。科技服务业最终目的是服务科技创新活动，科技创新活动产生了对科技服务业的直接需求，由此形成科技服务业发展的市场拉力是科技服务业发展的重要原因。人力资本对应 q 值为 0.855，排在六个驱动因子中的第二位，说明区域科技服务业的发展离不开本地区高素质的专业人才。经济发展水平对应 q 值排在第三位，经济发展水平越高的区域，科技服务业发展水平越高。经济发展水平越高代表着生产力水平越高，技术水平越高，对科技服务的需求越大，从而越能促进科技服务业的发展。六个驱动因素中，政府支持对科技服务业的影响是显著的，但解释力最小。一方面，表明科技服务业的发展更多是市场活动的结果；另一方面，也说明为促进科技服务业发展，政府支持不应该仅限于资金支持（本报告政府支持代理指标为政府一般预算支出中科学技术支出占比），而应该从多个层面加以政策引导。

分维度来看，机构发展维度 q 值大小顺序依次为创新活动强度（0.887）>人力资本（0.823）>经济发展水平（0.760）>经济开放度（0.706）>政府支持（0.617）>产业结构（0.589）。业务发展维度 q 值大小顺序依次为创新活动强度（0.929）>人力资本（0.915）>产业结构（0.727）>经济发展水平（0.635）>政府支持（0.577）>经济开放度（0.576）。客户发展维度 q 值大小顺序依次为创新活动强度（0.745）>政府支持（0.654）>经济开放度（0.647）>产业结构（0.627）>人力资本（0.609）>经济发展水平（0.556）。创新活动强度对服务机构发展、业务发展和客户发展三个维度的解释力都是最强的，再次说明科技服务业发展与科技创新活动之间存在紧密联系。人力资本对机构发展和业务发展的解释力排在第二位，对客户发展的 q 值没有通过显著性检验，说明科技服务活动本身是知识密集型活动，科技服务机构发展和业务拓展离不开高素质人才的支持，科技服务的对象即客户不一定也是知识密集型。

3. 交互作用探测结果分析

利用地理探测器探测不同影响因子在驱动科技服务业发展水平空间差异分布的交互作用，计算结果见表7。

表7　科技服务业发展驱动因子交互作用探测结果

发展维度		驱动因素交互作用					
		ECON	INDS	GOV	OPEN	HUM	INNOV
SP－B－C	ECON	0.707					
	INDS	0.874	0.699				
	GOV	0.867	0.829	0.662			
	OPEN	0.850	0.859	0.735	0.689		
	HUM	0.935	0.870	0.944	0.940	0.855	
	INNOV	0.948	0.965	0.939	0.931	0.956	0.922
		ECON	INDS	GOV	OPEN	HUM	INNOV
SP	ECON	0.760					
	INDS	0.858	0.589				
	GOV	0.842	0.757	0.617			
	OPEN	0.839	0.838	0.745	0.706		
	HUM	0.934	0.832	0.905	0.932	0.823	
	INNOV	0.935	0.910	0.910	0.911	0.939	0.887
		ECON	INDS	GOV	OPEN	HUM	INNOV
B	ECON	0.635					
	INDS	0.833	0.727				
	OPEN	0.835	0.814	0.577			
	FOR	0.820	0.819	0.619	0.576		
	HUM	0.960	0.929	0.972	0.954	0.915	
	INNOV	0.967	0.971	0.935	0.933	0.962	0.929
		ECON	INDS	GOV	OPEN	HUM	INNOV
C	ECON	0.556					
	INDS	0.807	0.627				
	GOV	0.794	0.772	0.654			
	OPEN	0.778	0.823	0.720	0.647		
	HUM	0.703	0.686	0.793	0.771	0.608	
	INNOV	0.759	0.834	0.796	0.834	0.776	0.745

资料来源：根据测算结果整理。

对于科技服务业发展的每一个维度，六个驱动因子交互作用分别有15对，每对驱动因子交互作用的 q 值均大于这两个因子各自的 q 值，小于这两个因子的 q 值之和。因而这6个驱动因子的每一对两两组合对科技服务业发展的影响都表现为双变量增强型，即一个驱动因子的增长会提升另一个因子的影响力。

在科技服务业综合发展维度上，产业结构和创新活动强度的交互作用最大（0.965），人力资本和创新活动强度的交互作用次之（0.956），经济发展水平与创新活动强度的交互作用排在第三位（0.948）。可见，某一特定因素对科技服务业驱动能力会受到其他因素的影响，经济开放度、经济发展水平、创新活动强度、人力资本、产业结构和政府支持以及未考虑进模型的其他因素共同产生交互作用，共同影响科技服务业发展水平的空间差异。

4. 风险探测结果分析

利用地理探测器中的风险探测功能可以发现长江经济带科技服务业发展的风险区域，即发展水平的低值子区域。每一个驱动因子被划分为4类，4类子区域中对应发展水平均值最低的即为依据该因子确定的风险区域。由于科技服务业发展驱动因素模型中的六个驱动因素与科技服务及各维度发展水平都是正相关，驱动因素中均值越大的区域对应的发展水平也越高，因此，风险区域对应驱动因素中均值最小的子区域。风险探测结果见表8。

表8　长江经济带科技服务业发展风险探测结果

分类依据	风险区域	均值及差异显著性			
		SP－B－C	SP	B	C
ECON	安徽、江西、湖南、四川、贵州、云南	19.31	19.71 **	15.24	22.99
INDS	安徽、江西	19.50	21.31	15.70	21.48
GOV	江西、贵州	19.75	21.64 **	16.25	21.37
OPEN	安徽、江西、湖北、湖南、四川、贵州、云南	19.77	20.81	15.95	22.54
HUM	安徽、江西、湖南、四川、贵州、云南	18.07	18.05	14.47	21.69
INNOV	江西、贵州、云南	19.45	20.48	15.18	22.69

注：** 表示通过5%的显著性水平检验，即风险子区域发展水平均值显著低于其他子区域。
资料来源：根据测算结果整理。

依据全国30个省市经济发展水平分类确定的风险区域科技服务业 SP－B－C、SP、B 和 C 均值分别为 19.31、19.71、15.24 和 22.99。长江经济带省市中安徽、江西、湖南、四川、贵州、云南属风险区域，说明这些省份经济发展水平相对滞后，制约了科技服务业的发展。依据产业结构分类确定的风险区域科技服务业各维度发展水平均值分别为 19.50、21.31、15.70 和 21.48。长江经济带沿线省市中安徽和江西属风险区域，2018 年安徽、江西两省第三产业比重分别为 45.1% 和 44.8%，不仅低于下游的江苏（51%）、浙江（54.7%）、上海（69.9%），而且低于上游地区的重庆（52.3%）、四川（51.4%）、贵州（46.5%）和云南（47.1%）。依据政府支持分类确定的风险区域为江西和贵州，说明江西、贵州两省应加大政府财政对科学技术的支出。经济开放度方面，长江经济带除了上海、江苏、浙江和重庆之外的七个省份均为风险区域，说明长江经济带中上游省市对外开放度不够，不利于科技服务业发展。依据人力资本确定的风险区域为安徽、江西、湖南、四川、贵州、云南六省，与依据经济发展水平确定的风险区域重叠。依据创新活动强度确定的风险区域为江西、贵州和云南，说明长江经济带多数省市创新驱动战略实施情况较好，由此拉动科技服务业发展。

通过统计各省市在风险区域出现的频次（见表 9），可以发现风险区域全部为经济带内的中西部地区省市，东部地区的上海、江苏和浙江均未出现在风险区域。这说明作为长江经济带经济社会科技最发达的长三角地区，其科技服务业六个驱动因素指标也全面领先于经济带内其他省市。中上游地区的重庆没有出现在风险区域，各驱动因素发展相对均衡。湖北在风险区域出现 1 次，说明其科技服务业发展的不利因素相对单一，其制约因素经济开放度较低。中西部多数省市，尤其是江西、贵州、安徽、云南，其科技服务业发展滞后往往是多种因素综合作用的结果。

表 9　风险区域出现频次

频次	0 次	1 次	2 次	3 次	4 次	5 次	6 次
省市	上海、江苏、浙江、重庆	湖北		湖南、四川	安徽、云南	贵州	江西

四　研究结论和政策启示

（一）研究结论

（1）2016～2018年，长江经济带各省市科技服务业 SP－B－C 三个维度发展水平均表现出稳定增长趋势，由此科技服务业综合发展水平也稳步增长。

（2）长江经济带各省市科技服务业发展水平表现出东高西低的差序格局，东部省市明显高于中西部地区，中西部地区省市间差异相对较小。长江经济带各省市科技服务业发展水平的空间不平衡程度较全国总体差异水平要低。上、中、下游地区区间差异是导致长江经济带科技服务业发展不平衡的主要原因，并且区间差异对总差异的贡献率呈上升趋势。

（3）服务机构发展、业务发展和客户发展保持合理的结构关系是科技服务业协调发展的内在要求。依据服务机构发展、业务发展与客户发展的耦合关系来判断，长江经济带科技服务业协调发展状况与全国平均水平接近，2016～2018年总体呈改善趋势，东部苏浙沪协调发展水平较高，中部地区除湖北外，其他省市协调发展水平明显低于东部省市。

（4）科技服务业发展以及区域差异的形成是多种因素综合作用的结果。按照驱动因素解释力大小排序，依次是创新活动强度、人力资本、经济发展水平、产业结构、经济开放度、政府支持。当以上驱动因素两两交互作用时，交互作用为双因子增强型。按各个驱动因子分类确定的科技服务业发展风险（低值）区域全部在中西部省市。

（二）政策启示

（1）加大西部大开发、中部崛起政策实施力度。长江经济带各省市科技服务业发展的不平衡主要是由上、中、下游区间差异造成，由此形成创新发展支撑力区域间的差异，而这不利于长江经济带高质量相对均衡发展。从国家层面的区域政策来看，应继续加大对中西部地区的倾斜力度。

（2）推进科技服务机构、业务发展和客户发展三元子系统保持合理的结构关系。欠发达省市科技服务业仍处于发展初期，存在着市场机制不健全、供需双方脱节等问题，一方面服务机构特别是半公半私事业单位性质的科技服务机构数量众多，但由于激励机制缺失导致业务开展不力，不能有效服务客户；另一方面可能由于创新驱动战略下科技服务需求旺盛，但科技服务机构发展滞后，无法满足市场需求。供需发展的不平衡，导致整个服务业体系协调发展水平不高、运行效率低下。因此，欠发达省市需要开展科技服务业产业协调发展诊断，发现发展滞后的子系统，加强短板补齐意识，加大滞后子系统建设。

（3）合理界定政府在科技服务业发展中的作用和地位。一方面，因了探测发现政府支持是科技服务业发展的驱动因素之一，同时由于科技服务活动的外部性，政府理应对科技服务业提供资金方面的支持。另一方面，在所有六个驱动因子中，政府资金方面的支持对科技服务业发展的直接影响最小，说明政府除资金支持外，应积极发现影响科技服务业的主要因素，从政策层面设计合理的激励机制对这些因素进行引导。

参考文献

陈岩峰、于文静：《基于因子分析法的广东科技服务业服务能力研究》，《科技管理研究》2009 年第 9 期，第 4~7 页。

逯进、朱顺杰：《金融生态、经济增长与区域发展差异——基于中国省域数据的耦合实证分析》，《管理评论》2015 年第 11 期，第 44~56 页。

彭新一、王春梅：《区域高校科技创新能力与经济发展水平耦合协调研究》，《科技管理研究》2018 年第 3 期，第 148~155 页。

王劲峰、徐成东：《地理探测器：原理与展望》，《地理学报》2017 年第 1 期，第 116~134 页。

王颖、蓝云飞、汪琳：《基于 TOPSIS 方法的中部地区科技服务业发展水平评价》，《统计与决策》2019 年第 21 期，第 53~56 页。

徐顽强、孙正翠、周丽娟：《基于主成分分析法的科技服务业集聚化发展影响因子研究》，《科技进步与对策》2016 年第 1 期，第 59~63 页。

张恒、周中林、郑军：《长江三角洲城市群科技服务业效率评价——基于超效率

DEA 模型及视窗分析》,《科技进步与对策》2019 年第 5 期,第 46～53 页。

张鹏、梁咏琪、杨艳君:《中国科技服务业发展水平评估及区域布局研究》,《科学学研究》2019 年第 5 期,第 833～844 页。

张清正、李国平:《中国科技服务业集聚发展及影响因素研究》,《中国软科学》2015 年第 7 期,第 75～93 页。

张清正、魏文栋、孙瑜康:《中国科技服务业区域非均衡发展及影响因素研究》,《科技管理研究》2016 年第 1 期,第 89～94 页。

钟小平:《科技服务业产业集聚:市场效应与政策效应的实证研究》,《科技管理研究》2014 年第 5 期,第 88～94 页。

调 研 报 告

Investigating Reports

B.12
湖北省产业集群发展调研报告*

周中林　乔冰彬　严 庆**

摘　要： 湖北省位于长江经济带和中南腹地中心位置，对促进中部崛起和西部开发起着不可替代的纽带作用，是我国最重要的制造业基地之一。当前，湖北省拥有12个国家级高新区、16个国家新型工业化示范基地和112个重点成长型产业集群。本报告从国家级高新区、国家新型工业化示范基地和重点成长型产业集群三个层面出发，陆续对省域范围内近40个颇具特色的产业集群和近60家代表企业进行实地调研。结果显示：湖北省产业集群数量不断增多，创新能力显著增强，示范带

---

　*　基金项目：湖北省经济和信息化厅2019年课题"湖北省产业集群发展与升级研究——探索产业集群内大中小企业融通发展"（项目编号：HBT‐16190049‐190550）。

**　周中林，长江大学经济与管理学院教授，硕士生导师，从事区域经济学研究；乔冰彬，长江大学经济与管理学院企业管理硕士研究生，从事企业管理研究；严庆，武汉理工大学管理学院管理科学与工程博士研究生，从事创新管理研究。

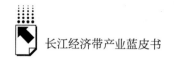

动作用日益凸显，但也存在一些问题：产业集群"集"而不
"群"、规模较小、同质化现象突出，集群层次较低、创新能
力较弱、配套发展滞后，大中小企业间尚未建立科学有效的
融通发展机制。为进一步推动湖北省产业集群转型与升级，
应从顶层设计、体制机制、产业链、融通平台和保障措施等
方面发力，不断提升产业集群发展质量，增强集群整体竞
争力。

关键词： 湖北省　产业集群　制造业　大中小企业

伴随着经济全球化和网络信息化时代的到来，区域竞争成为国际竞争的
主要形式，产业集群作为提升区域竞争力的重要手段，已经成为各个国家和
地区应对挑战、打造国家竞争新优势的核心。为此，习近平同志在十九大报
告中强调，要培育若干世界级先进制造业集群，促进制造业高质量发展。湖
北省是我国最重要的制造业基地之一，把握大势，抢抓机遇，加快推进制造
业集群从大到强转型跨越，是湖北省主动应对新一轮国际产业竞争的战略选
择，是深入实施"长江经济带"战略的必要路径，是加快推进供给侧结构
性改革、实现"双中高"目标的迫切需要，也是湖北"建成支点、走在前
列"的重大举措。

一　新时期湖北省产业集群发展战略重点

产业集群化发展是推动产业结构升级，塑造产业竞争新优势的核心，近
年来，国家开始进行重点产业集群培育工程，实行创新型产业集群试点，大
力推动国家级、省级高新区建设，鼓励长江经济带各中心城市依托特色资源
发展高端制造业集群。在此背景下，湖北省委、省政府立足湖北省产业基础
和特色优势，提出了"一芯两带三区"战略布局。"一芯"依托四大国家级

产业基地和十大重点产业，大力发展以集成电路为代表的高新技术产业、战略性新兴产业和高端成长型产业，打造一批世界级先进制造业集群；"两带"以长江、汉江为纽带，打造长江绿色经济和创新驱动发展带、汉孝随襄十制造业高质量发展带；"三区"围绕区域协同与产业集聚，推动鄂西绿色发展示范区、江汉平原振兴发展示范区、鄂东转型发展示范区竞相发展，形成全省东中西三大片区高质量发展。

在重点产业集群的培育上，遴选出地理空间信息、新一代信息技术、集成电路、生物医药、智能制造、汽车、康养、新能源与新材料等10个基础较好的产业集群作为重点培育对象。选定的十大重点产业，发展基础较好、发展环境较优、发展潜力较大，是未来一段时间内对湖北省经济发展和区域竞争力提升具有重要支撑作用的产业。紧扣国省战略需求，选取新能源汽车、智能制造、集成电路、存储器基地、智能网联基地建设等重点产业，力争突破"卡脖子"的核心技术，支撑未来产业和经济社会发展；紧扣产业发展前沿领域，选取人工智能、量子技术、石墨烯、新材料等产业，抢占未来国际竞争新高地，获取产业发展先机；紧扣湖北省高校大省优势和特色资源优势，选取新一代信息技术、生物医药、高端装备制造等产业，带动湖北省产业链迈入全球价值链高端；紧扣新时代消费升级热点，聚焦人民群众关心的热点领域，选取康养、生态旅游等新型服务产业，推动产业结构转型升级。

二 湖北省产业集群发展现状

（一）国家级高新区

高新区是湖北省特色优势产业的最集聚区域，目前湖北共有国家级高新区12家，仅次于江苏和广东，高于中部地区其他省份的国家级高新区数量，如江西省7家、安徽省5家、湖南省7家、山西省7家，居中部第一。

1.国家级高新区加速发展，带动作用日益显著

2018年湖北省国家级高新区园区生产总值为8394亿元，省内各国家

级高新区生产总值规模不断扩大，带动作用日益显著。其中东湖高新区生产总值 2994 亿元，占武汉市生产总值的 20.17%；襄阳高新区生产总值 1070 亿元，占襄阳市生产总值的 24.83%；宜昌高新区生产总值 529 亿元，占宜昌生产总值的 13.02%。武汉、宜昌、襄阳三个城市国家级高新区生产总值占全省国家级高新区的 47.57%，发展强劲。从各高新区"四上"企业营业收入来看，全省国家级高新区"四上"企业营业收入 24683 亿元，其中，武汉东湖高新区"四上"企业营业收入 10866 亿元，占全省总数的 44.02%，襄阳高新区次之。从规上工业总产值来看，12 家国家级高新区规上企业工业总产值为 17803 亿元，其中东湖高新区、襄阳高新区规上工业总产值分别为 5536 亿元、3025 亿元，分别占全省总数的 31.10%、16.99%。

2. 高新区企业快速发展，创新驱动效果明显

自获批设立高新技术开发区以来，湖北省国家级、省级高新区发展迅速，成为推动湖北科技创新发展和对外交流沟通的重要平台。全省国家级高新区共有企业 154007 家，其中东湖高新区注册企业数量高达 73240 家，占全省总数的 47.56%，襄阳高新区、黄石大冶湖高新区次之，企业注册数量分别为 13996 家、13680 家。

2018 年东湖高新区 5 家企业入选"全球企业研发投入 2500 强"，斗鱼网络、武汉华星光电半导体、武汉华星光电、烽火通信四家企业专利申请量居全省企业前四位，并新增 3 家国家级企业研发平台、47 家省级企业研发平台。截至 2018 年底，东湖高新区共有国家级企业研发平台 33 家，省级以上（含省级）企业研发平台 304 家；荆门高新区规模工业企业 150 家，上市公司 14 家，产值过 10 亿元企业 10 家，产值过亿元企业 47 家；咸宁高新区新增高新技术企业 53 家，高新技术企业总数达到 131 家，企业总数达 9551 家。

3. 高新区产业深度融合，科技成果增幅较大

2018 年，湖北高新技术产业增加值 6643.1 亿元，规上高新技术产业增加值 6542.91 亿元，比上年分别增长 11.88%、12.80%，高新技术产业增加

值占 GDP 比重为 16.9%，比上年增长 0.16 个百分点。尤其是黄石，通过汇集创新资源，培育发展新动能，2019 年前三个季度，高新技术产业增加值达 271.68 亿元，总量居全省第四位；高新增加值占 GDP 比重达 22.93%，居全省第二位。

重大平台体系牵引作用显现，企业自主创新能力增强，科技产出增幅较大。湖北省致力于支持武汉建设具有全球影响力的产业创新中心、综合性国家科学中心、全面改革创新试验区，支持襄阳、宜昌建成区域性创新中心，推动创新型城市建设，发挥东湖国家自主创新示范区龙头作用，促进高新区、开发区创新发展。2018 年全省 3775 户国家科技型中小企业研发投入超 93 亿元，建成省部级研发机构 120 个；主导国家或行业标准 86 个；产出发明专利 4431 项，国家新药 16 项，植物新品种 5 项，国家级农作物品种 2 项，集成电路布图设计专有权 65 项，实用新型专利 18862 项，软件著作权 13415 项；提供就业岗位 22.7084 万个，其中科技岗位 7.3684 万个，新增就业人数 3.2612 万人，其中吸纳高校应届毕业生人数 8614 人。

（二）国家级新型工业化产业示范基地

国家级新型工业化产业示范基地以"两带"为主架构，重点发展电子信息、汽车、军民结合、船舶与海洋工程装备、化工、食品等产业，是引领湖北产业集群发展的新引擎，带动全省产业集群提质增效，推进工业转型升级，实现高质量发展。

截至 2019 年，湖北省已成功创建国家级新型工业化示范基地 16 家，其中武汉市 6 家、襄阳 3 家、宜昌 2 家，黄石、孝感、十堰、随州、京山各 1 家，涉及汽车及新能源汽车、电子信息、软件、高端装备、船舶与海洋工程装备、有色、化工、新材料、资源循环利用、军民结合等产业和领域，以战略性新兴产业为主导的示范基地占 80%，示范基地总量位居中部第二。

2018 年，16 家国家级示范基地完成工业总产值 1.95 万亿元，占全省工业总产值的 30% 以上；销售收入约 2.7 万亿元，占全省工业主营收入的 50% 以

上；工业制成品出口 1800 亿元左右，占全省对外出口贸易的 80% 以上。

1. 产业集群初具规模

"汽车产业·武汉经济技术开发区"和"电子信息（光电子）·武汉东湖新技术开发区"是工信部认定的第一批国家新型工业化示范基地，汽车产业、光电子信息产业也是武汉市的第一、第二大产业。

2015 年以来，我国新能源汽车出现井喷式增长。在政策的大力支持下，湖北省新能源汽车产业也迅速发展，2018 年产量达到 6.7 万辆，增长 33.47%。2019 年在汽车产业整体下行背景下，湖北新能源汽车累计增长量不断放缓，到 2019 年 10 月，湖北省新能源汽车产量累计增长为 -5.10%。尽管增速放缓，但根据《湖北省新能源汽车及专用车产业"十三五"发展规划》显示，至 2020 年，全省新能源汽车产能达到 50 万辆/年，主营业务收入 1500 亿元，产业规模位居全国前列，产销量占全国比重 10%，前景仍然十分广阔。

在传统汽车产业下滑的态势下，光电子信息产业保持了较快的发展。目前，武汉是全球最大的光纤光缆制造基地，国内最大的光电器件生产基地和光通信技术研发基地，光纤光缆产能全球第一，光电器件全球市场占有率位居世界第三，国内市场占有率超过 50%。在集成电路领域，我国首条 12 英寸集成电路生产线和国家存储器基地落户武汉，灯火、梦芯、高德红外灯行业应用芯片研发水平全国领先。在新型显示领域，武汉是全球最大的中小尺寸显示面板基地，总产能超过 25 万片/月，康宁、冠捷显示、恒生光电等上下游龙头企业聚集，产业链完备。在消费电子领域，武汉基本形成以手机、电脑整机生产为主的规模化研发制造集群，联想武汉基地产值约 400 亿元，累计生产手机终端超过 1 亿部，武汉富士康年产值约 200 亿元。

2. 自主创新能力显著

目前，示范基地已建成国家级制造业创新中心 2 家，国家级产业创新中心 1 家，国家级企业技术中心 35 家，工程研究中心 6 家，国家重点实验室 15 个，国家技术转移示范机构 20 家；成立了 16 个省级新型产业技术研究院，省级企业技术中心达 300 多家，共性技术研发推广中心达 50 家，企业 R&D 经费支出强度由 2015 年的 0.9% 提高到 3.5%，万人有效发明专利授权数达到 5.39 件；实现了 64 层三维闪存芯片、100G 硅光收发芯片、万瓦级光纤激光、氢油物流车等一批前沿技术突破，全省新型工业化基地各种创新要素活跃，已成为全省制造业创新发展的"新引擎"。

3. 高端项目加快布局

2015 年 12 月出台的《中国制造 2025 湖北行动纲要》（鄂政发〔2015〕78 号）对新能源汽车以及专用车产业的规划是建设 201 个亿元以上项目，总投资额 3939 亿元，其中 100 亿元以上的项目十个。2017 年 1 月份推出的《湖北省新能源汽车及专用车产业"十三五"发展规划》（鄂经信规划〔2017〕9 号）指出将进一步发挥武汉、襄阳在新能源汽车推广应用方面的先发优势和示范带动作用，壮大龙头企业规模实力和品牌效应，形成 1 ~ 2 个具有较强国际竞争力的新能源乘用车生产企业，2 ~ 3 个具有国内比较优势的新能源客车企业等。随着 2017 年一些项目的投资和建设，湖北新能源汽车的产业化速度进一步加快。如开发区东风新能源汽车示范产业园建设，加快了新能源汽车核心能力培育；光谷蔚来汽车智能化新能源汽车产业基地建设，开拓了智能充换电服务和动力电池梯次储能的能源互联网业务；襄阳谷城新能源汽车产业园建设，促进了新能源汽车产城融合和汽车文化发展；十堰新能源汽车产业园建设，形成了新能源汽车电机、电池、电控、电气系统产业链；黄石大冶汉龙新能源汽车产业园建设，使新能源汽车研发、设计、零部件制造产业链初具雏形。

在光电子信息产业方面，武汉市积极围绕高端芯片制造、高次代新型显示、大数据和云计算、人工智能和工业互联网等新一代信息技术前沿领域布局，先后推动建设武汉新芯集成电路制造项目，国家存储器基地，京东方 10.5 代线，华星光电 T3、T4，武汉天马 G6 项目等超大规模互联网数据中心共计十余个总投资过百亿的高端项目；康宁玻璃基板、海康威视智慧产业园等一大批投资过 50 亿元的电子信息制造重大项目落户，并于 2018 年正式启动工业互联网国家顶级节点建设。

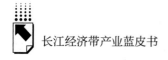

4.形成轮轴式产业区模式

以武汉光电子产业集群为例，产业集群中的核心企业是区域内发展时间较早，具备较强创新能力和资源整合能力的本地企业，如烽火通信、楚天激光、长飞光纤等。这些企业在光电子领域处于国内领先地位，具备较高的技术水平和科研实力，且本地化特征显著，往往依托湖北高校资源，如武汉大学、华中科技大学等开展联合攻关和创新合作。集群内中小企业主要是依托大企业、科研机构或高校推动形成，在集群中参与配套和专业化协作。在武汉光电子产业集群中，以核心企业为中心，环绕着众多中小企业，其中，核心企业处于支配地位，中小企业通过环绕集聚获取成本优势和创新资源，大中小企业之间通过合作协同不断提升产业竞争优势，并与集群外竞争者建立和谐的竞争合作关系，与终端顾客建立相互信任、稳定、共赢的伙伴关系，共同面对全球竞争。

（三）湖北省重点成长型产业集群

重点成长型产业集群规模较大、集中度较高、成长性好、竞争力强，在产业公共服务平台、支撑体系和产业园区建设等方面有一定基础，对全省产业集群发展具有示范带动作用。2019年，湖北省共评选出112个重点成长型产业集群，涵盖高端装备制造、显示及智能终端、新材料、电子信息、汽车零部件等领域。

从地域分布看，重点成长型产业集群覆盖全省17个市（州）64个县（市、区），从区域分布看，武汉城市圈集群数量55个，占比48.19%，圈外数量57个，占比51.81%。从行业分布看，农产品深加工及食品饮料类25个，装备及钢铁深加工23个，纺织服装类10个，汽车及汽车零部件产业10个，医药类9个，石油化工6个，节能环保类4个，建材类5个，电子信息类6个，新材料类4个，包装印刷类2个，橡胶及塑料制品3个，纸品、家电、家具、森工及生态类各1个。以模具产业为例，湖北省重点成长型产业集群呈现以下特点。

1.企业提档升级

黄石市模具产业集群2011年仅有塑料模具制造企业51家，规模以上企业仅 10 家，截至 2018 年底，塑料模具制造企业增长至 90 余家，其中规模以上企业 62 家，省级高新技术企业 14 家，从业人员近 5000 人，研发设计人员 260 余人，2018 年规模以上企业年销售收入达 71.39 亿元，增长率 8.6%，是国内唯一高度聚集的塑料挤出模具基地。武穴市医药化工产业集群已汇集规模以上企业 37 家，2018 年实现销售收入 77.54 亿元，同比增长 7.15 个百分点，实缴税收超 2 亿元，从业人员达 7600 余人，成为县域经济振兴的一根擎天大柱。大别山汽配产业集群汽车零部件生产规模企业达到 82 家，汽车零部件经营企业 28 家，汽车维修企业 18 家，较大规模整车销售市场 3 个，年收入达到 168.9 亿元，上缴税金 8.38 亿元，就业人数 10400 人，产销过亿元的企业 14 家，一大批小型、成长型企业正在逐步发展形成集群群体，同时新引进重大项目，进一步完善了产业链条。

2. 市场占有率高

黄石市因其模具产业集群产品国内市场占有率近 60%，出口占年产量的 30%，而被中国轻工业联合会、中国塑料加工工业协会授予"中国模具之都"称号。鄂州市金刚石产业集群销量占全国市场的 65% 以上，其中大理石锯片全国市场占有率高达 90% 以上、中型花岗岩锯片市场占有率在 80% 以上、金刚石磨轮市场占有率在 65% 以上，均为全国第一，已成为中国最大的金刚石锯片生产基地。黄冈市华夏窑炉产业集群自被列入省重点行列以来，产业不断发展壮大，集群进一步扩张，规模企业稳步增加，2018 年销售收入 47.96 亿元，撑起全国窑炉市场的"半壁江山"，成为专业突出、门类齐全、配套完备的全国最大窑炉产业基地。

3. 研究开发创新力度加大

黄石模具产业共同打造了"黄石市挤出模具行业知识产权战略联盟"和"黄石市挤出模具产业技术创新战略联盟"，两个联盟的成立对提升黄石挤出模具产业整体的自主创新能力和市场竞争力有着十分重要的意义。目前，黄石模具产业拥有省级高新技术企业 14 家，获得国家科技进步二等奖 1 项，申报发明专利 13 项、实用新型专利 200 多项。截至 2018 年底，黄石医药行业获得药品注册批件 80 个，2018 年新增专利 100 多项，共开发新产品 24 个，新增 2 家省企业技术中心，6 家企业产品获省第二批细分行业隐形冠军。鄂州市金刚石产业集群拥有申报省级新型超硬材料创新中心 1 家、省高新技术企业 5 家、发明专利及实用新型专利 380 余项，北京大学、中国地质大学、河南工业大学等均为其提供技术支撑。

三　湖北省产业集群发展存在的问题

（一）产业集群发展的顶层设计有待完善

首先，集群发展缺乏统一规划。产业集群发展缺乏总体统一规划，定位不清晰，特色不突出，部分产业集群之间在招商引资上的趋同性和重复性问题突出，造成全省产业集群同质现象较为严重。这种产业布局的趋同性，不仅加剧了区域间的无序竞争、恶化了城市内区域之间的经济关系，也容易导致产业低水平的重复建设，阻碍区域间产业结构调整和优化进程。其次，体制机制亟待创新。主要表现为：各产业园区法律主体地位未能确立，先行先试面临法律困境；社会管理负担繁重；强政府、弱市场特征鲜明，强市场功能有待培育。再次，产业集群发展政策扶持力度弱且未能完全落实。虽然省政府出台了诸多的优惠扶持政策，但力度相对较小，且部分政策落实不到位。对于生物医药等特殊行业，需要相关政府部门为企业积极争取国家层面政策的支持。最后，政府重招商轻规划，且未按照产业链条招商。地方政府以工业园区为平台，引导相关企业聚集成群，把增加投入、新上项目作为其快速成长壮大的一条重要途径，但盲目引进造成产业集群内上下游产业链难以建立、辅助配套企业竞争力不强、第三方服务企业数量少等问题，从而难以促进产业集群转型升级。

（二）产业集群"集"而不"群"

现阶段，湖北产业集群存在"集"而不"群"现象，主要表现为一些产业集群仅是产业链上同一环节企业的集合，产业链较短；另一些产业集群内部企业沟通互动较少，独立作战，上下游的配套关系不强，产业关联度相对较差，产业集聚效应没有充分显现。一是企业之间缺乏以产业链为支撑、以价值链为连接的纽带。此次调查问卷分析显示产业集群中形成创新链的仅占46%，企业之间合作研发少，也缺少信息交流平台；形成良好产业生态的仅占43%，大部分企业没有在集群内建立稳定的上下游关系，这些集群企业缺少严格意义上资金链、数据链和创新链上的联结。二是集群内产业链条横向不粗、纵向不长。龙头企业与其他企业之间并没有形成稳定的上下游关系，横向企业之间也是以竞争关系为主。同时，行业分布零散，产业链条短，专业化协作程度低，区域内产业配套不够，没有形成有效的分工协作关系。以新能源汽车为例，虽然近三年湖北省已开工新能源整车项目近20个，全产业链进程不断推进，但相比传统燃油汽车已经相对完善的全产业链，依然有较多的中小企业孤立在全产业链之外，它们只能与产业链上的部分企业合作，并不能直接参与到整个产业链的发展中。

（三）产业集群规模偏小，产业集群发展缺乏大企业带动

一是产业集群规模普遍偏小，龙头企业尚未形成。如宜昌数控机电装备高新技术产业集群、宜昌市有机硅新材料创新基地产业集群等规模较小，销售收入还不到50亿元，在宜昌12个省重点成长型产业集群中，宜都市装备制造产业集群、宜昌市（长阳、五峰）健康食品产业集群、当阳市建筑陶瓷产业集群、宜昌市茶产业集群、宜昌数控机电装备高新技术产业集群、宜昌市新型显示及智能终端产业集群等产业集群都缺乏龙头企业。二是龙头企业引领带动作用有待提升。当前，湖北省产业集群内龙头企业数量较少、规模较小、层次和水平较低，辐射带动产业集群发展能力还不强，导致集群发展步伐不快。从恩施、黄石、黄冈、鄂州等区域的产业集群发展情况来看，集群内龙头企业数量少，对集群经济贡献不足，辐射带动作用尚未充分发挥。一方面，中小企业集聚动力和自主性不足，发展水平较低，难以满足龙头企业配套需求；另一方面，现有龙头企业只具备小范围竞争实力，影响力和号召力还不足以引领产业发展，带动作用和辐射效应有限。

（四）产业集群发展层次相对较低，自主创新能力不足

首先，在产业集群中，传统产业仍占主导地位，产品较低端，产品附加值低，对环境影响较大，节能环保、信息产业、生物产业、新能源、新能源汽车、新材料等新兴产业所占比重相对较低。目前，湖北产业集群内大部分企业以劳动密集型为主，科技含量不高，产业进入门槛较低，产业集群内部的企业将面临较大竞争压力，在日益激烈的市场竞争中，时刻面临被淘汰的危险。例如：宜昌市化工产业集群仍以氮肥、磷肥等初级产品为主，高端化学品和化工新材料占比相对较小；十堰汽车零部件产业集群除东风板块外，全市地方规上零部件企业370余家，产值过10亿元的企业仅2家（双星东风、佳恒科技），过5亿元的只有10家，大部分企业存在简单加工零件多、模块化系统化部件少等问题，基本处于产业链的低端，产品附加值低，产业层次偏低。其次，产业集群自主创新能力有待增强。大部分产业集群缺乏自主创新能力，主要表现为：对"创新"认识不足，缺乏创新创造理念；产品低端化现象突出，难以参与外部竞争；企业之间同质化现象严重，重复恶性竞争尚存。

（五）产业集群发展配套滞后

基础设施配套滞后。由于缺乏高效的融资渠道，产业基础设施建设相对滞后，包含园区基本建设、通信基础设施、交通基础设施等，各园区与基地的基础设施建设对政府的依赖性较大，随着产业集群内落户企业陆续开工建设，水、电、路、气、管网、绿化等基础设施及市政工程建设难以及时配套跟进。集群内外的电力线路、网络质量需要进一步普及和改善。

产业发展配套滞后。产业配套服务建设相对滞后是制约湖北产业集群发展的一大问题。有的产品需要中转或特殊存储，如医药产业发展需要配套的冷链物流，而湖北省港口、码头、物流及大型机场相应的配套设施比较缺乏。另外，以新能源汽车产业为例，截至2018年7月，全国共建立公共类充电桩27.5万个，其中湖北省共建8240个，在全国各省级行政区排名第10

位，而这距离湖北省能源发展"十三五"规划目标有较大距离。

生活配套服务滞后。产业集群多以园区为载体，而随着入园企业数量不断增多、产业人口大量集聚，园区生活配套服务不完善、配套功能滞后等问题日益凸显。例如，目前很多园区企业缺乏学校、医院等生活配套设施，除部分企业建有员工宿舍外，很多企业只能通过租住周边民房来保障员工住宿；缺少文体活动中心、商场等，不能顺利保障职工正常生活。这在一定程度上加重了企业"招工难"的问题，对园区的招商和投资发展环境也造成了不利影响。

中介服务机构缺失。政府职能分化不足，下放权限较少、以及服务平台、信息平台、交易平台数量少等问题，导致企业在发展过程中出现的业务办理困难、专利申报手续烦琐、产业政策难以落实等各类难题也需要协调解决，而集群内为产业提供服务的金融机构、风险投资机构等中介组织的缺失，造成集群内企业融资渠道不顺畅，阻碍集群的进一步发展。

四 湖北省产业集群发展的对策建议

（一）做好产业集群发展的顶层设计

政府应做好产业集群发展的顶层设计，深化体制机制改革，激发经济转型升级新活力，培育"大众创业、万众创新"的社会氛围，推动创新主体跨地区务实合作，培养技术创新人才，加强区域互动。成立产业集群领导小组，建立常态化工作机制，做好统筹规划，树立"一盘棋"思想，摒除各自为政现象；进一步发挥产业政策处、产业集群科的职能作用；加强省市县三级联动，针对重点集群建立专门的工作协调推动机制，强化部门工作协同、区域产业协同，形成系统合力。在制定产业集群发展政策时，必须对相关经济政策进行系统的梳理。根据主导产业发展方向，以更为完整、科学、可行的产业集群政策代替简单的产业布局安排，鼓励各地进一步规划和建设一批重点产业园区，制定有效的产学研协同政策，加强研发机构与各企业的联系。完善湖北省产业集群发展评价指标体系，考核结果与各县市区获得的财政政策挂钩，避免产业集群盲目发展。

（二）促进产业园区转型升级

明确园区的首要功能为经济功能，剥离所辖街道的经济职能，街道只承担社会管理职能，产业园区内设机构实行"扁平化"管理，形成产业园集中精力抓经济建设、重大问题由管委会统筹决策的运行机制。同时强化对产业园区产业规划、产业定位、经济发展情况、园区内大中小企业融通发展情况的考评，定期对指标增速、计划完成情况及进度进行统计排名，并设立资金奖励、职务奖励等制度。创新园区转型发展路径，荆门、宜昌和襄阳等园区适于采用"优势协作式"转型发展路径，该路径旨在改变国家高新区以往的水平分工模式；孝感高新区的军民结合产业转型适于采用"特色聚焦式"转型发展路径，通过纵向延伸产业链和横向拓展产业链来提高产业丰厚度，从而塑造更完整、更均衡、更强壮的特色产业体系；东湖高新区应采用"集约提效式"转型发展路径，通过对现有创新资源全面高效的二次开发，提升资源利用效率以实现产业高端化发展和环境低碳化运营，为园区企业优势培育创造良好的产业平台和园区氛围。

（三）打造"龙头企业＋孵化"的共生共赢生态

一是积极引进行业领军企业。抓住产业结构调整、长江经济带协同发展等战略机遇，主动对接国内外500强企业和一些知名的央企、民企等，引进一批潜力大、前景好、带动性强的大企业、大集团，发展一批基础较好的相关配套企业。二是着力壮大现有龙头企业。鼓励重点龙头企业通过兼并重组等多种方式做大做强，引导社会资源和关联企业向龙头企业聚集，提高龙头企业核心竞争力。三是培育新的龙头企业。选择符合产业发展导向、科技含量高、市场竞争力强、带动作用好的企业作为重点培育企业，以期形成"1＋2＋N"的效应（1即龙头企业，2即整合上下游，N为多种终端产品）。

（四）以完善产业链为核心，扩大集群规模

"补链"——围绕现有产业链条的缺失环节进行"补链"。当前湖北大多数产业集群的产业链条比较短，大部分企业还主要集中在附加值较低的加工制造环节。建议以定向招商为手段，引导资本投向"微笑曲线"两端高附加值环节，推动集群企业从产品制造前展后延到研发设计、生产、销售、服务等全产业链。

"建链"——聚焦前景广阔的战略性新兴产业进行"建链"。以新一代信息技术、新能源、新材料、生物医药等为重点，定向引进具有核心地位的龙头企业，推动龙头企业及其上下游相关企业集聚发展，打造产业层次高、创新能力强、质量效益好的战略性新兴产业集群。

"强链"——针对现有优势产业链的关键环节进行"强链"。从科技、金融、信息化提升以及品牌引领入手，对现有优势产业链的关键环节进行强化提升，全面提高产业发展质量和水平，努力打造在全国具有核心竞争力的特色优势产业集群。

（五）强化政府服务产业集群发展的保障措施

一是完善产业集群发展配套设施，包括生产性配套和生活性配套，全面优化营商环境，有序发展区域性行业协会；二是强化资金保障，大力发展产业链金融，促进资金链融通发展，加大对中小企业融资担保支持力度；三是强化人才保障，实施以企业为主体引用人才模式，落实人才引进奖励，推动精准引才，鼓励集群牵头城市采用租赁补贴、购房补贴、人才房预留等方式提供人才安居保障。

参考文献

工业和信息化部、国家发展改革委、财政部、国资委：《促进大中小企业融通发展

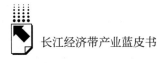

三年行动计划》，《中华人民共和国国务院公报》2019 年第 6 期，第 78 ~ 82 页。

李义平：《创新与经济发展——重读熊彼特的〈经济发展理论〉》，《读书》2013 年第 2 期，第 20 页。

郁义鸿：《产业链类型与产业链效率基准》，《中国工业经济》2005 年第 11 期，第 35 ~ 42 页。

张晗、舒丹：《京津冀产业协同影响因素研究》，《金融与经济》2019 年第 3 期，第 87 ~ 90 页。

韩言虎、罗福周：《产业集群协同创新机制："宝鸡·中国钛谷"的案例研究》，《中国科技论坛》2013 年第 11 期，第 16 ~ 20 页。

邱科：《科技型小微企业集群融资模式创新研究》，《时代金融》2018 年第 26 期，第 169 ~ 170 页。

张妍：《三次产业协同发展视角下的开发区产业集群效应分析——以兰州新区为例》，《北京交通大学学报》（社会科学版）2020 年第 4 期，第 35 ~ 44 页。

郭丽娟、刘佳：《美国产业集群创新生态系统运行机制及其启示——以硅谷为例》，《科技管理研究》2020 年第 19 期，第 36 ~ 41 页.

刘晓龙等：《新时期我国战略性新兴产业发展宏观研究》，《中国工程科学》2020 年第 2 期，第 9 ~ 14 页。

陈劲等：《面向 2035 年的中国科技创新范式探索：融通创新》，《中国科技论坛》2020 年第 10 期，第 7 ~ 10 页。

孙军娜、雷宏振：《中小企业产业集群融资模式探讨》，《产业创新研究》2020 年第 3 期，第 82 ~ 84 页。

楚应敬、周阳敏：《产业集群协同创新、空间关联与创新集聚》，《统计与决策》2020 年第 23 期，第 107 ~ 111 页。

刘怀德：《推动产业链现代化 闯出高质量发展新路子》，《湖南社会科学》2020 年第 6 期，第 9 ~ 15 页。

王平、潘燕华：《云制造环境下供应链协同机理的实证研究》，《南通大学学报》（社会科学版）2019 年第 1 期，第 99 ~ 106 页。

B.13
湖北咸宁智能机电创新型产业集群
发展调研报告*

吴传清　高坤　张冰倩　杨圣桑　杨大为**

摘　要： 机电制造业是咸宁市的优势产业，咸宁市智能机电产业集群是国家级创新型产业集群。咸宁市智能机电产业链涉及整机生产、零部件配件制造、产品销售等环节，兼具政府规划管理机构和公共服务平台。为进一步推动咸宁市智能机电产业高质量发展，应实施智能机电产业链补链强链工程，提升智能机电产业集群创新能力，加强智能机电产业人才集聚。

关键词： 装备制造业　咸宁智能机电产业集群　高质量发展

　　湖北省咸宁市智能机电产业集群 2008 年被认定为湖北省重点成长型产业集群，2017 年被国家科技部认定为国家级创新型产业集群试点。咸宁高新技术产业开发区是国家级高新技术产业开发区，是咸宁智能机电产业的主要集聚区。

　　机电制造业（机械电子制造业）是我国工业体系中装备制造业的重要组

　*　基金项目：国家社会科学基金项目"推动长江经济带制造业高质量发展研究"（19BJL061）。

**　吴传清，武汉大学经济与管理学院、中国发展战略与规划研究院教授，博士生导师，从事区域经济学、产业经济学研究；高坤，武汉大学经济与管理学院区域经济学专业博士研究生，从事区域经济学研究；张冰倩，武汉大学经济与管理学院区域经济学专业硕士研究生，从事区域经济学研究；杨圣桑，武汉大学区域经济研究中心科研助理；杨大为，武汉大学区域经济研究中心科研助理。

成部分。根据 1994 年发布的《国民经济行业分类与代码》（GB/T 4754—94），机电制造业包括金属制品业、普通机械制造业、专用设备制造业、交通运输装备制造业、电气机械及器材制造业、电子及通信设备制造业、仪器仪表及文化办公用机械制造业、武器弹药制造业等八大类。机电制造业是利用成型、改性、加工工艺将各种原材料制成形状、大小、性能各异的零件、元件、器件，然后依次组建成组件、部件、总成，最终装配成机电产品的产业。

一　咸宁市智能机电产业发展概况

（一）发展历程

咸宁智能机电产业发展历程可大致分为早期探索（20 世纪 70 年代至2007 年）、初步发展（2008～2016 年）、快速成长（2017 年至今）等三个阶段（见表 1）。

咸宁市机电产业起源于 20 世纪 70 年代，一批传统国有企业通过改制形成一大批国有及民营机电企业，经过长期发展，逐步形成以湖北三六重工有限公司（始建于 1966 年）、湖北三环汽车方向机有限公司（始建于 1969 年）等为龙头企业的机电产业集群。咸宁市机电产品不断丰富，机电企业研究领域不断拓展，进而推动咸宁市机电产业形成上中下游初步完善的产业链。

经过数十年的早期探索，咸宁市机电产业逐渐发展成熟。2008 年，咸宁市机电产业集群成功获批为湖北省重点成长型产业集群，是咸宁市最早一批入选的产业集群。2010 年 7 月 26 日，在国家振兴和发展装备制造业的历史机遇下，咸宁市人民政府办公室发布《市人民政府办公室关于进一步加快促进机电产业集群发展的通知》，强调加大对于机电产业集群的财政扶持力度，鼓励企业向园区聚集。2010 年 12 月 16 日，咸宁市人民政府办公室出台《咸宁市机电产业集群"十二五"发展规划》，明确以汽车配件、起重机械、固体废物处理设备、节能电机、精密电子产品加工制造、电工电器等电机产品以及云母制品为重点，通过技术创新加快产品提档升级。2015 年 5

月4日，咸宁市人民政府发布《咸宁市人民政府关于加快发展智能机电、互联网等绿色新产业的若干意见》，强调将智能机电产业培育成为咸宁市工业经济的支柱型产业，明确智能机电产业在咸宁市未来工业发展中的重要地位，咸宁市智能机电产业联盟应时成立。

表1 咸宁市智能机电产业发展"大事记"

时间	主要事件
20世纪70年代	一批传统国有企业通过改制形成一大批国有及民营机电企业
2007年12月	咸宁市政府成立机电产业集群发展工作领导小组
2008年9月	咸宁市机电产业集群入选湖北省重点成长型产业集群
2010年7月	咸宁市人民政府办公室发布《市人民政府办公室关于进一步加快促进机电产业集群发展的通知》
2010年12月	咸宁市人民政府办公室发布《咸宁市机电产业集群"十二五"发展规划》
2013年11月	咸宁市人民政府发布《市人民政府关于印发咸宁市高新技术产业发展工程实施方案（2013—2017年）的通知》
2014年6月	咸宁市人民政府办公室发布《市人民政府办公室关于实施"一工程三计划"加快推进"工业崛起"的意见》
2015年5月	咸宁市人民政府发布《咸宁市人民政府关于加快发展智能机电、互联网等绿色新产业的若干意见》
2015年5月	咸宁市智能机电产业联盟成立
2017年12月	咸宁智能机电创新型产业集群获批第三批国家创新型产业集群
2018年4月	咸宁市人民政府发布《咸宁市科学技术创新"十三五"规划》
2018年8月	湖北香城智能机电产业技术研究院成立
2018年11月	咸宁市人民政府办公室发布《咸宁智能机电产业集群国家级创新试点行动方案（2018—2020年）》
2019年1月	湖北香城智能机电产业技术研究院获批建立"湖北省智能机电产业技术研究院"，同年10月获批建立"湖北省智能机电工业设计研究院"，成为咸宁市首个获批的省级工业设计研究院
2020年6月	咸宁市智能机电产业成功支持咸宁市入选"科创中国"首批试点城市（园区），成为湖北省唯一入选的地级市

资料来源：整理自实地调研材料、咸宁市人民政府网站等提供的相关资料。

2017年12月，咸宁智能机电创新型产业集群入选国家科技部公布的第三批创新型产业集群试点名单，标志着咸宁智能机电产业集群进入快速成长阶段。2018 年 8 月，咸宁市人民政府筹划建成湖北香城智能机电产业技术研究院。2018 年 11 月 15 日，咸宁市人民政府办公室发布《咸宁智能机电产业集群国家级创新试点行动方案（2018—2020 年）》，强调加大对国内外机电技术人才的吸引，推动相关技术及有关资源向产业集群聚集，引导形成具有持续竞争优势的国家级创新型产业集群，计划到 2022 年，集群实现工业总产值 1000 亿元。2019 年 1 月，湖北香城智能机电产业技术研究院获批为"湖北省智能机电产业技术研究院"，2019 年 10 月获批为"湖北省智能机电工业设计研究院"，为集群企业提供多功能平台服务。

（二）发展现状

1. 发展规模

截至 2019 年，咸宁市智能机电产业集群规模以上企业达 232 家，其中高新技术企业 108 家，产值超亿元企业 116 家，超 10 亿元企业 4 家，湖北省 100 强民营企业 2 家。集群规模以上工业企业实现总产值 561.8 亿元，占咸宁市规模以上工业总产值的 25% 以上，营业收入超过 495 亿元，利润达 27 亿元，从业人员达 3.5 万人。2017 年咸宁市智能机电产业集群主要指标（2018～2019 年相关指标暂无统计数据公布）见表 2。

表 2   2017 年咸宁智能机电创新型产业集群主要指标

指标	数量	指标	数量
企业总数（个）	1931	当年发明专利申请（件）	352
高新技术企业总数（个）	106	当年发明专利授权（件）	30
年末从业人员数（人）	26500	拥有注册商标（件）	126
大专及以上（人）	8300	拥有软件著作权（件）	98
营业收入（千元）	32635342	拥有集成电路布图（件）	22
出口总额（千元）	695820	当年形成国家或行业标准（项）	2
净利润（千元）	2594515	产业联盟组织（个）	3
上缴税费（千元）	427060		

资料来源：整理自《中国火炬统计年鉴》（2018）。

2. 创新能力

截至 2019 年，咸宁市智能机电产业集群已拥有国家级科研平台 2 个，省级科研平台 23 个，市级以上科研平台 97 个；国家知识产权优势企业 7 个，省级以上知识产权示范企业 28 个，市级以上知识产权示范企业 61 个。湖北三六重工有限公司、湖北三环汽车方向机有限公司等一批龙头企业先后组织建立了企业技术中心、校企研发中心、院士专家工作站、博士后科研工作站、博士后创新基地，不断为集群内机电企业解决技术难题、促进科技成果转化。咸宁南玻光电玻璃有限公司、合加新能源汽车有限公司等 15 家企业共申请国际 PCT 专利 50 余项，集群技术创新能力达到世界水平。

3. 市场影响

咸宁市智能机电产业集群拥有"厚福""蒲圻"等中国驰名商标产品品牌，以及 8 个湖北名牌产品品牌、5 个湖北著名商标品牌，并组织企业参加中国国际进口博览会、中国国际机电博览会等国际交流合作活动 30 余场（截至 2019 年）。湖北三环汽车方向机有限公司被中国汽车工业协会授予"中国汽车零部件转向器行业龙头企业"称号，湖北金盛兰冶金科技有限公司入围中国民营制造业 500 强，中国南玻集团股份有限公司获批国家级绿色工厂。咸宁市智能机电产业相关龙头企业在我国高效节能电机、起重机、汽车方向机产业中占据引领地位，其产品已出口至欧、美、澳、东南亚等主要国家。湖北瀛通电子有限公司、湖北三赢兴电子科技有限公司、湖北平安电工材料有限公司等 20 余家企业已在印度、越南等国建立智能机电制造相关产业园区，厚福医疗装备有限公司、湖北三环汽车方向机有限公司等 30 多家企业与德国、印度等企业合作建立海外及国内研发中心。

二 咸宁市智能机电产业链现状

目前，咸宁市智能机电产业已初步形成较为完整的产业链，主要由整机生产商（包括起重运输机械装备整机生产商和汽车整车生产商）、零部件配件供应商（包括汽车零部件制造商、高效节能电机及其控制系统制造商、模具和机械加工供应商、电子设备制造商和电子信息服务供应商等)、产品销售商、领导机构(咸宁智能机电产业集群国家级创新型试点建设工作领导小组)、公共服务平台(包括湖北智能机电产业技术研究院等一大批为集群企业提供金融、保险、培训、信息、技术等服务的机构)等五个部分组成。咸宁高新区是咸宁市智能机电产业集群发展的主要空间载体。

(一)高效节能电机及其控制系统制造业

高效节能电机及其控制系统制造业主要产品包括大中型电机、高效节能电机、起重电机、与电动汽车和电动游览车相配套的永磁无刷直流电机和非标电机等,广泛应用于冶金、电力、石化、煤炭、矿山、建材、造纸、市政、水利、造船、港口装卸等领域。电机与控制系统制造业的发展对于推动起重装备制造业和汽车制造业的专业化、高效化、智能化具有重要作用。

咸宁市智能机电产业集群拥有湖北第二电机厂、湖北发电机电厂、咸宁起重电机厂等一批高效节能电机及其控制系统制造业企业,改制后,陆续形成了大型泵站电机、起重电机、发电机、电力变压器、电力互感器等领域相关企业20余家(部分企业名录见表3)。

表3 咸宁市部分高效节能电机及其控制系统制造业企业名录

企业名称	主要产品/服务	行业资质/荣誉
湖北同发机电有限公司	提供汽(柴)油发电机组生产线,包括冷作、精加工、电工装配、热处理、喷塑、试验等服务	·2013年9月获得"高新技术企业"证书,2019年被湖北省经信厅认定为省级科技小巨人企业 ·截至2019年,总共获得46项国家实用新型专利
咸宁三宁机电有限公司	生产起重冶金用的 YSE 和 YDSE 系列复合转子软起动制动电动机、YSP 系列变频电机、Y 系列电机等	·2019年完成工业总产值5969万元 ·国内规模最大的软起动电机生产企业,产品覆盖全国,部分产品随主机出口到国外
湖北华博三六电机有限公司	生产电机、水轮发电机组、电气设备、锥形电机	·参与制定行业标准两项:JB/T9008.1"钢丝绳电动葫芦第一部分'型式与参数'技术条件"、JB/T9008.2"钢丝绳电动葫芦第二部分'试验方法'" ·全系列产品多次连续荣获"湖北名牌产品"称号

企业名称	主要产品/服务	行业资质/荣誉
湖北华博阳光电机有限公司	研发及生产高科技电机	·获得节能电机发明金奖
湖北华耀达电气有限公司	从事输配电及控制设备的研发、生产、销售、安装调试服务	·2011年组建研发中心，取得12项国家认定实用新型专利 ·2013年获得国家认定"高新技术企业"称号 ·2016年获得"湖北省名牌产品企业"称号
湖北阳光电气有限公司	生产电力变压器及特种变压器	·湖北省最大的变压器制造商 ·铁道牵引变压器系列填补了多项国内空白

资料来源：整理自实地调研材料及相关企业官网资料。

（二）起重运输机械装备制造业

咸宁市起重机行业发展基础雄厚，具有规模以上起重机企业20余家（部分企业名录见表4）。起重运输机械装备制造业主要产品包括起重机械、水利机械、煤矿机械、包装机械、石材加工机械等，起重装备的更新和发展很大程度上受电机传动与控制系统改进的影响，对于提高汽车制造业生产效率具有促进作用。

表4　咸宁市部分起重运输机械装备制造业企业名录

企业名称	主要产品/服务	行业资质/荣誉
湖北咸宁三合机电股份有限公司	研发、设计及生产超大型卷扬式启闭机、超大型液压式启闭机、大型移动式启闭机、大型螺杆式启闭机、水电站门机等	·2015年10月获得"高新技术企业"证书 ·公司产品获得"湖北省名牌产品"称号、"水利部水利创新产品"称号
湖北三六重工有限公司	生产电动葫芦、单双梁桥门式起重机、三合一减速机、水利启闭机、起重电机、电梯、电气控制系统	·湖北省起重机械最大资质制造商 ·2018年被授予"湖北省支柱产业细分领域隐型冠军培育企业"称号、2006年被授予"湖北名牌产品"称号

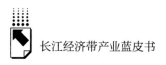

企业名称	主要产品/服务	行业资质/荣誉
湖北蒲圻起重机械有限公司	设计及生产起重运输机械产品	·截至2019年,公司拥有国际水平起重机2项,部省级重点新产品9项,省部级科技进步奖6项,国家级专利6项和其他优秀新产品 ·PHH型环链电动葫芦获"中国起重机质量十大知名品牌"称号 ·蒲圻电动葫芦HC型系列获湖北科技进步奖和国家经委优秀新产品"金龙奖" ·HS型葫芦双梁起重机系列获国家科技进步奖
湖北煤矿机械有限责任公司	生产刮板输送机、矿用高强度圆环链、新型机尾滚轮(链轮)等	·全国煤炭系统轻型刮板输送机技术标准制定企业 ·截至2019年,公司SGD320/17B型刮板输送机和Φ15×40mm矿用高强度圆环链荣获国家银质奖;SGD420/22型刮板输送机荣获煤炭工业部科技进步三等奖、湖北省新产品金龙奖;中部槽等离子喷焊技术荣获煤炭工业部科学技术进步一等奖;圆环链成组技术荣获湖北省科技进步二等奖

资料来源:整理自实地调研材料及相关企业官网资料。

(三)汽车零部件制造业

汽车零部件制造业主要产品包括环保汽车、汽车方向机系列产品、汽车电器、汽车制动件、汽车电源、管件等配件等。目前咸宁已被纳入武汉及周边城市汽车零部件"环状"聚集区,与武汉汽车制造业对接具有得天独厚的优势。

1.汽车零部件供应商

咸宁市高新区已聚集以湖北三环汽车方向机有限公司、湖北北辰汽车转向系统有限公司为龙头,以汽车方向机、汽车钢圈、环保汽车、汽车电源、夜视镜等产品为重点的企业,截至2017年,共有汽车零部件产业相关企业33家(部分企业名录见表5),年产值达到50亿元。

表5　咸宁市部分汽车零部件供应商名录

企业名称	主要产品/服务	行业资质/荣誉
湖北三环汽车方向机有限公司	生产转向器等转向系统零部件	·2011年获批"两化"融合试点示范企业;2015年获批省级企业技术中心;2017年获批湖北省智能制造试点示范项目;2019年被评为市级隐形冠军示范企业 ·公司"飞宁"牌商标被评为湖北省著名商标 ·截至2019年,公司拥有发明专利25项,实用新型专利25项
湖北北辰汽车转向系统有限公司	研发及生产汽车动力转向系统	·2019年完成工业总产值8035万元,上缴税收384.31万元 ·截全2019年,公司先后被评为"AA级供应商""优秀供应商""湖北省著名企业""湖北省著名商标""省先进基层组织""高新技术企业""五十佳纳税人"等荣誉称号
湖北合加环境设备有限公司	研发及生产现代化环保机械设备和城市环卫专用车	·2014年2月,湖北合加环境设备有限公司及产品被纳入工信部《车辆生产企业及产品公告》(第257批),开创咸宁市可以生产专用汽车整车的历史

资料来源:整理自实地调研材料及相关企业官网资料。

2.模具与电源供应商

咸宁高新区配备有原湖北模具厂、咸宁市洪盛模具科技有限公司等20余家模具设计与加工企业(部分企业名录见表6)。为促进咸宁市新能源汽车制造业实现快速增长,咸宁高新区集聚了以湖北凯特电源科技有限公司为代表的数家新能源汽车模具与电源制造和生产企业。

表6　咸宁市部分模具与电源供应商名录

企业名称	主要产品/服务	行业资质/荣誉
咸宁市洪盛模具科技有限公司	设计及制作大、中型精密汽车内饰及外饰类注塑模具	·2014年10月获得中国模具协会颁发的"中国模具出口重点企业"及"中国重点骨干模具企业"荣誉称号
湖北咸工工程机械有限公司	设计及制造履带式工程机械配件	·截至2019年,公司具有100多个机型,300多个品种的产品类别 ·国内配套厂家包括阿特拉斯、现代、一拖集团、柳工、徐工集团和帮立重机等多家主机厂
湖北凯特电源科技有限公司	生产阀控式铅酸蓄电池	·拥有5条自动电池组装生产线;拥有先进的酸循环充电系统、废酸回收装置等

资料来源:整理自实地调研材料及相关企业官网资料。

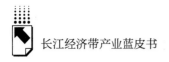

（四）相关配套产业

目前，咸宁高新区依托武汉汽车零配件制造业、咸宁汽车配件制造业、机电制造业等建设咸宁市汽车零部件产业园、华中（咸宁）模具产业城，主要进行模具的研发和生产。咸宁市积极推动机械技术和电子信息技术相结合，将先进计算机技术、微电子技术、电力电子技术、光缆技术、液压技术、模糊控制技术应用到电机和机械的驱动和控制系统，着力推进机电产业自动化、智能化，目前集群内规模以上电子信息技术相关企业超过60家（部分企业名录见表7）。模具和机械加工产业、电子信息产业（包括电子设备制造业和电子信息服务业）主要为咸宁市智能机电产品提供配套服务。

表7 咸宁市部分相关配套产业企业名录

产业名称	企业名称	主要产品/服务
模具和机械加工产业	湖北省三胜工程机械有限公司	工程机械"四轮一带"
	湖北奕东精密制造有限公司	精密冲压、模具加工和背光源导光板、模块铁框制造
	湖北奕宏精密制造有限公司	电子材料、模具制造
	湖北咸工工程机械有限公司	履带式工程机械配件的设计、制造、销售
	湖北灵坦机电设备有限公司	恒压及无负压变频供水设备，全程及旁流水处理设备等
	咸宁市华南工程机械有限公司	各类机型的引导轮、驱动轮、履带总成等底盘配件
	湖北裕兴机械股份有限公司	铜合金，铝合金，金属结构件，钢铁铸件制造，机械零部件加工及设备修理，阀门制造与销售，废旧金属制品的回收与批发
电子信息产业	湖北智莱科技有限公司	机电设备、电子产品的研发、生产、销售，教育信息化系列产品及其软件的研发、销售
	光宝科技（咸宁）有限公司	新型电子元器件、电力电子器件
	咸宁龙福泉电子有限公司	生产及加工电子配件
	湖北嘉一三维高科股份有限公司	数控机床、自动化设备、3D打印机、3D扫描仪、医疗器械
	湖北欧亚高新科技股份有限公司	电子产品

资料来源：整理自实地调研材料及相关企业官网资料。

（五）公共服务平台

截至 2019 年，咸宁智能机电创新型产业集群已建成以湖北省智能机电产业技术研究院为主的三大公共服务平台（见表 8），并设立由咸宁市政府及各部门领导分工的咸宁智能机电产业集群国家级创新型试点建设工作领导小组，集招商、技术改造升级、科技创新、技术服务于一体，致力于推动咸宁智能机电产业进一步发展。湖北省智能机电产业技术研究院以"科技创新服务咸宁智能机电产业集群发展"为宗旨，以"建设国家级科技服务平台"为目标，积极推进"六平台一中心"建设。湖北省起重机械产品检测中心（省级检验检测中心）致力于为机电产品质量的检验检测提供更优质的服务，促使地方起重机械产业集群安全、健康、快速发展。智能机电产业集群信息服务平台负责为集群内产业环境与企业发展提供便利的综合信息共享与交流。除三大公共服务平台外，咸宁智能机电产业集群还拥有咸宁高新投资集团有限公司、咸宁市特种设备检验检测所、咸宁职业技术学院等为集群企业提供金融、物流、保险、培训、检验检测等服务的其他机构或平台。

表 8 咸宁智能机电创新型产业集群三大公共服务平台名录

平台名称	行业资质/荣誉
湖北省智能机电产业技术研究院	·2018 年 8 月 8 日咸宁高新投资集团有限公司、湖北科技学院、咸宁职业技术学院、咸宁职业教育（集团）学校和技术团队共同出资成立 ·重点围绕"六平台一中心"开展工作，包括人才会聚与技术培训服务平台、技术研发与产业化服务平台、机电产品样机加工与测试服务平台、机电产业资源信息共享平台、技术咨询与决策服务平台、成果孵化及投融资服务平台、国家级起重机械产品检测检验中心（湖北） ·截至 2019 年，研究院现有科研技术团队 60 余人，研究院团队共承担省级重大科技创新专项 3 个，中央引导地方科技创新专项 1 个，湖北省优秀中青年创新团队项目 1 个，咸宁市科技计划项目 2 个
湖北省起重机械产品检测中心	·截至 2019 年，已获批"湖北省起重机械产品检测中心"，加快创建国家级起重机械产品检测中心
智能机电产业集群信息服务平台	·已搭建咸宁智能机电产业集群企业及产品数据库、需求数据库 ·计划构筑咸宁市产业环境及政策数据库、人才数据库、科技金融数据库、技术合同数据库、知识产权数据库等

资料来源：整理自实地调研材料及相关机构官网资料。

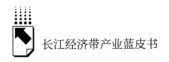

三 推动咸宁市智能机电产业高质量发展的对策建议

（一）实施智能机电产业链补链强链工程

依托集群现有重点企业和项目发展配套产业和项目，加快跨行业资源整合，加强工程设计、产品检测、技术中试、市场运营等产业链配套服务建设，实施产业链补链强链工程。基于"抢优势、抓重点、补短板"的思路，重点促进智能机电产业集群现有企业发展壮大，加快培育形成优势主导产业。着力推行重点产业链"链长制"，打通产业链难点和堵点，畅通产业链循环，带动产业链上下游、中小企业共同发展。重点围绕集群龙头企业做好产业链供应链梳理，根据各龙头企业主营产品建立零部件名录表、供应商名录表等信息库，推动企业精准对接。以龙头企业产业链供应链为重点，依托现有标准厂房、人才公寓等基础设施推动产业链配套企业和机构集聚发展，形成差异化功能集聚区。构建"基金招商＋委托招商＋产业链招商＋网络媒介招商"的多样化招商体系，积极开展"云招商"活动，引进一批创新能力强、发展潜力大的机电企业入园发展。依托行业现有公共服务平台，加强技术研发、工程设计、检验检测、知识产权、科技金融、会展服务、人才培养等产业链各环节配套，搭建多元化信息服务平台，为咸宁智能机电产业集群整体发展壮大创造良好环境。

（二）提升智能机电产业集群创新能力

依托电信、移动等核心供应商，加快推进"万企上云"步伐，促进大数据、移动互联网、云计算、物联网在智能机电产业的深入应用，提升企业办公、采购、生产、检测、售后服务等环节的智能化水平。借鉴集群内示范企业全智能化生产系统现有经验，提高产品质量效益。进一步发挥湖北省智能机电产业技术研究院等科研平台的技术引领作用，加快产业自主研发进程。加强龙头企业的创新引领作用，提高工艺、流程、产品标准化水平、智能化程度，鼓励智能机电产业科技型中小企业形成核心产品优良、专项服务卓越的市场竞争力，培育一批细分行业竞争力强、成长潜力大、产业关联性强的行业隐形冠军。推进建设以智能机电产业龙头企业和国内高校、科研院所等为主体的产业技术创新联盟，争创智能机电领域国家级制造业创新中心等资质、荣誉，为实现机电产业数字化、网络化、智能化夯实科技基础。

（三）加强智能机电产业人才集聚

完善高技术人才引进政策，加强智能机电产业人才集聚。加大现有"南鄂英才"计划、高新区"9511"人才计划等相关政策投入力度，积极引进集群产业发展所需的中高层次技术人才、管理人才。依托智能机电产业集群综合信息服务平台完善人才数据库，建立智能机电产业强才优才的"人才直达通道"。完善人才科研场所配置、科研资金配置、生活居所服务配置，加大优惠改善服务，实现人才乐居乐业。建立公平、竞争、宽松的工作机制，通过科学的绩效评价体系完善福利制度，调动人才积极性，不断推动智能机电产业智力转型，为咸宁智能机电产业集群实现高质量发展提供强大智力支撑。

促进咸宁市智能机电产业高质量发展，还需解决以下问题：一是加大对智能机电产业集群的资金支持，设立智能机电产业发展基金，为集群中小企业发展、技术创新、平台建设等环节提供强大助力；二是创新智能机电产业体制机制政策，完善集群招商引资、企业融资、税收、技术改造升级等配套政策，推动机电产业各行业协同发展，进而提升咸宁市智能机电产业国内和国际影响力，促进产业链、创新链、资金链、人才链、政策链融合发展。

参考文献

国务院办公厅：《装备制造业调整和振兴规划》，2009 年 5 月 12 日。
湖北省人民政府：《湖北省县域经济发展规划（2011—2015 年)》，2012 年 1 月 9 日。

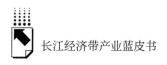

咸宁市高新技术产业开发区管理委员会：《2017 年度科技部创新型产业集群试点申报工作申报材料》，2017 年 6 月 10 日。

咸宁市高新技术产业开发区管理委员会：《咸宁智能机电创新型产业集群 2019 年度总结报告》，2020 年 7 月。

咸宁市高新技术产业开发区管理委员会：《咸宁国家高新区规上企业简介》，2020 年 3 月。

咸宁市高新技术产业开发区管理委员会：《关于推进转型发展示范区建设的情况汇报》，2020 年 7 月 17 日。

咸宁市科学技术局：《2019 年咸宁市高新技术企业名单》，2020 年 7 月 16 日。

咸宁市科学技术局：《湖北省校企共建研发中心名单汇总》，2020 年 7 月 16 日。

咸宁市科学技术局：《咸宁市各年度获批科技企业孵化器、众创空间情况》，2020 年 7 月 16 日。

刘会扶：《中国制造业国际竞争力的研究》，硕士学位论文，复旦大学，2012，第 22~24 页。

咸宁市人民政府办公室：《市人民政府办公室关于进一步加快促进机电产业集群发展的通知》，2010 年 7 月 26 日。

咸宁市人民政府办公室：《咸宁市机电产业集群"十二五"发展规划》，2010 年 12 月 16 日。

咸宁市人民政府：《市人民政府关于印发咸宁市高新技术产业发展工程实施方案（2013~2017 年）的通知》，2013 年 11 月 4 日。

咸宁市人民政府办公室：《咸宁市人民政府关于实施"一工程三计划"加快推进"工业崛起"的意见》，2014 年 6 月 20 日。

咸宁市人民政府：《咸宁市人民政府关于加快发展智能机电、互联网等绿色新产业的若干意见》，2015 年 5 月 4 日。

咸宁市人民政府：《咸宁市科学技术创新"十三五"规划》，2018 年 4 月 2 日。

咸宁市人民政府办公室：《咸宁智能机电产业集群国家级创新试点行动方案（2018~2020 年)》，2018 年 11 月 15 日。

中国改革报：《图变图强图发展创新创业创一流——湖北咸宁国家高新区大力推进智能机电产业集群国家级创新型试点建设发展纪实》，http://www.crd.net.cn/2019 - 12/26/content_ 24900935.htm，2019 年 12 月 28 日。

B.14
推动化工产业高质量发展的
"宜昌样本"研究[*]

吴传清 李姝凡[**]

摘 要: 化工产业高质量发展的实践要义:创新是第一动力,协调是内生特点,绿色是普遍形态。宜昌市是长江沿线"化工围江"的典型地区,先后出台了一系列规划、政策、行动方案,大力加强园区建设,积极引导化工企业关改搬转,不断推进化工产业转型升级,有效地破解了"化工围江"难题,促进了化工产业高质量发展,成效显著。

关键词: 长江经济带 化工产业 高质量发展 宜昌样本

宜昌是长江经济带沿线重要的化工城市,2018年4月24日,习近平总书记实地考察位于湖北省宜昌市的全国最大规模精细磷化工企业——兴发集团新材料产业园,强调"保护好中华民族的母亲河,不能搞破坏性开发。通过立规矩,倒逼产业转型升级,在坚持生态保护的前提下,发展适合的产业,实现高质量发展"。宜昌市在破解"化工围江"难题、推动化工产业高质量发展实践中做了许多卓有成效的探索。

---

* 基金项目:国家社会科学基金项目"推动长江经济带制造业高质量发展研究"(项目编号:19BJL061)。

** 吴传清,武汉大学经济与管理学院、中国发展战略与规划研究院教授,博士生导师,从事区域经济学、产业经济学研究;李姝凡,武汉大学经济与管理学院硕士研究生,从事区域经济研究。

一　推动化工产业高质量发展的政策环境

湖北省是长江经济带"化工围江"现象最严重的省份之一，为推进中央顶层设计得到有效落实，2016 年 12 月 20 日发布的《湖北产业绿色发展专项行动计划》提出要以重化工行业和"两高一低"（高耗能、高污染、低效益）企业为推进产业绿色低碳发展的重点领域。2018 年 4 月 16 日发布的《湖北省工业经济稳增长快转型高质量发展工作方案（2018—2020 年)》提出加快传统制造业绿色化改造升级，提高资源能源利用效率和清洁生产水平，引导工业绿色转型。湖北省推动化工产业高质量发展的相关政策文件如表 1 所示。

表 1　湖北省推动化工产业高质量发展的相关政策文件

文件名称(颁布机构、时间)	主要内容
《湖北省水污染防治行动计划工作方案》(湖北省人民政府办公厅，2016 年 1 月 10 日)	主要措施:推进水环境污染治理;推进经济发展绿色转型;积极推进水循环发展;在长江中下游流域对石油化工、危险化学品生产、有色金属冶炼等重点行业开展水污染风险防控;鼓励涉危险化学品运输等高环境风险行业投保环境污染责任保险;重点开展化工等行业企业水污染物排放标准的研究和制(修)订，积极开展工业园区企业废水纳管预处理标准的研究和制订,制订重点区域流域的水污染物特别排放限值;强化环保科技支撑，加强化工等行业先进污染治理技术的推广应用;长江干流、汉江干流和丹江口库区严格控制化学制品制造等项目环境风险，合理布局生产装置及危险化学品仓储等设施;对长江中下游流域石油化工等重点行业的应急工作实行动态管理，重点开展水污染风险防控
《关于进一步加强危险化学品安全生产工作的意见》(湖北省人民政府，2016 年 5 月 24 日)	制定和落实化工安全规划;加强化工园区管理;严格市场准入和退出;落实企业安全生产主体责任;利用信息化手段排查治理隐患;严格执行特殊作业管理规范;进一步强化"两重点一重大"的安全监管;推进第三方服务工作机制;依法查处违法违规行为;严肃追究事故责任;加强基层监管队伍建设;强化从业人员教育培训;加强安全生产应急管理
《关于促进全省石化产业转型升级绿色发展的实施方案》(湖北省人民政府办公厅，2016 年 11 月 4 日)	发展目标:到 2020 年，有机原料、先进化工新材料和高端化学品产业快速发展。城镇人口密集区和环境敏感区内的危险化学品生产企业搬迁入园或转产关闭，新建石化项目 100% 进入化工园区和石化产业园区，建成一批具有国际水平的技术研发中心和较强竞争力的大型企业集团。主要措施:加快推进产业转型升级;实现产业集聚发展;推进危险化学品企业搬迁改造;促进安全绿色发展;完善技术创新体系

文件名称(颁布机构、时间)	主要内容
《湖北省工业经济稳增长快转型高质量发展工作方案(2018—2020年)》(湖北省经济和信息化厅,2018年4月16日)	主要内容:推进工业经济回稳向好;推进《中国制造2025湖北行动纲要》落地生根;强力推进工业企业技改转型;推进工业投资持续高效;推进新兴产业培育壮大;推进市场主体能级提升;推进制造业融合发展;推进工业绿色转型;推进创新发展体系建设;推进工业高质量发展
《湖北省沿江化工企业关改搬转工作方案》(湖北省人民政府,2018年6月8日)	目标任务:大力开展沿江化工企业污染专项整治,2020年12月31日前,完成沿江1公里范围内化工企业关改搬转;2025年12月31日前,完成沿江1~15公里范围内的化工企业关改搬转。 政策支持:①严格产业政策,沿江1公里内禁止新建化工项目和重化工园区,沿江15公里范围内一律禁止在园区外新建化工项目。依法依规加快推进不达标或不合规落后生产技术、装备和生产企业淘汰。对尿素等过剩行业新增产能严格控制;②加大财税政策支持力度,每年统筹安排2亿元省级沿江化工企业关改搬转专项资金支持关改搬转工作;③保障搬迁改造项目土地供应;④拓宽资金筹措渠道,鼓励金融机构对搬迁改造企业给予信贷支持;⑤妥善化解各类风险;⑥强化安全环保管理
《湖北省磷铵等化工过剩行业产能置换实施办法》(湖北省经济和信息化厅,2019年7月31日)	主要内容:支持省内按照自愿、有偿、互惠原则,通过协议转让、拍卖、入股等方式进行化工过剩行业产能指标交易,具体化工过剩行业指的是磷铵、黄磷、尿素、电石、烧碱、聚氯乙烯、纯碱等行业
《推动工业互联网加快发展》(湖北省经济与信息化厅,2020年3月6日)	主要内容:①加快新型基础设施建设,改造升级工业互联网内外网络,增强完善工业互联网标识体系,提升工业互联网平台核心能力,建设工业互联网大数据中心;②加快拓展融合创新应用,积极利用互联网复工复产,深化工业互联网行业应用,促进企业云上平台,加快互联网试点示范推广普及;③加快健全安全保障体系,建立企业分级安全管理制度,完善安全技术检测体系,健全安全工作机制,加强安全技术产品创新;④加快壮大创新发展动能,加快工业互联网创新发展工程建设,深入实施"5+互联网"512工程,增强关键技术产品供给能力;⑤加快完善产业生态布局,促进工业互联网区域协同发展,增强工业互联网产业集群能力,高水平组织产业活动;⑥加大政策支持力度,提升要素保障水平,开展产业监测评估
《中小企业数字化赋能专项行动方案》(湖北省经济与信息化厅,2020年3月18日)	重点任务:利用信息技术加强疫情防控;利用数字化工具尽快恢复生产运营;助推中小企业上云用云;夯实数字化平台功能;创新数字化运营解决方案;提升智能制造水平;加强数据资源共享和开发利用;发展数字经济新模式新业态;强化供应链对接平台支撑;促进产业集群数字化发展;提高产融对接平台服务水平;强化网络、计算和安全等数字资源服务支撑;加强网络和数据安全保障

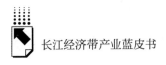
续表

文件名称(颁布机构、时间)	主要内容
《开展产业链固链行动推动产业链协同复工复产》(湖北省工业和信息化部办公厅,2020年3月23日)	**总体要求**:在分区分级精准防控的同时,有序推动全产业链加快复工复产。坚持以大带小、上下联动、内外贸协同,聚焦重点产业链,以龙头企业带动上下游配套中小企业,特别是"专精特新"中小企业,增强协同复工复产动能。加强统筹指导和协调服务,打通产业链、供应链堵点,落实各项支持政策,协调解决企业实际困难,畅通产业链、资金链循环,维护产业链稳定。 **主要任务**:梳理解决企业实际困难;落实援企稳企惠企政策;拉动产业链协同复工复产;基于国际疫情研判,做好政策储备
《加快推进科技创新促进经济稳定增长若干措施》(湖北省人民政府,2020年5月19日)	**主要措施**:大力争取国家创新项目落地;统筹实施省级科技创新项目;谋划推进重大科技基础设施建设;扶持科技型小微企业发展;促进企业提升技术创新能力;加大科技金融支持力度;优先应用推广创新产品;加快建设产业创新平台;做大做强光电子信息产业;支持生物与健康产业创新发展;培育壮大人工智能与数字经济;助推脱贫攻坚和乡村振兴;全面推动高新区提档升级;加强科技成果供需信息共享;提升国家技术转移中部中心服务功能;探索"校区+园区+社区"联动创新创业模式;改进人才评价方式;支持企业引育高层次人才;引导人才服务企业一线;赋予科研经费使用更大自主权;提升科技创新服务效能

资料来源:根据相关政策文件整理。

在中央和湖北省化工产业绿色发展政策指引下,为促进宜昌市化工产业向绿色、安全、低碳、智能、可持续发展方向转变,宜昌市出台了一系列推动化工产业高质量发展的政策文件,推动化工产业精细化、高端化、循环化发展。宜昌市推动化工产业高质量发展的相关政策文件如表2所示。

表2 宜昌市推动化工产业高质量发展的相关政策文件

文件名称(颁布机构、时间)	主要内容
《宜昌市化工行业安全发展规划(2016—2020)》(宜昌市安全生产委员会,2016年12月23日)	**主要措施**:①强化安全监管;②规范园区安全管理;③落实企业主体责任;④加强运输管理;⑤强化应急管理;⑥加强社会安全教育。 **重大项目**:①机械化换人、自动化减人;②"两重点一重大"监控系统;③应急救援指挥中心;④专业应急救援基地;⑤安全教育培训基地;⑥危险化学品运输专用通道

文件名称(颁布机构、时间)	主要内容
《宜昌化工产业专项整治及转型升级三年行动方案》(宜昌市人民政府,2017年10月10日)	工作目标:到2020年,全市化工产业结构调整和转型升级取得重大进展,实现高端化、精细化、绿色化、集聚化、循环化发展,基本建成产业布局合理、技术管理先进、比较优势明显的现代化工产业基地。 主要措施: ——产业布局趋于合理:①优化提升枝江循环化工园区等化工园区,严格控制猇亭工业园等化工产业聚集区,依法推进枝江开元等化工产业聚集点现有化工企业转产或搬离;其他区域禁止发展化工项目;②规范园区建设,实现原料互供、资源共享、用地集约和"三废"集中治理;③在长江及其支流岸线1公里范围内、饮用水水源保护区范围内,坚决依法关停或搬离现有化工企业装置,严禁新建化工园区和项目,沿长江及其支流岸线1公里至15公里范围内化工项目从严控制。 ——调整产业结构:①加快淘汰落后和化解过剩产能;②着力发展高端产能;③完善技术创新体系;④推动企业兼并重组。 ——推进绿色转型:①加快先进技术改造提升;②加快节能减排循环利用;③加快推进磷石膏生态堆存和综合利用;④强化安全生产。 ——实施"五个一批"专项行动:关停、搬迁、改造升级、国际合作、环保、安全和技术改造重大项目各一批
《宜昌市磷产业发展总体规划(2017—2025年)》(宜昌市人民政府,2017年10月11日)	总体目标:通过专项整治,优化空间布局,调整产业结构,引导磷化工业向精细化、高端化、绿色化方向发展。力争通过三年努力,基本建成产业布局合理、技术管理先进、比较优势明显的现代化工产业转型发展示范基地。 发展重点:①提高磷资源开发利用水平;②加快淘汰落后和化解过剩产能;③重点发展高端产品;④提高资源综合利用水平,实现绿色发展
《宜昌市化工产业绿色发展规划(2017—2025年)》(宜昌市人民政府,2018年1月9日)	总体目标:到2025年,宜昌市化工产业绿色发展水平大幅提高,形成以化工新材料和高端专用化学品为重点,以姚家港化工园和宜都化工园为核心的绿色化工产业集群,将宜昌市打造成全国绿色发展化工示范区。 主要措施:①整合资源建设绿色矿山,逐步完善绿色化工矿山建设标准和管理办法,采矿权审批"减一增一",鼓励先进技术应用;②优化工业布局,长江及主要支流岸线1km范围内严禁新建布局化工园区、企业或项目,化工产业分类规划集中,依法依规限期关停搬迁改造化工企业;③编制化工产业规划、园区总体发展规划,规范园区建设;④鼓励优化传统产业技术水平,推动产业结构优化;⑤确保安全发展;⑥加强环境保护
《宜昌市化工产业项目入园指南》(宜昌市人民政府办公室,2018年1月11日)	总体目标:以资源绿色开发为引领,优化传统产业,培育发展高端产业和产品,逐步形成化工新材料和高端专用化学品为重点,有机化工新材料、无机化工新材料、高端专用化学品、新型肥料等多产业板块相融合为特色的化工产业集群。坚持走差异化发展道路,以产业链设计一体化为核心,使得安全生产和环境保护、管理服务等环节实现一体化,建设竞争力强、特色突出、功能完善、开放领先、环境友好的国内一流园区

363

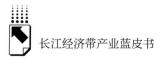
续表

文件名称(颁布机构、时间)	主要内容
《长江宜昌段生态环境修复及绿色发展规划(简本)》(宜昌市人民政府办公室,2018年1月23日)	战略方针:要加快淘汰落后产能,大力推动化工等传统产业升级,牢守资源利用上线,加快推进绿色新兴产业发展,构建资源高效利用、绿色低碳的新型产业体系,全力打赢节能减排攻坚战,推动产业转型升级
《宜昌市深化工业技术改造推动工业经济高质量发展三年行动方案》(宜昌市人民政府办公室,2018年4月3日)	主要目标:全市工业固定资产投资占全社会固定资产投资的比重不低于50%、工业技术改造投资占工业固定资产投资的比重不低于50%,2018~2020年3年工业技术改造总投资不低于2400亿元。 重点任务:推进"两化"深度融合,提升智能化水平;推进产品升级改造,提升质量品牌水平;推进产业转型升级,提升绿色安全发展水平;推进设备更新改造,提升装备技术水平;推进军民融合发展,提升优势产业发展水平;推进企业战略重组,提升资源整合水平;推进企业保规进规,提升中小企业发展水平
《黄柏河东支流域生态补偿方案》(宜昌市人民政府办公室,2018年12月11日)	具体措施:补偿资金筹集;水质检测;根据水质检测结果以及二类水质达标率A和水质改善指数K,分别实施磷矿开采计划调整、水质保证金扣缴与退还、资金补偿;对半年度考核水质达标率不小于A的县(区)应全额返还年度50%的水质保证金;对半年度考核水质达标率不低于A且K为正值的县(区)给予补偿,上半年、下半年各50%
《宜昌磷石膏综合利用和绿色矿山奖励磷矿资源工作方案》(宜昌市化工产业专项整治及转型升级工作领导小组办公室,2020年4月24日)	总体要求:建立磷石膏综合利用、磷矿绿色矿山建设与磷矿资源奖励相挂钩的奖励机制,促进磷石膏副产品加快磷石膏综合利用项目建设和提高利用率、加强与专业磷石膏综合利用企业合作消纳磷石膏,加快绿色矿山建设。 奖励办法:对符合条件的企业根据因素分配法实施采选指标奖励及磷矿开采指标奖励,磷石膏副产企业获得的磷矿开采奖励指标按本年度磷矿开采总量控制计划使用;绿色矿山建设企业获得的磷矿开采量奖励指标直接按本年度企业自身磷矿开采总量控制计划实施
《加强磷石膏建材推广应用》(宜昌市人民政府办公室,2020年6月12日)	重点任务:建成一批以改性磷石膏为原料的建筑粉体系列材料、装配式石膏条板等建筑墙体及装饰系列材料等项目,积极培育磷石膏新型建材产业基地;制定并发布房建、公路、市政、水利、园林等领域磷石膏产品、工程应用相关标准;按照"双随机一公开"要求,在磷石膏建材生产、流通、应用环节开展质量监督抽查,及时查处生产、销售和使用不合格磷石膏建材行为
《宜昌市化工项目入园初步设计书编制指南及审查要点》(宜昌市化工园区规划建设工作领导小组办公室,2020年6月28日)	主要内容:项目基本情况;环保设计情况;安全设施设计情况;主要消防设施;主要生产工艺设计及主要设备选型情况;节能设计情况;项目投资占地、产业链等分析

资料来源:根据相关政策文件整理。

二 宜昌市化工产业园区建设

宜昌市辖西陵、伍家岗、点军、猇亭、夷陵5个城区，远安、兴山、秭归、长阳、五峰5个县，以及宜都、枝江、当阳3个县级市。化学工业产业主要分布在猇亭、宜都、枝江、当阳、远安、兴山、夷陵等7个县（市、区）。截至2017年12月31日，宜昌共有14个化学工业园区、化工生产企业集中区，从园区所分布的县市区来看，枝江市有2个化学工业园区，当阳市有2个化学工业园区，兴山县有2个化学工业园区，远安县有3个化学工业园区，宜都市、夷陵区、猇亭区各有1个化学工业园区。

从沿江化学工业园区和化学工业企业来看，截至2019年12月31日，宜昌14个化工园区中沿江的有枝江市姚家港化工园、宜都化工园、猇亭化工园区、枝江城东（楚天）化工园4个，占比28.57%。沿江化工企业共134家，计划关停的34家企业已全部关停，新增关停4家，累计关停38家；计划就地改造的57家企业中，2家关停，其余55家已全部完成安全环保技术改造项目建设；计划搬迁入园区的36家企业中，2家关停，4家已完成搬迁项目建设且老厂化工主体装置关停，14家正在建设搬迁项目，16家正在开展项目前期准备工作；计划转产的7家企业已全部关停拆除化工主体装置，并完成转产非化工项目。宜昌市化工园区空间布局、园区内规模化工产业企业数及园区类别如表3所示。

表3　宜昌市化工园区空间布局、园区内规模化工产业企业数及园区类别

单位：个

所在地	化工产业园区	园区内规模化工产业企业数	园区类别
宜都市	宜都市宜都化工园	22	优化提升区
枝江市	枝江市姚家港化工园	17	优化提升区
	枝江市城东（楚天）化工园	1	整治关停区
当阳市	当阳市坝陵工业园	3	控制发展区
	当阳市岩屋庙工业园	4	整治关停区

续表

所在地	化工产业园区	园区内规模化工产业企业数	园区类别
远安县	远安县万里工业园	4	控制发展区
	远安县荷花工业园	2	整治关停区
	远安县江北工业园	3	整治关停区
	汪家化工产业园	1	禁止发展区
兴山县	兴山县白沙河化工园	1	控制发展区
	兴山县刘草坡化工园	1	控制发展区
	兴山县平邑口工业园	3	禁止发展区
夷陵区	夷陵区鸦鹊岭精细化工园	2	整治关停区
猇亭区	猇亭化工园	11	控制发展区

资料来源:《宜昌市化工行业安全发展规划(2016—2020)》,宜昌市人民政府网,枝江市人民政府网,宜都市人民政府网,当阳市人民政府网,远安县人民政府网,兴山县人民政府网。

　　姚家港化工园区和宜都工业园区为宜昌市重点建设园区。姚家港化工园区为全省首批合格化工园区、国家循环化改造示范园区、绿色工业园区,其建设思路是充分利用现有煤化工延伸化工产业链,以产业链发展思路为指导引进项目,围绕项目建设园区基础设施,同时对园区进行循环化改造,利用园区废磷石膏发展磷石膏制硫酸、磷石膏制建材、废盐酸分解磷尾矿、磷矿伴生氟综合利用、工业废物处理及资源化利用等,建立"资源综合利用,产业共生耦合"的循环经济模式。姚家港化工园区产品及2020~2022年拟建主要项目分别如表4、表5所示。宜都工业园区为长江经济带重点循环经济示范区、绿色工业园区,发展思路为以紫外线吸收剂、精细磷化工和磷产品循环利用为主导方向,发展清洁化、专业化、精细化化工产品,实现磷化工与建材、电子材料、医药产业之间良性循环,形成生态产业链,同时限制初级化工产品生产的扩张,严格提高化工行业环保要求。宜都工业园区重点建设项目如表6所示。

表4　姚家港化工园区产品

产品类别	产品名称	具体措施
化工新材料	纺织材料	以三宁化工为龙头,规划发展以PET聚酯和聚酰胺为代表的民用纺织纤维、工业用纤维材料等。积极发展新型化学纤维材料,引进并发展新型功能纺织材料,着力打造国内具有重要影响力的新型纺织材料生产基地

续表

产品类别	产品名称	具体措施
化工新材料	工程材料	通过延伸园区己内酰胺产业链和乙二醇项目下游产业链,发展尼龙6和聚酯工程材料。积极发展聚碳酸酯及相关工程材料制品
	新型膜材料	规划乙二醇项目下游产业链,发展PET聚酯薄膜材料,并延伸至功能膜材料制品。基于己内酰胺下游产业发展PA6薄膜材料,如双向拉伸尼龙(BOPA)薄膜等
	陶瓷及其他材料	陶瓷材料主要发展氧化锆陶瓷制品、氮化铝陶瓷制品等,积极引进和发展新型结构与功能陶瓷材料。基于宜昌丰富的石墨资源,规划发展石墨烯产业
新能源材料	新能源电池材料	主要包括正极材料、负极材料、电解质、隔膜、添加剂和辅助材料。太阳能电池材料拟规划发展多晶硅及硅片。 正极材料包括磷酸铁锂、镍钴锰酸锂,负极材料包括石墨、硅基负极、钛酸锂,电解质包括六氟磷酸锂、双(氟代磺酰)亚胺锂,隔膜包括湿法隔膜、功能陶瓷涂覆隔膜;辅助材料包括铜箔、铝箔、铝塑膜
	新能源电池	新能源电池及梯次利用包括动力电池及通过梯次利用生产储能电池产品。动力电池产品主要发展三元电池、磷酸铁锂电池等
精细化工	专用精细化学品	发展以水性胶粘剂为代表的精细化学品项目,同时发展金属捕捉剂、水处理剂、化妆品乳化剂、食品添加剂等专用精细化学品。基于园区内丰富的化学原料资源,积极发展电子化学品产业,引进和发展抗蚀剂、液晶油墨、液晶中间体及单体等电子化学品
	医药中间体及原料药	规划发展医药中间体、原料药及成药产业。目前园区已引进原料药项目如酮基布洛芬、埃索美拉唑、卤米松等
高端农用化工	高效新型肥料	鼓励迪斯科、香青化肥、富升等企业扩大缓控释、专用肥、水溶肥等新型肥料生产能力,提升高端化肥产品占比
循环经济	废物综合利用	规划发展磷石膏制硫酸项目,促进废磷石膏综合利用;支持以三迪环保、三宏建材等企业为代表的磷石膏综合利用项目,规划磷石膏制建材并向高端产品方向发展;规划废盐酸分解磷尾矿制工业级氢氧化镁及硫酸钙项目,发展氯化钙、三氯化铁等项目,促进园区废盐酸、磷尾矿的综合利用;规划以磷矿石加工生产磷肥的副产物氟硅酸为原料生产高活性氟化钾(联产白炭黑),促进氟、硅资源的综合利用;发展电石渣粉煤灰制砖项目,促进园区内的电石渣、粉煤灰等固体废物综合利用
	资源再生利用	支持北控集团工业废物处理及资源化项目,实现污水处理及污泥干化综合利用,以及废矿物油、废酸、废有机溶剂、废乳化液的资源化再生利用

资料来源:整理自《宜昌姚家港化工园产业发展规划(2017—2030)》。

表5 2020~2022年宜昌姚家港化工园区拟建主要项目

序号	项目名称	意向单位
1	乙二醇项目	三宁化工
2	精制磷酸项目	三宁化工
3	酸钾二氢钾	三宁化工
4	己内酰胺及聚酰胺项目	三宁化工
5	EPVC 特种树脂项目	山水化工
6	聚碳酸酯项目	甘宁化工、上海卿森
7	陶瓷材料项目	熙田科技
8	锂电池正极材料项目	浩元材料、江宸科技
9	锂电池隔膜项目	江升科技
10	太阳能电池材料项目	宜昌南坡硅材料
11	新型肥料项目	三宁、迪斯科、宜施壮等
12	苯甲醇及深加工项目	科林博伦
13	液晶中间体及单体项目	广域化学
14	盐酸乙醚及深加工	恒有化工
15	医药中间体及原料药项目	诺安药业、仙盛化工
16	新型环保胶粘剂项目	裕田霸力
17	金属捕捉剂项目	华宏实业
18	化妆品乳化剂项目	楚怡化工
19	复合肥防结块剂项目	中宁化工
20	磷石膏制硫酸项目	金三源科技
21	磷石膏制磷石膏粉	蓝源建筑科技
22	磷石膏制复合墙体喷筑浆料	三迪环保
23	废盐酸综合利用项目	三宁化工
24	磷矿伴生氟综合利用项目	三宁化工

资料来源：整理自《宜昌姚家港化工园产业发展规划（2017—2030）》。

表6 宜昌宜都工业园区重点建设项目

序号	项目名称	可合作单位	园区对应企业
1	环保膨胀型耐候阻燃织物涂层	杭州传化精细化工有限公司 浙江传化股份有限公司	宜都市红山化工有限公司
2	磷酸三丁酯（TBP）	衡阳市化工研究所	宜都兴发化工有限公司
3	磷酸酯类轻纺助剂缓释法绿色合成	陕西科技大学	
4	无卤有机磷膨胀型阻燃剂	中国科学技术大学	

序号	项目名称	可合作单位	园区对应企业
5	高功率型锂离子电池用高密度高导电型球形磷酸铁锂制备技术	东北大学秦皇岛分校	湖北键多新能源股份有限公司
6	新型环保阻燃材料	清华大学	宜都市华阳化工有限责任公司
7	次磷酸钠尾气制取有机磷阻燃剂工艺	湖北兴发化工集团股份有限公司	宜都市红山化工有限公司
8	高端磷酸氢钙系列产品大型装置技术	云南天创科技有限公司 云南省化工研究院	键科(宜昌)实业有限公司
9	纳米高活性正磷酸铁	秦皇岛科维克科技有限公司	宜昌鄂中化工有限公司

资料来源:整理自《湖北宜都工业园区产业发展规划(2016—2020年)》。

三 宜昌市化工产业链建设

宜昌重点建设的化工产业链为化工新材料产业链与碳一化工产业链。化工新材料泛指通过化学合成的手段生产的新材料,以及以化工新材料为基础通过二次加工生产的复合材料;碳一化工产业链是由煤炭深加工而形成的,包括聚酯、聚酰胺、聚乙烯、聚丙烯、高性能纤维、功能性隔膜材料等有机无机化工新材料和高端专用化学品。

(一)化工新材料产业链

宜昌化工新材料产业链包括以磷、硅为原料的磷化工新材料产业链和石墨新材料产业链。磷化工新材料产业链由黄磷、磷酸等磷化工初级化工原料经深度开发、广泛应用而形成的包括磷系新能源材料、阻燃剂、表面活性剂、增塑剂、水处理剂等有机无机化工新材料,以及与硅化工、氯碱化工耦合形成的包括有机硅单体(甲基氯硅烷)、有机硅中间体(二甲基环硅氧烷混合物DMC等聚硅氧烷)、有机硅产品(硅橡胶、硅油、硅树脂及硅烷偶联剂)等有机硅新材料组成(见图1)。

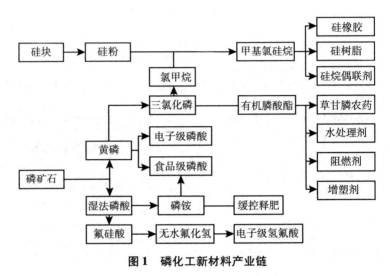

图1　磷化工新材料产业链

资料来源：整理自《宜昌市市级重点产业链建设方案》。

（二）碳一化工产业链

碳一化工产业链是由煤炭深加工而形成的，包括聚酯、聚酰胺、聚乙烯、聚丙烯、高性能纤维、功能性隔膜材料等有机无机化工新材料和高端专用化学品（见图2）。

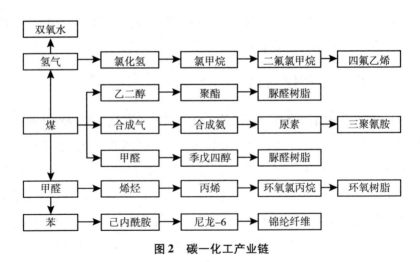

图2　碳一化工产业链

资料来源：整理自《宜昌市市级重点产业链建设方案》。

1. 产业链上游

宜昌石墨资源具有分布较为集中，易开采，品位高（固定碳含量平均达9%～13%，最高可达25%），可选性好、易于提纯，大鳞片率较高，悬浮性好等特点，适合于各种石墨烯深加工。宜昌石墨矿是中南地区唯一的大型石墨矿床，主要分布在夷陵区和兴山县，是中国除黑龙江、山东、内蒙古之外的第四大晶质（鳞片）石墨基地，累计查明储量2373万吨，约占全国查明资源储量的10.8%，远期储量可望突破5000万吨。

2. 产业链中游

宜昌现有石墨规模以上企业4家，龙头企业主要有宜昌新成石墨有限公司、湖北联投恒达石墨有限公司2家，主要产品有：中碳石墨粉、柔性石墨纸、可膨胀石墨、石墨盘根、石墨垫片、石墨线、石墨复合材料（金属基高强复合板材、铜铝基复合导电材料、玻纤软基复合密封材料等）、石墨坩埚及石墨烯纳微片浆料、粉料等。2018年总产值6.38亿元，已经形成了石墨资源开采、选矿、加工、研发、销售等较完整的生产销售体系。

3. 产业链下游

目前，宜昌石墨产业主要集中在上游石墨矿采选及中游的部分石墨加工制品。石墨及石墨烯应用领域较宽、产业链较长，石墨烯产品尚在研发及工业试生产阶段。新成石墨试生产的石墨烯浆料已小规模供应比亚迪，应用于锂电池材料。石墨烯未来应用领域涵盖超级电容器、防火阻燃材料、隔热保温材料、智能穿戴、电子触控屏等产品，并有望在国防军工、医药、环境等领域实现新的突破。

四 "宜昌样本"的实践启示

（一）以科学规划布局化学工业产业健康发展

为实现化学工业产业健康发展，宜昌先后出台了《宜昌市化工行业安全发展规划（2016—2020）》《宜昌市化工产业项目入园指南》等文件，编制全市化工产业产品发展规划，为企业开发项目和产品提供科学指导。以"总量控制、集中发展"为主线，调整市域化工产业空间布局，推进化学工业园区化发展，将化学工业园区划分为优化提升区、控制发展区、整治关停区、禁止发展区四类，将化学工业企业逐步搬迁至化学工业园区，重点打造宜都化工园和姚家港化工园，努力建设成为国内领先、国际一流的化学工业园区。以"共抓大保护、不搞大开发"为导向，综合考虑环境容量、资源承载能力、产品市场、水土资源等要素，充分考虑地区经济发展的需要，合理规划化学工业发展，淘汰技术落后、污染严重的化学工业企业，明确重点支持发展的产品、退出（禁止、淘汰）产能（矿山、装置、项目）和产品目录，禁止在长江干流及重要支流岸线1公里范围内布局重化工园区和新建化工企业或化工项目，现有化工企业搬离或者关闭。

（二）以创新驱动加快化学工业产业转型升级

为加快化学工业产业转型升级，宜昌对化学工业产业转移升级制定了时间表和路线图，加快创新驱动促进化学工业产业转型升级，做精做优化学工业，实现化学工业产品由工业级向电子级、食品级转变。围绕磷化工产业，引进和承接磷精细化工项目，有针对性地引进一批下游配套型、服务型、延链型项目，以此向上游和下游的产业链延伸，推动新区的产业链上下联动。发展高端产能，即磷精细化工、高端专用化学品、有机氟硅等新型合成材料，以及高浓度磷复肥（水溶肥）等新型肥料。创建国家级精细化工及新材料产业园区，按产业链规划建设配套，探索"一区多园"，以上下游产品关联度为主线，鼓励强强联合，以强带弱，推进矿业权、产能（耗能、排放量）置换，形成围绕龙头配套发展的产业集群。加强与科研机构、高等院校合作，建立产学研一体化的企业技术中心，整合现有企业研发力量，组建宜昌化工规划研究院。鼓励消化吸收新技术，并进行二次开发，打造拥有自主知识产权的新技术和新产品。

（三）以政策支持保障化学工业产业绿色发展

为保障化学工业产业绿色发展，宜昌先后出台《宜昌化工产业专项整治及转型升级三年行动方案》《宜昌市化工产业绿色发展规划（2017—2025年)》《长江宜昌段生态环境修复及绿色发展规划（简本)》等文件，合理权衡生态、社会和经济系统之间的协同发展，探索开展生态环境保护、系统修复、综合治理、科学试验。完善节能标准体系，推进节能减排技术应用，实施清洁生产工艺，建立"企业内废弃物综合利用小循环、企业间产业生态耦合中循环、园区生产要素公共资源梯度利用大循环"的循环型工业体系。强化政策约束和激励机制，在财政支出结构上倾斜于修复生态环境，对磷石膏综合利用给予补助，鼓励化学工业企业发展循环经济，对实施搬迁且符合条件的化学工业企业优先给予财政专项资金支持，推进绿色化工产业金融合作创新工程，发展绿色金融，拓宽融资渠道。

参考文献

国家发改委：《严控在长江中上游沿岸新建煤化工项目》，《中国煤炭》2016 年第 4 期，第 24 页。

刘志彪：《重化工业调整：保护和修复长江生态环境的治本之策》，《南京社会科学》2017 年第 2 期，第 1～6 页。

王卓峰、张晶星：《长江经济带绿色化工行启动 首选调研染料中间体》，《中国石油和化工》2017 年第 11 期，第 78 页。

张厚明、秦海林：《长江经济带"重化工围江"问题研究》，《中国国情国力》2017 年第 4 期，第 38～40 页。

吴传清、叶云岭：《推动长江经济带化工园区高质量发展》，《经济日报》2020 年 5 月 15 日，第 15 版。

步雪琳：《宜昌致力破解"化工围江"困局》，《中国环境报》2018 年 5 月 3 日，第 1 版。

魏昊星：《推动化工产业转型升级》，《经济时报》2018 年 3 月 8 日，第 3 版。

陈璐、卞超：《宜都推进长江岸线生态修复》，《三峡日报》2018 年 1 月 24 日，第

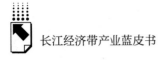
5 版。

郭习松：《九大行动助推湖北长江大保护》，《湖北日报》2017 年 9 月 4 日，第 1 版。

雷鹏程：《不等不靠，以壮士断腕决心推进化工产业转型升级》，《三峡日报》2017 年 8 月 12 日，第 1 版。

吴传清、吕立勤：《做好产业结构调整的"加减法"》，《经济日报》2016 年 4 月 27 日，第 12 版。

唐宜贵：《宜昌拆除长江两岸化工企业》，《湖北日报》2017 年 9 月 18 日，第 1 版。

王尔德：《清理沿江化工企业，保障长江生命线安全》，《21 世纪经济报道》2017 年 3 月 3 日，第 6 版。

余桃晶：《湖北以壮士断腕的决心保护水源地》，《中国环境报》2017 年 8 月 24 日，第 7 版。

张厚明：《破解长江经济带"重化工围江"难题》，《中国经济时报》2016 年 10 月 28 日，第 5 版。

顾阳：《长江经济带发展要重"一盘棋"》，《经济日报》2020 年 1 月 15 日，第 4 版。

周慧：《"十三五"将加大长江航道生态投入严控沿江化工园区》，《21 世纪经济报道》2016 年 9 月 28 日，第 7 版。

周慧：《长江经济带规划纲要出台在即，湖北整顿明星化工企业》，《21 世纪经济报道》2016 年 4 月 19 日，第 7 版。

周慧：《长江经济带沿线密集行动各地"关转搬"一批化工企业》，《21 世纪经济报道》2018 年 5 月 16 日，第 8 版。

B.15
特大城市中心城区服务业转型
发展的"南京秦淮样本"

张　玲*

摘　要： 基于长江经济带特大城市之间服务业发展水平呈现的显著梯度和发展差异，本报告选取了长江经济带下游长三角区域七个常住人口500万以上的城市作为比较分析对象，包括上海、苏州、杭州、宁波、南京、无锡和常州。与长江经济带中游和上游城市群中的重要节点城市相比，下游特大城市在服务业发展规模和质量方面具有明显优势。对同一能级、产业结构相似的特大城市进行比较，在发展趋势的可比性、指向性、规律性方面，特征会更加明显，政策层面的指导意义也会更加突出。在整体分析的背景下，以南京市为例，通过分析南京市秦淮区的主导产业规模和细分产业构成变化趋势，梳理总结近年来特大城市中心城区的发展经验和模式，形成具有较强代表性的特大城市中心城区服务业转型的"南京秦淮样本"。

关键词： 长三角　特大城市　服务业　转型发展　"南京秦淮样本"

---

* 张玲，江苏省南京市秦淮区发展和改革委员会规划科科长，武汉大学区域经济学专业硕士研究生，美国奥本大学规划学硕士研究生，从事区域经济学研究。

一 服务业发展趋势分析

（一）长三角特大城市服务业发展趋势

通过对上海、苏州、杭州、宁波、南京、无锡和常州七个城市2010～2019年统计年鉴数据，以及统计局官网年度统计公报和月度统计数据的整合梳理，本报告建立了样本框城市GDP和三次产业构成的基本数据库，并进行趋势分析，初步建立了样本框城市服务业转型的发展趋势和梯度的直观概念。

从七个城市GDP三次产业构成（见表1）来看，服务业增加值比重均逐年上升，而工业增加值总量虽然也在稳步增长，但占GDP的比重呈现出下降趋势。上海、杭州、南京三个城市的服务业主导特征在服务业构成变化表中有明显体现，与工业增加值比重呈现此消彼长关系。

据世界银行统计，发达国家服务业增加值占GDP比重一般在60%以上，中等收入国家平均在50%左右。服务业占比超过50%，意味着区域内经济出现由工业主导向服务业主导的转型。按此标准，上海、南京早在2010年就已经是服务业主导的产业结构，近十年间，杭州、苏州、无锡、常州均完成了向服务业主导转型。

从近十年来七个城市服务业增加值占GDP比重看，上海位于长三角地区服务业主导第一梯队，2019年占比达到72.7%，与其他城市的占比差距有进一步扩大趋势。杭州、南京位于第二梯队，2019年服务业增加值占比分别为66.2%和61.9%，超过60%的发达区域服务业占比标准。苏州、无锡、常州、宁波位于第三梯队，除宁波2019年服务业增加值占比稍低于50%外，其他三市均位于稍高于50%的区间（见表2）。

从发展趋势看，这种梯队结构一直较为明显。上海服务业增加值占比绝对量和增幅都居于领头地位，除了在2017年、2018年出现停滞和略微下降外，2019年高位回升，突破70%。值得注意的是，2015年杭州服务业增加值占比超过南京，并保持着稳步较快的增长趋势，和其他城市的差距逐

表1 2010～2019年长三角特大城市三次产业构成变化

单位：亿元

产业/年份		2010	2011	2012	2013	2014	2015	2016	2017	2018	2019
上海	第一产业	114.2	124.9	127.8	124.9	124.3	109.8	109.5	110.8	104.4	103.9
	第二产业	7376.8	7927.9	7854.8	7907.8	8167.7	8259.0	8406.3	9330.7	9732.5	10299.2
	第三产业	9942.3	11142.9	12199.2	13785.5	15275.7	17274.6	19662.9	21191.5	22843.0	27752.3
苏州	第一产业	155.8	177.8	195.1	214.5	204.0	215.7	202.8	222.0	214.0	196.7
	第二产业	5253.8	5957.7	6502.3	6849.6	6893.0	7045.1	7277.5	8235.9	8933.3	9130.2
	第三产业	3819.3	4581.5	5314.3	5951.6	6663.9	7243.2	7975.8	8861.7	9450.2	9908.9
杭州	第一产业	208.4	236.8	255.1	265.4	274.4	288.0	304.2	311.1	305.5	326.0
	第二产业	2844.1	3323.8	3572.6	3662.0	3845.6	3909.0	4120.9	4362.5	4571.9	4875.0
	第三产业	2896.7	3458.5	3974.3	4416.1	5086.2	5853.3	6888.6	7929.8	8631.7	10172.0
南京	第一产业	142.3	164.3	185.1	204.6	214.3	232.4	252.5	263.0	273.4	309.7
	第二产业	2327.9	2760.8	3170.8	3450.6	3623.5	3916.8	4117.3	4454.9	4721.6	5040.9
	第三产业	2542.5	3220.4	3845.7	4356.0	4983.0	5571.6	6113.2	6997.2	7825.4	8699.5
宁波	第一产业	219.1	255.2	268.5	272.1	275.7	284.7	302.1	305.8	306.0	322.3
	第二产业	2870.7	3349.5	3516.8	3681.0	3980.4	4098.2	4455.3	5119.4	5507.5	5782.9
	第三产业	2073.2	2454.5	2796.9	3211.5	3354.2	3620.7	3929.1	4416.8	4932.0	5879.9
无锡	第一产业	104.9	123.0	137.2	148.5	157.0	137.7	135.2	135.2	125.1	122.5
	第二产业	3208.8	3728.1	4012.0	4207.4	4186.3	4197.4	4345.8	4964.4	5464.4	5627.9
	第三产业	2479.6	3029.1	3418.9	3714.2	3862.0	4183.1	4723.1	5412.2	5849.5	6101.9
常州	第一产业	99.8	111.4	126.3	138.1	138.5	146.6	152.7	157.1	156.3	157.0
	第二产业	1728.0	1950.8	2100.8	2250.8	2408.1	2516.0	2652.3	3081.2	3263.3	3529.2
	第三产业	1264.1	1518.2	1742.7	1972.0	2355.3	2610.6	2933.9	3384.0	3630.7	3714.7

资料来源：整理自七个城市2010～2019年统计年鉴数据，以及统计局官网年度统计公报和月度统计数据。

步拉大。宁波经过 2014～2017 年的占比变化停滞期后，服务业发展趋势逐步走强，主导趋势逐渐明显，近两年占比增幅较大。与此同时，苏州、常州和无锡的服务业占比开始进入瓶颈期，常州首次出现年度占比下降。

表2　2010～2019 年长三角特大城市服务业增加值占 GDP 比重

单位：%

城市/年份	2010	2011	2012	2013	2014	2015	2016	2017	2018	2019
上海	57.0	58.0	60.4	63.2	64.8	67.4	69.8	69.2	69.9	72.7
杭州	48.7	49.3	50.9	52.9	55.2	58.2	60.9	62.9	63.9	66.2
南京	50.7	52.4	53.4	54.4	56.5	57.3	58.4	59.7	61.0	61.9
苏州	41.4	42.7	44.2	45.7	48.4	49.9	51.5	51.2	50.8	51.5
无锡	42.8	44.0	45.2	46.0	47.1	49.1	51.3	51.5	51.1	51.5
常州	40.9	42.4	43.9	45.2	48.0	49.5	50.9	51.1	51.5	50.2
宁波	40.2	40.5	42.5	44.8	44.1	45.2	45.2	44.9	45.9	49.1

资料来源：同上。

从 GDP 看，上海领先其他城市的优势呈倍数级，且年均增幅也明显高于其他城市，差距有进一步扩大趋势（见表3）。考虑到服务业对上海市 GDP 的主导性支撑作用，服务业增长对 GDP 增长的贡献度更为明显。近十年间，苏州、杭州、南京、无锡、宁波先后于 2011 年、2015 年、2016 年、2017 年、2018 年进入 GDP "万亿俱乐部" 成员名单。从近十年 GDP 增幅变化看，除了上海增幅还在稳步上升外，其余六个城市增幅均呈现逐年收窄趋势，杭州、宁波收窄幅度相对较小，南京、苏州、无锡、常州收窄幅度较为明显。

表3　2010～2019 年长三角特大城市 GDP

单位：亿元

城市/年份	2010	2011	2012	2013	2014	2015	2016	2017	2018	2019
上海	17433.2	19195.7	20181.7	21818.2	23567.7	25643.5	28178.7	30633.0	32679.9	38155.3
苏州	9228.9	10717.0	12011.7	13015.7	13760.9	14504.1	15475.1	17319.5	18597.5	19235.8
杭州	5949.2	7019.1	7802.0	8343.5	9206.2	10050.2	11313.7	12603.4	13509.2	15373.0
南京	5012.6	6145.5	7201.6	8011.8	8820.8	9720.8	10503.0	11715.1	12820.4	14050.0

城市/年份	2010	2011	2012	2013	2014	2015	2016	2017	2018	2019
宁波	5163.0	6059.2	6582.2	7164.5	7610.3	8003.6	8686.5	9842.1	10745.5	11985.1
无锡	5793.3	6880.2	7568.2	8070.2	8205.3	8518.3	9210.0	10511.8	11438.6	11852.3
常州	3091.9	3580.4	3969.8	4360.9	4901.9	5273.2	5773.9	6622.3	7050.3	7400.9

资料来源：同上。

（二）长三角特大城市服务业细分产业发展趋势

本报告通过对上海、苏州、杭州、宁波、南京、无锡和常州七个城市2010～2019年统计年鉴数据的整理，对包括批发和零售，交通运输、仓储和邮政，住宿和餐饮，金融，房地产，其他服务业在内的各城市服务业的6大项细分产业进行了比较研究，从总量构成、增幅等方面系统分析了服务业细分产业发展趋势。基于数据统计口径的一致性和基础数据的可获得性，其他服务业未做进一步细分，涵盖信息传输软件和信息技术服务业、租赁和商务服务业、科学研究和技术服务业、水利环境和公共设施管理业、居民服务修理和其他服务业、教育、卫生和社会工作、文化体育和娱乐业、公共管理社会保障和社会组织9个子项。一般认为，其他服务业中包含更高比例的生产性服务业产值，对区域经济增长更具潜力。

1. 上海市

上海的服务业细分产业总量排名前三位的分别为其他服务业、金融业、批发和零售业，2019年产值分别为10718.4亿元、6600.6亿元和5023.2亿元（见表4）。

表4　2010～2019年上海市服务业细分产业总量构成

单位：亿元

行业/年份	2010	2011	2012	2013	2014	2015	2016	2017	2018	2019
批发和零售业	2594.3	3041.0	3291.9	3533.1	3647.3	3824.2	4119.6	4393.4	4581.5	5023.2
交通运输、仓储和邮政业	834.4	868.3	895.3	935.1	1044.5	1133.7	1237.3	1344.5	1533.4	1650.4

续表

行业/年份	2010	2011	2012	2013	2014	2015	2016	2017	2018	2019
住宿和餐饮业	266.5	279.3	298.4	314.3	359.3	374.6	389.0	412.3	421.5	458.9
金融业	1951.0	2277.4	2450.4	2823.3	3400.4	4162.7	4765.8	5330.5	5781.6	6600.6
房地产业	1002.5	1019.7	1147.0	1343.8	1531.0	1699.8	2125.6	1873.1	1992.5	3300.7
其他服务业	3184.9	3657.1	4116.1	4835.9	5293.3	6047.8	6992.7	7800.4	8532.5	10718.4

从 2010 年到 2019 年，上海市其他服务业增加值占比从 32.4% 提高到 38.6%，批发和零售业占比从 26.4% 下降到 18.1%，金融业占比从 19.8% 上升到 23.8%，前三位细分产业增加值总量占比从 78.6% 上升到 80.5%。交通运输、仓储和邮政业，住宿和餐饮业两大产业门类占比出现下降（见表5）。

表5　2010 年和 2019 年上海市服务业细分产业总量构成比较

单位：亿元，%

行业	2010 年		2019 年	
	产值	比重	产值	比重
批发和零售业	2594.3	26.4	5023.2	18.1
交通运输、仓储和邮政业	834.4	8.5	1650.4	5.9
住宿和餐饮业	266.5	2.7	458.9	1.7
金融业	1951.0	19.8	6600.6	23.8
房地产业	1002.5	10.2	3300.7	11.9
其他服务业	3184.9	32.4	10718.4	38.6

从近十年细分产业增加值年度增幅趋势看，交通运输、仓储和邮政业，房地产业和其他服务业增幅呈现放大趋势，增幅趋势中间值分别为8%、15%和15%；批发和零售业、住宿和餐饮业与金融业增幅逐步收窄，增幅趋势中间值分别为7.5%、6.5%、15%（见图1）。

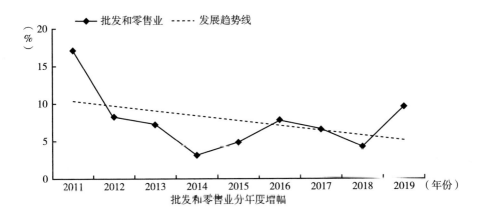

批发和零售业分年度增幅

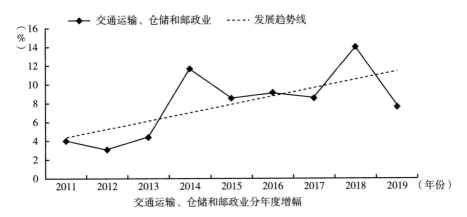

交通运输、仓储和邮政业分年度增幅

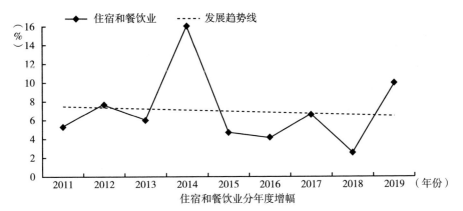

住宿和餐饮业分年度增幅

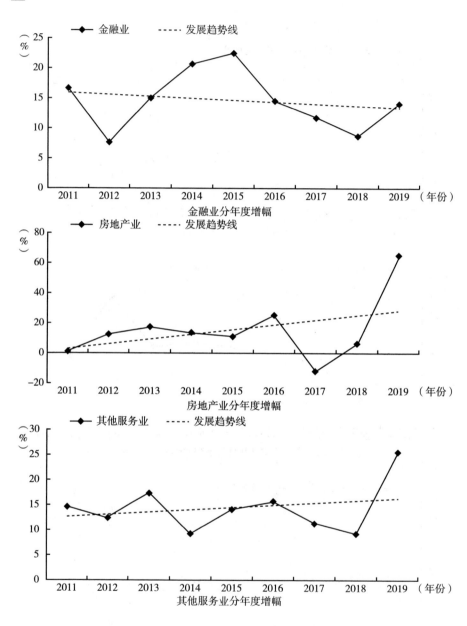

图1　2011～2019年上海市服务业细分产业增幅趋势

资料来源：整理自《上海市统计年鉴》（2011～2019）。

2. 苏州市

苏州的服务业细分产业总量排名前三位的分别为其他服务业、批发和零售业、金融业，2018 年产值分别为 3370.1 亿元、2341.9 亿元和 1520.6 亿元（见表6）。

表6　2010～2018 年苏州市服务业细分产业总量构成

单位：亿元

行业/年份	2010	2011	2012	2013	2014	2015	2016	2017	2018
批发和零售业	1191.6	1476.0	1645.1	1813.1	1961.7	1947.5	2047.4	2233.7	2341.9
交通运输、仓储和邮政业	285.5	350.8	387.5	409.9	436.0	453.2	478.0	518.4	545.3
住宿和餐饮业	215.5	260.6	313.5	347.4	372.9	406.3	439.4	475.9	511.1
金融业	487.3	633.3	819.6	960.7	1021.5	1180.4	1333.8	1421.2	1520.6
房地产业	542.4	581.2	657.5	785.7	849.0	896.4	1015.2	1066.9	1133.6
其他服务业	1097.0	1279.7	1491.2	1634.9	1997.8	2332.9	2635.5	3118.4	3370.1

从 2010 年到 2018 年，苏州市其他服务业增加值占比从 28.7% 提高到 35.8%，批发和零售业占比从 31.2% 下降到 24.9%，金融业占比从 12.8% 上升到 16.1%，前三位细分门类产业增加值总量占比从 72.7% 上升到 76.8%。交通运输、仓储和邮政业，住宿和餐饮业，以及房地产业三大产业占比出现下降（见表7）。

表7　2010 年和 2018 年苏州市服务业细分产业总量构成比较

单位：亿元，%

行业	2010 年		2018 年	
	产值	比重	产值	比重
批发和零售业	1191.6	31.2	2341.9	24.9
交通运输、仓储和邮政业	285.5	7.5	545.3	5.8
住宿和餐饮业	215.5	5.6	511.1	5.4
金融业	487.3	12.8	1520.6	16.1
房地产业	542.4	14.2	1133.6	12.0
其他服务业	1097.0	28.7	3370.1	35.8

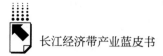

从近十年细分产业门类增加值年度增幅趋势看，所有服务业细分门类增幅均逐步放缓，批发和零售业，交通运输、仓储和邮政业，住宿和餐饮业，金融业，房地产业，以及其他服务业增幅趋势中间值分别为 7%、5.5%、6.5%、15%、10%、15%（见图2）。

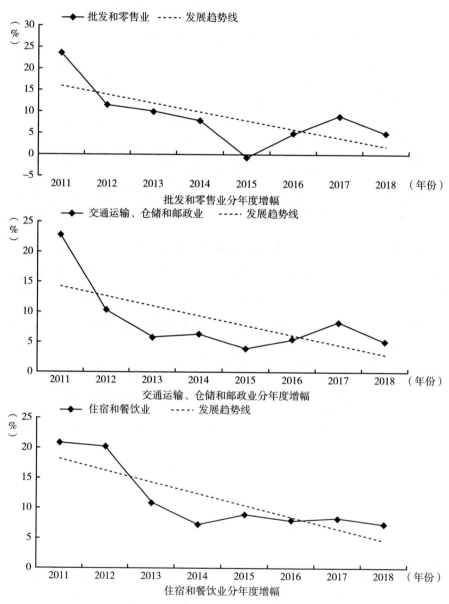

批发和零售业分年度增幅

交通运输、仓储和邮政业分年度增幅

住宿和餐饮业分年度增幅

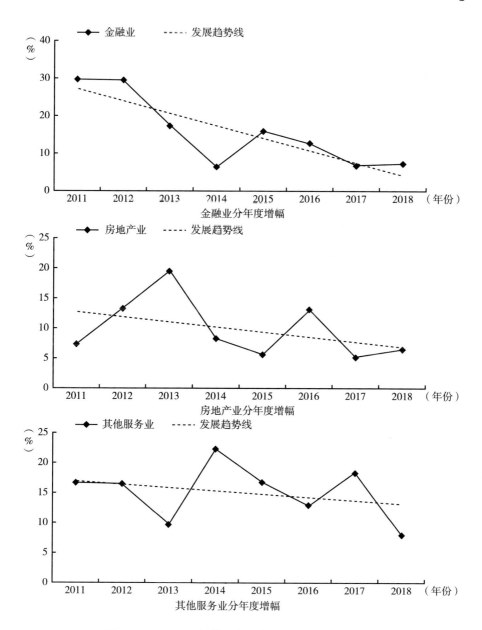

图2 2011～2018年苏州市服务业细分产业增幅趋势

资料来源：整理自《苏州市统计年鉴》（2011～2018）。

3. 杭州市

杭州的服务业细分产业总量排名前三位的分别为其他服务业、金融业、批发和零售业，2018 年产值分别为 4922.4 亿元、1196.9 亿元和 1050.8 亿元（见表 8）。

表 8   2010~2018 年杭州市服务业细分产业总量构成

单位：亿元

行业/年份	2010	2011	2012	2013	2014	2015	2016	2017	2018
批发和零售业	512.3	642.1	693.0	740.6	784.2	818.0	883.7	981.8	1050.8
交通运输、仓储和邮政业	160.8	189.5	213.5	222.6	277.3	297.9	325.5	341.6	371.3
住宿和餐饮业	100.0	119.6	113.1	115.8	149.7	164.7	175.3	193.1	208.0
金融业	606.0	744.3	790.6	879.3	881.6	941.5	982.0	1055.5	1196.9
房地产业	437.3	434.4	542.5	584.9	560.0	613.2	690.1	789.7	874.5
其他服务业	1080.2	1328.6	1621.6	1872.8	2428.1	3012.1	3825.6	4560.9	4922.4

从 2010 年到 2018 年，杭州市其他服务业增加值占比从 37.3% 提高到 57.1%，批发和零售业占比从 17.7% 下降到 12.2%，金融业占比从 20.9% 下降到 13.9%，前三位细分产业增加值总量占比从 75.9% 上升到 83.2%。交通运输、仓储和邮政业，住宿和餐饮业，以及房地产业三大产业占比均出现下降（见表 9）。

表 9   2010 年和 2018 年杭州市服务业细分产业总量构成比较

单位：亿元，%

行业	2010 年		2018 年	
	产值	比重	产值	比重
批发和零售业	512.3	17.7	1050.8	12.2
交通运输、仓储和邮政业	160.8	5.6	371.3	4.3
住宿和餐饮业	100.0	3.5	208.0	2.4
金融业	606.0	20.9	1196.9	13.9
房地产业	437.3	15.1	874.5	10.1
其他服务业	1080.2	37.3	4922.4	57.1

从近十年细分产业门类增加值年度增幅趋势看，除了房地产业外，其他所有服务业细分门类增幅均逐步放缓，批发和零售业，交通运输、仓储和邮政业，住宿和餐饮业，金融业，以及其他服务业增幅趋势中间值分别为9.5%、11%、10%、9%、21%（见图3）。

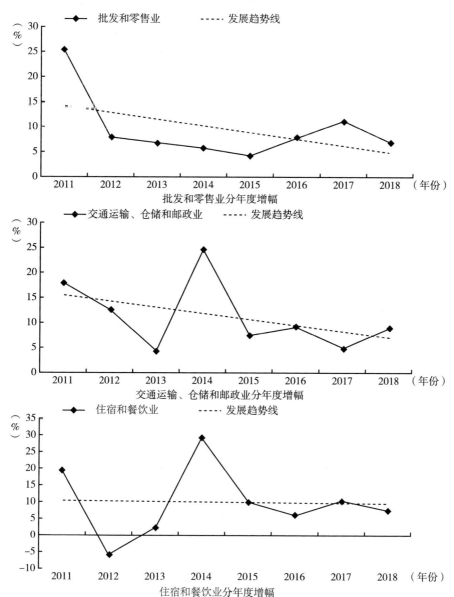

批发和零售业分年度增幅

交通运输、仓储和邮政业分年度增幅

住宿和餐饮业分年度增幅

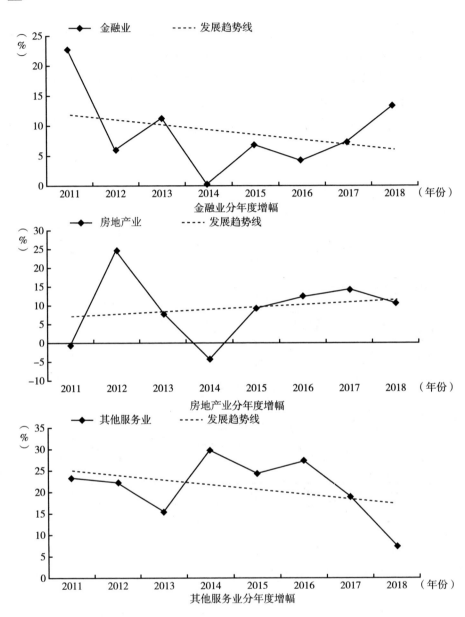

图 3 2011～2018 年杭州市服务业细分产业增幅趋势

资料来源：整理自《杭州市统计年鉴》（2011～2018）。

4. 南京市

南京的服务业细分产业总量排名前三位的分别为其他服务业、金融业、批发和零售业，2018 年产值分别为 3517.1 亿元、1473.3 亿元和 1454.4 亿元（见表 10）。

表 10　2010~2018 年南京市服务业细分产业总量构成

单位：亿元

行业/年份	2010	2011	2012	2013	2014	2015	2016	2017	2018
批发和零售业	515.9	657.7	752.0	828.7	963.8	1062.0	1174.1	1323.3	1454.4
交通运输、仓储和邮政业	260.4	345.4	353.8	367.1	299.9	308.0	306.2	346.5	351.1
住宿和餐饮业	93.0	112.3	133.4	144.6	155.4	168.9	183.0	198.3	216.3
金融业	420.4	552.4	721.9	846.2	978.8	1122.2	1241.8	1355.1	1473.3
房地产业	315.8	393.6	458.7	579.0	588.0	611.0	711.5	774.5	813.1
其他服务业	937.1	1159.0	1426.0	1590.9	1997.2	2299.6	2516.7	2999.6	3517.1

从 2010 年到 2018 年，南京市其他服务业增加值占比从 36.9% 提高到 44.9%，批发和零售业占比从 20.3% 下降到 18.6%，金融业占比从 16.5% 上升到 18.8%，前三位细分门类产业增加值总量占比从 73.7% 上升到 86.3%。交通运输、仓储和邮政业，住宿和餐饮业，以及房地产业三大产业占比均出现下降（见表 11）。

表 11　2010 年和 2018 年南京市服务业细分产业总量构成比较

单位：亿元，%

行业	2010 年		2018 年	
	产值	比重	产值	比重
批发和零售业	515.9	20.3	1454.4	18.6
交通运输、仓储和邮政业	260.4	10.2	351.1	4.5
住宿和餐饮业	93.0	3.7	216.3	2.8

续表

行业	2010 年		2018 年	
	产值	比重	产值	比重
金融业	420.4	16.5	1473.3	18.8
房地产业	315.8	12.4	813.1	10.4
其他服务业	937.1	36.9	3517.1	44.9

从近十年细分产业门类增加值年度增幅趋势看,所有服务业细分门类增幅均逐步放缓,批发和零售业,交通运输、仓储和邮政业,住宿和餐饮业,金融业,房地产业,以及其他服务业增幅趋势中间值分别为 13%、5%、11%、17%、13%、18%(见图 4)。

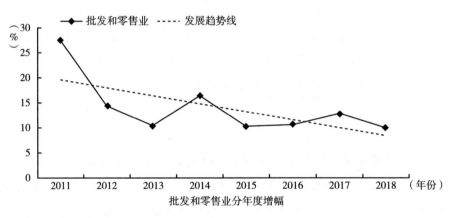

批发和零售业分年度增幅

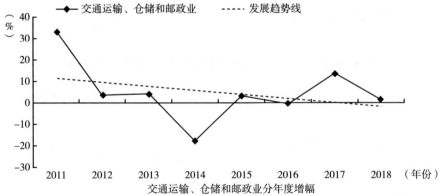

交通运输、仓储和邮政业分年度增幅

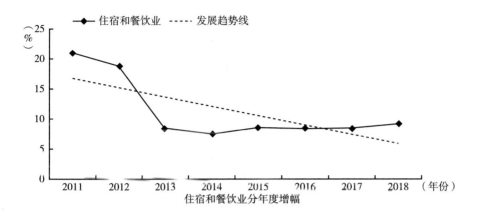

住宿和餐饮业分年度增幅

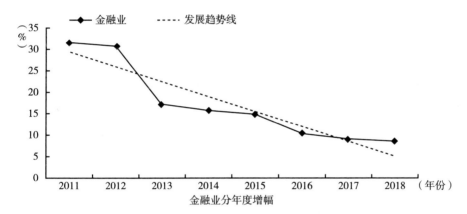

金融业分年度增幅

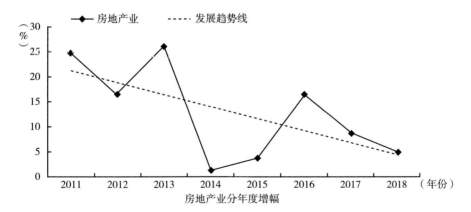

房地产业分年度增幅

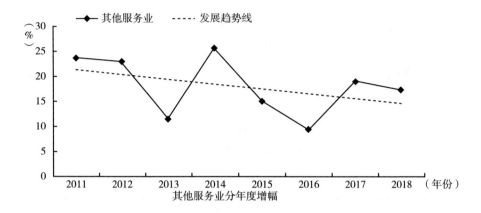

其他服务业分年度增幅

图4　2011～2018年南京市服务业细分产业增幅趋势

资料来源：整理自《南京市统计年鉴》（2011～2018）。

5. 宁波市

宁波市服务业细分产业总量排名前三位的分别为其他服务业、批发和零售业、金融业，2019年产值分别为2081.2亿元、1351.7亿元和910.5亿元（见表12）。

表12　2010～2019年宁波市服务业细分产业总量构成

单位：亿元

行业/年份	2010	2011	2012	2013	2014	2015	2016	2017	2018	2019
批发和零售业	501.1	621.9	678.4	838.9	890.1	892.6	1006.0	1076.7	1162.3	1351.7
交通运输、仓储和邮政业	233.7	267.1	297.1	314.6	344.5	349.4	374.1	408.1	452.2	548.2
住宿和餐饮业	95.6	117.1	149.1	96.8	113.8	120.3	133.6	140.8	153.1	145.8
金融业	382.3	443.2	450.7	491.6	440.9	478.5	432.5	518.9	564.1	910.5
房地产业	230.2	265.4	369.8	426.7	382.5	417.3	481.9	546.0	602.9	822.5
其他服务业	630.2	739.7	851.7	1032.7	1172.6	1354.3	1492.0	1712.6	1982.4	2081.2

从2010年到2019年，宁波市其他服务业增加值占比从30.4%提高到35.5%，批发和零售业占比从24.2%下降到23.1%，金融业占比从

18.4%下降到15.5%，前三位细分产业增加值总量占比从73.0%上升到74.1%。交通运输、仓储和邮政业，住宿和餐饮业占比出现下降，房地产业占比上升（见表13）。

表13 2010年和2019年宁波市服务业细分产业总量构成比较

单位：亿元，%

行业	2010年		2019年	
	产值	比重	产值	比重
批发和零售业	501.1	24.2	1351.7	23.1
交通运输、仓储和邮政业	233.7	11.3	540.2	9.4
住宿和餐饮业	95.6	4.6	145.8	2.5
金融业	382.3	18.4	910.5	15.5
房地产业	230.2	11.1	822.5	14.0
其他服务业	630.2	30.4	2081.2	35.5

从近十年细分产业门类增加值年度增幅趋势看，交通运输、仓储和邮政业，金融业，以及房地产业增幅呈现放大趋势，增幅趋势中间值分别为10%、12%和15%；批发和零售业、住宿和餐饮业和其他服务业增幅逐步收窄，增幅趋势中间值分别为12%、6%、14%（见图5）。

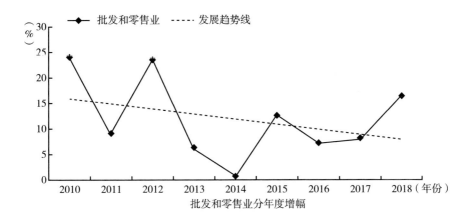

批发和零售业分年度增幅

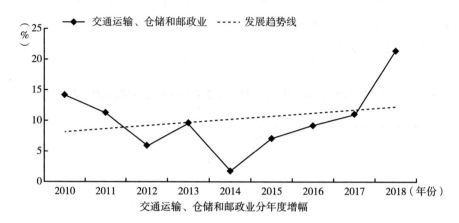

交通运输、仓储和邮政业分年度增幅

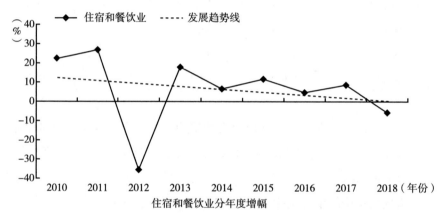

住宿和餐饮业分年度增幅

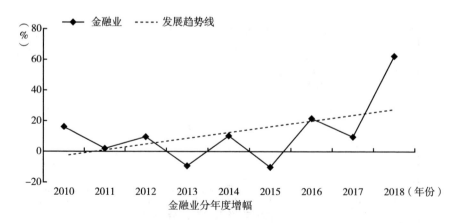

金融业分年度增幅

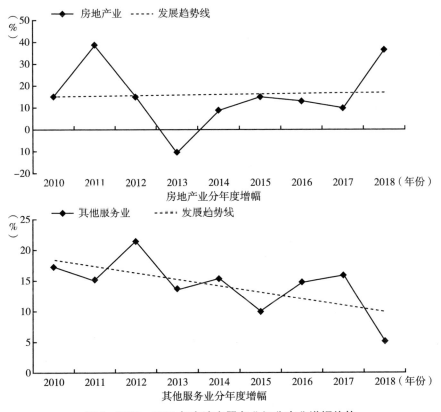

图5 2010～2018年宁波市服务业细分产业增幅趋势

资料来源：整理自《宁波市统计年鉴》（2010～2018）。

6. 无锡市

无锡市服务业细分产业总量排名前三位的分别为其他服务业、批发和零售业、金融业，2019年产值分别为2132.1亿元、1733.2亿元和972.1亿元（见表14）。

表14 2010～2019年无锡市服务业细分产业总量构成

单位：亿元

行业/年份	2010	2011	2012	2013	2014	2015	2016	2017	2018	2019
批发和零售业	872.3	1049.5	1144.4	1259.7	1365.2	1343.5	1460.3	1629.5	1735.4	1733.2
交通运输、仓储和邮政业	135.4	169.3	177.9	185.9	199.5	186.0	195.2	212.4	222.2	252.5

行业/年份	2010	2011	2012	2013	2014	2015	2016	2017	2018	2019
住宿和餐饮业	160.9	199.7	225.3	244.8	205.1	241.6	259.9	283.2	308.0	178.8
金融业	280.2	347.0	424.1	451.4	480.1	596.5	686.8	779.0	832.1	972.1
房地产业	275.3	314.2	364.2	381.7	380.4	406.0	467.5	530.7	591.9	814.4
其他服务业	755.5	949.4	1082.9	1190.7	1321.8	1388.5	1638.4	1957.1	2142.0	2132.1

从 2010 年到 2019 年，无锡市其他服务业增加值占比从 30.5% 提高到 35.0%，批发和零售业占比从 35.2% 下降到 28.5%，金融业占比从 11.3% 上升到 16.0%，前三位细分产业增加值总量占比从 77.0% 上升到 79.5%。交通运输、仓储和邮政业，住宿和餐饮业占比出现下降，房地产业占比上升（见表 15）。

表 15　2010 年和 2019 年无锡市服务业细分产业总量构成比较

单位：亿元，%

行业	2010 年		2019 年	
	产值	比重	产值	比重
批发和零售业	872.3	35.2	1733.2	28.5
交通运输、仓储和邮政业	135.4	5.5	252.5	4.2
住宿和餐饮业	160.9	6.5	178.8	2.9
金融业	280.2	11.3	972.1	16.0
房地产业	275.3	11.1	814.4	13.4
其他服务业	755.5	30.5	2132.1	35.0

从近十年细分产业门类增加值年度增幅趋势看，除了房地产业外，其他所有服务业细分门类增幅均逐步放缓，批发和零售业，交通运输、仓储和邮政业，住宿和餐饮业，金融业，以及其他服务业增幅趋势中间值分别为 8%、7.5%、4%、15%、13%（见图 6）。

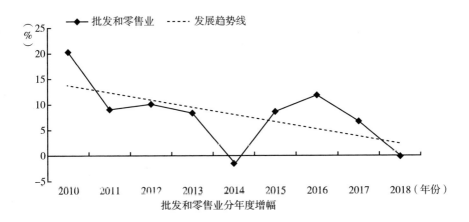

批发和零售业分年度增幅

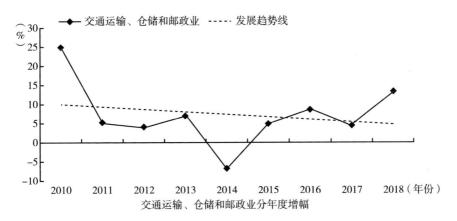

交通运输、仓储和邮政业分年度增幅

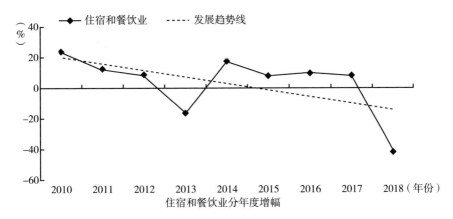

住宿和餐饮业分年度增幅

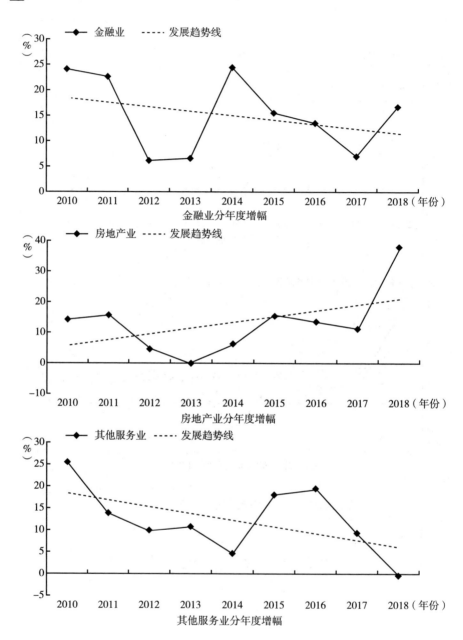

图6 2010～2018年无锡市服务业细分产业增幅趋势

资料来源：整理自《无锡市统计年鉴》（2010～2018）。

7. 常州市

常州市服务业细分产业总量排名前三位的分别为其他服务业、批发和零售业、金融业，2018 年产值分别为 1512.1 亿元、883.4 亿元和 420.5 亿元（见表 16）。

表 16　2010~2018 年常州市服务业细分产业总量构成

单位：亿元

行业/年份	2010	2011	2012	2013	2014	2015	2016	2017	2018
批发和零售业	313.6	389.0	441.9	553.0	673.7	735.4	792.0	838.7	883.4
交通运输、仓储和邮政业	100.1	126.7	164.2	177.2	186.4	194.0	194.8	221.9	232.9
住宿和餐饮业	78.9	94.2	112.0	120.2	118.2	130.1	140.5	153.2	165.8
金融业	168.4	199.4	227.5	249.7	273.3	299.5	341.9	386.7	420.5
房地产业	191.7	197.2	215.6	240.0	269.7	269.1	328.7	390.6	403.0
其他服务业	408.8	511.9	581.7	631.9	824.6	972.4	1129.9	1359.5	1512.1

从 2010 年到 2018 年，常州市其他服务业增加值占比从 32.4% 提高到 41.8%，批发和零售业占比从 24.9% 下降到 24.4%，金融业占比从 13.3% 下降到 11.6%，前三位细分产业增加值总量占比从 70.6% 上升到 77.8%。交通运输、仓储和邮政业，住宿和餐饮业，以及房地产业占比均出现下降（见表 17）。

表 17　2010 年和 2018 年常州市服务业细分产业总量构成比较

单位：亿元，%

行业	2010 年		2018 年	
	产值	比重	产值	比重
批发和零售业	313.6	24.9	883.4	24.4
交通运输、仓储和邮政业	100.1	7.9	232.9	6.4
住宿和餐饮业	78.9	6.3	165.8	4.6
金融业	168.4	13.3	420.5	11.6
房地产业	191.7	15.2	403.0	11.1
其他服务业	408.8	32.4	1512.1	41.8

从近十年细分产业门类增加值年度增幅趋势看，除了房地产业外，其他所有服务业细分门类增幅均逐步放缓，批发和零售业，交通运输、仓储和邮政业，住宿和餐饮业，金融业，以及其他服务业增幅趋势中间值分别为 14%、12%、10%、13%、19%（见图 7）。

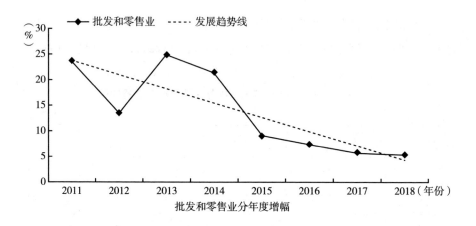

批发和零售业分年度增幅

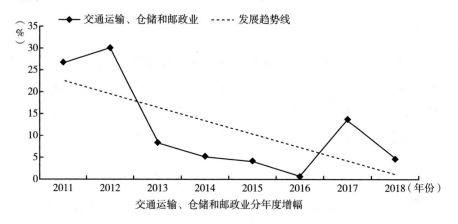

交通运输、仓储和邮政业分年度增幅

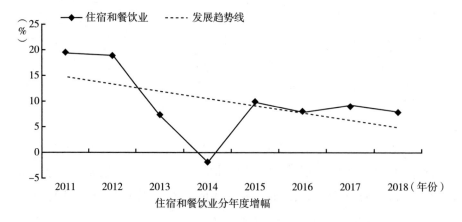

住宿和餐饮业分年度增幅

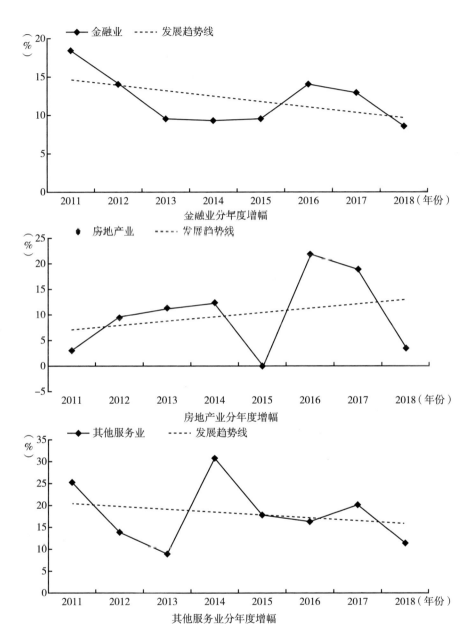

图7 2011~2018年常州市服务业细分产业增幅趋势

资料来源：整理自《常州市统计年鉴》（2011~2018）。

总体而言，上海、苏州、杭州、宁波、南京、无锡和常州七个城市服务业支柱产业具有同质性，占比最高的三大细分产业均为其他服务业、批发和零售业、金融业。三大产业增加值总量占服务业增加值比重均已超过75%，其中上海、杭州、南京三市更是突破了80%，成为支撑其服务业增长的绝对主力。从增幅上看，其他服务业增幅总体高于批发和零售业，交通运输、仓储和邮政业以及住宿和餐饮业等传统生活性服务业，呈现出较强的增长潜力，杭州的其他服务业增幅中间值更是达到了21%。

（三）长三角特大城市中心城区服务业占比发展趋势

本报告基于上海、苏州、杭州、宁波、南京、无锡和常州七个城市最近年份服务业增加值占 GDP 比重大于60%的中心城区 2010～2019 年统计年鉴数据，年度统计公报和月度统计数据，分析中心城区服务业增加值增长趋势与城市产业结构趋势的契合度。

从总体上看，七个城市 12 个中心城区的服务业增加值占 GDP 比重均明显高于城市整体占比，呈现逐年上升趋势（见表18）。上海黄浦，杭州下城、西湖，南京玄武、秦淮、鼓楼，苏州姑苏等 7 个中心城区在 2018 年服务业占比均超过90%，其中南京玄武、杭州下城更是在 2011 年就超过了这一比例。与城市整体占比梯度分布不同的特征是，上海、杭州、南京、苏州、无锡的中心城区服务业占比均位于第一梯队。杭州、南京部分中心城区近年来服务业占比与上海中心城区基本持平，甚至略高，可见杭州、南京中心城区对服务业的依赖程度不断提高。位于第二梯队的中心城区中，宁波鄞州近十年来增幅明显，完成了从工业主导向服务业主导的转型。

表18 2010～2019 年长三角特大城市及 12 个中心城区服务业占比比较

单位：%

地区/年份	2010	2011	2012	2013	2014	2015	2016	2017	2018	2019
常州	40.9	42.4	43.9	45.2	48.0	49.5	50.9	51.1	51.5	50.2
常州长宁	63.7	65.5	68.0	70.0	71.0	68.9	70.4	70.5	71.5	—
常州钟楼	50.4	51.0	53.3	55.7	58.5	64.0	66.0	66.3	67.5	—

地区/年份	2010	2011	2012	2013	2014	2015	2016	2017	2018	2019
杭州	48.7	49.3	50.9	52.9	55.2	58.2	60.9	62.9	63.9	66.2
杭州下城	88.8	90.1	90.7	91.9	92.6	94.4	95.7	96.1	96.0	—
杭州西湖	79.7	81.0	83.3	84.6	86.3	88.0	89.4	89.8	90.6	
上海	57.0	58.0	60.4	63.2	64.8	67.4	69.8	69.2	69.9	72.7
上海黄浦	—	—	—	—	95.7	96.7	97.2	97.0	97.1	
上海静安	—	—	—	—	—	95.4	93.3	94.1	—	
南京	50.7	52.4	53.4	54.4	56.5	57.3	58.4	59.7	61.0	61.9
南京玄武	91.1	91.9	93.6	94.5	94.6	95.9	96.8	99.0	99.8	
南京秦淮		—	—	88.2	88.4	90.3	92.1	93.3	94.9	
南京鼓楼				90.0	90.8	91.5	92.4	93.6	94.7	
苏州	41.4	42.7	44.2	45.7	48.4	49.9	51.5	51.2	50.8	51.5
苏州姑苏	—	—	—	—	—	—	—	89.3	90.6	
无锡	42.8	44.0	45.2	46.0	47.1	49.1	51.3	51.5	51.1	51.5
无锡梁溪	—	—	81.1	82.3	83.0	83.8	84.1	—		
宁波	40.2	40.5	42.5	44.8	44.1	45.2	45.2	44.9	45.9	49.1
宁波鄞州	33.3	33.7	33.9	35.9	38.2	43.9	59.7	63.5	64.4	70.3

二 长三角特大城市中心城区向服务业主导转型的必然性

根据对长江经济带下游长三角区域七个特大城市及其中心城区的服务业发展趋势分析，可以看出服务业及其细分产业呈现向大城市及其中心城区集聚的趋势，这主要源于以下几方面原因。

（一）提高单位产出的需要

基于服务业固定资产较轻、占地面积较小，对交通便利度、劳动力集散度、信息交流度等要求较高等产业特征，中心城区的区位优势更有利于服务业布局。根据1964年阿隆索的竞租理论，不同类型的经济活动，根据其距离市中心的不同距离，愿意且能够承担的租金上限各不相同。占地面积小、单位产出效率更高的服务业更倾向于选择距离市中心更近的地点安排生产活动。而在服务业细分产业内部，金融、科技、租赁、高端商贸等服务业门类对区位便捷度的要求，以及能够承受的租金水平也比传统的住宿餐饮、仓储物流等产业门类高得多。从地方政府角度来看，服务业由于单位产出效益更高，也更符合产业功能定位和城市环保要求，因此成为经济发达区域中心城区产业结构布局的必然选择。服务业增加值占 GDP 比重逐年上升，不少中心城区比重已经超过 95％，成为 GDP 构成的绝对支撑。

（二）信息交流和技术创新的需要

中心城区由于基础设施完善、交通便利、信息交流更为高效顺畅，更容易以网络组织方式实现个性化和模块化服务供给，这对于服务业在中心城区的布局也是先天的优势。其他服务业门类中的信息技术产业，近年来成为发达区域中心城区细分产业选择的新热点。一方面，中心城区便于为人才和人才团队提供更有效的竞争合作、知识更新、专业劳动力集聚优势，能够形成具有地缘依赖性的区域劳动力市场。另一方面，作为知识和技术密集型产业，很多创新点很难量化和具象化，只能通过人际间的交流碰撞才能得到，而地理相邻所带来的交流便利，成为知识溢出效应的必要前提。这样的交流环境和场景，在中心城区更易得到。

（三）共享多元应用场景的需要

服务业相对于制造业而言，其细分产业内部具有更高的灵活度和多触角连接其他产业的能力，这决定了其所面对市场的融合度和渠道的多样性。随着数字经济发展的不断深入，各种新技术需要找到可以嫁接植入的应用场景，通过对传统产品和服务模式进行突破性的升级改造，从而实现其经济和社会价值。而中心城区在消费人群的多元化、基础配套的完善度、信息沟通开放度等方面，对提供各种类型、层次的消费场景，具有外围区域无法比拟的优越性。

三 南京市秦淮区服务业转型升级发展实践进展和成效

（一）南京市秦淮区服务业发展情况概述

1. 产业发展演变情况

南京市秦淮区因秦淮河贯穿全境而得名，是南京的发祥地之一，也是南京市四大中心城区（玄武、秦淮、鼓楼、建邺）之一。2013 年，原秦淮区、白下区两区合并为新的秦淮区，总面积 49.11 平方公里，常住人口 96 万人，当年服务业增加值占 GDP 比重达到 87.7%。在合并之前，原秦淮区主导产业为商贸、旅游，原白下区主导产业为金融、商贸商务。2013 年 3 月新秦淮区成立后，全区确立了打造"国际商务商贸中心、现代金融服务中心、文化休闲旅游中心和创新驱动发展高地"的发展定位，对应到细分产业选择，即在原有商贸商务、金融、文化旅游产业发展的基础上，着手布局发展创新型产业。2016 年，全区确立"4＋1"产业体系，即发展现代金融服务、高端商务商贸、文化旅游、软件和信息服务等 4 个主导产业，培育以新金融、新零售、人工智能、未来网络等为代表的未来产业。

2. 基于区位熵分析的服务业主导产业选择

根据 2016～2018 年南京市和秦淮区服务业细分产业增加值构成的基础数据，计算得出分年度秦淮区各服务业细分产业的区位熵（见表 19）。

表 19 2016～2018 年秦淮区在南京市的区位熵变化趋势

单位：亿元

行业	2016 年			2017 年			2018 年		
	秦淮	南京	区位熵	秦淮	南京	区位熵	秦淮	南京	区位熵
第三产业	635.4	6133.2	—	746.6	6997.2	—	829.9	7825.4	—
批发和零售业	170.1	1174.1	1.40	186.5	1323.3	1.32	207.2	1454.4	1.34
交通运输、仓储和邮政业	4.6	306.2	0.15	5.0	346.5	0.14	5.5	351.1	0.15

行业	2016 年			2017 年			2018 年		
	秦淮	南京	区位熵	秦淮	南京	区位熵	秦淮	南京	区位熵
住宿和餐饮业	17.1	183.0	0.90	20.2	198.3	0.95	23.1	216.3	1.01
金融业	148.4	1241.8	1.15	189.2	1355.1	1.31	208.1	1473.3	1.33
房地产业	86.3	711.5	1.17	89.0	774.5	1.08	87.3	813.1	1.01
其他服务业	208.8	2516.7	0.80	256.7	2999.6	0.80	298.7	3517.1	0.80

资料来源：整理自《南京市统计年鉴》（2017～2019）、《秦淮区统计年鉴》（2017～2019）。

根据区位熵理论，区位熵值大于 1 的产业就是该区域在整体区域中的优势产业。从表 19 中可以看出，放在南京市层面进行比较，秦淮区一直以来的优势产业就是批发和零售业，区位熵值最高达到 1.40，近年来虽有一定的下降趋势，但还是高于 1.30。这主要得益于秦淮的新街口、夫子庙两大商贸业金字招牌的消费集聚优势。金融业发展迅速，区位熵值从 2016 年的 1.15 上升到 2018 年的 1.33，优势地位逐步凸显，开始和批发零售业成为区域经济的两大支柱产业类别。这主要得益于秦淮近年来对新街口金融商务区的打造，集聚了一批银行、保险、证券、担保等金融机构。住宿和餐饮业近年来开始显现潜力，这主要得益于文化旅游产业转型升级，开始通过除了景区景点以外的旅游服务来增加游客的停留时间，促进了住宿和餐饮业发展。交通运输、仓储和邮政业一直是秦淮区服务业的短板，同时其他服务业也并不占优。这也从另一个角度印证了秦淮主导产业体系选择的依据。

3. 主导产业发展现状

商贸业（含批发和零售业、住宿和餐饮业）：秦淮集聚了新街口百货、东方福来德、金鹰国际、苏宁生活广场、中央商场、大洋百货、水游城、茂业天地等多个综合性商业购物广场，拥有夫子庙、老门东等多个特色商业街区，实现罗森、便利蜂等社区商业网点的新零售布局，目前已有罗森连锁门店 58 家，便利蜂直营门店近 100 家。2018 年，商贸业实现增加值 230.3 亿元，同比增长 11.41%，占全区总量的 26.32%；实现社会消费品零售总额

1082.4亿元，同比增长9.0%，占全市总额的18.6%。其中，新街口商圈实现社会消费品零售总额592.9亿元，同比增长10%，占全区总额的54.8%、全市总额的10.17%。

金融业：秦淮集聚了持牌类金融机构86家，占南京市总量的32.0%；江苏银行、弘业期货等5家金融法人机构，占南京市总量的21.7%；"工农中建"四大行江苏省分行，进出口银行江苏省分行、浦发银行南京分行等13家银行业区域性总部机构，其中包含东亚银行南京分行、台湾富邦华一银行南京分行2家外资银行区域性总部机构，占南京市总量的26.9%；国泰君安证券江苏分公司、中国银河证券江苏分公司等28家证券业非法人机构，占南京市总量的33.8%；太平洋财产保险江苏分公司、泰康人寿保险江苏分公司等40家保险机构省级分公司，占南京市总量的43.2%。此外，秦淮区还集聚了区域性交易场所、小额贷款公司、融资性担保公司等地方金融机构7家。2018年，实现金融业增加值208.1亿元，同比增长8%，占全区GDP的23.8%。2017年现代金融服务业实现税收12.9亿元，同比增长141.6%，占全区税收的10.6%，占特色产业税收的14.0%，对全区税收贡献度在各产业中排名第三，仅次于商贸流通业的19.8%和房地产业的10.97%；2018年现代金融服务业实现税收14.58亿元，同比增长53.8%。

旅游业：秦淮是首批国家全域旅游示范区，拥有"中国第一历史文化名河"秦淮河，中国现存规模最大的城墙、世界第一大城垣明城墙，世界上保存最完好、结构最复杂的古代瓮城城堡中华门瓮城，中国古代最大科举考场江南贡院，国内首个5A级开放式景区夫子庙，江南现存规模最大、保存最完好的古建筑群朝天宫，与明孝陵、明城墙并称为南京明清三大景观的甘熙故居，释迦牟尼佛顶骨舍利出土地大报恩寺，南京建城史的开端古越城遗址，还有门东、门西、门外等多个旅游目的地。2019年，秦淮接到游客数量超过5500万人次，占南京市比重近一半；实现旅游总收入672亿元，占南京市比重超1/4。

软件和信息服务业：秦淮共有涉软企业466家，其中软件企业140家，软件产品934个，中国软件业务收入百强企业1家，江苏省规划布局内重点软件企业2家，涉软上市（挂牌）企业15家，涉软高新技术企业80家，省级软件企业技术中心3家，独角兽培育（关注）企业6家，瞪羚及培育企业5家。2018年，完成软件和信息服务业收入317亿元，同比增长15.3%，占全市总量的7.1%；实现信息传输、计算机服务和软件业增加值42.9亿元，占当年GDP比重达4.9%。该产业虽然区位熵值并不占优，但基于企业基础、科教资源集聚等优势，以及南京建设创新名城战略的主城阵地的功能定位要求，也是秦淮正在着力打造的重要细分产业。该行业的关注领域主要为云计算和大数据、智能交通，以及物联网产业。

（二）秦淮区服务业转型路径选择和实践进展

自2013年原秦淮、原白下两区合并以来，秦淮区成为南京市中心城区服务业发展的首要区位，在增加服务业单位面积产出、提升服务业发展层次、聚焦服务业高附加值产业链环节上做出了不断的创新实践，也逐步探索出符合区域资源禀赋和功能定位要求的发展样本。

1.产业层面

在产业发展路径的选择上，坚持传统产业转型和新兴产业培育并重，在延续并放大传统产业优势的同时，挖掘并提前布局未来发展潜力。金融业方面，推动新街口金融商务区增强金融服务功能，以苏宁消费金融公司为龙头，开展消费金融相关业态的引导培育。商贸业方面，一方面通过政策引导金鹰、新百、苏宁等传统商贸大企业业态跨界，增加体验式消费特色；另一方面鼓励罗森、便利蜂等连锁新零售企业扩张布局，开拓社区商业市场。文化旅游业方面，塑造"风雅秦淮、自有腔调"IP链，打造特色文化产业集群，增加旅游业体验感和历史文化内涵。软件信息服务业方面，云计算、智能交通重点产业方向初步形成，物联网产业集聚了联通、电信物联网全国总部，以及华为天安物联网生态基地等行业领域龙头，涵盖硬件、软件、系统集成和运营服务等关键环节的全产业链初步建立。总部经济方面，认定市级总部31家，区级总部20家，市级总部数占全市总量约1/4。

2. 空间层面

在产业发展空间落点选择和整合上，总体构架是根据产业功能区的概念进行空间分配和整合，形成新街口金融商务区、老城南文化旅游区、东部高新技术产业集聚区和南部新城高铁经济枢纽组四大产业功能板块，分别承载金融、商贸商务业，商贸、文化旅游业，包括软件和信息服务业在内的高新技术产业，以及主城核心区近10平方公里的未来产业发展和产城融合预留空间。自2015年四大功能板块空间划分和功能明确以来，各板块通过差异化发展和错位竞争，对主导产业发展提供了更显著的支撑。由于整合是在老城区既有空间范围内展开，总体空间范围和主导功能界定后，对于分散在板块内部、产业选择与板块整体定位不尽相同的点状载体发展，秦淮又进行了新的思考尝试。通过"一区多园"，即由白下高新区为引领，把包括晨光1865创意产业园、国创园、金蝶大学科技园、广电越界创意产业园等4个建成园区，报业文创园、普天科技园等2个筹建园区在内，分布于全区各处的几大产业园纳入一体化服务管理范围，成立产业招商和发展促进联盟。2019年以来，为了进一步激发老城区创新活力，更好地发挥区域内高校（南京航空航天大学、南京理工大学、南京工程技术学院等）和科研院所（55所、8511所、5311厂等）的研发优势，让科创回归都市。秦淮率先在南京市开始启动"秦淮硅巷"规划建设，探索在中心老城区走出一条科技创新产业发展的新路径，布局生产性服务业的高附加值环节，解决老城区面临的产业空心化、科教资源外流等问题。

四 中心城区服务业转型升级发展实践
难点和推进对策

（一）转型升级发展实践难点

作为中心城区，尤其是中心老城区，秦淮虽然做出了诸多探索尝试，提供了不少行之有效、可复制的服务业发展样本供借鉴参考，但一方面仍面临着服务业占比瓶颈难突破，内部结构调整势在必行的压力；另一方面也可能遭遇产业结构过轻、虚拟经济产业比重过高可能会带来的产业空心化问题，在产业转型的道路上仍然困难重重。这种状况，在长江经济带下游长三角区域同类型的中心老城区具有一定程度上的相似性。

（1）服务业占比难以进一步提升，量变向质变转换缺乏有效动能。从表18中可以看出，当服务业增加值占GDP比重超过80%以后，增长趋势趋于平缓；超过90%以后，更加缺乏向上的空间。当中心城区服务业总量进入这样的占比区间后，再单纯使用占比这个指标来衡量服务业发展水平就过于片面，而应该引入更多服务业发展结构的衡量指标，通过服务业细分产业结构的优化、调整、聚焦来推进区域内服务业发展从量变到质变的转型。

（2）细分产业结构配置存在同质化集聚和重复布局。从七城市服务业细分产业结构构成情况可以看出，长江经济带下游长三角区域特大城市服务业主导产业的前三名均为其他服务业、批发和零售业、金融业，结构同质化状况明显，可能激发城市间的恶性竞争和资源哄抢，而区域领头城市的虹吸效应也会进一步加剧，挤压稍低能量级城市的服务业发展空间。低能级城市和中心城区如何关注自身优势的深度挖掘，在更细分的产业选项中找到适合自身发展的专业领域，形成替代性较弱的核心竞争力体系，成为需要精准研判的重点任务。

（3）土地意义上的载体空间限制难突破。中心城区发展地域空间有限，无法做到"小而全"，很难形成较为独立、完善的服务业产业体系。但如果只聚焦于少量几个细分门类发展，则一方面产业抗风险能力较弱，另一方面由政府自上而下引导的产业布局往往滞后于市场需求变化，在实际中容易出现产业链的漏项缺项。中心城区需要走出自我的空间局限，增强跨区域协作意识，以求在更广阔的区域空间和产品市场中谋求产业发展的布局机遇，在区域一体化中更精准地找到符合自身发展需求的坐标和定位。

（二）转型升级发展推进对策

虽然面临的问题存在共性，但基于不同主体的解决方案视角和重点是不同的。基于对特大城市、中心城区和秦淮产业结构和服务业细分构成的比较分析，本报告将从城市和区域两个层面分别给出对未来路径选择的思考和建议。

1. 长三角区域特大城市

一是强化城市间的服务业发展协同，在长三角一体化发展的大框架内统筹服务业产业布局分工。发挥上海作为服务业发展第一梯队的领头、辐射和带动作用的同时，推进服务业细分门类在其他能级城市间的梯度转移。二是弱化服务业占比对服务业发展的衡量标准，减弱对三次产业联系的割裂，深入推进服务型制造业、生产性服务业等产业融合发展，研究设定长三角特大城市服务业结构的一体化、差异化考评指标体系。三是推进长三角区域内服务业发展统计标准化和统一发布，建立健全生产性、生活性服务业统计分类，优化完善统计分类标准，提高统计数据对服务业发展状况的及时、动态反应度和精准化水平，建立健全服务业重点领域统计信息在重点城市间的及时共享机制。四是制定、完善商贸旅游、健康服务、养老服务、家政服务、保安服务等传统服务业标准，加快电子商务、知识产权服务、检测认证服务、婴幼儿托育服务等新兴服务业标准研究制定，通过一体化的服务标准化建设，突破服务业市场的空间局限，实现服务业市场在更大范围内的开放共享。

2. 以南京市秦淮区为代表的中心城区

一是深入研究区域比较优势，找准自身服务业细分产业定位和发展坐标，寻求在长三角甚至整个长江经济带服务业发展中，布局并集聚发展复合中心城区特色、基于区域核心诉求的细分产业链环节。二是对可供服务业布局的散点状分布载体进行空间整合和置换，结合区域实际需求，进行生产性、生活性载体配比布局，提高产城融合度，降低中心区域产业空心化、外围区域生活郊区化的风险。三是优化服务业发展营商环境，依托电子化功能模块和大数据体系建设，在开办企业、办理施工许可、水电力接入、财产登记、跨境贸易、税收缴纳等环节消减流程、提高效率、缩短时间，切实提高企业获得感。四是推进服务产业特色细分领域的品牌培育和塑造，选择产业基础良好、市场化程度较高的服务业细分产业门类，培育打造一批兼具地方

特色和国际竞争力的服务业品牌，树立行业标杆和服务典范。五是挖掘培育服务业产品应用和消费场景。对中心老城区人口密度大、老龄人口多、公共服务资源配套密集等特点的产业优势和消费场景进行挖掘，变劣势为优势，发展和提升传统服务业，提前布局新兴服务业。

参考文献

董珞等：《中心城区现代服务业发展现状与对策》，《党政论坛》2016 年第 3 期，第 46～48 页。

高泽敏：《新时代服务业转型升级的思考》，《决策探索（下）》2019 年第 1 期，第 10～11 页。

吴传清、龚晨：《国内服务业升级理论研究进展与展望》，《学习与实践》2016 年第 2 期，第 34～45 页。

吴传清、彭哲远：《长江经济带特大城市服务业发展水平及其影响因素研究》，《区域经济评论》2015 年第 3 期，第 125～134 页。

附　录

Appendix Reports

B.16
2019年长江经济带产业发展问题
研究新进展*

吴传清　高　坤　张冰倩　张诗凝**

摘　要：　本报告侧重2019年长江经济带工业、服务业、农业发展问题
　　　　　相关研究梳理，从工业集聚水平、工业竞争力、工业转移、
　　　　　工业绿色发展等视角总结长江经济带工业发展问题研究成果；
　　　　　从服务业整体、金融业、科技服务业、交通运输业、旅游业
　　　　　等业态总结长江经济带服务业发展问题研究成果；从农业结

* 基金项目：国家社会科学基金项目"推动长江经济带制造业高质量发展研究"（项目编号：
19BJL061）。

** 吴传清，武汉大学经济与管理学院、中国发展战略与规划研究院教授，博士生导师，从事区
域经济学、产业经济学研究；高坤，武汉大学经济与管理学院区域经济学专业硕士研究生，
从事区域经济学研究；张冰倩，武汉大学经济与管理学院区域经济学专业硕士研究生，从事
区域经济学研究；张诗凝，武汉大学经济与管理学院区域经济学专业硕士研究生，从事区域
经济学研究。

构、农业生产率、农业绿色发展、农业政策评价等话题总结长江经济带农业发展问题研究成果。2019 年长江经济带产业发展问题相关研究方法主要有统计学方法、传统计量经济分析方法和空间计量分析方法等，空间尺度主要涉及长江经济带上中下游地区和沿线 11 省市。2019 年长江经济带工业、服务业发展问题研究成果较多，农业发展问题关注度相对较低；长江经济带工业集聚水平、工业绿色发展、农业绿色发展、交通运输业发展、旅游业发展是当前研究热点，但在城市、县域尺度下的研究有待完善，研究方法有待丰富。

关键词： 长江经济带　工业　服务业　农业

一　2019年长江经济带工业发展问题研究新进展

长江经济带是我国重要的工业经济走廊，研究其工业发展问题具有理论意义和实践价值。2019 年学术界关于长江经济带工业发展问题侧重研究工业集聚水平、工业竞争力、工业转移、工业绿色发展等话题。

（一）长江经济带工业集聚水平

关于长江经济带工业集聚水平的测度，罗良文等（2019）利用静态集聚指数和动态集聚指数，分析长江经济带沿线 11 省市 2005～2016 年 34 个工业行业的集聚情况，发现长江下游地区工业集聚水平有所下降，中上游集聚水平稳步提升；黄成等（2019）采用区位熵测算长江经济带沿线 11 省市 2012～2015 年化学工业集聚水平，结果表明，长江经济带化学产业集聚水平高于全国平均水平，上游和下游地区行业集聚度较高，而中游地区行业集聚度较低；刘燕等（2019）通过计算长江中下游地区 2005～2015 年污染型制造业绝对地理集中程度，发现近十年来，长江经济带中下游地区污染型制造业地理集中指数整体逐渐下降，其中，纺织业和皮革毛皮羽毛及其制品业分布集聚水平高，食品制造业集聚水平低；陈博等（2019）测度装备制造业组织系数、网络复杂性和聚类系数，研究发现装备制造业表现出较强的集聚性、连通性，形成长三角城市群核心区、长江中游城市群核心区、成渝城市群核心区。

关于长江经济带工业集聚水平影响因素，刘燕等（2019）利用固定效应模型，分析长江中下游地区污染型制造业集聚成因，结果表明，环境规制和产业结构升级都会降低污染型制造业的集聚水平。经济增长和政府调控对污染型制造业的影响取决于该地区的发展阶段，对于已经进入工业化后期阶段的长江下游地区，经济增长和政策出台会带来制造业集聚水平的下降，而对仍处于工业化加速发展阶段的长江中游地区结果则相反。

关于长江经济带工业集聚的辐射作用，杨仁发等（2019）通过对2003～2016年长江经济带省级数据的实证研究发现，制造业集聚是促进长江经济带高质量发展的支撑力量；王磊、蔡星林（2019）对2006～2017年长江经济带六类高耗能产业集聚状况进行评估，发现高耗能产业集聚对全要素生产率提升具有显著促进作用，这主要通过人力资本水平和政府干预途径实现；蓝发钦等（2019）使用1999～2015年长三角36个地级城市相关数据，运用静态和动态空间杜宾模型，发现制造业集聚短期对长三角城市发展有利，但长期来看具有不利影响。

（二）长江经济带工业竞争力

学术界测度长江经济带工业竞争力主要有两种方法：一是测算全要素生产率；二是构建工业竞争力评价指标体系。刘潇（2019）以长三角城市群2006～2016年制造业为研究对象，采用Malmquist-DEA模型测度全要素生产率及其各项分解指数，进行整体比较、分行业比较和分地区比较，发现低技术和中技术制造业是制约长三角地区制造业全要素生产率增长的短板所在；王波等（2019）运用超越对数型随机前沿模型，对长江经济带沿线省市2006～2016年设备制造业、专用设备制造业和交通运输设备制造业生产效率进行分解，结果显示，技术效率变化能够提升交通运输设备制造业和设备制造业竞争力，对专用设备制造业竞争力增长起阻碍作用，而技术进步变化对三类制造业竞争力增长的促进作用逐渐减弱，规模变化作用不明显；田泽等（2019）运用三阶段 DEA 模型，测度长江经济带沿线 11 省市 2012～2016 年先进制造业的生产效率，探究省域以及上中下游之间的差异化特征，结果发现，长江经济带先进制造业整体竞争力较高，规模效率是制约其发展的主要因素。

关于长江经济带工业竞争力评价指标体系的构建，陈修素等（2019）从经济创造能力、主营业务管理能力、资产负债能力三个维度构建指标体系，利用主成分分析法，测算长江经济带 2010～2016 年制造业竞争力水平，并根据测算结果将长江经济带沿线 11 省市划分为 4 个梯队：上海、江苏处于第一梯队，浙江、四川、贵州、湖南、重庆、江西为第二梯队，湖北、安徽处于第三梯队，云南处于第四梯队；殷为华（2019）从抵抗能力、更新能力、再定位能力、恢复能力四个维度构建指标体系，采用突变级数模型、泰尔指数及探索性空间分析等方法，评价长三角城市群工业韧性，并分析空间演化特征，结果显示，长三角城市群工业韧性总体水平平稳上升，空间差异明显缩小，且呈现显著的空间正相关。

（三）长江经济带工业转移

关于长江经济带工业转移的趋势，何艳等（2019）采用偏离份额法，利用长江经济带 107 个地级市 2003～2016 年面板数据，分析产业转移趋势，研究发现下游地区为主要转出区，中上游地区整体为产业转入区且交互转移现象明显；罗良文等（2019）计算长江经济带沿线 11 省市 2005～2016 年动态集聚指数和产业梯度系数，发现长三角地区工业转型升级促使部分产业顺产业梯度向中上游地区转移，而长江中上游各省市优势产业趋同，缺乏经济互补性，在承接相关产业转移和资源争夺等方面竞争激烈；刘燕等（2019）以长江中下游 83 个地级市 2005～2015 年面板数据为研究对象，研究污染型制造业空间维度的扩散方向；王树华（2019）通过测算长三角地区四省市由区位熵和比较劳动生产率共同决定的产业梯度系数，分析该区域内制造业转移的行业选择问题。

关于长江经济带工业转移的辐射作用，何艳等（2019）利用长江经济带107个地级市2003～2016年数据进行实证分析，结果表明，产业转移带来的污染转移存在着时间拐点和区域差异，其中，以废水和烟尘为主要排放物的产业转移现象明显，而以二氧化硫为主要污染物的产业并没有大幅度转出，2011年后环保政策的收紧有效降低长江经济带废水和废气的排放，但烟尘排放显著增加；张友国（2019）利用RAS测算得到2015年中国多区域投入产出表，利用多区域投入产出模型和对数均值指数方法测算产业转移的环境效应，研究产业转移对工业废水排放的影响，结果表明，产业转移在整个研究时期显著减少了长江经济带整体工业废水排放，减少幅度主要取决于产业转移规模。

（四）长江经济带工业绿色发展

关于长江经济带工业绿色发展水平的测度，黄磊等（2019）利用2011～2016年长江经济带110个地级市面板数据，基于全局超效率SBM模型计算工业绿色发展效率；王建民等（2019）利用Super-SBM模型，计算长江经济带沿线11省市2007～2016年工业绿色发展效率；周五七（2019）将研究尺度聚焦于长三角地区，利用Super-SBM模型与全局Malmquist-Luenberger指数，测算工业绿色全要素生产率。

关于长江经济带工业绿色发展水平的时空分异性，王建民等（2019）基于长江经济带2007～2016年11省市面板数据，运用Malmquist指数分解，对其工业绿色发展效率进行分析，结果表明，长江经济带工业绿色发展并不理想，效率普遍偏低，但其发展趋势良好，呈波动上升态势；黄磊等（2019）发现长江经济带工业绿色发展水平整体上呈上升态势，上中下游地区城市工业绿色发展差异显著，呈梯度递减格局。

关于长江经济带城市工业绿色发展的空间驱动机制，黄磊等（2019）研究发现，经济发展、环境规制、工业化以及对外开放是提升长江经济带工业绿色发展效率的主要驱动力，产业集聚、城镇化以及技术创新的作用则有限；王建民等（2019）采用灰色斜率关联度模型，基于长江经济带沿线11省市2007～2016年数据，发现对长江经济带工业绿色发展效率影响从大到小排序依次为：经济发展水平、城镇化、产业结构、技术创新以及环境规制；胡立和等（2019）采用DEA-malmquist指数模型，基于长江经济带沿线11省市2009～2016年数据，发现从工业绿色全要素生产率的分解项来看，技术进步变化是绿色全要素生产率变动的主要来源。

关于长江经济带工业污染问题，郭政等（2019）采用标准椭圆、地理集中指数、工业环境绩效指数以及空间形态差异指数等方法，对长三角城市群26个城市工业污染时空特征进行分析；平智毅等（2019）基于长江经济带沿线11省市2000～2015年经济增长与工业污染数据，运用环境库兹涅茨方程，分析经济增长对工业"三废"污染的影响；周正柱等（2019）采用状态空间变参数模型，基于长江经济带沿线11省市2003～2016年数据做了类似的研究；孙博文、程志强（2019）采用动态面板系统GMM方法，基于长江经济带105个地级市2003～2015年数据，探讨市场一体化对长江经济带二氧化硫、工业烟尘以及工业废水的影响及中间机制。

关于长江经济带工业能源效率问题，尹庆民等（2019）采用融合径向与非径向距离函数特征的EBM方法测度环境约束下长江经济带沿线11省市的工业能源效率；张文珊等（2019）采用网络DEA模型，测量长三角城市群2011～2015年能源环境效率、能源利用效率和环境保护效率；章恒全等（2019）采用LMDI分解技术和Tapio脱钩模型，研究长江经济带沿线11省市2000～2017年工业用水环境压力与经济增长的脱钩关系以及脱钩努力度。

关于长江经济带工业生态效率的问题，张新林等（2019）运用规模可变的DEA模型测算长三角城市群工业生态效率，并分析其时空演变、区域差异、溢出效应及影响因素；胡绪华等（2019）构建综合生态环境指标，探讨长三角制造业转型升级与生态环境的内在联系。

（五）其他议题

关于长江经济带工业创新发展问题，杜宇等（2019）将研究对象聚焦于长江经济带2011～2016年高技术制造业，采用规模报酬可变的投入导向型NSBM模型，测度其创新整体效率和两阶段效率，并在此基础上探讨效率演变的时空差异及其内在机理；罗芳等（2019）分别利用DEA-BCC模型和DEA-Malmquist模型计算长江经济带规模以上工业企业静态技术创新效率和动态创新效率，分析其时空特征，探究制约其工业技术创新效率提升的主要因素；黄磊等（2019）基于长江经济带沿线11省市2011～2016年数据，选取研发人员、研发资本两个维度作为创新投入指标，工业创新成果的中间产出、最终市场价值两个维度作为产出指标，利用全局超效率SBM模型测度长江经济带创新发展效率。

关于长江经济带工业开放发展问题，陈雁云等（2019）利用固定效应模型，基于长江经济带沿线11省市2005～2015年数据，探究长江经济带出口贸易与制造业效率的关系，结果表明出口贸易在一定程度上影响制造业效率；刘紫月等（2019）基于2002年、2007年以及2012年投入产出表，测算出长江经济带沿线11省市制造业的逆向金融外包率。

关于长江经济带工业同构问题，罗良文等（2019）计算长江经济带沿线11省市2005～2016年动态集聚指数和产业梯度系数，发现长江中上游各省市优势产业趋同，产业发展较为缓慢，工业布局不合理；方大春等（2019）测度长江经济带沿线11省市制造业发展潜力、分析优势产业和产业结构相似程度，重点分析行业选择问题；吴传清等（2019）选取长江经济带沿线11省市2012～2016年工业统计数据，测算长江经济带工业结构相似系数，并采用偏离－份额分析法评价工业同构合意性。

综观2019年长江经济带工业发展问题相关研究，研究内容主要聚焦于工业集聚、工业竞争力、工业转移和工业绿色发展等方面；研究空间尺度主要侧重于长江经济带和长三角地区的省级和市级层面，鲜有县级尺度的研究；研究方法大致分为统计学方法、传统计量经济学方法和空间计量经济学方法。

二 2019年长江经济带服务业发展问题研究新进展

促进服务业高质量发展，是推动产业结构优化升级的战略重点，也是提升人民群众幸福指数的关键所在。2019 年国内学者关于长江经济带服务业发展问题的研究主要聚焦服务业整体发展、金融业发展、科技服务业发展、交通运输业发展、旅游业发展等话题。

（一）长江经济带服务业整体发展

学术界主要从生产性服务业集聚、服务业与其他产业融合协调发展两个角度研究长江经济带服务业整体发展。研究空间尺度包含长三角地区和长江经济带沿线省市两个层面，研究方法囊括动态空间面板模型、空间杜宾模型、区位熵、基尼系数等分析方法。

关于长江经济带生产性服务业集聚，李永盛等（2019）研究发现，2001~2017 年长江经济带生产性服务业集聚在空间上具有知识溢出效应，显著促进本地创新水平，对地理邻近地区形成空间竞争效应；肖沛余等（2019）研究发现 2006~2015 年长江经济带整体发展与生产性服务业集聚具有显著空间相关性，生产性服务业集聚对本地经济发展具有显著促进作用，对周边地区经济发展具有抑制作用；唐菁（2019）运用区位熵、空间基尼系数、空间自相关法测度 2008~2017 年长江经济带生产性服务业空间集聚水平，结果表明长江经济带生产性服务业集聚水平整体呈上升趋势，各细分行业专业化发展趋势明显，少数省市集聚动力略有不足。

关于长江经济带服务业与其他产业融合协调发展，丁秋霜等（2019）基于长江经济带沿线 11 省市 2006~2016 年数据，运用协同理论构建制造业与物流业复合系统协调度模型，发现长江经济带制造业与物流业协调度区域发展存在地区差异，中游最高，下游次之，上游最低；杨玲（2019）采用非竞争性投入占用产出模型和投入产出表，测度长江经济带 11 省市制造业服务化率及细分制造业国内服务化率、进口服务化率，发现上游地区制造业服务化率明显低于中下游地区；武长河等（2019）利用长三角地区四省市2005~2016 年的数据研究发现，风险投资不利于长三角生产性服务业与制造业的协同集聚，区域创新则对长三角生产性服务业与制造业协同集聚具有显著正向影响；于世海等（2019）实证分析了 2005~2015 年长江经济带先进制造业与生产性服务业之间的共生演化状态，发现运用改进 Logistic 共生演化模型能更贴合实际地反映其演化过程，先进制造业与生产性服务业之间存在非对称性互惠共生行为模式，且生产性服务业对先进制造业的共生促进作用更为显著。

（二）长江经济带金融业发展

学术界主要从金融业发展影响因素、金融业创新发展、金融业集聚三个角度研究长江经济带金融业发展。研究空间尺度为长江经济带整体及其沿线省市，研究方法囊括指标体系构建、PVAR 模型、动态空间杜宾模型等分析方法。

关于长江经济带金融业发展影响因素，胡安琪（2019）分别构建测度长江经济带产业机构高级化、合理化和长江经济带金融业发展水平的评价指标体系，研究金融业发展水平对产业结构高级化、合理化的影响，结果显示，长江经济带金融业发展推动产业结构向高级化发展，但对产业结构合理化的促进作用较小，并进一步研究金融业发展水平细分指标对产业结构高级化、合理化的影响及地区差异，提出要因地制宜实施差异化区域金融发展战略；汪发元等（2019）运用动态空间杜宾模型对 1999～2016 年长江经济带沿线 11 省市科技创新、金融发展与实体经济增长之间的关系进行实证研究，结果表明科技创新与金融发展对本地实体经济发展具有正向促进作用，对相邻省市具有抑制作用，两者交叉项对实体经济发展直接作用为负向效应，间接作用为正向效应。

关于长江经济带金融业创新发展与金融业集聚，刘程军等（2019）研究发现，长江经济带区域创新与区域金融的耦合协调度逐渐上升，由多核心模式转变为组团模式，两者间的空间联系在省级尺度下具有较强的空间异质性，且存在较明显的多维邻近效应；籍磊等（2019）对 2006～2016 年长江经济带金融集聚对城镇化的影响效应进行检验，发现长江经济带金融业存在空间集聚特征，金融集聚对城镇化进程具有显著正向效应。

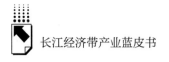
（三）长江经济带科技服务业发展

学术界主要从科技服务业发展效率及其与经济发展的关系、环境与生态监测检测服务两个角度研究长江经济带科技服务业发展。研究空间尺度以省际层面为主，研究方法囊括 C－D 生产函数、指标体系构建等分析方法。

关于长江经济带科技服务业发展效率及其与经济发展的关系，胡艳等（2019）测度 2007～2016 年长江经济带沿线 11 省市科技创新效率，发现其呈波动上升趋势，科技投入力度、科技创新环境、科技产出能力对经济发展水平产生重要影响。

关于长江经济带环境与生态监测检测服务，马骏等（2019）对长江经济带 107 座城市 2005～2016 年生态效率时空演变特征进行评价，发现长江经济带城市生态效率总体呈波动上升趋势，存在正向时间滞后效应，流域间生态效率差距逐步缩减，并呈现部分区域空间集聚程度不断加强态势。同时在探讨生态效率影响因素时发现产业升级、产业结构高级化、产业结构合理化对生态效率的发展具有不同的影响；刘红光等（2019）研究发现2007～2016 年长江经济带沿线 11 省市总灰水足迹基本维持不变，且农业灰水足迹占比较大，长江经济带下游地区灰水足迹负荷较高，上中游地区负荷相对较低，上海、江苏、安徽、湖北为水资源生态补偿支付地区，而云南、贵州、四川、湖南、江西则为水资源生态受偿地区。

（四）长江经济带交通运输业发展

学术界主要从交通运输方式及交通基础设施、物流业两个角度研究长江经济带交通运输业发展。研究空间尺度为长江经济带整体及其沿线省市，研究方法以计量分析方法为主。

关于长江经济带交通运输方式及交通基础设施，李敏（2019）以长江经济带多式联运网络与需求为例，验证长江经济带集装箱多式联运路径优化模型的有效性，研究结果表明使用铁路专用线进港可以有效降低物流成本，从而提升多式联运产品的市场竞争力；唐冠军（2019）指出绿色发展是长江经济带高质量发展的重要保障，应逐步推进绿色船舶建设，推广"一零两全四免费"的排放治理模式，同时要促进推动实施三峡枢纽水运新通道和葛洲坝航运扩能工程，推进航运与旅游融合，深化航运服务创新；黄森等（2019）运用超效率 DEA 模型测算 2016 年长江经济带沿线 11 省市交通基础设施效率，结果表明，长江经济带交通基础设施效率整体较好，规模效率提升对整体效率提高具有显著促进作用。

关于长江经济带物流业网络空间结构演变特征与物流业集聚水平及其影响因素，刘程军等（2019）研究发现长江经济带整体物流综合能力逐年上升且各区域间物流空间联系强度不断增长，呈"东强西弱"的分异特征，各城市间物流空间联系网络结构经历由简单网络到初具雏形的组团网络再到复杂化网络结构的演变过程，长三角城市群形成层级化的轴辐式网络结构；唐建荣等（2019）研究 2006~2016 年长江经济带城市物流网络空间结构的演变特征及其影响因素，发现长江经济带物流网络结构由内陆向沿海地区逐步递增，城市间物流联系呈"东密西疏"的空间特征，经济发展水平、信息化程度、对外开放状况、地理邻近性对长江经济带物流网络结构具有重要影响；郭湖斌等（2019）测算长江经济带 2000~2016 年物流业空间基尼系数与区位熵系数，并对物流业集聚演变特征进行实证分析，研究发现长江经济带物流业集聚水平呈"U"形发展特征，地区间物流业发展水平差距不断缩小，长江经济带物流业综合发展水平波动上升；钟昌宝等（2019）运用空间杜宾模型研究 2006~2015 年长江经济带沿线 11 省市社会资本对物流业集聚的影响，结果显示社会资本水平与物流业集聚水平具有显著的空间正相关性，社会资本在对本地物流业集聚水平产生正向促进作用的同时，对周边地区也产生正向空间外溢效应，但存在一定的区域边界。

关于长江经济带物流业效率，曹炳汝等（2019）选用长江经济带物流行业发展数据，采用 DEA 模型、ArcGIS、空间自相关法发现 2007~2017 年长江经济带物流效率波动平缓，整体呈"块状"分布，物流效率相近的省市在空间上集聚分布；黄梓轩等（2019）基于 PCA-DEA-Malmquist 指数法研究发现 2007~2016 年长江经济带农产品流通效率表现为先下降后上升的趋势，存在显著的空间差异，差异主要来源于技术进步，农产品流通技术和管理水平的提升有利于促进流通效率的提升；曹炳汝等（2019）基于非期望产出Super-SBM模型和Malmquist指数测度2007～2016年长江经济带物流行业增长效率，运用面板Tobit模型研究物流业效率增长的影响因素，研究结果表明长江经济带整体物流效率呈先波动上升后缓慢下降趋势，且存在明显空间差异，影响上游地区物流增长效率的因素主要为产业集聚、经济密度、交通密度，影响中游的因素主要为市场一体化指数、产业集聚、政府干预、对外开放、经济密度、交通密度，影响下游的因素主要为市场一体化指数、经济密度、政府干预、交通密度。

关于长江经济带物流业融合协同发展，主要涉及物流业协同发展水平、物流业与信息业融合等方面话题。詹晶等（2019）运用熵权耦合协调模型，对长江经济带沿线11省市2003～2017年物流业和信息业之间耦合协调度进行测算，研究发现长江经济带物流业和信息业耦合协调度稳步提高，已逐步转变为中级协调发展类，长江经济带地区耦合协调度存在明显空间差异，下游地区显著高于中上游地区；易伟（2019）通过物流供给系统和需求系统的有序度计算得到2008～2016年长江经济带沿线11省市物流协同发展水平，发现长江经济带物流协同度呈逐年上升趋势，且长江经济带沿线11省市物流协同度变化与长江经济带整体走势基本一致，上升幅度呈现前高后低、年均增幅较大的态势；郭湖斌等（2019）发现2000～2016年长江经济带区域物流与区域经济耦合协调水平呈不断上升趋势，目前处于耦合协调发展中级阶段，区域物流发展水平低于区域经济发展水平，对区域经济发展起着一定的制约作用；陈芳（2019）研究认为2014～2018年长江经济带11省市商贸流通业发展和乡村振兴发展均呈现"东强西弱"的特征，乡村振兴指数对商贸流通业发展具有明显的正向推动作用，但仍存在较强的空间差异性。

（五）长江经济带旅游业发展

学术界主要从旅游业综合发展水平、发展效率、协调发展水平、碳排放强度等角度研究长江经济带旅游业发展。研究空间尺度为长江经济带整体及其沿线省市，研究方法主要包括非参数 DEA 法、ML 指数、指标体系构建等。

关于长江经济带旅游业综合发展水平与发展效率，张明月等（2019）通过构建长江经济带旅游业发展水平评价指标体系发现长江经济带旅游业发展总体水平较高，但存在明显区域差异，近年来区域差异呈缩小趋势；陈园园等（2019）发现 2011~2017 年长江经济带旅游业综合效率呈螺旋式上升趋势，在空间上呈"凹"形结构，中游地区效率显著低于上下游地区；陈勤昌等（2019）研究发现 1996~2015 年以来长江经济带各省市入境旅游经济发展水平时空差异整体呈逐步收敛趋势，长江经济带上、中、下游地区区域内入境旅游经济发展水平差异贡献率高于区域间差异贡献率，2015 年长江经济带入境旅游业综合指数呈"U"形曲线，整体呈东强西弱、北强南弱的发展格局；王兆峰等（2019）对长江经济带 2007~2016 年旅游生态效率时空演变特征及其影响因素进行研究，发现旅游生态效率高的地区分布在长江经济带东部，较低效率地区分布广泛且数量呈先减后增态势，低效率地区数量较少且分布范围沿长江经济带东部向西部逐渐迁移，不仅如此，长江经济带旅游生态效率区域差异性和集聚性均不断缩小。

关于长江经济带旅游业协调发展水平，侯林春等（2019）研究发现 2016 年长江经济带 36 个主要城市除上海、鄂州外，大多数城市是非 DEA 有效，旅游业和区域经济协调发展效率较低，中西部地区应借助丰富的旅游资源促进地区经济发展，缩小区域经济差异；田美玲（2019）综合运用熵权法、主成分分析法、网络分析法研究长江经济带 36 个地级以上城市旅游协同发展的时空结构和发展模式，研究显示长江经济带城市旅游发展类型可以按照其协同程度由高到低分为协同型、整合型、肇基型、散漫型，1990~2018 年长江经济带城市旅游协同发展类型经历从散漫型向整合型变化的过程；姜奎等（2019）测度 2000~2016 年长江经济带旅游业与区域经济耦合协调度并分析旅游业对区域经济的拉动效应，研究发现不同时序下各省市旅游业综合发展水平与区域经济综合发展水平整体呈不断上升趋势，各省市旅游业综合发展水平表现出显著差异，呈东、中、西部梯度分布趋势，目前，长江经济带耦合协调度整体较为协调但仍存在较大的区域差异，区域经济对旅游业响应指数整体呈正相关。

关于长江经济带旅游业碳排放强度，黄和平等（2019）对长江经济带2006～2015年旅游业碳排放的时空分异特征及其影响因素进行研究，发现长江经济带旅游业碳排放总量呈逐步上升态势，碳排放类型分布不均，碳排放强度空间分布差异明显，碳排放强度差异无论在区域内还是区域间均呈现先扩大后缩小态势，旅游业经济规模、人数规模、能源消耗强度对碳排放具有显著正向作用，地区经济发展水平、环境污染治理水平对碳排放具有负向作用；路小静等（2019）对长江经济带旅游业能源消耗和碳排放进行评估，采用非参数 DEA 方法与 ML 指数测度 2006～2016 年长江经济带旅游业绿色生产率并对其空间演变格局进行研究，发现长江经济带旅游业能源消耗和碳排放处于逐步上升趋势，且与区域旅游经济发展有着显著的正向关联，粗放型发展模式使旅游业绿色生产率增长放缓，技术进步驱动旅游业绿色生产率持续增长，技术效率驱动力则较弱，长江经济带旅游业绿色生产率势能值由下游到上游呈"L"形，长三角成为区域核心增长极，长江下游地区则表现为塌陷状态；黄和平等（2019）研究发现 2006～2016 年长江经济带旅游业碳排放量整体呈持续增长趋势，且存在区域差异，上游地区明显高于中游和下游地区，旅游业碳排放强度以中、较高碳排放强度为主，排放强度区域差异不断增大且具有显著空间正相关性。

（六）其他议题

2019 年，国内学者对长江经济带服务业发展的研究内容还包括公共服务业、房地产业、文化艺术业等其他细分行业。研究空间尺度为长江经济带整体及其沿线省市，研究方法包括 DEA 模型、FDH 法、熵权 TOPSIS 法等。

储勇等（2019）使用 DEA 和 FDH 方法测算 2011～2016 年长江经济带基本公共服务供给效率，发现长江经济带基本公共服务的综合技术效率低于全国水平，其短板表现在农村地区，城镇化虽然缩小了城乡规模效率差异，却使城乡规模效率下降，经济发展水平虽然提高了城乡基本公共服务规模效率，却加剧了城市和乡村差距；熊兴等（2019）运用熵权 TOPSIS 法和 ESDA 方法研究发现 2009～2016 年长江经济带基本公共服务整体水平呈上升趋势，均等化水平不断提高，地区间相对差异逐渐缩小，但绝对差异仍较大；吴传清等（2019）从政策环境、宏观经济活动、市场供求三个层面，运用合成指数与扩散指数方法，测算我国 31 个省市房地产业景气指数，结果显示，2016 年以来，长江经济带房地产业整体运行状况良好，且存在周期性，房地产业景气指数受先行、同步、滞后指标的复杂影响；杜德林等（2019）研究表明近年来长江经济带知识产权资源快速发展，呈现明显的空间集聚性，表现出东高西低的分布态势，同时知识产权与经济发展也具有良好的耦合关系，但是创新不足仍是制约长江经济带经济发展的关键因素；孙智君等（2019）运用产出导向型 BCC 模型及"超效率"模型对长江经济带文化产业绩效进行实证分析，发现长江经济带文化产业整体发展水平较高，但存在地区发展不均衡问题，且主要问题来源于纯技术效率偏低。

综合梳理 2019 年服务业发展问题相关研究文献，大多为生产性服务业领域，而对生活性服务业的研究相对较少。研究内容主要聚焦于金融业发展、科技服务业发展、交通运输业发展、旅游业发展等方面，研究空间尺度集中于长江经济带整体及沿线 11 省市，研究方法有 DEA 模型、空间面板模型、空间杜宾模型等分析方法。

三 2019年长江经济带农业发展问题研究新进展

长江经济带是我国农业发展的重要基地，推动长江经济带农业绿色发展对于促进长江经济带高质量发展具有重要意义。2019 年学术界关于长江经济带农业发展问题研究聚焦农业结构、农业生产率、农业绿色发展、农业政策评价等话题。

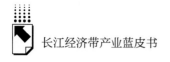

（一）长江经济带农业结构

关于长江经济带农业规模与结构的时空演变分析，杨灿等（2019）运用 Esteban-Marquillas 拓展模型，描绘 1997～2017 年长江经济带农林牧渔业规模结构的时空演变特征，发现长江经济带农业规模与结构的时空演变较为稳定，上中下游农业增长优势、结构优势、竞争优势、资源配置方面差异较小，农林牧渔业各行业竞争分量和分配分量随时间波动较大。

（二）长江经济带农业生产率

2019 年长江经济带农业生产率研究侧重生态效率测算及影响因素的实证分析，在研究尺度、研究方法、研究指标等方面多有不同（见表 1）。

关于长江经济带农业生态效率的测算，曹俊文等（2019）运用超效率 SBM 模型测算了 2007～2016 年长江经济带农业生态效率；丁宝根等（2019）运用 DEA 模型对长江经济带各省市的农业生态效率进行测算与评价，认为长江经济带农业生态效率存在较大地区差异，生产要素资源未得到充分利用。

关于长江经济带农业生态效率的影响因素，徐辉等（2019）运用 1998～2015 年长江经济带平衡面板数据，测算农业环境全要素生产率影响因素，发现有效灌溉率作用明显，农业机械化不宜发展过快，农业税收政策能有效提升农业环境全要素生产率；曹俊文等（2019）认为农业经济水平、农业公共投资、农业劳动力教育程度、农业机械化、政府规制和技术进步对农业生态效率具有正效应，农业化学化则具有负效应；黄杰等（2019）通过建立 DEA-Tobit 模型分析农村耕地面积、农业机械总动力、化肥的使用量、有效灌溉面积、农村用电量、农业塑料薄膜使用量以及农药使用量等影响因素；侯石安等（2019）利用 1995～2018 年贵州省现代物流投入和要素投入相关数据，运用向量自回归（VAR）模型进行实证分析，发现现代物流投入、财政支农支出和农村固定资产投资对贵州省农业经济增长均有正向影响。

表1 2019年学术界关于长江经济带农业生产率的部分实证研究方法

作者	研究尺度	研究方法	研究指标
徐辉(2019)	长江经济带沿线11省市	面板回归	受灾率,财政支农比率,农业税收政策,有效灌溉率,机械化程度
曹俊文等(2019)	长江经济带沿线11省市	超效率SBM模型	投入(资本、劳动力、自然资源、化学化、机械化);产出(农业总产值、碳汇量、碳排放)
黄杰等(2019)	长江经济带沿线11省市	DEA-Tobit模型	投入(土地、机械化、化学化、资本要素);产出(农业总产出)
丁宝根等(2019)	长江经济带沿线11省市	DEA模型	投入(土地、劳动力、机械化、碳排放);产出(农业总产值)
侯石安等(2019)	贵州省	VAR模型、脉冲响应函数	农林牧渔业总产值,农业固定资产投资,道路运输、仓储及邮政业的投资额,财政支出

（三）长江经济带农业绿色发展

关于农业碳排放测算及影响因素分析,丁宝根等（2019）采用碳排放系数法对长江经济带沿线11省市农业碳排放进行测算及检验,运用LMDI模型分析其影响因素,研究表明长江经济带农业碳排放与农民人均收入之间呈现"倒U"形EKC曲线关系;王若梅等（2019）研究发现2009~2016年长江经济带整体农业碳排放呈上升趋势,碳排放强度、水土资源因素和人均耕地面积在一定程度上抑制了农业碳排放,而农业水资源的经济产出和人口因素则对碳排放具有促进作用;禹海雄等（2019）运用LMDI方法分析2007~2016年长江经济带农业能源消耗碳排放量驱动因素,发现长江经济带农业能源消耗碳排放量逐步增加,经济产出和人口规模效应对碳排放具有正向影响,能源强度和能源结构效应则具有负向影响,碳减排"脱钩"效果不佳。

关于农业绿色发展水平、路径和对策,罗志高等（2019）通过分析长江经济带产业布局（地域分布、加工产业与国际贸易）、产业结构（结构演变、历年能耗和水耗）、污染防控（农药化肥施用量和强度、废水排放）,提出长江经济带各省市农业需协同发展,加快发展农产品加工业和国际贸易,倒逼农业转型升级,发展现代生态友好型农业;陈艺齐等（2019）通过分析云南高原特色农业绿色发展历史进程中的影响因素，认为技术革新、生态名片、核心品牌、产业集群等路径对云南省高原特色农业生态文明建设具有推动作用；黄丽莹、吴映梅（2019）通过构建多指标综合评价体系，发现农业经济发展和农业生态环境系统耦合协调程度较低，要进一步加大农业投入力度，推进农业生态环境整治。

（四）长江经济带农业政策评价

关于推动长江经济带农业发展的政策评价及建议，林春智（2019）采用熵权模糊综合评价法评价我国浙江、江苏、湖北和四川各地农业水价综合改革的成效，研究发现四个省份农业水价改革的社会成效均比较理想；肖琴等（2019）认为新时期长江经济带应从巩固提升农业综合生产能力、促进区域协调发展、严格保护水土资源、综合防治面源污染、养护修复生态系统、推进产业精准扶贫等方面推动农业高质量发展；杨灿等（2019）提出，优化农林牧渔业规模结构，推进长江经济带上中下游差异化协同，从数量为主转向质量效益并重；徐辉等（2019）建议充分发挥农业比较优势，优化区域农业布局，完善和统筹长江经济带区域农业公共服务和基础设施建设，促进长江经济带农业协同发展。

（五）其他议题

关于长江经济带农业比较优势，徐辉等（2019）采用农业相对比重指标和显示性比较优势指标，总结长江经济带各省市农业相对比重和比较优势的时空演变特征，发现长江经济带农业经济总量占比较低，农业相对比较优势不明显，各省市农业比重及相对比较优势差异明显且呈现下降趋势。

关于长江经济带农业高质量发展的主要困境，肖琴等（2019）从农业主要农产品产量及份额、经济总量、农业比重结构、农产品进出口贸易、农产品加工和新业态培育等方面总结长江经济带农业发展态势，认为长江经济带农业高质量发展面临粮食供需形势严峻、区域发展不均衡、资源约束趋紧、农业面源污染加剧、生态系统脆弱且退化明显、贫困化地域分布广等主要问题。

综观 2019 年长江经济带农业发展问题相关研究，从研究内容而言，多集中于农业生产效率及其影响因素、绿色发展、污染治理等方面，其中农业碳排放测算及影响因素研究趋热；从研究尺度而言，关于长江经济带沿线11 省市的研究较多，也有关于某个省市的专门研究，结合地理学、经济学、统计学等多种方法分析生产效率、碳排放等要素的时空分异情况，相对而言，深入地级市、县域尺度的研究较少；从研究方法而言，多采用 DEA 模型、SBM 模型、面板模型等进行影响因素测算与分析。

参考文献

曹炳汝、邓莉娟：《长江经济带物流业效率增长影响因素》，《经济地理》2019 年第7 期，第 148 ~ 157 页。

曹炳汝、孔泽云、邓莉娟：《长江经济带省域物流效率及时空演化研究》，《地理科学》2019 年第 12 期，第 1841 ~ 1848 页。

曹俊文、曾康：《低碳视角下长江经济带农业生态效率及影响因素研究》，《生态经济》2019 年第 8 期，第 115 ~ 119、127 页。

陈博等：《基于装备制造业企业的长江经济带网络空间特征研究》，《长江流域资源与环境》2019 年第 2 期，第 261 ~ 268 页。

陈芳：《乡村振兴视域下商贸流通业发展及其区域差异性分析——基于长江经济带省域面板数据》，《商业经济研究》2019 年第 21 期，第 144 ~ 147 页。

陈勤昌、夏莉惠、王凯：《长江经济带入境旅游经济发展水平省际差异研究》，《世界地理研究》2019 年第 2 期，第 191 ~ 200 页。

陈修素、吴小芳、陈睿：《重庆制造业在长江经济带中的比较优势研究》，《重庆工商大学学报》（自然科学版）2019 年第 1 期，第 78 ~ 86 页。

陈雁云、罗昂：《长江经济带制造业效率测度及其与出口贸易的关系研究》，《邵阳学院学报》（社会科学版）2019 年第 2 期，第 64 ~ 75 页。

陈艺齐等：《云南高原特色农业绿色发展路径和对策研究》，《中国热带农业》2019年第 5 期，第 15 ~ 20 页。

陈园园、冯娟、谢双玉：《长江经济带旅游业效率比较及其时空演化特征研究》，《华中师范大学学报》（自然科学版）2019 年第 5 期，第 782 ~ 791 页。

储勇、王浩伟：《长江经济带城乡基本公共服务供给效率及其影响因素分析》，《长

江师范学院学报》2019 年第 5 期，第 45~53 页。

丁宝根、赵玉、罗志红：《长江经济带农业碳排放的 EKC 检验及影响因素研究》，《中国农机化学报》2019 年第 9 期，第 223~228 页。

丁宝根、赵玉：《基于 DEA 模型的长江经济带农业生态效率的测度与评价》，《老区建设》2019 年第 6 期，第 45~49 页。

丁秋霜、包耀东：《区域制造业与物流业协调发展研究——以长江经济带为例》，《市场周刊》2019 年第 8 期，第 40~44 页。

杜德林、王姣娥、焦敬娟：《长江经济带知识产权空间格局与区域经济发展耦合性研究》，《长江流域资源与环境》2019 年第 11 期，第 2564~2573 页。

杜宇、黄成：《长江经济带高技术制造业创新效率时空格局演变研究》，《科技进步与对策》2019 年第 21 期，第 35~42 页。

方大春、王婷：《长江经济带各省市制造业重点行业选择研究》，《长江大学学报》（社会科学版）2019 年第 6 期，第 59~64 页。

郭湖斌、邓智团、邹仲海：《长江经济带物流产业集聚演变特征及对策研究》，《价格月刊》2019 年第 6 期，第 60~66 页。

郭湖斌、邓智团：《长江经济带区域物流与区域经济耦合协调发展研究》，《当代经济管理》2019 年第 5 期，第 41~48 页。

郭政等：《长江三角洲城市群工业污染时空演化及其驱动因素》，《中国环境科学》2019 年第 3 期，第 1323~1335 页。

何艳、徐伟鹏、蔡璟姿：《长江经济带的产业转移是否夹带污染？——基于 107 个城市的研究》，《资源与产业》2019 年第 5 期，第 78~85 页。

侯林春、胡婷：《长江经济带旅游业与区域经济发展协同效率研究》，《湖北农业科学》2019 年第 21 期，第 224~229、235 页。

侯石安、胡杨木：《现代物流、要素投入对贵州农业经济增长的影响——基于贵州省 1995~2018 年时间序列数据》，《贵州社会科学》2019 年第 3 期，第 126~132 页。

胡安琪：《金融发展对产业结构调整的影响研究》，硕士学位论文，安徽大学，2019。

胡立和、商勇、王欢芳：《工业绿色全要素生产率变化的实证分析——基于长江经济带 11 个省市的面板数据》，《湖南社会科学》2019 年第 4 期，第 108~114 页。

胡绪华、陈默：《产业协同集聚促进绿色创新了吗？——基于动态视角与门槛属性的双重实证分析》，《生态经济》2019 年第 10 期，第 58~65 页。

胡艳、潘婷：《长江经济带科技创新对经济发展支撑作用研究》，《铜陵学院学报》2019 年第 4 期，第 3~6、24 页。

黄成、邓明亮：《长江经济带化学工业集聚特征的实证研究》，《长江大学学报》（社会科学版）2019 年第 2 期，第 45~51 页。

黄和平、乔学忠、张瑾：《长江经济带旅游业碳排放时空演变分析》，《贵州社会科学》2019 年第 2 期，第 143～152 页。

黄和平等：《绿色发展背景下区域旅游业碳排放时空分异与影响因素研究——以长江经济带为例》，《经济地理》2019 年第 11 期，第 214～224 页。

黄杰、陈美玲、刘从九：《农业生产合作组织的发展提高了农业生产效率？——基于长江经济带省级面板数据分析》，《山东农业大学学报》（社会科学版）2019 年第 2 期，第 52～59、157 页。

黄磊、吴传清：《长江经济带城市工业绿色发展效率及其空间驱动机制研究》，《中国人口·资源与环境》2019 年第 8 期，第 40～49 页。

黄磊、吴传清：《长江经济带工业绿色创新发展效率及其协同效应》，《重庆大学学报》（社会科学版）2019 年第 3 期，第 1～13 页。

黄丽莹、吴映梅：《云南农业经济与农业生态环境耦合协调发展研究》，中国地理学会经济地理专业委员会主编《2019 年中国地理学会经济地理专业委员会学术年会摘要集》，2019，第 154 页。

黄森、吕小明、王佳雯：《中国长江经济带沿线省市交通基础设施效率研究》，《时代金融》2019 年第 6 期，第 44～46 页。

黄梓轩、陈菲：《长江经济带农产品流通效率时空差异分析——基于 PCA-DEA-Malmquist 指数模型》，《商业经济研究》2019 年第 21 期，第 127～130 页。

籍磊、陈立泰、叶长华：《长江经济带金融集聚对城镇化影响的机制研究》，《预测》2019 年第 3 期，第 70～75 页。

姜奎、郑群明：《长江经济带旅游产业与区域经济的耦合协调及响应关系》，《福建农林大学学报》（哲学社会科学版）2019 年第 4 期，第 88～98 页。

蓝发钦、黄嫌：《长三角产业集聚的经济效益分析——基于静态和动态空间计量杜宾模型》，《华东师范大学学报》（哲学社会科学版）2019 年第 2 期，第 163～171 页。

李敏：《长江经济带集装箱多式联运路径优化模型研究》，《铁道运输与经济》2019 年第 11 期，第 94～98 页。

李永盛、张祥建：《长江经济带生产性服务业集聚的创新效应研究》，《现代经济探讨》2019 年第 10 期，第 90～98 页。

林春智：《农业水价综合改革成效评价研究——基于浙江、江苏、湖北及四川省数据分析》，《价格理论与实践》2019 年第 6 期，第 69～72 页。

刘程军、周建平、蒋建华：《长江经济带区域物流的空间联系格局及其驱动机制研究》，《华东经济管理》2019 年第 9 期，第 87～96 页。

刘程军等：《区域创新与区域金融耦合协调的格局及其驱动力——基于长江经济带的实证》，《经济地理》2019 年第 10 期，第 94～103 页。

刘红光、陈敏、唐志鹏：《基于灰水足迹的长江经济带水资源生态补偿标准研究》，《长江流域资源与环境》2019 年第 11 期，第 2553～2563 页。

刘潇：《京津冀和长三角地区制造业生产效率的比较研究——基于 Malmquist-DEA 模

型的全要素生产率分析》，《统计与信息论坛》2019 年第 7 期，第 85～91 页。

刘燕、赵海霞：《污染型制造业空间格局演变的特征及影响因素分析——以长江经济带中下游地区为例》，《世界地理研究》2019 年第 4 期，第 96～104 页。

刘紫月、张莉：《逆向金融外包对制造业出口技术复杂度的影响——基于长江经济带沿线省市的面板数据》，《知识经济》2019 年第 10 期，第 15～16 页。

路小静等：《长江经济带旅游业绿色生产率测算与时空演变分析》，《中国人口·资源与环境》2019 年第 7 期，第 19～30 页。

罗芳、王远卓：《长江经济带工业企业技术创新效率研究》，《科技与管理》2019 年第 6 期，第 24～30 页。

罗良文、赵凡：《工业布局优化与长江经济带高质量发展：基于区域间产业转移视角》，《改革》2019 年第 2 期，第 27～36 页。

罗志高、杨继瑞：《长江经济带农业绿色发展的现实困境与对策思考》，《重庆工商大学学报》（社会科学版）2019 年第 5 期，第 20～27 页。

马骏、周盼超：《长江经济带生态效率空间异质性及其影响因素研究》，《水利经济》2019 年第 6 期，第 8～12、52、85 页。

平智毅、吴学兵、吴雪莲：《长江经济带经济增长对工业污染的影响分析——基于地理距离矩阵的空间杜宾模型》，《生态经济》2019 年第 7 期，第 161～167 页。

孙博文、程志强：《市场一体化的工业污染排放机制：长江经济带例证》，《中国环境科学》2019 年第 2 期，第 868～878 页。

孙智君、张高琼：《长江经济带文化产业绩效评价》，《统计与决策》2019 年第 11 期，第 115～119 页。

唐冠军：《全面推进长江航运高质量发展为长江经济带发展当好先行》，《旗帜》2019 年第 10 期，第 49～50 页。

唐建荣、倪攀、李晨瑞：《长江经济带物流网络结构演变特征及影响因素分析》，《华东经济管理》2019 年第 8 期，第 60～66 页。

唐菁：《长江经济带生产性服务业的空间集聚特征——基于区位熵理论和空间自相关理论的实证分析》，《全国流通经济》2019 年第 20 期，第 122～123 页。

田美玲：《长江经济带城市旅游协同发展模式探究》，《湖北农业科学》2019 年第 19 期，第 28～31、36 页。

田泽、王莹、任芳容：《高质量发展视域下长江经济带先进制造业的生产效率评价》，《生态经济》2019 年第 11 期，第 64～70 页。

汪发元、郑军：《科技创新、金融发展与实体经济增长——基于长江经济带的动态空间模型分析》，《经济经纬》2019 年第 4 期，第 157～164 页。

王波、周江：《长江经济带设备制造业效率三重分解及比较研究》，《宏观经济研究》2019 年第 4 期，第 84～97 页。

王建民等：《长江经济带工业绿色发展效率测量与提升路径研究》，《科技管理研究》

2019 年第 12 期，第 46～52 页。

王磊、蔡星林：《长江经济带高耗能产业集聚及其对全要素生产率的影响研究》，《工业技术经济》2019 年第 11 期，第 37～46 页。

王若梅、马海良、王锦：《基于水－土要素匹配视角的农业碳排放时空分异及影响因素——以长江经济带为例》，《资源科学》2019 年第 8 期，第 1450～1461 页。

王树华：《长三角一体化发展背景下制造业转移的行业选择》，《现代经济探讨》2019 年第 12 期，第 5～9 页。

王兆峰、刘庆芳：《长江经济带旅游生态效率时空演变及其影响因素》，《长江流域资源与环境》2019 年第 10 期，第 2289～2298 页。

吴传清、邓明亮：《长江经济带房地产业景气指数测算与时空特征分析》，《湖北经济学院学报》2019 年第 3 期，第 42～50、127～128 页。

吴传清、李姝凡：《长江经济带工业同构性研究》，《长江大学学报》（社会科学版）2019 年第 6 期，第 51～58 页。

武长河、王潞：《风险投资对长三角生产性服务业与制造业协同集聚的影响——基于中介效应的研究》，《创新科技》2019 年第 10 期，第 1～7 页。

肖沛余、葛幼松：《长江经济带生产性服务业集聚的空间溢出效应——基于行业和地区分异的空间杜宾模型研究》，《生态经济》2019 年第 35 期，第 81～85 页。

肖琴、周振亚、罗其友：《新时期长江经济带农业高质量发展：问题与对策》，《中国农业资源与区划》2019 年第 12 期，第 72～80 页。

熊兴、余兴厚、蒲坤明：《长江经济带基本公共服务综合评价及其空间分析》，《华东经济管理》2019 年第 1 期，第 51～61 页。

徐辉、刘天宇：《长江经济带农业环境全要素生产率影响因素实证分析》，《北方园艺》2019 年第 18 期，第 152～156 页。

徐辉、吴鹏、王紫薇：《长江经济带省域农业比较优势分析及协同发展对策》，《中国农业资源与区划》2019 年第 6 期，第 42～47 页。

杨灿、杨艳：《长江经济带农业规模与结构的时空演变分析——基于 Esteban-Marquillas 拓展模型》，《湖南农业大学学报》（社会科学版）2019 年第 4 期，第 17～26 页。

杨玲：《长江经济带制造业服务化水平测度及其特征研究》，《当代财经》2019 年第 6 期，第 106～117 页。

杨仁发、李娜娜：《产业集聚对长江经济带高质量发展的影响》，《区域经济评论》2019 年第 2 期，第 71～79 页。

易伟：《长江经济带物流协同研究》，《物流工程与管理》2019 年第 9 期，第 26～28 页。

殷为华：《长三角城市群工业韧性综合评价及其空间演化研究》，《学术论坛》2019 年第 5 期，第 124～132 页。

尹庆民、吴秀琳：《环境约束下长江经济带工业能源环境效率差异评价与成因识别研究》，《科技管理研究》2019 年第 6 期，第 240～247 页。

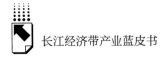
于世海等：《先进制造业与生产性服务业共生状态分析——基于改进的 Logistic 模型对长江经济带的实证研究》，《桂林理工大学学报》2019 年第 39 期，第 743～750 页。

禹海雄、曾康：《长江经济带农业能源消耗碳排放驱动因素及其脱钩效应研究》，《南昌工程学院学报》2019 年第 2 期，第 97～102 页。

詹晶、宋朝方、邓荣荣：《长江经济带物流业与信息业耦合协调度的时空演化》，《湖南社会科学》2019 年第 5 期，第 111～119 页。

张明月、周梦、张祥：《长江经济带 11 省市旅游业发展水平评价》，《华中师范大学学报》（自然科学版）2019 年第 5 期，第 792～803、814 页。

张文珊、刘丹、周丽丽：《基于网络 DEA 的长江三角洲城市群工业能源环境效率评价》，《科技和产业》2019 年第 4 期，第 1～7 页。

张新林等：《长三角城市群工业生态效率空间溢出效应及其影响因素》，《长江流域资源与环境》2019 年第 8 期，第 1791～1800 页。

张友国：《长江经济带产业转移的环境效应测算》，《环境经济研究》2019 年第 2 期，第 76～91 页。

章恒全、陈卓然、张陈俊：《长江经济带工业水环境压力与经济增长脱钩努力研究》，《地域研究与开发》2019 年第 2 期，第 13～18 页。

钟昌宝、朱占会：《长江经济带省域社会资本对物流产业集聚的影响——基于空间杜宾模型的实证分析》，《常州大学学报》（社会科学版）2019 年第 1 期，第 44～53 页。

周五七：《长三角工业绿色全要素生产率增长及其驱动力研究》，《经济与管理》2019 年第 1 期，第 42～48 页。

周正柱、王俊龙：《长江经济带经济增长对工业环境污染的动态影响——基于状态空间模型研究》，《南京工业大学学报》（社会科学版）2019 年第 4 期，第 87～93 页。

B.17
长江经济带世界级制造业集群发展
问题研究进展与展望*

吴传清　叶云岭**

摘　要: 近年来国家出台了一系列政策文件,为长江经济带世界级制造业集群发展确立了发展目标与方向。学术界相关研究主要集中于长江经济带世界级制造业集群的内涵界定、遴选标准、突出问题和发展路径等三个方面。后续研究还应进一步拓展发展路径维度,坚持以新发展理念推动长江经济带世界级制造业集群发展。

关键词: 长江经济带　世界级制造业集群　新发展理念　全球价值链

　　长江经济带是我国重要的制造业走廊,也是全球内河经济带的典型代表,在推进我国制造业转型升级进程中肩负着重要使命。以世界级先进制造业集群为代表的具有全球竞争力的产业集群,已成为世界各国谋求全球竞争新优势的核心战略工具。2014年9月,国务院颁布的《依托黄金水道推动长江经济带发展的指导意见》首次明确提出打造电子信息、高端装备、汽车、家电、纺织服装等世界级制造业集群。近年来,国家陆续出台一系列政策文

---

　*　基金项目:国家社会科学基金项目"推动长江经济带制造业高质量发展研究"(项目编号:19BJL061)。

**　吴传清,武汉大学经济与管理学院、中国发展战略与规划研究院教授,博士生导师,从事区域经济学、产业经济学研究;叶云岭,武汉大学经济与管理学院区域经济学专业博士研究生,从事区域经济学研究。

件（见附表1），大力培育发展长江经济带世界级制造业集群。加快发展长江经济带世界级制造业集群，是推动长江经济带高质量发展，把长江经济带建设成为具有全球影响力的内河经济带的应有之义。鉴于研究长江经济带世界级制造业集群发展具有重大理论与实践意义，本报告侧重从学术史视角对2014~2020年长江经济带世界级制造业集群发展相关研究成果进行梳理总结。

一 长江经济带世界级制造业集群研究总体概况

2014年长江经济带发展上升为国家重大区域发展战略。从2014~2020年关于长江经济带世界级制造业集群研究成果数量来看，共有相关研究成果47篇。从历年分布来看，2014年相关研究成果仅有1篇，2015年相关研究成果数量为3篇，2016年起相关研究成果呈现出快速增长态势，数量达8篇，2017年相关研究成果数量为10篇，2018年相关研究成果数量为10篇，2019年相关研究成果数量为7篇，2020年相关研究成果数量为8篇。从研究机构分布来看，主要有中国科学院科技战略咨询研究院、上海社会科学院、南京大学、安徽大学、南通大学等。相关研究内容主要涉及世界级制造业集群的内涵界定、遴选标准及突出问题与发展路径。

二 长江经济带世界级制造业集群的内涵界定研究

在全球化进程不断加快的过程中，制造业生产全球化未能使企业的生产经营活动在空间分布上趋于平衡，反而使相关生产活动的集聚集群化现象越来越明显。世界级产业集群正在成为发达国家和发展中国家经济发展的重要推动力。世界级产业集群这一概念，由欧盟委员会2010年发布的《欧洲世界级产业集群发展白皮书》提出，特指在全球市场上提供产品和服务的能力达到一流水平，并能在全球水平上促进企业创新发展、区域经济发展的产业生态系统，并提出了3大类共15小类世界级产业集群的标准属性。

学术界从不同角度对世界级制造业集群的内涵进行了界定。从创新能力来看，世界级制造业集群是产业技术水平和创新能力居于世界前列，在共性关键技术研发上拥有核心竞争力和自主知识产权，对全球的科技创新发挥重大影响力的制造业集聚高地（成长春，2018；王振，2020）。

从协作网络来看，世界级制造业集群是具备地方根治性和高效的技术扩散力等属性，具有覆盖世界空间资源配置的集群网络组织（赵作权等，2020）。制造业与创新技术支撑、虚拟经济、生产性服务业之间网络化互动，企业、高校、研发机构、用户、资本、人才、政府、中介、环境、基础设施各方联动共同形成生态系统，系统内拥有世界一流制造业领军企业，形成了成熟高效的专业化分工体系与协作网络（陈文玲，2016；白洁，2017）。

从全球市场份额来看，世界级制造业集群具有显著的规模优势，在全球制造业产品总量中占据庞大的市场份额，是全球制造业的重要生产中心和专门化基地（盛毅，2016；王振，2020）。

总体而言，世界级制造业集群具备空间集聚性、产业关联性、功能创新性、结构网络性、市场竞争性、社会根植性等六大方面的特征（成长春等，2016），是以新发展理念为引领，以先进技术为支撑，以先进制造业为主攻方向，以集群化网络化分工为重要特征，在世界范围内具有较强竞争力和重要影响力的制造业高地。

三　长江经济带世界级制造业集群的遴选标准研究

关于世界级制造业集群的遴选标准，相关研究文献较少，学者们从不同侧重点开展了相关研究。从发展导向来看，世界级制造业集群要符合长江经济带建设的整体战略导向，具有良好的成长性并符合未来制造业发展趋势，在推动长江经济带创新驱动发展，参与全球制造业竞争方面能够发挥重要引领作用（白洁等，2017；胡海艳等，2020）。从市场规模来看，世界级制造业集群在"1小时城市群"空间尺度范围内能够形成较强的规模效应，能够产生较好的经济效益，随着产业集群不断升级优化，新旧产业集群不断更新

（盛毅等，2016）。从品牌优势来看，世界级制造业集群要在国际竞争中能够发挥重要带动作用，拥有世界级的竞争力和影响力，在集群内拥有一大批具有世界影响力的跨国企业和著名品牌（胡海艳等，2020）。

成长春等（2018）在综合学术界各种遴选标准的基础上，认为世界级产业集群要符合发展导向、市场规模、品牌优势、集约集聚、产业口径、流域特色、可获得性七大原则，并综合考量了集群产业规模、集群优势产业、集群空间集聚度、集群产业关联度、集群的生产效益、集群资本效益、集群的国际化程度、集群品牌竞争力、集群创新能力等9个方面的综合情况，结果显示，电子信息产业、高端装备产业、汽车产业、家电产业、纺织服装产业符合长江经济带世界级制造业集群的遴选标准，与国家政策文件所提出的五大重点领域的世界级制造业集群基本一致。

四 长江经济带世界级制造业集群的突出问题与发展路径研究

关于长江经济带世界级制造业集群发展面临的突出问题，相关研究主要集中于三个方面：一是创新能力较弱。长江经济带制造业核心技术对外依存度普遍较高，由于存在体制机制壁垒，协同创新体制机制尚未形成，科技创新资源优势尚未形成合力，导致集群内企业创新动力普遍不足，自主创新能力较弱（刘志彪，2018；成长春等，2018）。

二是分工结构不合理。长江经济带制造业组织结构较为松散，上中下游之间联动严重不足，众多地区将高端装备制造业、生物医药、汽车制造业、新材料、新能源、节能环保等制造业列为地区主导产业或者优先发展的产业，同质化、重复建设问题突出，产业结构趋同现象明显，尚未形成差别化、梯度衔接的协同发展局面（张治栋，2018；马骏等，2020）。

三是位于全球价值链中低端。长江经济带制造业领域虽然涌现一批具有国际影响力的知名品牌，但领先企业和国际品牌数量匮乏，重点产业和支柱产业规模大而不强，产品总体为附加值、技术含量较低的制造业产品，与全球生产网络相互嵌入和融合的程度不高（王振，2020）。

关于长江经济带世界级制造业集群的发展路径，学术界系统梳理了国外世界级制造业集群发展的成功案例，如硅谷高新技术产业集群、印度班加罗尔 IT 产业集群、日本东京湾临港产业集群、日本丰田汽车产业集群、美国圣地亚哥生物技术创新集群，以期为长江经济带世界级制造业集群发展提供经验借鉴（盛毅，2016；白洁，2017；成长春，2018；张佩，2020）。

在借鉴国外经验和发展实际的基础上，学术界关于发展路径的研究主要集中于三个层面：一是企业层面，大力引进世界一流企业，注重培育本土企业，强化企业在技术创新中的主体地位，着力培育和提高企业技术创新能力，实现关键技术产业化、自主化。鼓励企业在参与全球生产分工的同时加入全球创新网络，在全球创新网络中占据重要地位，以显著的技术水平推动世界级制造业集群建设（张治栋，2018；刘志彪，2018）。

二是产业层面，要区分价值链类型，实现集群分类发展，提升集群的核心竞争力，减少重复建设和低效竞争，着力提升产业竞争力，建设实体经济、科技创新、现代金融、人力资源协同发展的产业体系，推动形成一批世界级制造业集群（康萌越等，2017；白洁，2017；冯德连，2019）。发挥国家级承接产业转移示范区的产业转移作用，引导制造业分梯度、有序转移，实现各地区错位互补发展（王振，2020）。

三是制度层面，破除行政壁垒，建设共性技术创新平台、公共服务平台、人才交流平台等，建立跨地区的协同创新管理协调机制，完善科技创新成果转化激励政策体系，为集群内企业创新发展提供保障机制。清除高层次人才流动的制度障碍，构建统一开放的人才市场，制定人才共享政策，实现区域内人才资源的合理利用和优化配置（马骏，2020）。

五　后续研究展望

在以国内大循环为主体、国内国际双循环相互促进的新发展格局中，大力发展长江经济带世界级制造业集群，培育制造业参与国际合作和竞争新优势，必须严格贯彻新发展理念。坚持创新发展，充分利用长江经济带的科研优势、人才优势、智力密集优势，通过加强制度创新和分工协作，实现沿江布局一批战略性新兴产业集聚区、国家高技术产业基地，推动上中下游地区之间的科技创新与制造业创新合作，整体参与全球竞争，将长江经济带打造成为引领全国转型发展的创新驱动带。

坚持协调发展，推动长江经济带生产性服务业与制造业协同发展，大力发展专业化的科技服务、金融服务、信息服务、数据服务、咨询服务，加快制造企业向生产服务型转变。推动长江经济带世界级制造业集群与世界级城市群协同发展，以长江经济带五大城市群为主体，统筹规划城市功能定位和产业布局，促进城市群之间、城市群内部的分工协作，实现中西部产业协作互补。

坚持绿色发展，长江经济带世界级制造业集群发展要符合"生态优先、绿色发展"导向，处理好绿水青山和金山银山的关系，有序利用长江岸线资源，综合运用安全、环保、质量、能耗等标准，依法淘汰落后产能和化解过剩产能；推广绿色基础制造工艺，降低污染物排放强度，围绕重点污染物开展清洁生产技术改造，加快绿色制造共性技术研发。

同时，还要坚持开放发展，加强与"一带一路"建设融合，实现长江大通关，将"引进来"与"走出去"相结合，深化双向开放，嵌入全球中高端价值链。坚持共享发展，充分调动各方力量培育世界级制造业集群，发展成果由长江经济带沿线 11 省市共享。

参考文献

白洁：《长江经济带建设背景下湖北打造世界级产业集群的对策研究》，《湖北社会科学》2017 年第 7 期，第 64~71 页。

曾祥炎、成鹏飞：《全球价值链重构与世界级先进制造业集群培育》，《湖湘论坛》2019 年第 4 期，第 72~79 页。

成长春、王曼：《长江经济带世界级制造业集群遴选研究》，《南通大学学报》（社会科学版）2016 年第 5 期，第 1～8 页。

成长春、徐长乐、王曼：《长江经济带世界级制造业集群战略研究》，上海人民出版社，2018。

冯德连：《加快培育中国世界级先进制造业集群研究》，《学术界》2019 年第 5 期，第 86～95 页。

胡海艳、孙俊聪：《建设湖北长江经济带世界级制造业集群思路研究》，《长江技术经济》2020 年第 4 期，第 59～64 页。

康萌越等：《世界级产业集群的发展路径研究》，《工业经济论坛》2017 年第 2 期，第 10～15 页。

刘志彪：《攀升全球价值链与培育世界级先进制造业集群——学习十九大报告关于加快建设制造强国的体会》，《南京社会科学》2018 年第 1 期，第 13～20 页。

刘志彪：《在全球价值链路径上建设制造强国》，《学习与探索》2018 年第 11 期，第 94～101 页。

刘志彪：《中国参与全球价值链分工结构的调整与重塑——学习十九大报告关于开放发展的体会》，《江海学刊》2018 年第 1 期，第 77～84 页。

盛毅、王玉林、樊利：《长江经济带世界级制造业集群选择与评估》，《区域经济评论》2016 第 4 期，第 39～45 页。

王家庭、张容：《基于三阶段 DEA 模型的中国 31 省市文化产业效率研究》，《中国软科学》2009 年第 9 期，第 75～82 页。

王振：《长三角地区共建世界级产业集群的推进路径研究》，《安徽大学学报》（哲学社会科学版）2020 年第 3 期，第 114～121 页。

张佩、赵作权：《世界级先进制造业集群竞争力提升机制及启示——以德国工业 4.0 旗舰集群为例》，《区域经济评论》2020 年第 5 期，第 131～139 页。

赵璐：《网络组织模式下中国产业集群发展路径研究——发达国家产业集群发展的经验启示》，《科技进步与对策》2019 年第 7 期，第 56～60 页。

赵作权、田园、赵璐：《网络组织与世界级竞争力集群建设》，《区域经济评论》2018 年第 6 期，第 44～53 页。

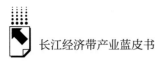

附表

附表1　国家涉及长江经济带世界级制造业集群的政策文件

文件名称（颁布机构、时间）	主要相关内容
《依托黄金水道推动长江经济带发展的指导意见》（国务院2014年9月发布）	打造电子信息、高端装备、汽车、家电、纺织服装等世界级制造业集群
《长江经济带创新驱动产业转型升级方案》（国家发展改革委、科技部、工业和信息化部2016年3月发布）	推动长江经济带沿江产业结构优化升级，打造新型平板显示、集成电路、先进轨道交通装备、汽车制造、电子商务等五大重点领域的世界级产业集群
《长江经济带发展规划纲要》（中共中央、国务院2016年9月发布）	着力推动制造业转型升级，打造电子信息、高端装备、汽车、家电、纺织服装等世界级制造业集群，形成集聚度高、国际竞争力强的现代产业走廊，在推动中国发展成为制造强国进程中发挥引领作用
《关于加强长江经济带工业绿色发展的指导意见》（工业和信息化部、国家发展改革委、科技部、财政部、环境保护部2017年7月发布）	大力培育电子信息产业、高端装备产业、汽车产业、家电产业和纺织服装产业等五大世界级产业集群，形成空间布局合理、区域分工协作、优势互补的产业发展新格局
《长江三角洲区域一体化发展规划纲要》（中共中央、国务院2019年12月发布）	培育电子信息、生物医药、航空航天、高端装备、新材料、节能环保、汽车、绿色化工、纺织服装、智能家电等十大领域的世界级制造业集群

Abstract

In 2020, the COVID - 19 swept the world, which had a serious impact on the economic and social development of the world and China. As a major global economy, China was the first to bear the brunt, facing huge economic downward pressure, and it was urgent to strengthen the growth pole function of domestic core economic zones. At this time, the Yangtze River Economic Belt, as a strategic support belt to support China's economic development, is the main battlefield for the transformation and upgrading of China's traditional industries and the cultivation and growth of emerging industries, which undoubtedly plays an important role in stabilizing national economic growth. At the same time, the development of the Yangtze River Economic Belt has shown strong industrial momentum, which is an important starting point for building a complete domestic demand system and forming a new development pattern with domestic and international double cycles as the main body and domestic and international double cycles promoting each other. To promote the high-quality development of industries in the Yangtze River Economic Belt is not only the fundamental driving force for the implementation of the concept of "jointly grasping the great protection and not engaging in development", but also the inevitable requirement for the state to build a modern economic system, and an important pillar to accelerate the national economy out of the impact of the epidemic situation.

The report on industrial development of Yangtze River Economic Belt (2019) is a think tank product compiled by the Yangtze River Economic Belt Development Research Institute belonging to the China Institute of Development Strategy and Planning in Wuhan University, Economic Research Center of Southwest University, Regional Economic Research Center of Wuhan University, Yingheying Economic Research Institute, which is the fourth Blue Book of the Yangtze River Economic Belt. This book is mainly divided into four

parts: general report, special report, research report and appendix, including 17 research reports in total.

The general report is "Research Report on promoting high quality development of manufacturing industry in Yangtze River Economic Belt". Based on the policy environment and practical significance of the high-quality development of manufacturing industry in the Yangtze River Economic Belt, this report systematically analyzes the green development and innovative development of manufacturing industry in the Yangtze River Economic Belt, as well as the integration development performance with the service industry. To promote the high-quality development of manufacturing industry in the Yangtze River Economic Belt, it is necessary to take the new development concept as the baton, focus on improving the ability of green development and innovation development, and enhance the integration development ability of advanced manufacturing industry and modern service industry. The imbalance of regional development is the main problem of high-quality development of manufacturing industry in the Yangtze River Economic Belt. It is necessary to consider the differences of regional development stages, improve the mechanism of regional industrial cooperation, and build a full chain green innovation chain.

The special report contains 10 research reports. It mainly focuses on the industrial development characteristics of provinces along the Yangtze River Economic Belt, the environmental effect of manufacturing agglomeration, industrial green transformation, industrial pollution control, and the development level of modern service industry. All industries in the Yangtze River Economic Belt occupy a high share in the whole country, with the downstream area as the center, and the industrial development level is higher than that of the middle and upper reaches. The cluster level of manufacturing industry in Yangtze River Economic Belt has the characteristics of "high technology, high concentration, low technology is more balanced", which promotes the pollution diffusion. The efficiency of industrial green transformation in the Yangtze River Economic Belt is lower than the national average level, and the catch-up of green technology efficiency and green technology progress still need to be strengthened. In the short term, pollution diffusion effect is the main effect of pollution intensive industrial

446

agglomeration, but in the long term, it can force the industrial green transformation and upgrading of the Yangtze River Economic Belt. The development level and coordinated development ability of science and technology service industry in the Yangtze River Economic Belt have been continuously improved, especially in the lower reaches of Jiangsu, Zhejiang and Shanghai provinces.

The investigating report contains four research reports. Based on the on-the-spot investigation, the industrial development problems of some provinces and cities in the Yangtze River Economic Belt are deeply analyzed, focusing on the identification of industrial clusters, the cultivation of high-tech industrial clusters, the high-quality development of chemical industry, and the transformation and development of service industry. The number of industrial clusters in Hubei has increased and the innovation ability has been enhanced, but the scale is small and the cluster level is low, and the cluster quality needs to be improved. Xianning's intelligent mechanical and electrical industrial cluster has become a large scale, forming a relatively complete industrial chain, which is a national innovative industrial cluster. Strengthening the construction of the industrial park, guiding enterprises to move to other places, and promoting the transformation and upgrading of chemical industry are the main experiences for Yichang to solve the problem of "chemical industry surrounding the river". The development of service industry in Qinhuai District of Nanjing has homogeneous agglomeration and repeated layout. Therefore, it is necessary to build characteristic subdivision industrial chain based on its own comparative advantages.

The appendix contains two research reports. It mainly involves the research progress on the industrial development of the Yangtze River Economic Belt and the cultivation and construction of world-class manufacturing industry clusters in the Yangtze River economic belt. In 2019, there are many research results on the development of industry and service industry in the Yangtze River economic belt, while the attention of agricultural development is relatively low. The research on the world-class manufacturing cluster in the Yangtze River Economic Belt mainly focuses on the connotation definition, selection criteria, outstanding problems and development path.

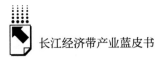
Keywords: Yangtze River Economic Belt; Green Transformation; Innovation-Driven; Industrial Integration; Industrial Cluster; High Quality Development

Contents

I General Report

Abstract: Starting from the policy connotation of the high-quality
development of the manufacturing industry in the Yangtze River Economic Belt,
the policy environment for the high-quality development of the manufacturing
industry in the Yangtze River Economic Belt at the national and provincial levels
was discussed, and then pointed out that the practical essence of promoting high-
quality manufacturing in the Yangtze River Economic Belt lies in its
implementation Innovative, green, collaborative, open and shared development
concepts. Using relevant data from 11 provinces along the Yangtze River Economic
Belt, using SBM model, Malmquist-Luenberger index, entropy method and
spatial coupling coordination methods, the performance level of green
development, innovative development, and integration of the manufacturing
industry in the Yangtze River Economic Belt is measured. The research results
show that the average green total factor productivity of manufacturing in the
Yangtze River Economic Belt from 2012 to 2018 was 1. 087, which was higher
than the average level of the whole country and the regions outside the Yangtze
River Economic Belt. The "upstream" gradient is decreasing, and the

downstream area is the leading area leading the green development of the manufacturing industry in the Yangtze River Economic Belt; the innovative development level of the manufacturing industry in the Yangtze River Economic Belt has shown a steady upward trend, rising from 0.083 in 2012 to 0.156 in 2018. The average growth rate is 10.99%, becoming the main force leading the innovation and development of the national manufacturing industry. It presents a spatial pattern of decreasing gradients in downstream, midstream, and upstream, and the characteristics of regional differentiation are gradually highlighted. The integrated development level of advanced manufacturing and modern service industry in the Yangtze River Economic Belt is ahead of the national average. The integrated development level of advanced manufacturing and modern service industries in the 11 provinces along the Yangtze River Economic Belt shows obvious regional heterogeneity and industry differences. . In order to promote the high-quality development of the manufacturing industry in the Yangtze River Economic Belt, it is necessary to strengthen the top-level design of the green development of the manufacturing industry in the Yangtze River Economic Belt, optimize the innovation ecology of the manufacturing industry in the Yangtze River Economic Belt and promote advanced manufacturing and modern service Deep integration.

Keywords: Yangtze River Economic Belt; High-quality Development; Innovative Development; Green Development; Integrated Development

II Special Reports

B. 2 Research Report on the Industrial Development Comparison of the Provinces and Cities along the Yangtze River Economic Belt

Wu Chuanqing, Meng Xiaoqian and Yin Lihui / 057

Abstract: Industry is an important support for promoting the high-quality development of the Yangtze River Economic Belt. Based on the data from the China Economic Census Yearbook, related statistical yearbooks and statistical bulletins, we use location quotient to analyze the development and agglomeration levels of manufacturing, service, cultural and related industries, construction, and agriculture in 11 provinces along the Yangtze River Economic Belt. The development level of various industries in the Yangtze River Economic Belt accounts for a relatively high proportion of the country according the result. There is a big gap in the development of different industries in different provinces. The development level of the lower reaches of the Yangtze River Economic Belt is relatively high, and the development level of different industries in the middle and upper reaches of the Yangtze River is quite different. The location quotient method is used to analyze the economic development level, industrial and service industry agglomeration level of important central cities along the Yangtze River Economic Belt, showing that the industrial development level of central cities in the Yangtze River Delta region is relatively high, while the industrial development level of western cities such as Guiyang and Kunming is relatively weak.

Keywords: Yangtze River Economic Belt; Manufacturing; Service Industry; Agriculture; Location Quotient

B. 3 Evaluation Report on the Agglomeration Level of Manufacturing Industry in Yangtze River Economic Belt

Wu Chuanqing, Ye Yunling, Gao Kun and Zhang Bingqian / 123

Abstract: Manufacturing industry is an important link in the construction of the industrial system of the Yangtze River Economic Belt. Building world-class advanced manufacturing cluster is one of the important tasks to promote the high-quality development of the manufacturing industry in the Yangtze River Economic Belt. This report uses data such as the number of employees and sales value of manufacturing and subdivided industries in 11 provinces of the Yangtze River

Economic Belt from 2007 to 2018. It uses location entropy method and spatial Gini coefficient to measure the agglomeration level of manufacturing industry in the Yangtze River Economic Belt, and analyzes its spatial characteristics and industrial characteristics. The research results show that the overall level of manufacturing agglomeration in the Yangtze River Economic Belt presents the spatial characteristics of "high, middle and low in the downstream" and the industrial characteristics of horizontal decline in equipment manufacturing industry, light textile industry and resource processing industry. The degree of specialization of manufacturing subdivisions in 11 provinces is stable and changeable. The agglomeration level of the manufacturing industry subdivision in the Yangtze River Economic Belt has the characteristics of "high technology, high agglomeration and relatively balanced low technology". To promote the high-quality development of the manufacturing industry in the Yangtze River Economic Belt, we should strengthen the cultivation and development of world-class advanced manufacturing clusters, promote the in-depth integrated development of advanced manufacturing and modern service industries, and build a rational system of specialized division of labor and an industrial ecosystem.

Keywords: Yangtze River Economic Belt; Manufacturing; Industrial Agglomeration; Location Entropy; Spatial Gini Coefficient

B. 4　Research Report on Technological Progress Deviation, Factor Allocation Distortion and the Quality of Industrial Development in the Yangtze River Economic Belt

Du Yu, Wu Chuanqing and Li Nana / 143

Abstract: Based on the panel data of 30 provinces across the country from 2003 to 2017, this report uses seemingly uncorrelated regression, partial least square regression and entropy weight method to measure technological progress bias, relative factor allocation distortion and industrial high-quality development, and uses FGLS regression to test empirically. The influence of technological progress bias on the quality of industrial development in the Yangtze River Economic Belt and the adjustment effect of the relative configuration distortion of factors in this process. The results show that endogenous technological progress accelerates the replacement of labor-intensive industries to capital-intensive industries and technology-intensive industries by reducing the ratio of non-R&D labor allocation, and promotes the improvement of the quality of industrial development. This effect is more prominent in the lower reaches of the Yangtze River Economic Belt. Spillover technological progress and exogenous technological progress have produced a "double-edged sword" effect on the quality of industrial development by reducing the allocation ratio of capital; increasing R&D labor input with efficiency advantages eases the loss of opportunity efficiency, but it will also be due to capital relative The overallocation of non-R&D labor has aggravated the degradation of capital-intensive industries into labor-intensive industries, and has fallen into a low-end lock-in trap caused by dependence on external technologies, hindering the improvement of the quality of industrial development. This effect is more prominent in the upper and middle reaches. To promote the high-quality industrial development of the Yangtze River Economic Zone, it is necessary to formulate appropriate technological advancement strategies based on local conditions, accelerate the elimination of low-end industrial production capacity, optimize the efficiency of capital allocation, and improve industrial green technological innovation capabilities and green technological benefits.

Keywords: Yangtze River Economic Belt; Industrial Development Quality; Technological Progress Bias; Distorted Factor Allocation

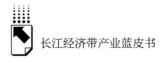
B. 5　Evaluation Report on the Coupling Relationship between Urbanization, Industrial Agglomeration and Industrial Innovation Capability in Yangtze River Economic Belt

Wu Chuanqing, Zhang Shining / 167

Abstract: Based on the statistical data of 11 provinces in the Yangtze River Economic Belt from 2012 to 2017, this report measured the level of urbanization and industrial agglomeration by population urbanization rate and location entropy, and measured the coupling coordination of urbanization and industrial agglomeration by the coupling coordination degree model, then constructed an index system from four dimensions of innovation input, innovation output, innovation diffusion and innovation environment, and measures industrial innovation by entropy weight method. This report analyzed the impact of urbanization, industrial agglomeration and their coupling relationship on industrial innovation capacity in the Yangtze River Economic Belt by using ordinary least square estimation. The results showed that: urbanization, industrial agglomeration and their coupling relationship had significant positive effects on innovation ability, and there were obvious regional differences. In order to further improve the industrial innovation ability of the Yangtze River Economic Belt, it is necessary actively absorb and gather innovation elements, improve the innovation incentive and achievement guarantee mechanism, and build a more perfect factor market allocation system and mechanism.

Keywords: Yangtze River Economic Belt; Urbanization; Industrial Innovation; Industrial Agglomeration; Coupling Coordination Degree

B. 6   Research Report on Green Transformation Development
of Industry in Yangtze River Economic Belt

Wu Chuanqing , Huang Cheng ∕ 191

Abstract: It is a great practical significance to study the green transformation of industry in Yangtze River Economic Belt. This paper take 30 provinces of China and 110 city in Yangtze River Economic Belt as sample. Firstly, study the heterogeneity of pollution discharge in the Yangtze economic belt by using the entropy weight method—Topsis evaluation model. Secondly, measure the industrial green transformation efficiency of Yangtze River Economic Belt by Super—SBM model, and analysis the dynamic evolution characteristics by the nonparametric kernel density estimation. Finally, analysis the source of power and loss. by using index of Global Malmquist—Luenberger and input—output redundancy. The results show that the pollution intensity of Yangtze River Economic Belt is nearly equal to the national average level, and the spatial difference is not significant. The efficiency of industrial green transformation in Yangtze River Economic Belt shows a trend of "convergence", and lower than the national average level. The spatial difference between the upper, middle and lower reaches of Yangtze River Economic Belt is widened. The evolution features between the three major urban agglomeration are quite different. The driving force of the green transformation of Yangtze River Economic Belt mainly comes from the green technology efficiency and the green technology progress. The loss of efficiency is mainly due to the redundant input and undesired redundant output. The driving force and efficiency loss of industrial green transformation are different between the upper, middle and lower reaches of Yangtze River Economic Belt, so as to the three major urban agglomerations. To summarize, it is suggested to accelerate the green industrial transformation of heavily polluted cities in the upper and middle reaches of Yangtze River Economic Belt, promoting green industrial transformation according to heterogeneity of pollutant discharge, and promote the energy conservation and emissions reduction policies in Yangtze River Economic Belt based on the structural redundancy of industrial

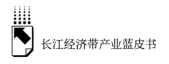

production input and output.

Keywords: Yangtze River Economic Belt; Green Transformation Development of Industry; Heterogeneity of Pollution Discharge

B. 7   Green Economic Effect of Pollution Intensive Industrial Agglomeration in Yangtze River Economic Belt

Huang Lei / 216

Abstract: Pollution control is the difficulty and pain point of ecological environment protection and green development in the Yangtze River Economic Belt, and high pollution industry's agglomeration is the important inducement of environmental problems. Based on the panel data of provinces along the Yangtze River Economic Belt from 1999 to 2018, the pollution intensive industry category and its spatial-temporal evolution pattern are systematically identified by using pollution intensive index and weighted standard deviation ellipse method, and then the fixed effect model is used to explore the green economic effect of pollution-intensive industry agglomeration. The results show that: the depth of pollution intensive industrial agglomeration in the Yangtze River Economic Belt is weaker than the national level, the industrial structure is transforming towards green and low-carbon, and the transformation effect in the downstream area is particularly prominent; the pollution intensive industrial agglomeration areas in the Yangtze River Economic Belt are significantly different, the pollution production capacity in the middle and upstream areas is strong, and the center of gravity is moving to the southwest; the pollution intensive industrial agglomeration has a strong impact on the Belt's economy in the short term, the green development ability can restrain pollution production and pollution diffusion, especially in the middle and upper reaches; the pollution intensive industry cluster has a long-term green transformation mechanism, the endogenous industry cluster and the orderly layout of the government lead to the reduction of pollution production capacity, and the green transition rate in the lower, middle and upper reaches increases gradually. To further improve the green development capacity of the Yangtze River Economic Belt, it's necessary to strengthen the technical support of green transformation of pollution-based industries, optimize the supervision of expansion and migration of pollution-based production capacity, and speed the cultivation of green emerging industry.

Keywords: Yangtze River Economic Belt; Industrial Agglomeration; Pollution-Intensive Industry; Green Development

B. 8 Evaluation Report on the Efficiency of Industrial Waste Gas Pollution Control in Yangtze River Economic Belt

Wu Chuanqing, Li Shufan / 243

Abstract: Selecting data from 30 provinces (except Tibet) from 1998 to 2015, the efficiency of industrial environmental pollution control in the whole country and the Yangtze River Economic Belt was measured by the super-efficient SBM model, and the influence factors of industrial environmental pollution control efficiency of the Yangtze River Economic Belt were studied by the threshold effect model. The study found that from 1998 to 2015, the efficiency of industrial environmental pollution control in the Yangtze River Economic Belt was greater than that of the national industrial environmental pollution control, the industrial environmental pollution control efficiency in the mid-stream region was the highest, the middle-stream area was second, and the efficiency value of the upstream area was the least. The efficiency of industrial environmental pollution control in the Yangtze River Economic Belt is similar to that of the national industrial environmental pollution control efficiency, and the spatial pattern of industrial environmental pollution control efficiency in the Yangtze River Economic Belt evolved from "polarization" to "transitional" from 1998 to 2015. The efficiency of industrial environmental pollution control in 11 provinces of the Yangtze River Economic Belt is negatively correlated with the proportion of heavy industry, and when the per capita GDP is small, the efficiency of industrial environmental pollution control in the Yangtze River Economic Belt is negatively correlated with the rate of industrialization, the number of cases promulgated by local laws and regulations, and the total number of environmental pollution and destruction, which is positively correlated with the number of letters from the masses due to pollution. When per capita GDP crosses the threshold inflection point, the correlation is the opposite. To further promote the high-quality development of the Yangtze River Economic Belt, the central and local governments should strengthen the prevention and control of industrial pollution. Promoting the green development of heavy and chemical industries; Strengthen the media's long-term effective supervision of waste gas pollution; We will promote the establishment of a scientific and effective tripartite governance system.

Keywords: Yangtze River Economic Belt; Industrial Pollution; Super-efficiency SBM Model

B. 9 Report on Environmental Effect of Manufacturing Agglomeration in Yangtze River Economic Belt

Wu Chuanqing, Zhou Xiyimin / 260

Abstract: The manufacturing agglomeration and environmental pollution level in the Yangtze River Economic Belt from 2009 to 2018 were measured by using location quotient and entropy weight method, to investigate the temporal and spatial evolution law of the manufacturing industry agglomeration and environmental condition in the Yangtze River Economic Belt. The results show that from 2009 to 2018, the agglomeration level of manufacturing industry in the Yangtze River Economic Belt presents the spatial characteristics of increasing in the upstream, middle and lower reaches. The manufacturing agglomeration level in the upper reaches of the Yangtze River Economic Belt is the lowest and shows a slight downward trend. The manufacturing agglomeration level in the middle reaches of in the Yangtze River Economic Belt is on the rise, while the manufacturing agglomeration level in the downstream area shows a downward first and then an upward trend. The level of environmental pollution presents the spatial characteristics of increasing in the upper, middle and lower reaches of in the Yangtze River Economic Belt, and the environmental pollution is mainly distributed in the middle and lower reaches. The level of environmental pollution in the upper reaches of in the Yangtze River Economic Belt is relatively low and shows a significant downward trend. The level of environmental pollution in the middle reaches of in the Yangtze River Economic Belt first rises and then decreases, while that of the lower reaches increases first and then decreases. The level of economic development, the degree of opening up and the investment in education have a significant effect in promoting the environmental effect of manufacturing agglomeration in the Yangtze River Economic Belt, while the population size and industrial structure have a significant inhibitory effect. Although science and technology investment has no significant negative effect on the environmental effect of manufacturing agglomeration in the Yangtze River Economic Belt.

Keywords: Yangtze River Economic Belt; Manufacturing Agglomeration; Environmental Effect

B. 10 Report on the Influence of the Financialization of Manufacturing Industry in Yangtze River Economic Belt on the High Quality Economic Development

Huang Qinghua, Shi Peihao / 282

Abstract: The financial sector provides a channel for the optimal allocation of resources for the real economy and it is an important support for the high-quality development of the economy as well. Based on the data from 2013 to 2019 of 11 provinces along the Yangtze River Economic Belt, this paper empirically analyzes the influence of the financialization of manufacturing industry on the quality of economic development, and draws the following four conclusions. (1) In terms of short-term effects, the financialization of manufacturing industry can significantly improve the quality of economic development by giving play to the "reservoir" effect, but in the long run, the "crowding out" effect is the main effect, which is not conducive to improving the quality of economic development. (2) The level of regional financialization promotes the short-term "reservoir" effect of the financialization of manufacturing industry; Financing constraints have an inhibitory effect on the "reservoir" effect, which is not conducive to improving the quality of economic development. Regional financial regulation has no significant effect on the quality of economic development due to the financialization of manufacturing industry. (3) Generally profitable enterprises and medium-sized enterprises improve their financialization level, which has a more significant impact on the quality of economic development. (4) The mechanism test shows that reducing the degree of information uncertainty and increasing the investment in main business are the two important ways for the financialization of manufacturing industry and improve the quality of economic development in the short term.

Keywords: Yangtze River Economic Belt; Manufacture Industry; Financialization; High Quality Development; the "Reservoir" Effect

B. 11 Research Report on the Development of Science and Technology Service Industry in Yangtze River Economic Belt

Xu Shuiping / 306

Abstract: From the perspective of institutional development, business development and customer development, this report proposes the SP − B − C three-dimension model for measuring the development level of science and technology service industry, and evaluates the development level of science and technology service industry in Yangtze River Economic Belt by using entropy weight method. Based on the evaluation results, spatial Theil index was used for regional difference measurement and structure analysis, coupling and coordination degree model was used for coordinated development state analysis, and geographic detector was used for driving factor analysis and risk area identification. The results show that the development level of science and technology service industry in provinces and cities of the Yangtze River Economic Belt shows a steady upward trend in time series and a spatial gradient pattern of high east and low west. The development level difference in the Yangtze River Economic Belt is smaller than the national level, and shows a downward trend. The interval difference between upper, middle and lower reaches is the main reason for the development imbalance. Judging from the SP − B − C coupling, the coordinated development level of science and technology service industry in the Yangtze River Economic Belt has been constantly improved, with Shanghai, Jiangsu and Zhejiang having higher coordination level. Factor detection and interaction detection show that the driving factors of the development of science and technology service industry in the Yangtze River Economic Belt from strong to weak are Intensity of innovation activities, human capital, level of economic development, industrial structure, economic openness, government support. And the pin-two interaction of these driving factors is double-factor enhancement. The risk detection shows that the risk areas are mainly concentrated in the middle and upper reaches.

Keywords: Yangtze River Economic Belt; Science and Technology Service Industry; Spatial Heterogeneity; Driving Factor

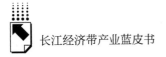
Ⅲ Investigating Report

B. 12 Research Report on Industrial Cluster's Development in
Hubei Province

Zhou Zhonglin, Qiao Bingbin and Yan Qing / 329

Abstract: Hubei Province is located in the center of the Yangtze River
Economic Belt and the central and southern hinterland, which plays an
irreplaceable role in promoting the rise of the central region and the development
of the western region and is one of the most important manufacturing bases in
China. At present, there are 12 national high-tech zones, 16 national new
industrialization demonstration bases and 112 key growth industrial clusters in
Hubei Province. Starting from the three aspects of National High-tech Zone,
national new industrialization demonstration base and key growth type industrial
cluster, this report successively conducts field investigation on nearly 40
characteristic industrial clusters and nearly 60 representative enterprises within the
provincial scope. The results show that: the number of industrial clusters in Hubei
Province has been increasing, the innovation ability has been significantly
enhanced, and the role of demonstration and driving has become increasingly
prominent. However, there are still some problems, for example, the clusters is
gathering not assembling, and the clusters scale are small, which suggests the
prominent homogenization phenomenon, low level of cluster, weak innovation
ability and lagging development of supporting facilities. Scientific and effective
financing and development mechanism has not been established among large,
medium and small enterprises. In order to further promote the transformation and
upgrading of industrial clusters in Hubei Province, efforts should be made from the
top-level design, system and mechanism, industrial chain, financing platform and
safeguard measures to continuously improve the development quality of industrial
clusters and enhance the overall competitiveness of the clusters.

Abstract: The mechanical and electrical manufacturing industry is the dominant industry of Xianning, and the intelligent mechanical and electrical industrial cluster of Xianning is the national innovative industrial cluster. The intelligent mechanical and electrical industry chain of Xianning involves the whole machine production, parts and accessories manufacturing, product sales and other links, as well as the government planning management agency and public service platform. In order to further promote the high-quality development of intelligent mechanical and electrical industry in Xianning, it is necessary to implement the project of reinforcing the chain of intelligent mechanical and electrical industrial chain, improve the innovation ability of intelligent mechanical and electrical industrial cluster, and strengthen the gathering of talents in intelligent mechanical and electrical industry

Keywords: Equipment manufacturing; Intelligent Electromechanical Industrial Cluster of Xianning; High Quality Development

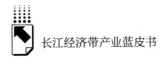
B. 14 "Yichang Samples" to Promote High Quality Development of the Chemical Industry

Wu Chuanqing, Li Shufan / 359

Abstract: The practical meaning of high-quality development of the chemical industry: innovation is the first driving force, coordination is endobiological characteristics, green is the universal form. Yichang City is a typical area of "Chemical industry around the Yangtze River" along the Yangtze River, has issued a series of plans, policies, action plans, vigorously strengthen the construction of the park, actively guide chemical enterprises to move around, and constantly promote the transformation and upgrading of the chemical industry, effectively cracked the "Chemical industry around the Yangtze River" problem, and promoted the high-quality development of the chemical industry, with remarkable results.

Keywords: Yangtze River Economic Belt; Chemical Industry; High-Quality Development; Yichang Sample

B. 15 Nanjing Qinhuai Sample of Service Industry's Transformation Development in Megalopolis

Zhang Ling / 375

Abstract: Based on the significant gradients and development differences of service industry development among mega cities in the Yangtze River Economic Belt, this report selects seven cities with a permanent population of more than 5 million in the Yangtze River Delta Region of the lower reaches of the Yangtze River Economic Belt as the comparative analysis objects, including Shanghai, Suzhou, Hangzhou, Ningbo, Nanjing, Wuxi and Changzhou. Compared with the important node cities in the middle reaches and upper reaches of the Yangtze River Economic Belt, the downstream megacities have obvious advantages in the scale and quality of service industry development. Compared with megacities with the same level and similar industrial structure, the characteristics will be more obvious in the aspects of comparability, directivity and regularity of development trend, and the guiding significance of policy level will be more prominent. Under the background of overall analysis, taking Nanjing as an example, through analyzing the change trend of leading industry scale and subdivision industry composition in Qinhuai District of Nanjing City, combing and summarizing the development experience and mode of megalopolis central urban area in recent years, the report forms a representative "Nanjing Qinhuai Sample" of service industry transformation in central urban area of megalopolis.

Keywords: Yangtze River Delta Region; Mega City; Service Industry, Transformation Development; Nanjing Qinhuai Sample

V Appendix Reports

B. 16   New Progress in the Research on Industrial Development of the Yangtze River Economic Belt in 2019

Wu Chuanqing, Gao Kun, Zhang Bingqian and Zhang Shining / 413

Abstract: This report focuses on sorting out relevant studies on the industrial, service industry and agricultural development issues of the Yangtze River Economic Belt in 2019, and summarizes the research results on the industrial development issues of the Yangtze River Economic Belt from the perspectives of industrial agglomeration level, industrial competitiveness, industrial transfer and green industrial development. Summarize the research results on the development of the service industry in the Yangtze River Economic Belt from the perspective of the service industry as a whole, financial industry, science and technology service industry, transportation industry and tourism industry. From the agricultural structure, agricultural productivity, agricultural green development, agricultural policy evaluation and other topics to summarize the agricultural development of the Yangtze River Economic Belt research results. The research methods related to the

465

industrial development of the Yangtze River Economic Belt in 2019 mainly include statistical methods, traditional econometric analysis methods and spatial econometric analysis methods, etc. The spatial scale mainly involves the middle and lower reaches of the Yangtze River Economic Belt and 11 provinces along the belt. In 2019, there are many research achievements on the development of industry and service industry in the Yangtze River Economic Belt, while the attention paid to the development of agriculture is relatively low. The level of industrial agglomeration, green development of industry, green development of agriculture, development of transportation and tourism in the Yangtze River Economic Belt are the current research hotspots, but the research needs to be improved in the scale of city and county. and the research methods need to be enriched.

Keywords: Yangtze River Economic Belt; Industrial; Service Industry; Agricultural

B. 17 Research Progress and Prospect of World-class Manufacturing Cluster Development in Yangtze River Economic Belt

Wu Chuanqing, *Ye Yunling* / 437

Abstract: The state has issued a series of policy documents, which has established the development goal and direction for the world-class manufacturing cluster development in the Yangtze River Economic Belt. The relevant academic research mainly focuses on the connotation definition, selection criteria, outstanding problems and development path of the world-class manufacturing cluster in the Yangtze River economic belt. The follow-up research should further expand the dimension of development path and adhere to the new development concept to promote the development of world-class manufacturing clusters in the Yangtze River Economic Belt.

Keywords: Yangtze River Economic Belt; World-class Manufacturing Cluster; New Development Concept; Global Value Chain

社会科学文献出版社

皮 书

智库报告的主要形式
同一主题智库报告的聚合

❖ 皮书定义 ❖

皮书是对中国与世界发展状况和热点问题进行年度监测，以专业的角度、专家的视野和实证研究方法，针对某一领域或区域现状与发展态势展开分析和预测，具备前沿性、原创性、实证性、连续性、时效性等特点的公开出版物，由一系列权威研究报告组成。

❖ 皮书作者 ❖

皮书系列报告作者以国内外一流研究机构、知名高校等重点智库的研究人员为主，多为相关领域一流专家学者，他们的观点代表了当下学界对中国与世界的现实和未来最高水平的解读与分析。截至2020年，皮书研创机构有近千家，报告作者累计超过7万人。

❖ 皮书荣誉 ❖

皮书系列已成为社会科学文献出版社的著名图书品牌和中国社会科学院的知名学术品牌。2016年皮书系列正式列入"十三五"国家重点出版规划项目；2013~2020年，重点皮书列入中国社会科学院承担的国家哲学社会科学创新工程项目。

中国皮书网

（网址：www.pishu.cn）

发布皮书研创资讯，传播皮书精彩内容
引领皮书出版潮流，打造皮书服务平台

栏目设置

◆ **关于皮书**

何谓皮书、皮书分类、皮书大事记、
皮书荣誉、皮书出版第一人、皮书编辑部

◆ **最新资讯**

通知公告、新闻动态、媒体聚焦、
网站专题、视频直播、下载专区

◆ **皮书研创**

皮书规范、皮书选题、皮书出版、
皮书研究、研创团队

◆ **皮书评奖评价**

指标体系、皮书评价、皮书评奖

◆ **互动专区**

皮书说、社科数托邦、皮书微博、留言板

所获荣誉

◆ 2008 年、2011 年、2014 年，中国皮书
网均在全国新闻出版业网站荣誉评选中
获得"最具商业价值网站"称号；
◆ 2012 年，获得"出版业网站百强"称号。

网库合一

2014年，中国皮书网与皮书数据库端口
合一，实现资源共享。

权威报告·一手数据·特色资源

皮书数据库
ANNUAL REPORT(YEARBOOK)
DATABASE

分析解读当下中国发展变迁的高端智库平台

所获荣誉

- 2019年，入围国家新闻出版署数字出版精品遴选推荐计划项目
- 2016年，入选"'十三五'国家重点电子出版物出版规划骨干工程"
- 2015年，荣获"搜索中国正能量 点赞2015""创新中国科技创新奖"
- 2013年，荣获"中国出版政府奖·网络出版物奖"提名奖
- 连续多年荣获中国数字出版博览会"数字出版·优秀品牌"奖

成为会员

通过网址www.pishu.com.cn访问皮书数据库网站或下载皮书数据库APP，进行手机号码验证或邮箱验证即可成为皮书数据库会员。

会员福利

- 已注册用户购书后可免费获赠100元皮书数据库充值卡。刮开充值卡涂层获取充值密码，登录并进入"会员中心"—"在线充值"—"充值卡充值"，充值成功即可购买和查看数据库内容。
- 会员福利最终解释权归社会科学文献出版社所有。

数据库服务热线：400-008-6695
数据库服务QQ：2475522410
数据库服务邮箱：database@ssap.cn
图书销售热线：010-59367070/7028
图书服务QQ：1265056568
图书服务邮箱：duzhe@ssap.cn

社会科学文献出版社 皮书系列
SOCIAL SCIENCES ACADEMIC PRESS (CHINA)
卡号：732649333287
密码：

S 基本子库
SUB DATABASE

中国社会发展数据库（下设 12 个子库）

整合国内外中国社会发展研究成果，汇聚独家统计数据、深度分析报告，涉及社会、人口、政治、教育、法律等 12 个领域，为了解中国社会发展动态、跟踪社会核心热点、分析社会发展趋势提供一站式资源搜索和数据服务。

中国经济发展数据库（下设 12 个子库）

围绕国内外中国经济发展主题研究报告、学术资讯、基础数据等资料构建，内容涵盖宏观经济、农业经济、工业经济、产业经济等 12 个重点经济领域，为实时掌控经济运行态势、把握经济发展规律、洞察经济形势、进行经济决策提供参考和依据。

中国行业发展数据库（下设 17 个子库）

以中国国民经济行业分类为依据，覆盖金融业、旅游、医疗卫生、交通运输、能源矿产等 100 多个行业，跟踪分析国民经济相关行业市场运行状况和政策导向，汇集行业发展前沿资讯，为投资、从业及各种经济决策提供理论基础和实践指导。

中国区域发展数据库（下设 6 个子库）

对中国特定区域内的经济、社会、文化等领域现状与发展情况进行深度分析和预测，研究层级至县及县以下行政区，涉及地区、区域经济体、城市、农村等不同维度，为地方经济社会宏观态势研究、发展经验研究、案例分析提供数据服务。

中国文化传媒数据库（下设 18 个子库）

汇聚文化传媒领域专家观点、热点资讯，梳理国内外中国文化发展相关学术研究成果、一手统计数据，涵盖文化产业、新闻传播、电影娱乐、文学艺术、群众文化等 18 个重点研究领域。为文化传媒研究提供相关数据、研究报告和综合分析服务。

世界经济与国际关系数据库（下设 6 个子库）

立足"皮书系列"世界经济、国际关系相关学术资源，整合世界经济、国际政治、世界文化与科技、全球性问题、国际组织与国际法、区域研究 6 大领域研究成果，为世界经济与国际关系研究提供全方位数据分析，为决策和形势研判提供参考。

法律声明